Le défi de l'amour

JOHN BRADSHAW

Le défi de l'amour

Aimer de toute son âme

Traduit de l'américain
par
Céline Sinclair

Dépôt légal, Bibliothèque nationale du Québec, 1995

ISBN Q.L. 2-89430-140-5
ISBN Le Jour Éditeur 2-8904-4504-6
ISBN Bantam Books 0-553-07510-1

À ma mère Norma, dont l'âme rayonne d'un vif éclat à travers tout cela. Je la remercie de m'avoir donné la vie.

Remerciements

Je remercie le regretté Ronald Laing pour sa pénétrante analyse de la culture patriarcale et pour son terme *mystification*.

L'essai de Thomas Moore intitulé *Care of the Soul,* qui m'est parvenu sous la forme d'un manuscrit, m'a profondément touché. Moore a enrichi tout mon concept de plénitude de l'âme.

Je suis redevable à Ron Kurtz, qui m'a envoyé le manuscrit de Stephen Wolinsky intitulé *Trances People Live.* Ma conception du deuxième stade de la mystification est née de cet essai, et j'en remercie l'auteur.

Je suis particulièrement reconnaissant envers tous les gens courageux qui ont défié le patriarcat en se battant pour l'égalité et en luttant pour faire reconnaître les droits des minorités ethniques, des femmes, des enfants, des gays et des lesbiennes.

Je cite plusieurs autres sources au fil des chapitres du présent livre et dans la bibliographie.

Bien que je prenne appui sur les épaules de véritables géants, j'assume l'entière responsabilité de ma façon d'interpréter les sources mentionnées.

Je désire par ailleurs remercier les personnes suivantes:

Sissy Davis, ma bien-aimée avec qui je crée l'amour.

Mon frère Richard, dont l'assistance indéfectible me permet d'accomplir le travail parfois solitaire d'auteur et de responsable d'ateliers thérapeutiques.

Mon associée, Karen Fertitta, dont les talents de gestionnaire me facilitent énormément la vie.

Mes collègues Kip Flock et Mike Berman, qui assurent la qualité clinique de mon travail au John Bradshaw Center du Ingleside Hospital à Rosemead, en Californie.

Clark Todd et Mike Drobat du Concept Health, qui dirigent le John Bradshaw Center.

Marc Baker, le directeur du marketing au John Bradshaw Center, qui me seconde assidûment lorsque je suis en voyage.

Mes grands-parents, Joseph et Edna, qui m'ont fait sentir que je comptais.

Ma tante Chickie et mon oncle J.E., pour leurs cinquante années de mariage.

Ma belle-fille, Brenda, qui m'aime comme si elle était ma propre fille.

Mon fils, John, qui m'a lancé le défi d'aimer de toute mon âme.

Ma regrettée tante Millie, qui m'a aimé inconditionnellement.

Ma sœur, Barbara Bradshaw, qui a mis d'innombrables heures à préparer le manuscrit de ce livre. J'ai souvent eu recours à sa grande compétence linguistique afin de m'exprimer le plus clairement et le plus correctement possible. Elle m'a été d'une aide inestimable.

Introduction

Au soir de notre vie, c'est sur l'amour seul que nous serons jugés.

SAINT JEAN DE LA CROIX

C'était uniquement dans le but de faire plaisir à ma tendre amie que j'avais acheté, à un prix exorbitant, deux billets pour aller voir *Miss Saigon*. Je ne raffole pas des opérettes sérieuses et, qui plus est, *Miss Saigon* me semblait être une histoire du genre tout à fait larmoyant. J'ai vécu bien assez de tristesse au cours de mon existence. De plus, une grande partie de mon travail consiste à aider les gens à vivre leur souffrance morale inexprimée depuis l'enfance. J'abhorre les spectacles tristes particulièrement lorsque je suis en vacances.

C'est donc pour plaire à mon amie de cœur que je me suis retrouvé dans ce théâtre, faisant de mon mieux pour m'accommoder de la situation. Une chose était sûre, cependant: je ne verserais pas une seule larme!

L'histoire de *Miss Saigon,* dont l'action se déroule pendant la guerre du Viêt-nam, est une adaptation de *Madame Butterfly.* Au premier acte, une jeune Vietnamienne qui travaille comme entraîneuse dans un bar s'éprend d'un G.I. américain. Ils se marient et se jurent un amour éternel. Le soldat américain se voit bientôt forcé de quitter sa toute nouvelle épouse, mais il lui promet de revenir dès que la guerre sera terminée. La jeune femme, simple, naïve et attachante, aime son mari d'un amour intense et inconditionnel. Elle est enceinte de lui, mais il ne le sait pas encore. Elle aura un petit garçon qu'elle élèvera et protégera farouchement tout en endurant une existence déshumanisante dans un bordel.

Durant l'entracte, je me suis mis à fantasmer sur les horreurs que la suite de l'histoire nous réservait. J'imaginais que Miss Saigon mourrait en abandonnant son enfant aux autorités communistes. Je peux supporter ça! me disais-je. J'imaginais que le G.I. reviendrait pour elle et se ferait tuer. Je peux supporter ça aussi! Ce soir-là, rien ne pourrait m'atteindre, croyais-je.

Au deuxième acte, on entre dans une agence vouée à la recherche des G.I. qui ont eu des enfants avec des Vietnamiennes. Puis, au fur et à mesure que l'histoire avance, on apprend que le G.I. s'est remarié et qu'il est foncièrement heureux même s'il rêve encore à Miss Saigon. Comme l'agence a fini par le retrouver, il doit dévoiler à sa femme l'existence de Miss Saigon et de l'enfant. Le couple se rend donc au Viêt-nam pour régler l'affaire honorablement. À un carrefour, Miss Saigon rencontre la femme du G.I. La douleur qui l'accable est indescriptible. (*Je craque!* Des larmes coulent sur mes joues.) Miss Saigon supplie la nouvelle femme du G.I. d'emmener l'enfant et de lui donner la vie qu'elle-même est incapable de lui donner. (*Je pleure à chaudes larmes!* J'essaie d'étouffer mes sanglots bruyants.)

Durant la scène finale, Miss Saigon habille son fils (l'enfant le plus adorable qui soit) et le prépare psychologiquement à partir avec son père et sa belle-mère. Dans un moment de tendresse inouïe, elle l'embrasse en lui disant qu'il comprendra tout cela plus tard et elle lui demande de ne pas l'oublier. (Je m'abandonne aux sanglots qui me secouent jusqu'aux tripes.) L'enfant s'avance vers ses nouveaux parents qui lui ouvrent grands les bras. Miss Saigon disparaît derrière le rideau. Pan! On entend un coup de feu. Elle vient de se suicider; le G.I. se précipite auprès d'elle et, gémissant de douleur, la serre contre lui.

Toute l'assistance pleure à chaudes larmes. Je suis complètement déboussolé. Je me surprends à penser qu'il valait mieux que Miss Saigon se tue. Je n'aurais pas pu supporter de la voir retourner à sa vie de misère et de dégradation alors que son mari serait reparti avec l'enfant. Son suicide allège mon chagrin en quelque sorte.

Soudainement, je me retrouve plongé dans ma propre histoire d'amour et de haine: le mariage brisé de mes parents, le chagrin que j'ai connu durant mon enfance. Je m'identifie à cet enfant innocent livré aux caprices fatidiques des amours de ses parents. Je pense à mes propres passions amoureuses, aux femmes que j'ai aimées et quittées, *à la femme qui m'a quitté — particulièrement à celle qui m'a quitté!* Je m'en souviens de *cette souffrance-là.* C'était comme si l'on m'avait enfoncé un énorme clou d'acier au milieu de la poitrine. Pendant un court instant, j'ai de nouveau la sensation traumatisante de manquer d'air, comme lorsque j'ai vécu ce rejet. Je me rappelle à quel point cette femme m'obsédait, à quel point j'ai pleuré, ragé et je me suis senti accablé par d'incroyables remords.

Je pense à ma mère. Comment, à vingt-six ans, elle élevait trois enfants toute seule. Elle peinait pour un salaire dérisoire afin de nous faire vivre. C'était une fervente catholique et sa foi lui interdisait de se remarier. Elle n'a jamais touché à un autre homme après que mon père l'eut quittée. Quelle incroyable foi! Quelle fidélité à ses croyances!

Ma mère est humaine. Elle éprouvait une rage inconsciente face à tout ce qui était arrivé. J'ai souvent écrit que son amour était sérieusement codépendant. Mais ce soir, j'ai envie de la serrer dans mes bras et de lui dire que je l'aime. Ce soir, je voudrais qu'elle sache que j'honore le sens héroïque et tragique de sa vie. Ce soir, je trouve que l'apparente banalité de sa vie est rachetée par l'engagement courageux et passionnément tenace qu'elle a témoigné à ses enfants.

Et, tout en séchant mes pleurs, je m'interroge. Quel est ce mystérieux pouvoir de l'amour et pourquoi peut-il devenir si accablant? L'amour maternel est-il inné? Et si tel est le cas, comment expliquer que certaines mères abandonnent leur enfant sur le pas d'une porte, qu'elles le battent à mort ou le livrent à la prostitution? Renoncer à sa propre vie au profit de quelqu'un d'autre, est-ce toujours un geste d'amour? Se pourrait-il que ce soit un geste d'égoïsme, une façon de s'élever jusqu'aux sommets grandioses de la sainteté afin de *se sentir* digne d'amour?

Comment peut-on faire la différence? L'amour doit-il toujours être fait de souffrance et d'abnégation pour être considéré comme de l'amour? Existe-t-il différentes sortes d'amour? Savons-nous naturellement comment aimer ou devons-nous l'apprendre? Que signifie «aimer Dieu»? Comment savons-nous que Dieu nous aime?

Pourquoi des relations qui commencent dans l'extase se terminent-elles souvent dans la haine et l'amertume d'un divorce? Comment une soirée ou une période de vacances peuvent-elles s'annoncer merveilleusement bien et s'achever dans la colère et la solitude?

Pourquoi sommes-nous si nombreux à être parfois complètement déroutés par une relation amoureuse? Comment pouvons-nous penser très bien connaître une personne pour ensuite devoir admettre qu'au bout du compte nous la connaissions à peine? Pourquoi y a-t-il si peu de gens qui semblent trouver cet amour que nous disons tous désirer plus que toute autre chose? Pourquoi tant de gens qui, par ailleurs, s'efforcent assidûment et énergiquement d'atteindre la plénitude et l'équilibre se sentent-ils malgré tout aussi frustrés parce qu'ils n'arrivent pas à entretenir une relation amoureuse pleinement satisfaisante? Pourquoi beaucoup d'autres gens ont-ils renoncé à l'amour, sous prétexte qu'il est réservé à quelques heureux élus ou qu'il ne vaut pas tout le mal qu'on se donne?

À peine un mois après avoir vu le spectacle de *Miss Saigon,* je me suis retrouvé assis comme un pauvre malheureux dans une chambre d'hôtel de Philadelphie. Je venais juste de terminer un atelier de deux jours sur l'enfant intérieur. J'étais sorti de la salle au milieu des applaudissements et j'avais signé des autographes dans l'ascenseur qui me conduisait à ma chambre. La femme de ménage avait laissé son exemplaire de *Retrouver l'enfant en soi* sur la table de chevet pour que je l'autographie. En refermant la porte, j'ai eu l'impression que la solitude envahissait toute la chambre. Je me suis rappelé à quel point tout cela était exaltant, au début de l'année 1985. C'était juste après que ma série sur la famille diffusée au réseau PBS eut commencé à susciter de l'intérêt. Les demandes d'entrevues et d'ateliers affluaient de tous les coins du pays. J'avais commencé à voyager partout. Les gens me reconnaissaient dans les aéroports. J'étais ivre de toute cette agitation.

Mais ce soir-là, dans ma chambre d'hôtel à Philadelphie, j'étais confronté au fait que mon amie de cœur m'avait déclaré qu'elle se perdait dans notre relation. Qu'elle devait s'occuper de sa propre vie et combler ses propres besoins. Je la trouvais admirable d'agir ainsi. *Mais il n'en demeurait pas moins qu'elle me quittait!*

J'adorais lui donner un coup de téléphone, le soir, lorsque j'étais sur la route. Comme c'était merveilleux d'avoir dans ma vie *une personne spéciale pour qui je comptais plus que tout au monde!* Et d'avoir une personne qui, pour moi, comptait plus que tout au monde. Mais force m'était de constater que j'avais laissé des tas de choses prendre plus d'importance qu'elle. Que j'étais retombé dans mes vieux schémas de pouvoir et de contrôle.

Je croyais pourtant avoir réussi à changer ces contrefaçons de l'amour. Quelques années auparavant, à l'âge de quarante-deux ans, j'avais pris conscience du fait que je ne savais pas aimer. J'étais marié, à cette époque-là, et j'avais un fils ainsi qu'une belle-fille.

Un jour, alors que je venais de semoncer vertement ma belle-fille parce qu'elle avait négligé de faire son ménage, celle-ci m'a confronté à mon égoïsme et à mes stratégies de manipulation. Ses paroles ne sont pas tombées dans l'oreille d'un sourd, croyez-moi. D'une certaine manière, son courage et son honnêteté m'ont obligé à me regarder en face. À cette époque de ma vie, j'étais sobre depuis une douzaine d'années grâce à mon engagement dans un Programme en 12 étapes. Je croyais ni plus ni moins que tout allait pour le mieux dans ma vie puisque je n'abusais plus de l'alcool ni des autres drogues. Je pensais avoir droit à l'amour et au respect de tout le monde puisque j'avais mis un terme à mes comportements aberrants. Par ailleurs, je me sentais parfois profondément déprimé et j'en arrivais même à me demander si la vie valait vraiment la peine d'être vécue.

Cette confrontation avec ma belle-fille m'a poussé à entreprendre ce que je considère maintenant comme la deuxième phase de ma démarche de rétablissement.

Dans *Retrouver l'enfant en soi,* j'ai appelé cette phase «l'expression de la première souffrance». Elle impliquait que j'éprouve des émotions — chagrin, tristesse, honte et rage — que j'avais réprimées depuis l'enfance. Cette démarche m'a aidé à m'aimer et à m'accepter *moi-même* plus pleinement. Je me suis accueilli sans réserve en m'imaginant sous les traits d'un petit garçon blessé. Ce faisant, j'ai intégré les émotions, les besoins et les désirs que j'avais rejetés, désavoués. C'était essentiel à mes yeux car, à tel ou tel moment précis, j'ignorais habituellement ce que je ressentais et désirais vraiment, tout comme j'ignorais ce dont j'avais réellement besoin. Voilà pourquoi *j'étais incapable d'entretenir une véritable relation d'intimité* avec qui que ce soit.

L'expression de ma première souffrance m'a amené à entretenir une relation plus profonde et plus affectueuse avec moi-même. Mais cela m'a laissé dans une grande incertitude en ce qui a trait à la manière d'établir une relation intime et affectueuse avec les autres. J'ai été forcé de reconnaître que chacune de mes relations avait été caractérisée par le contrôle et la répression émotionnelle. J'ai dû admettre que, *malgré ces nombreuses années passées à me réadapter et à travailler sur moi-même, tout ce qui avait trait à l'amour et au sentiment de complétude m'inspirait toujours un mystérieux désespoir.*

En renouant avec mon enfant intérieur, je ne faisais que commencer à apprendre à aimer; c'était le *début* et non la *fin* de mon apprentissage.

J'ai découvert que beaucoup de gens étaient enfermés dans un dilemme identique. Lorsque je donnais un atelier, on me noyait littéralement sous un flot de questions ou de réflexions comme celles-ci:

- Que doit-on faire pour avoir une bonne relation?

- Comment se fait-il que mon mariage soit toujours un gâchis malgré tous les changements que j'ai effectués?

- J'ai laissé tomber les stricts principes religieux qui faisaient partie de mon éducation et, maintenant, je me retrouve sans rien. Comme puis-je trouver ma Puissance supérieure?

- J'arrive à harmoniser tous les aspects de ma vie, mais mes enfants sont complètement paumés.

- Mon travail me rend fou. Je suis en voie de rétablissement, mais mon patron ne l'est pas, lui. Il m'humilie tous les jours.

Cette liste pourrait s'allonger indéfiniment. Je me suis rendu compte que la manière d'établir des relations empreintes d'amour et d'affection avec les autres demeurait une énigme non résolue. Le présent livre est le fruit de mon acharnement à résoudre cette énigme.

Alors que je cherchais des réponses, je suis tombé par hasard sur trois livres qui m'ont fourni les pièces manquantes du puzzle que j'essayais de reconstituer. Le premier, écrit par un psychiatre nommé Scott Peck, s'intitulait fort justement *Le chemin le moins fréquenté*. Il m'a appris deux choses importantes qui mettaient en question certaines idées que j'avais reçues dans ma famille d'origine. J'y ai appris, premièrement, que l'amour ne peut exister tant que l'on n'est pas prêt à s'engager personnellement à le rendre possible et, deuxièmement, que l'amour est un processus qui exige un dur travail et du courage.

Ces idées ne vous semblent peut-être pas nouvelles mais, pour moi, elles n'étaient rien de moins que révolutionnaires. J'ai grandi en croyant que l'amour prenait sa source dans les liens du sang. Que l'on aimait naturellement tous les membres de sa famille. Que l'amour ne procédait pas d'un choix. La notion de l'amour que l'on m'a inculquée était étroitement liée au devoir et à l'obligation. Il était tout bonnement impossible de *ne pas* aimer son père, sa mère ou ses proches parents, et qui plus est, cet amour impliquait que l'on n'était jamais en désaccord avec eux et que l'on ne désirait jamais rien qu'ils désapprouvaient.

Mettre en doute ces enseignements, c'était courir le risque d'être étiqueté comme le «mouton noir» ou taxé de folie pure et simple. Les contester carrément, c'était se résoudre à éprouver une *culpabilité «cellulaire»*, le prix à payer pour avoir trahi une promesse sacrée que l'on aurait faite à son insu.

Outre son caractère présumément «héréditaire», l'amour était censé être quelque chose de facile. Une fois adulte, juste au bon moment, la «bonne» personne surgirait et on la reconnaîtrait immédiatement. On tomberait amoureux et l'on saurait tout naturellement quoi faire pour que cet amour s'épanouisse.

Si je suis reconnaissant à Scott Peck d'avoir mis en doute ces notions de l'amour, je ne blâme pas pour autant ma famille qui me les a transmises.

Sur le chapitre de l'amour, ma famille n'a fait que m'inculquer les règles et les croyance propres à notre culture. Ces dernières années, je me suis rendu à l'évidence que tout le monde dans mon entourage a été élevé par des parents qui contestaient ces règles culturelles ou qui s'y soumettaient. Dans ce livre, j'en aurai plus long que jamais à dire sur la culture qui façonne les familles. J'y soutiendrai l'idée que ces règles culturelles créent une forme d'amour inadéquate et que, même *avec les meilleures intentions,* nos parents ont souvent confondu l'amour avec ce que nous appellerions aujourd'hui des mauvais traitements.

En dernière analyse, j'ai nommé cet amour vicié la *«mystification»,* expression empruntée à un de mes héros d'université, le psychiatre existentiel Ronald Laing. Le docteur Laing a passé sa vie à exposer les effets destructeurs d'une identité confuse, laquelle résulte du fait que l'on nie sa propre vérité afin de devenir acceptable aux yeux d'autrui. Il a appelé cette confusion de l'identité la *mystification.*

Au moment où j'élaborais ce concept, un autre ouvrage important m'est parvenu sous la forme d'un manuscrit. Cet essai, intitulé *Trances People Live* et écrit par Stephen Wolinsky, m'a aidé à comprendre précisément les rouages et la puissance de la mystification. Il constitue une synthèse fascinante de l'hypnothérapie moderne et des révélations de la philosophie orientale. L'auteur y montre comment nous créons en nous-mêmes un *état de transe protectrice* en réaction à des expériences douloureuses vécues dans l'enfance et comment, plus tard, nous *continuons de recourir* à cette transe pour nous protéger même lorsque cela n'est plus nécessaire. La «transe» décrit merveilleusement bien l'état d'insensibilité et d'incommunicabilité qui caractérise l'amour mystifié. Par ailleurs, dans la thèse de Wolinsky, il y a aussi un élément porteur d'espoir. En effet, l'auteur soutient que si, étant jeunes, nous avons bel et bien produit notre propre transe — même si nous n'en avons gardé aucun souvenir — nous pouvons, une fois adultes, apprendre à percer cette transe. En d'autres mots, nous sommes aptes à nous démystifier nous-mêmes.

Après m'être familiarisé avec les essais de Peck et de Wolinsky, il me restait encore à élaborer une description de l'état d'esprit susceptible de favoriser l'éclosion d'un amour sain. J'ai d'abord songé à apposer le terme «réalistes» aux relations amoureuses saines afin de les distinguer des relations mystifiées. Mais ce terme ne me satisfaisait pas du tout. D'une certaine manière, il me semblait que l'adjectif «réaliste» évoquait une existence dénuée de magie ou de passion. Je ne voulais pas d'un amour comme celui-là.

Puis, un jour, j'ai reçu un autre manuscrit intitulé *Care of the Soul.* L'auteur, Thomas Moore, avait des antécédents semblables aux miens, et ses mots m'ont parlé intimement. Son livre présentait une nouvelle façon de donner de la profondeur et de la valeur à notre vie quotidienne. Moore a appelé cette méthode le rétablissement de la *plénitude de l'âme*. Je venais enfin de trouver l'expression que je cherchais!

Au fur et à mesure que je l'ai élaboré, mon concept de plénitude de l'âme s'est sensiblement différencié de celui de Moore, mais je lui suis très reconnaissant de m'avoir donné un moyen de parler de l'amour humain normal. En fait, ma notion de l'amour plein d'âme découle du potentiel inné de l'enfant. Par nature, l'enfant est rempli de merveilleux, il déborde d'émerveillement et de curiosité. Cet émerveillement et cette curiosité le poussent à explorer tout ce qui se trouve dans son champ de perception. Il se livre à cette exploration avec force, courage, flexibilité et imagination. Trop souvent, la faculté de s'émerveiller, la joie, la curiosité, le sens de l'exploration, l'exubérance, le courage, l'imagination et la flexibilité sont considérés comme des traits de caractère puérils qui doivent disparaître au fur et à mesure que nous devenons des adultes rationnels et mûrs. En réalité, cependant, ces caractéristiques sont foncièrement humaines et essentielles à la plénitude de l'âme. Et la plénitude de l'âme est la source de l'amour humain véritable et durable.

***

La Genèse décrit la chute de l'humanité en évoquant la destruction de quatre relations. L'histoire nous apprend que Adam et Ève, qui symbolisent nos premiers parents, possédaient toutes les ressources nécessaires pour vivre parfaitement heureux dans l'Éden. Ils ne faisaient qu'un avec Dieu, avec eux-mêmes, l'un avec l'autre et avec toute la Création. Cet heureux état de félicité ne comportait qu'une seule restriction: ils ne devaient pas manger le fruit de l'arbre de la connaissance du bien et du mal.

Adam et Ève ont outrepassé cette limite; leur faute a détruit leur relation avec Dieu, leur relation avec eux-mêmes, leur relation interpersonnelle et leur relation avec le monde. C'est ainsi que le conflit, le blâme et le châtiment sont nés. L'enfantement est devenu un tourment et le travail, une lutte quotidienne incessante. Et leurs descendants ont hérité de leur souffrance.

Cette histoire, comme tous les grands mythes théologiques, doit être personnalisée. Sur le plan psychologique, la Chute a lieu dès notre naissance. En effet, notre état de plénitude ne dure pas. Par ailleurs, plus nos parents sont émotionnellement blessés, plus nous risquons d'être élevés dans la mystification. Cette mystification s'étendra ensuite à toutes les relations que nous établirons au cours de notre vie.

L'histoire de la Genèse nous apprend également que les relations humaines seront toujours imparfaites, constituées d'un mélange de plénitude spirituelle et de mystification. Nous pouvons néanmoins accroître notre plénitude spirituelle, devenir plus complets; nous pouvons générer dans nos relations un amour plus humain et plus satisfaisant.

Dans les pages qui suivent, je vais examiner avec vous l'éclosion de l'amour dans les quatre sphères évoquées par la Genèse:

• Notre relation avec une Puissance supérieure, laquelle commence par notre relation parent-enfant puis s'étend à la relation avec Dieu tel que nous Le concevons.

• Notre relation avec nous-mêmes. À partir du moment où nous avons contemplé l'image de nos géniteurs ou de nos parents substituts, nous sommes nés psychologiquement. Notre sentiment originel de ne faire qu'un avec nous-mêmes a été soit confirmé et reflété avec âme, soit rejeté et nié. Si nos relations source étaient pleines d'âme, notre relation avec nous-mêmes est devenue pleine d'âme. Si nos tout premiers protecteurs étaient des adultes enfants blessés qui reproduisaient leur mystification de type hypnotique, notre relation avec nous-mêmes est devenue mystifiée.

• Nos relations avec notre amoureux, avec nos amis et, si nous sommes ou avons été mariés, notre relation avec notre conjoint. Si notre relation avec nous-mêmes est mystifiée, nos amours, nos amitiés et notre relation de couple seront basées sur l'amour mystifié. Si notre relation avec nous-mêmes est pleine d'âme, nous sommes en mesure de créer des relations d'amour pleines d'âme avec nos amis, notre amant ou notre conjoint.

• Notre place dans le monde. Notre vie professionnelle peut être mystifiée ou pleine d'âme, tout comme notre relation avec la terre même.

J'espère que la lecture de ces pages touchera les profondeurs de votre propre âme. Soyez conscient du fait que vous êtes libre. Choisissez de vous aimer vous-même. Peut-être êtes-vous aux prises avec l'amour mystifié. Je le suis moi-même sans aucun doute. Mais l'état de transe dans lequel vous vous êtes plongé a préservé de la dégradation votre moi le plus vulnérable. Aimez-vous d'avoir produit cette transe en vous-même. Aimez-vous d'être maintenant disposé à comprendre la manière dont vous l'avez créée et dont vous la créez probablement encore aujourd'hui. Dès à présent, vous pouvez cesser d'agir ainsi. Le danger est passé. Vous avez sauvé un enfant de la mort. Vous vous êtes sauvé vous-même!

Aimez-vous maintenant pour l'espoir que vous avez. Vous ne seriez pas en train de travailler sur vous-même si vous n'aviez pas cet espoir.

PREMIÈRE PARTIE

Les leurres de l'amour

Lorsque vous interagissez avec une autre personne, il y a une illusion qui fait partie de la dynamique. Cette illusion permet à chaque âme en présence de comprendre ce qu'elle doit comprendre afin de guérir.

GARY ZUKAV

Chapitre premier

L'amour mystifié

Je ne fais pas le bien que je veux, mais je fais le mal que je ne veux pas.

ROMAINS 7,19

La masse de l'humanité mène une vie de désespoir tranquille.

HENRY DAVID THOREAU

Durant mon adolescence, je travaillais comme caissier au Butera's Food Market, un supermarché d'alimentation dans la ville de Houston, au Texas. Comme la plupart des jeunes garçons de mon âge, j'étais obsédé par des pensées de nature sexuelle. À l'époque, une de mes tâches officieuses consistait à repérer les spécimens de beauté féminine. Dès qu'une jolie femme entrait dans le magasin, je déclenchais une sonnerie pour alerter Léon, aux fruits et légumes, ainsi que Bubba et Phil, à la boucherie, afin qu'ils viennent l'examiner. C'était, bien sûr, une grossière façon de réduire la femme à l'état d'objet et une expression malsaine du chauvinisme mâle. Je ne nie pas que ces valeurs faisaient partie intégrante de mon éducation, mais là n'est pas l'intérêt de cette anecdote.

Le fait est que, à notre grand étonnement, la belle femme en question était inévitablement accompagnée d'un homme mal fait et, selon nous, peu séduisant. «Quelle honte!, murmurait Léon.

Dommage qu'il n'y ait pas plus d'hommes comme *moi.*» (Avec deux dents du devant manquantes, sacrifiées dans une bagarre, Léon n'aurait certainement gagné aucun concours de beauté, lui non plus.) Par ailleurs, j'étais toujours étonné de voir combien d'hommes séduisants venaient au magasin accompagnés de femmes très ordinaires.

Il s'agit là d'un exemple cru, d'ordre physique, presque primitif, mais il traduit ma première impression de ce que j'appelle maintenant «les leurres de l'amour». Tout cela semblait tellement illogique à mon esprit d'adolescent de seize ans et demi.

Lorsque j'ai commencé à sortir avec les filles, j'étais souvent dérouté par les inexplicables renversements qui pouvaient se produire au cours d'une même soirée. Je me rappelle avoir entamé certains rendez-vous le cœur débordant d'exaltation et de vitalité pour ensuite les voir se terminer par une séparation ponctuée d'échanges de mots durs et de claquage de portes. J'avais beau essayer de reconstituer la séquence des événements, l'exercice n'était jamais révélateur. Je me sentais toujours désorienté, triste et seul.

Des années plus tard, j'en suis arrivé à comprendre que si les êtres humains perpétuent le drame de leur vie relationnelle, c'est parce qu'ils sont motivés par leurs sentiments et leurs désirs plutôt que par leur logique. À partir du moment où l'amour est en cause, la raison ne nous sert plus de guide. En plus de vingt ans de pratique dans le domaine de la thérapie conjugale, j'ai rarement vu un mariage formé des partenaires auxquels on aurait pu s'attendre. L'amour n'est pas logique. C'est une des raisons pour lesquelles il nous déconcerte autant.

Dans presque tous les cas où je suis intervenu en tant que thérapeute, les époux avaient fait le choix apparemment illogique de se marier avec quelqu'un présentant les mêmes traits de caractère indésirables que ceux de leur père, de leur mère ou des deux à la fois. Ils reproduisaient les relations destructrices qu'ils avaient connues durant leur enfance.

Notre attitude odieuse avec les êtres qui nous sont chers est un autre aspect déconcertant de l'amour. En ce qui me concerne, c'est souvent avec les personnes que j'aimais par-dessus tout que je me suis montré le plus détestable et le plus mesquin.

Je me souviens que, durant mes années de mariage, il m'arrivait souvent de rentrer chez moi en me jurant d'être gentil et affectueux quoi qu'il arrive, puis de commencer à critiquer dès que j'avais mis les pieds dans la maison. Après coup, je regrettais amèrement ce que j'avais dit ou fait. Mais environ une semaine plus tard, je répétais le même scénario.

LE LEURRE DE «L'AMOUR FOU»

Je me rappelle le jour où Jacques et Julie se sont mariés. Quel heureux événement! Les toasts qu'on avait portés, la veille, au cours du dîner, les superbes demoiselles d'honneur, le fiancé, les fleurs, et Julie elle-même, dans sa robe chatoyante. Jacques et Julie étaient venus me voir en consultation durant l'année de leurs fiançailles. J'avais de sérieuses réserves concernant leur décision de se marier, mais, pensais-je, il n'y avait pas plus profondément amoureux qu'eux.

Au début de leur vie commune, le comportement de Jacques changea du tout au tout. Il commença à faire de l'exercice et à s'alimenter sainement, puis il en vint à surmonter tout à fait la dépression dont il souffrait. De son côté, Julie était radieuse. Elle avait commencé une thérapie et allait à ses rendez-vous avec l'exaltation d'une enfant qui explore le monde. Jacques et Julie disaient qu'ils n'avaient jamais été aussi heureux de toute leur vie. Et effectivement, ils *avaient l'air* heureux.

Après deux ans de violents conflits, de liaisons adultères, et une tentative infructueuse d'annulation de leur mariage, Jacques et Julie divorcèrent. Si, sur un écran divisé en deux, on avait pu faire défiler simultanément les images de leur période de fréquentations et des débuts de leur mariage à côté de celles montrant leurs luttes âpres et leur divorce amer, on aurait vu un contraste étonnant, presque incroyable.

Je me rappelle combien Julie était bouleversée à la toute fin. Je me souviens aussi à quel point Jacques était désorienté lorsqu'il m'a demandé «Que s'est-il passé? Que s'est-il passé? Comment cela a-t-il pu arriver?».

J'avais suivi Jacques en thérapie au cours de son premier et de son deuxième mariage. Après mon départ, il devait se remarier une troisième fois.

LE LEURRE DE L'AMOUR
EN TANT QU'ÉPREUVE D'ENDURANCE

Pour certaines personnes, l'histoire triste ne finit jamais.

Je pense à une autre femme qui est déjà venue me consulter. Appelons-la Madame G. Elle était mariée depuis trente-huit ans. Son mari, un représentant de commerce très haut placé, avait également été un grand athlète honoré par la presse, un homme très populaire. Pour tout le monde, sauf pour Madame G., il était Monsieur Le-Chic-Type. À la maison, il se montrait plutôt mesquin, méchant et égocentrique. Madame G. m'a raconté ce qui, par la suite, est devenu pour moi une histoire familière. Elle et son mari étaient tombés amoureux l'un de l'autre durant leurs années universitaires. Il était le joueur vedette de son équipe de football et elle, la fille la plus populaire de l'école, était meneuse de claque. Son cauchemar commença après le mariage. En moins de six ans, elle eut quatre enfants et les éleva à peu près seule, car son mari voyageait la plupart du temps. La compagnie pour laquelle il travaillait lui fournissait un généreux compte de dépenses. Il courait les réceptions et divertissait ses clients, les emmenant à grands frais faire des dîners bien arrosés dans des restaurants quatre étoiles. Madame G., quant à elle, recevait ce qu'elle appelait une *allocation.* Sitôt qu'elle dépensait de l'argent pour elle-même, son mari se répandait en injures, affirmant qu'elle le conduisait tout droit à l'assistance publique.

Lorsqu'il n'était pas parti en voyage, il exigeait que sa femme ait quotidiennement des relations sexuelles avec lui. Madame G. n'avait que très rarement connu l'orgasme. Elle disait apprécier la sensation de proximité qu'elle éprouvait lorsqu'elle et son mari faisaient l'amour. Cependant, elle m'avait dit qu'en fait, il ne l'avait pas embrassée depuis vingt ans.

Au moment où elle était venue me consulter, ses enfants avaient grandi et quitté la maison. Elle se sentait terriblement seule, passant la majeure partie de son temps à jouer au tennis, à aller déjeuner au restaurant avec ses amis, à faire du bénévolat dans un hôpital et à préparer des repas pour son mari. Celui-ci n'était pas souvent à la maison; lorsqu'il ne travaillait pas, il passait le plus clair de son temps au club de golf de la compagnie.

Un jour, à un moment où elle avait en quelque sorte relâché sa vigilance, Madame G. me dit qu'elle détestait vraiment son mari. Que s'il était un mendiant crevant de soif, elle ne lui donnerait pas le plus petit verre d'eau. Je lui demandai pourquoi elle restait avec lui. *«Parce que je l'aime»*, répliqua-t-elle.

Comment cela peut-il être de l'amour? m'étais-je dit en moi-même. J'avais alors pensé aux couples de mon entourage qui étaient mariés depuis longtemps. Je m'étais rappelé la manière dont les membres de ma famille citaient ces longs mariages comme des exemples parfaits de ce qu'est l'amour conjugal. Je me souviens à quel point je trouvais que tel ou tel couple avait l'air malheureux et seul. L'endurance: voilà de quoi tout cela semblait retourner. *Le véritable amour est synonyme d'endurance.* Madame G. était malheureuse, frustrée et totalement insatisfaite. Et même si son mari n'est venu qu'à deux consultations, j'ai pu constater que, étrangement, il était aussi frustré et insatisfait qu'elle. «Dans ma famille, personne n'a jamais divorcé, avait-il déclaré, et je n'ai pas l'intention d'être le premier à le faire. D'ailleurs, malgré ses marottes et ses petites manies agaçantes, *j'aime* ma femme.»

L'enchantement et les promesses de leurs années universitaires avaient fait place à une relation entre deux étrangers liés par la terreur de la solitude. Encore une fois, on est en droit de se demander «Que s'est-il passé?».

LA MYSTIFICATION

Nos leurres concernant l'amour proviennent de comportements enracinés dans ce que j'appellerai la *mystification.* La première fois que j'ai entendu ce terme, c'était Ronald Laing, un psychiatre ayant fait œuvre de pionnier, qui l'utilisait en parlant des parents qui mystifient leurs enfants. Il avait également soutenu que la thérapie elle-même était susceptible de reproduire la mystification parentale. Pour illustrer son propos, il raconta l'histoire d'un adolescent qu'on avait amené chez un psychiatre parce qu'il manifestait une rage intense à l'endroit de son père. Laing était d'avis que la colère de ce garçon était amplement justifiée. Son père se montrait chroniquement exigeant, importun et dominateur. Mais, faisant sienne l'idée qu'une si grande colère signifiait que *quelque chose n'allait pas chez l'adolescent*, le psychiatre s'était efforcé d'atténuer cette colère. Laing souligna que la rage du jeune homme avait été *invalidée* par le thérapeute, tout comme ses autres sentiments, ses besoins et ses désirs avaient été invalidés par son père.

À partir du moment où le garçon comprit que le psychiatre croyait que quelque chose en lui ne tournait pas rond, il commença à se sentir honteux et désorienté. Sa colère était invalidée. On avait fait de lui un *invalide.* Cet état de choses renforça ni plus ni moins sa rage première. Un enfant dont tous les sentiments, les pensées et les désirs sont contrôlés et évalués apprend ceci: «J'ai de l'importance, aux yeux de mon père ou de ma mère, seulement *quand je ne suis pas moi-même.»* Cela est *déroutant;* ainsi plongé dans un état de confusion, l'enfant a inévitablement une autre pensée: *«C'est uniquement dans les moments où je ne suis pas moi-même que je suis digne d'amour.»* Ce type de pensée provoque une colère autodéfensive.

La colère nous donne l'énergie et la force de nous protéger nous-mêmes. Cependant, la colère qu'un enfant conçoit à l'égard de ses parents se révèle presque toujours menaçante pour lui. Par conséquent, afin de dissiper cette menace, la plupart des enfants se créent une fausse identité susceptible de plaire à leurs parents. Quant aux plus forts d'entre eux, ils intensifient leur rage et deviennent révoltés, comme cela s'est produit dans le cas rapporté par Laing. La rage de cet adolescent était une preuve de son courage et de son intégrité intérieure. Mais quand le psychiatre en eut fini avec lui, il se trouva de nouveau plongé dans la confusion.

Le mot «confusion» est un terme très général qui recouvre le concept de mystification. Plus loin dans ces pages, je décrirai l'état mystifié en détail. Pour le moment, je définirai la mystification comme un état modifié de conscience qui, d'une part, amène le sujet à sentir et à croire que quelque chose ne va pas en lui-même et, d'autre part, le conduit à se créer un faux moi afin d'être accepté par ses parents ou par toute autre figure de survie déterminante.

Lorsqu'on en arrive à croire que l'on *est* ce faux moi, *on ne sait plus que l'on ne sait pas qui on est vraiment.* Dans la majorité des cas, la confusion du faux moi se vit durant les années préscolaires. À partir du moment où le faux moi est créé, le moi authentique reste pour ainsi dire figé dans le passé. Dans *Retrouver l'enfant en soi,* j'appelle ce moi figé l'*enfant intérieur blessé.* L'enfant intérieur blessé est toujours mystifié jusqu'à un certain point. En fait, le degré de la mystification varie selon la nature — et la chronicité — des mauvais traitements qu'il a subis et selon qu'il a bénéficié ou non de la présence d'une personne qui l'estimait pour ce qu'il était vraiment.

C'est la honte toxique qui amène le sujet à se croire digne d'amour uniquement lorsqu'il n'est pas lui-même. (À ce propos, le lecteur pourra se référer à mon ouvrage intitulé *S'affranchir de la honte.*) La honte toxique lui souffle que sa façon d'être n'est pas correcte et que, au fin fond de lui, quelque chose ne va pas.

Par ailleurs, quand on est enchaîné au passé, on manque de *présence* au monde. Qui ne s'est pas déjà retrouvé avec une personne qui était physiquement présente mais pas vraiment là? Qui n'a pas, un jour, réagi démesurément à quelque chose qu'on lui avait dit ou fait? Les réactions excessives illustrent bien ce manque de présence. Dans ces cas-là, on ne voit ou on n'entend pas ce qui se fait ou se dit réellement: on entend et on voit plutôt quelque chose qui resurgit du passé. La voix de quelqu'un ou l'expression de son visage peut en effet nous faire revivre un incident survenu dans le passé. On se comporte alors de la manière dont on s'était comporté autrefois, plutôt que de réagir adéquatement à ce qui se passe au moment présent.

Le manque de présence et un faux moi pétri de honte constituent les deux piliers de l'état modifié de conscience que j'appelle la «mystification».

Revenons à Jacques et Julie afin d'examiner leur cas d'un peu plus près. Enfant, Jacques était timide et maladroit. Il s'était fait taquiner et ridiculiser dès son jeune âge. Sa mère l'ayant abandonné, il avait été élevé par un père alcoolique qui se servait de lui d'une façon très cruelle. À cinq ans, il lui faisait vendre des journaux sur le coin d'une rue. Par la suite, Jacques avait été gravement brûlé dans un incendie provoqué accidentellement par son père ivre, qui fumait au lit. Il avait subi plusieurs greffes de peau au visage. Il était dans la mi-cinquantaine et avait entamé les procédures de son premier divorce lorsqu'il rencontra Julie. Le fait qu'une belle et jeune femme veuille de lui était la chose la plus importante à ses yeux, car son enfant intérieur blessé se sentait totalement mal aimé et rejeté. De plus, Jacques pouvait paterner Julie de manière affectueuse et attentive, autrement dit l'aimer comme il aurait voulu que son propre père l'aime.

Julie, quant à elle, avait grandi dans une ville du Sud où sa famille était considérée comme un déchet de la société. Son père avait déserté le foyer alors qu'elle était âgée de trois ans. Sa mère avait eu une série d'amants; cette jeune femme, qui élevait seule ses cinq enfants, avait besoin du soutien d'un homme dans sa vie. Très tôt, Julie avait senti que quelque chose clochait en elle-même. Son frère aîné et deux des amants de sa mère avaient abusé d'elle. Elle avait désespérément besoin de l'amour d'un père. Jacques représentait le père parfait — bon, gentil et nourricier. La petite fille intérieure de Julie avait absolument besoin qu'on prenne soin d'elle.

En tant qu'époux, Jacques et Julie faisaient penser à deux enfants de trois ans essayant de vivre en couple. Chacun d'eux était un enfant démuni. Ni l'un ni l'autre n'avait pu combler ses véritables besoins de dépendance.

Après le mariage, l'indigence de Julie était devenue trop lourde à porter pour le petit garçon démuni caché au fond de Jacques. Il commença à fustiger sa femme avec la colère qui, en réalité, était destinée à son père. Julie l'avait puni en s'offrant, presque sous ses yeux, une aventure avec un homme plus jeune. Peu de temps avant leur divorce, Julie confessa qu'elle avait déjà été mariée trois fois, toujours avec un homme riche et plus âgé qu'elle. Chacun de ses trois mariages s'était terminé de la même façon: elle avait commis l'adultère avec un homme de son âge. Elle humiliait son mari et se vengeait de son père. Tous ses maris avaient pris à ses yeux le visage de son père. En les punissant, eux, c'était lui qu'elle punissait.

En ce qui concerne Monsieur et Madame G., au fur et à mesure que j'en ai appris davantage à leur sujet, il m'est apparu clairement que tous deux avaient recréé des aspects clés du mariage et de la vie sexuelle de leurs parents respectifs. Madame G. était le portrait vivant de sa mère, qui avait enduré patiemment ses quarante-cinq années de mariage avec un homme antisocial et farouchement solitaire. Lorsque Madame G. s'était mariée, sa mère lui avait confié qu'elle n'avait jamais connu l'orgasme. Elle avait informé sa fille que, en tant que bonne épouse catholique, le sexe était pour elle une obligation et non un choix.

Quant au père de Monsieur G., c'était un véritable macho qui, fondamentalement, se servait de son argent pour contrôler la vie de sa femme. Il prenait part à la réussite sportive de son fils, qu'il emmenait à la chasse et à la pêche. Monsieur G. l'avait vu faire la noce et commettre l'adultère. Mais le père déclarait formellement que le divorce n'était jamais une option: «Le divorce est contraire aux lois de Dieu. Tu dois serrer les poings, que ça te plaise ou non. C'est ça, être un homme.»

Monsieur et Madame G. agissaient comme des somnambules reproduisant des gestes familiers. Tous deux étaient mystifiés.

LES FORMES D'AMOUR MYSTIFIÉ

Si l'amour mystifié provoque autant de déceptions, c'est parce que ce sentiment que l'enfant mystifié croit être de l'amour n'est pas du tout de l'amour. Les croyances gouvernent notre vie. De façon générale, nous apprenons ce qu'est l'amour par le biais de notre culture telle qu'*elle est incarnée par nos parents ou par d'autres figures de survie*. Ces relations, je les nomme *relations source* parce qu'elles deviennent un modèle pour toutes les autres relations que nous aurons au cours de notre vie, et ce même en dehors de la famille. Si nous sommes mystifiés, les schémas ancrés dans nos relations sont susceptibles de se manifester d'un nombre de façons étonnant. Ainsi, nous pouvons:

• créer une image *idéalisée* ou *dégradée* de ce que notre partenaire est censé être;

• agir selon les notions que notre culture véhicule au sujet de l'amour romantique;

- transposer servilement les croyances que notre mère ou notre père entretiennent au sujet de l'amour et des relations;

- recréer les stratégies défensives que nous avons utilisées autrefois afin de survivre à notre relation avec un parent offensant;

- recréer le rôle que nous jouions dans notre système familial d'origine;

- saboter constamment notre bonheur dans toutes les sphères de notre vie afin d'être loyal envers notre figure source malheureuse;

- rechercher des personnes qui sont *l'opposé* de nos figures source et établir, à l'intérieur du mariage ou d'une union de fait, une relation qui soit complètement à l'opposé de nos relations source.

Dans les pages suivantes, je présenterai quelques exemples concrets de mystification que j'ai puisés à même mon expérience de thérapeute.

Créer une image idéalisée

Corine était la préférée de son père. Il la traitait comme une véritable princesse, allait au devant de ses désirs et lui donnait souvent des choses dont elle n'avait pas vraiment besoin.

Corine n'avait que douze ans lorsque son père mourut subitement d'une crise cardiaque. Elle avait le cœur brisé, mais personne ne l'aida à vivre ce deuil. Sa mère dissimula son propre chagrin en se lançant dans une activité frénétique qui lui permettait de modifier son humeur. Moins de huit mois après la mort de son époux, elle se remaria. Corine détestait son beau-père, qui sentit son hostilité et devint offensant à son endroit.

Elle rêvait de son père et souhaitait épouser un homme exactement comme lui, mais aucun ne semblait être à la hauteur de ses aspirations. Elle approchait la soixantaine lorsque je l'ai vue en thérapie. On l'avait demandée en mariage une douzaine de fois, mais elle avait toujours refusé.

Devenue très dévote, elle assistait quotidiennement aux offices religieux. Elle me déclara qu'elle avait enfin trouvé son Père céleste et qu'un jour elle irait rejoindre son père terrestre au ciel.

Même si elle disait venir en thérapie parce qu'elle désirait se marier, je savais qu'elle n'épouserait jamais personne tant qu'elle n'aurait pas démythifié l'image idéalisée de son défunt père.

Créer une image dégradée

Le père d'Anita était un patriarche cruel, qui battait sa femme et sa fille. Quand sa femme avait ses règles, il forçait sa fille à avoir des relations sexuelles avec lui. Anita le haïssait.

Elle s'était mariée très tôt, emballée par un jeune homme romantique et plein d'énergie qui lui promettait une vie meilleure. Après leur mariage, il commença à la frapper et l'utilisa sexuellement en faisant preuve d'une grande exigence et de beaucoup d'insensibilité. Elle venait tout juste de donner naissance à un garçon lorsque son mari se tua dans un accident de la route.

Anita aimait son fils Tony. Mais comme il était difficile à élever et qu'il n'avait pas de père pour le discipliner, elle avait très peur qu'il ne tourne mal. Elle le battait souvent et ressentait une profonde frustration en voyant que son comportement ne faisait qu'empirer.

Anita avait soixante et un ans lorsqu'elle vint me consulter. Peu de temps auparavant, on lui avait confié la garde de son petit-fils parce que Tony, son fils, était en prison… pour avoir battu sa femme et son enfant!

Transposer servilement les croyances de nos parents au sujet de l'amour

Lorsque Lionel vint me voir en thérapie, il déclara qu'il se sentait au bord de la folie. Il avait, depuis quelque temps, rêvé à plusieurs reprises qu'il étranglait sa femme et étouffait ses enfants.

Lionel avait grandi dans une famille musulmane très pieuse. Bien qu'il vécut une adolescence révoltée puis une période d'agnosticisme intellectuel durant ses études universitaires, il retrouva la foi à l'époque de son mariage. Sa femme était une orthodoxe inflexible. Moralisatrice, rongée par l'angoisse, elle dominait passivement son entourage. Elle s'acquittait au pied de la lettre de toutes les obligations conjugales prescrites par sa religion.

Un an après son mariage, Lionel décida de laisser tomber la carrière de musicien qu'il menait de front en même temps qu'une autre, parce que les concerts et les répétitions l'éloignaient de sa femme, qui était alors enceinte. Lionel était un musicien plein de promesses. Il adorait la musique et en jouait depuis l'âge de neuf ans. Ce renoncement lui fut très pénible. Il se disait cependant que les vœux qu'il avait prononcés en se mariant comportaient de nouvelles obligations et relevaient d'une échelle de valeurs supérieure.

Avec le temps, il renonça encore et encore à d'autres sources de joie et de plaisir personnels. Sa famille s'étant considérablement agrandie, il devait travailler durant de longues heures pour subvenir à ses besoins. Son unique journée de congé hebdomadaire, il la passait à la mosquée. Lionel commença à faire des cauchemars meurtriers deux ans après la naissance de son cinquième enfant. À part l'abstinence, toutes les méthodes de contrôle des naissances lui étaient strictement interdites. Quand il se présenta en thérapie, sa femme et lui n'avaient eu aucun contact physique depuis un an et demi.

J'émis l'hypothèse que Lionel avait de toute évidence chassé de sa vie toute forme d'exubérance. Je lui déclarai qu'il se mettait dans une situation inhumaine et je soulignai à quel point la musique avait été importante pour lui. Il déploya alors toute une armée de *je dois* et de *il faut*. En aimant sa femme et sa famille, disait-il, il s'acquittait d'un devoir supérieur, le plus noble après l'amour de Dieu. J'insistai sur le fait que ses rêves lui révélaient tout autre chose. Que son inconscient était une expression plus puissante de sa force vitale que ne l'était son sens du devoir conscient. Je lui rappelai les passages du Coran où Dieu transmet des messages clairs par les rêves. Mais tous mes arguments n'eurent aucun effet. Après la troisième séance, Lionel repartit en murmurant que l'on devait vivre pour s'acquitter des obligations imposées par l'amour et que, en tant qu'Occidental, je ne pouvais pas vraiment comprendre cela.

J'avais très bien compris, cependant. Autrefois, j'ai moi-même été engagé corps et âme dans une communauté religieuse axée sur l'obéissance. Quatre fois par année, nous lisions un long et ennuyeux manuel de règles. On nous assurait que nous pourrions aimer Dieu parfaitement si nous suivions ces préceptes à la lettre. On nous lisait souvent la vie des saints et on justifiait la moindre de leurs actions en la confrontant aux préceptes de l'ordre religieux auquel ils appartenaient. On pouvait toujours, nous disait-on, constater que les saints faisaient ce que la *règle* leur dictait de faire. On nous enseignait que l'amour s'accomplit lorsque nous faisons notre devoir et remplissons nos obligations.

Une telle conception de l'amour s'avère très étroite et rigide. Ce genre d'amour méprise la vie et génère la stagnation. Que peut-on trouver de désirable dans un amour qui produit cet effet?

Les bénéfices de l'amour-épreuve d'endurance

Ève est mariée depuis trente et un ans. Son mari est un alcoolique et un coureur de jupons notoire. À deux reprises, elle l'a surpris au lit avec une de ses maîtresses. Il répète à sa femme qu'il ne l'aime pas et qu'il reste avec elle faute d'avoir les moyens de divorcer. Je demande à Ève pourquoi, de son côté, elle reste avec lui. «Parce que je l'aime», répond-elle.

Ève est prisonnière d'une illusion. Elle *croit* réellement qu'elle aime son mari.

Pour la confronter à son illusion, je lui dis que ce sentiment qu'elle appelle «amour» n'est pas du tout de l'amour. Mon travail consiste à la démystifier, à mettre en question une croyance magique qui, psychologiquement, la tue à petit feu depuis trop longtemps. Cette croyance dangereuse, héritée de sa famille et de sa religion, se résume à ceci: aimer signifie renoncer complètement à *ses propres besoins, sentiments et désirs*. Cette croyance selon laquelle l'amour exige une abnégation totale, un sacrifice complet de soi, Ève l'a vue s'incarner chez sa grand-mère, sa mère et deux de ses tantes. Ces femmes lui ont donné l'exemple de la manière dont une bonne chrétienne qui aime son prochain doit se comporter. Elles lui ont appris qu'il s'agissait là d'un rôle typiquement féminin et que, dans le ciel, Dieu réserve une place spéciale aux femmes pour les récompenser de s'être acquittées de leur devoir.

Peu à peu, il m'est apparu évident que sa notion de l'amour lui rapportait de nombreux bénéfices. C'est la raison pour laquelle il lui était très difficile de s'en défaire.

Tout d'abord, même si son mari était plutôt riche, Ève avait choisi de ne pas engager de bonne. C'est ainsi que, en accomplissant elle-même toutes les tâches domestiques, elle pouvait temporairement échapper à sa tristesse, à sa colère et à sa solitude. Elle se rabattait sur ces activités afin de modifier son humeur. Par ailleurs, le mariage lui évitait d'affronter les «démons de la solitude». Et comme elle n'avait réellement pas de moi authentique, ces démons étaient exagérément amplifiés.

Ève n'avait pas beaucoup fréquenté les garçons durant ses années universitaires. C'est néanmoins là qu'elle rencontra son premier amoureux, celui dont elle tomba enceinte et qui devint ensuite son mari. C'était un jeune homme impétueux, séduisant, et toutes les filles le convoitaient. Même plus âgé, d'ailleurs, il était encore très séduisant. La seule fois où j'ai vu Ève et son mari ensemble, j'ai trouvé qu'ils avaient l'air complètement désassortis. Le manque de beauté et l'obésité de cette femme contrastaient de manière flagrante avec les attraits et la bonne forme physique de cet homme. Il s'agissait là d'un autre bénéfice évident qui expliquait pourquoi elle restait avec lui: elle n'avait même pas à *penser* à la manière dont les choses se passeraient si elle divorçait de son mari et se risquait à rencontrer d'autres hommes.

Mais, par-dessus tout, sa notion de l'amour lui rapportait des bénéfices émotionnels. Par exemple, le pasteur et quelques fidèles de son église la louangeaient et approuvaient son effacement aussi bien que sa persévérance stoïque, sa *patience à toute épreuve*. Son pasteur lui répétait souvent que plus elle connaissait de souffrances, plus Dieu l'aimait. Il lui disait que son effroyable mariage lui donnait l'étoffe d'une *sainte*. Ses enfants lui disaient qu'elle était une sainte.

Mais être une sainte, n'est-ce pas s'élever le plus haut possible! C'est ainsi que l'humilité et le stoïcisme avec lesquels Ève affrontait le mépris avaient créé en elle une espèce de *grandiosité à rebours*. Sa vie de martyre lui apportait l'admiration et les gratifications narcissiques dont elle avait été privée durant son enfance.

Tout ce que faisait Ève visait à rehausser *son estime de soi*. Elle recourait à l'autoglorification, tout comme à d'autres comportements susceptibles de modifier son état d'âme, afin d'éviter d'affronter les douloureux choix qu'elle aurait dû faire si elle s'était laissée aller à ressentir toute la peine et la solitude qui pesaient sur sa vie. Selon moi, c'était cette peine, cette souffrance véritable et légitime, qui en réalité lui aurait apporté la rédemption. Si elle avait fait face à son chagrin, à sa solitude et à sa colère, cela l'aurait incitée à agir.

Ève avait également besoin de reconnaître la haine qu'elle éprouvait à son propre égard. C'était là sa blessure la plus profonde. Tous ses comportements compulsifs visant à modifier son état d'esprit dissimulaient cette profonde maladie. Si Ève s'était aimée elle-même, elle n'aurait pas continué de supporter cette vie lamentable. Elle semblait paralysée par le désespoir. Or le désespoir est l'antithèse parfaite de la foi vibrante que Ève professait si humblement.

Recréer les stratégies défensives que l'on a utilisées pour survivre à une éducation abusive

Jean-Marc était peut-être, de tous les gens que j'aie jamais connus, celui qui avait déployé le plus d'énergie pour se faire des amis. Mais fondamentalement, il n'en avait aucun malgré tous ses efforts. Lorsqu'il me parlait de ses amitiés, il finissait toujours par se contredire. Ses propos me laissaient croire qu'il avait une foule d'amis, mais dès que je mettais en doute la qualité de telle ou telle relation, il reconnaissait qu'au fond, ce n'était pas du tout une relation d'amitié. Il se mettait quelquefois à pleurer en me disant qu'il ne comprenait tout simplement pas pourquoi il était incapable de se lier d'amitié. «Qu'est-ce que j'ai? demandait-il. Je me mets en quatre pour avoir des amis, mais personne n'a l'air de m'apprécier vraiment.»

En fait, Jean-Marc adoptait habituellement une attitude offensive. Il s'enrageait souvent, critiquait et commettait de lourdes indiscrétions. Il coupait souvent la parole aux autres, les soumettait à un interrogatoire et les sermonnait avec condescendance. Il posait

fréquemment des questions qui outrepassaient les frontières personnelles de ses interlocuteurs.

Par exemple, au cours de la deuxième consultation, il commença à critiquer certaines idées qu'il m'avait entendu formuler
lors d'une causerie; en me lançant des regards presque furieux, il
déclara qu'il était loin d'être sûr que j'avais terminé ma propre thérapie. Il conclut ce monologue particulier en m'adressant un petit
clin d'œil pour signifier qu'il était «au parfum». Je me souviens
que je m'étais alors senti sur la défensive, complètement coupé de
moi-même. Plus tard, j'ai compris que par son attitude il visait
effectivement à me mettre sur la défensive. Je me suis douté que s'il
agissait de cette manière avec moi, il devait agir de la même
manière avec tout le monde; par conséquent, nous n'avions pas à
chercher très loin la raison pour laquelle ses amitiés ne duraient
jamais.

Jean-Marc avait absolument besoin de *contrôler* les autres. De
plus, il souffrait manifestement d'une pathologie appelée «hypermnésie». Puisque je parlerai plus longuement de l'hypermnésie au
chapitre 3, je me contenterai pour l'instant de préciser qu'il s'agit
d'un état de vigilance très aiguë qui augmente de façon anormale la
capacité du sujet à enregistrer mentalement des détails. Cette stratégie défensive est répandue chez les personnes ayant été victimes
de la domination, de l'inconséquence ou des mauvais traitements de
leurs parents.

Jean-Marc avait pour père un homme colérique et brutal.
Enfant, il l'avait vu battre sa mère et ses deux frères aînés. Lui-
même n'avait jamais été battu mais, comme je l'ai souvent dit,
toute personne qui est témoin d'un acte de violence est elle-même
victime de cette violence. L'hypermnésie qui se manifestait chez
Jean-Marc lui servait à se protéger de son père. En observant son
père et en mémorisant son comportement jusque dans les moindres
détails, il espérait savoir exactement ce qui le faisait exploser. Il
vivait dans un état d'alerte constant.

Marié trois fois, Jean-Marc avait pratiquement rendu folles ses
trois épouses avec ses interrogatoires inquisiteurs et sa manière de
surveiller avec vigilance le moindre détail de leur comportement.
C'était cette même obsession qui éloignait de lui ses amis potentiels.

Continuer de jouer les rôles que l'on a appris
dans son système familial

Il arrive souvent que l'on conditionne les enfants à prendre en charge la souffrance de leurs parents. On les endoctrine tout à fait en leur inculquant la croyance selon laquelle l'amour véritable réside dans le renoncement à leur personnalité propre. Leur rôle dans la famille sera alors celui du *Protecteur,* et ils continueront habituellement de prendre soin des autres toute leur vie durant.

Plus la famille est dysfonctionnelle, plus les rôles qu'on y joue deviennent rigides. Si sa famille a honte de vivre dans la pauvreté, par exemple, l'enfant endossera peut-être un rôle de *Vedette,* de *Héros* ou d'*Héroïne* afin de redonner un sentiment de dignité à sa famille. Si ses parents font preuve d'irresponsabilité, l'aîné deviendra souvent le *Petit Parent* de ses frères et sœurs.

Myriam, une de mes clientes, était ce qu'on appelle une *Enfant Sacrifiée* dans la systémique familiale. L'Enfant Sacrifié, c'est celui qui n'était pas désiré ou dont on n'avait pas planifié la naissance. On bafoue souvent ce genre d'enfant. La plupart du temps, il s'adapte en étant discret, solitaire et sage. Il devient habituellement l'«enfant modèle» de la famille en se conformant et en ne créant de problème à personne.

Petite fille, Myriam s'était toujours parfaitement comportée. Elle avait toujours bien agi. Elle était née de parents encore adolescents, au terme d'une grossesse accidentelle.

Son enfance avait été dépourvue de toute protection et de tout amour paternels. Elle se rappelait que son père, un alcoolique, la maudissait et lui disait qu'il aurait souhaité qu'elle ne voie jamais le jour. Absent la plupart du temps, il avait fini par l'abandonner à peu près complètement alors qu'elle avait une douzaine d'années.

Sa mère l'avait toujours secrètement blâmée de son mariage précipité et du fardeau que constituait pour elle l'irresponsabilité de son mari alcoolique.

Myriam était partie de la maison aussitôt après avoir obtenu son diplôme d'études secondaires et elle avait entrepris une carrière longue et opprimante. Elle avait énormément souffert au travail, et ce, malgré le fait qu'elle avait toujours été à l'image de ce que tout chef d'entreprise appelle une «employée modèle». En trente-cinq ans de service à titre de secrétaire de direction, elle n'avait eu que trois patrons, mais elle décrivait chacun d'eux comme un être vantard, insensible et n'ayant aucun égard pour autrui.

Lorsque Myriam est venue en consultation, sa vie professionnelle s'était détériorée encore davantage. L'entreprise qui l'employait depuis quinze ans venait de fusionner avec une plus grosse. Myriam avait subi une rétrogradation et une baisse de salaire, sans compter qu'elle risquait de perdre son emploi. Son nouveau patron avait vingt ans de moins qu'elle et se montrait arrogant, suffisant et borné. Des années durant, elle s'était levée à 5 h, avait pris le premier autobus pour se rendre au travail et, tous les soirs, elle était rentrée à la maison vers 18 h. Elle n'avait eu à peu près aucune vie personnelle, et voilà que sa vie professionnelle devenait une source de tension constante. Myriam avait fini par comprendre clairement que la nouvelle entreprise voulait se débarrasser de ses employés «âgés».

Lorsque je pensais à la vie de Myriam, je ne pouvais m'empêcher de l'associer mentalement au mythe de Sisyphe — dans lequel, chaque jour de son existence, un homme est condamné à pousser un rocher jusqu'en haut d'une montagne, alors qu'il sait très bien que, une fois arrivé au sommet, le rocher roulera de nouveau jusqu'en bas et qu'il devra tout recommencer depuis le début, jour après jour, année après année.

Myriam n'avait jamais su que d'autres choix s'offraient à elle. Elle s'était égarée dans une relation mystifiée avec ces *pères substituts* qu'étaient ses patrons. En essayant de toujours leur plaire et de faire ce qu'il fallait, elle reproduisait la relation originelle qu'elle avait eue avec un père insensible et inaccessible.

Il y a énormément de gens qui, comme Myriam, reproduisent leurs relations source mystifiées dans le contexte du travail. Leur environnement humain, au bureau, devient alors la réplique exacte de leur famille d'origine. Plus loin dans ces pages, je m'étendrai davantage sur ce sujet.

Saboter son bonheur par loyauté envers ses figures source

Beaucoup de gens sabotent leurs propres chances de bonheur ou de succès juste au moment où les circonstances leur sont le plus favorables. Cette attitude apparemment illogique est due à la culpabilité toxique de l'enfant intérieur blessé.

Une saine culpabilité est nécessaire, car elle nous tient lieu de conscience morale, pour ainsi dire. Mais la culpabilité toxique, quant à elle, est en fait un ensemble de voix intérieures qui nous susurrent que nous n'avons pas le droit de vivre notre vie comme nous l'entendons, pas le droit d'être plus heureux que nos figures source. Ces voix peuvent nous pousser à saboter systématiquement notre bonheur.

Joël, par exemple, était incapable de saisir sa chance. À plusieurs reprises, on lui avait offert un nouvel emploi qui aurait fait progresser sa carrière. Juste au moment où il devait prendre une décision, l'angoisse l'étreignait jusqu'à la nausée. Résultat: il déclinait toujours l'offre qui lui était faite.

Le père de Joël avait travaillé dans la même aciérie pendant trente-cinq ans. Il dénigrait constamment son emploi et affirmait qu'il le conservait uniquement pour pouvoir faire vivre sa famille. À la maison, il se montrait puéril et piquait des colères noires lorsqu'on ne lui donnait pas ce qu'il voulait. «Au moins, je ne jouis pas d'une de ces réussites à la noix!» répétait-il, entre autres rengaines. À d'autres moments, il assoyait Joël à ses côtés et lui faisait de longs et ennuyeux sermons sur la manière de rester à l'affût des nouvelles occasions et d'en tirer profit lorsqu'elles se présentent.

Gisèle accusait constamment son mari d'avoir des aventures, même si ces accusations n'étaient basées sur aucun fait réel. Si elle l'appelait au travail et qu'il ne répondait pas immédiatement, elle en déduisait qu'il y avait quelque chose de louche là-dessous. Si elle entendait un rire de femme parmi les bruits de fond, elle se mettait à hurler après son mari. Après avoir enduré ce genre de comportement pendant dix ans, ce dernier demanda le divorce. Le cœur brisé, Gisèle reconnut qu'*en réalité* son mari lui avait été fidèle. Mais sa mère lui avait répété maintes et maintes fois qu'aucun homme n'est capable de fidélité. «Ce n'est tout simplement pas dans leur nature, disait-elle. C'est plus fort qu'eux. Crois-moi, tu fais mieux de t'attendre au pire.»

Gisèle avait poussé son mari à *prouver que sa mère avait raison*.

Elle avait fini par aller vivre avec sa mère, dont elle partageait l'isolement. Elle s'était assurée de ne jamais être plus heureuse qu'elle.

Rechercher la personne qui soit le contraire d'un parent abhorré… et finir par ressembler parfaitement à ce parent

Marco est venu me consulter parce qu'il avait le sentiment que son mariage le réduisait à l'état de mauviette. Durant les premiers temps de leur vie commune, il aimait que Geneviève, sa femme, se comporte comme une véritable «allumeuse». Elle exhibait son corps et adorait se faire reluquer par les hommes. Au début, Marco trouvait son attitude très excitante mais sa réaction avait changé par la suite, laissant place à des sentiments de honte et d'impuissance. En explorant les relations source du couple, je découvris que la femme de Marco avait été victime d'inceste et qu'elle n'avait reçu aucune aide thérapeutique à la suite de cet abus. À plusieurs reprises, durant son enfance, son père l'avait caressée amoureusement, mais elle refusait d'admettre que ce comportement avait *bel et bien* constitué une forme d'inceste, ce dont j'étais, quant à moi, intimement convaincu. Comme toute victime d'inceste, elle nourrissait un profond sentiment de honte, et la simple idée d'être abandonnée la terrifiait. Son père, un alcoolique aux manières extravagantes, affichait une sexualité quelque peu débridée et elle avait même été témoin d'une de ses aventures. De plus, elle jouait un rôle de confidente et de protectrice auprès de sa mère, une femme terrifiée par l'idée que son mari la quitte. Geneviève avait intégré cette terreur d'être abandonnée.

Le père de Marco était un fanatique religieux, un tyran et un enragé invétéré alors que, de son côté, sa mère était passive et douce. Marco s'était identifié à elle. Il avait été un enfant gauche et effacé, extrêmement renfermé et maladivement timide.

Lorsqu'ils s'étaient rencontrés, à l'université, Marco n'arrivait pas à croire que Geneviève s'intéressait à lui. En réalité, il était exactement le genre d'homme qu'elle cherchait. Si, de son côté,

Geneviève incarnait l'opposé exact de l'humble mère de Marco, le jeune homme, quant à lui, était le contraire parfait du père de Geneviève. Marco adorait Geneviève qui, en s'exhibant sexuellement, se donnait l'assurance que son mari ne sauterait pas la clôture. Le lien conjugal que Marco et Geneviève avaient tissé était le contraire exact de celui de leurs parents.

Paradoxalement, la femme de Marco souffrait d'alcoolisme et avait des aventures *exactement comme son père*. J'ai souvent observé ce schéma dans des couples qui semblaient avoir une relation conjugale exactement contraire à celle de leurs parents: l'un des partenaires, ou les deux, reproduit le comportement du parent pour qui il éprouvait la plus grande aversion. Dans ce cas-ci, la femme de Marco se comportait exactement comme son père, qu'elle méprisait consciemment, tandis que Marco jouait le même rôle que sa mère, à qui il s'était fortement lié mais qui lui inspirait secrètement de la pitié et du mépris.

Tous les comportements trompeurs dont je viens de parler tirent leur origine de la mystification.

QUESTIONNAIRE SUR LA MYSTIFICATION

Je crois que chacun d'entre nous est mystifié jusqu'à un certain point et que personne ne répond pleinement à l'appel de la vie. Il semble néanmoins qu'une existence particulièrement bien remplie soit le fait des personnes les moins mystifiées. Jusqu'à quel point répondez-vous pleinement à la vie? Évaluez votre degré de mystification en cochant la réponse appropriée à chacune des questions suivantes.

L'amour et les relations interpersonnelles en général

1. L'amour signifie s'oublier soi-même et mettre ses besoins de côté pour satisfaire ceux de l'autre.
   1. _____ Jamais   2. _____ À l'occasion
   3. _____ Fréquemment 4. _____ Presque toujours

2. Je pense que la «bonne» personne se présentera un jour pour peu que je sois prêt à l'attendre.
   1. _____ Jamais   2. _____ À l'occasion
   3. _____ Fréquemment 4. _____ Presque toujours

3. Je crois que, grâce à mon amour pour quelqu'un, je peux en arriver à changer son comportement.
   1. _____ Jamais   2. _____ À l'occasion
   3. _____ Fréquemment 4. _____ Presque toujours

4. Je «tombe en amour» rapidement avec des amants potentiels.
   1. _____ Jamais   2. _____ À l'occasion
   3. _____ Fréquemment 4. _____ Presque toujours

5. Je continue d'entretenir des relations même lorsqu'elles ont depuis longtemps cessé d'être une source de croissance.
   1. _____ Jamais   2. _____ À l'occasion
   3. _____ Fréquemment 4. _____ Presque toujours

6. J'ai subi des sévices physiques ou sexuels de la part de quelqu'un que j'aimais (ces mauvais traitements incluent l'abandon et la négligence).
   1. _____ Jamais   2. _____ À l'occasion
   3. _____ Fréquemment 4. _____ Presque toujours

7. J'ai infligé des sévices physiques ou sexuels à quelqu'un que j'aimais.
   1. _____ Jamais   2. _____ À l'occasion
   3. _____ Fréquemment 4. _____ Presque toujours

Le rôle de parent

8. Je crois que l'engagement que l'on prend avec ses enfants est plus important que celui que l'on prend avec un conjoint ou un ami.
   1._____ Jamais   2._____ À l'occasion
   3. _____ Fréquemment 4._____ Presque toujours

9. Je pense que l'on est censé aimer ses parents plus que toute autre personne.
   1._____ Jamais   2._____ À l'occasion
   3. _____ Fréquemment 4._____ Presque toujours

10. On m'a accusé d'exercer un contrôle excessif sur mes enfants.
    1._____ Jamais   2._____ À l'occasion
    3. _____ Fréquemment 4._____ Presque toujours

Le moi

11. Lorsque mes relations interpersonnelles ne marchent pas, je me perçois comme un raté.
    1._____ Jamais   2._____ À l'occasion
    3. _____ Fréquemment 4._____ Presque toujours

12. Je me compare aux autres.
    1._____ Jamais   2._____ À l'occasion
    3. _____ Fréquemment 4._____ Presque toujours

L'amitié

13. J'ai eu, dans le passé, de la difficulté à établir de bonnes relations d'amitié.
    1._____ Jamais   2._____ À l'occasion
    3. _____ Fréquemment 4._____ Presque toujours

14. J'éprouve des difficultés à entretenir des relations d'amitié.
1. _____ Jamais   2. _____ À l'occasion
3. _____ Fréquemment 4. _____ Presque toujours

15. Dans mon échelle de valeurs, les relations d'amitié occupent le bas de l'échelle parmi toutes les autres formes de relation. (En répondant, observez votre comportement réel.)
1. _____ Jamais   2. _____ À l'occasion
3. _____ Fréquemment 4. _____ Presque toujours

L'amour conjugal

Cette section concerne toute relation fondée sur l'engagement mutuel (couples homosexuels ou hétérosexuels, conjoints de fait ou époux légitimes).

16. Mon partenaire m'a déjà accusé de trop chercher à dominer.
1. _____ Jamais   2. _____ À l'occasion
3. _____ Fréquemment 4. _____ Presque toujours

17. Ma relation de couple est exempte de conflits.
1. _____ Jamais   2. _____ À l'occasion
3. _____ Fréquemment 4. _____ Presque toujours

18. J'ai des secrets (des choses dont j'ai honte, des fantasmes sexuels, par exemple) dont je ne parle jamais à mon partenaire.
1. _____ Jamais   2. _____ À l'occasion
3. _____ Fréquemment 4. _____ Presque toujours

19. Je crois que la «lune de miel» peut durer toujours si on fait des efforts dans ce sens.
1. _____ Jamais   2. _____ À l'occasion
3. _____ Fréquemment 4. _____ Presque toujours

Dieu

20. Je peux savoir ce que la volonté de Dieu est pour moi.
    1. _____ Jamais   2. _____ À l'occasion
    3. _____ Fréquemment 4. _____ Presque toujours

21. Dieu nous punit pour nos échecs d'ordre amoureux.
    1. _____ Jamais   2. _____ À l'occasion
    3. _____ Fréquemment 4. _____ Presque toujours

Le monde

22. Mon travail est plus important que toute relation interpersonnelle (le travail, c'est la survie matérielle).
    1. _____ Jamais   2. _____ À l'occasion
    3. _____ Fréquemment 4. _____ Presque toujours

23. L'action politique est une perte de temps. (Pensez ici aux gestes concrets que vous faites. Combien de temps consacrez-vous effectivement à l'action politique?)
    1. _____ Jamais   2. _____ À l'occasion
    3. _____ Fréquemment 4. _____ Presque toujours

24. Je crois que la terre et toutes ses richesses sont là pour l'usage et le plaisir des êtres humains.
    1. _____ Jamais   2. _____ À l'occasion
    3. _____ Fréquemment 4. _____ Presque toujours

25. Dans mon échelle de valeurs, le patriotisme occupe le deuxième rang, juste après Dieu.
    1. _____ Jamais   2. _____ À l'occasion
    3. _____ Fréquemment 4. _____ Presque toujours

Pour calculer votre résultat, additionnez les chiffres correspondant à chacune des vingt-cinq réponses que vous avez cochées.

Si vous avez:	*Votre mystification est:*
de 25 à 35	négligeable.
de 36 à 55	légère.
de 56 à 70	plutôt profonde.
de 71 à 90	très profonde.
de 91 à 100	grave.

Ce test n'a aucune prétention scientifique. Il est entièrement basé sur mon expérience et mes convictions personnelles en ce qui concerne l'amour et les relations. Si vous partagez les mêmes convictions que moi, peut-être aurez-vous envie de prendre ce test très au sérieux. Les deux plus hauts niveaux de mystification (très profonde ou grave) indiquent que vous êtes dans une *transe,* que vous vivez votre vie présente en ayant une partie de vous qui reste enchaînée au passé. Votre vie n'est qu'un perpétuel «recyclage» des problèmes dont vous avez souffert durant l'enfance. Si vous ne faites rien pour sortir de votre mystification, il se pourrait que vous l'emportiez jusque dans la tombe en n'ayant jamais su qui vous étiez vraiment. Vous pourriez vivre toute votre vie sans être jamais complètement né. Personnellement, je ne connais pas de pire tragédie.

Chapitre 2

Les sources de l'amour mystifié

Aucun problème social n'est aussi universel que l'oppression de l'enfant [...]. Jamais aucun esclave n'a été la propriété de ses maîtres autant que l'enfant l'est pour ses parents [...]. Jamais on n'a autant passé outre aux droits de l'homme que dans le cas de l'enfant.

MARIA MONTESSORI

Le père n'a donné à sa fille qu'une acceptation conditionnelle — la condition étant qu'elle se plie à l'idée fantasque qu'il se faisait d'elle. À son grand désarroi, elle avait compris qu'elle se sentait aimée uniquement lorsqu'elle n'était pas elle-même.

JOEL COVITZ

Un jour, en compagnie de Wayne Kritzberg — un spécialiste qui fait œuvre de pionnier auprès des adultes enfants —, je marchais dans le stationnement du Grand Hotel de Houston, au Texas. Nous discutions ferme des méthodes visant à guérir l'enfant intérieur lorsque, soudainement, un gros sac d'ordures tomba du ciel et vint s'écraser sur la chaussée, juste à côté de nous. Le sac en question venait probablement d'un étage supérieur du parking, mais sur le moment, j'eus l'impression qu'il avait surgi de nulle part. Sans m'arrêter une seconde, je passai à côté du sac en continuant de parler normalement. Wayne s'arrêta tout net et, avec un certain emportement, s'exclama: «Mais d'où cette chose est-elle venue?»

C'est seulement à ce moment-là que je me rendis compte que les sacs à ordures ne tombent pas comme ça de nulle part. La réaction de Wayne avait été de loin plus adéquate que la mienne. Plus tard, j'ai compris en un éclair que mes premières expériences de vie dans une famille aux prises avec un problème d'alcoolisme m'avaient conditionné à considérer les sacs d'ordures tombant mystérieusement du ciel comme quelque chose de très banal. Rien qui méritait qu'on aille jusqu'à interrompre le cours d'une conversation!

Cet incident illustre bien à quel point ce que nous vivons dans notre famille d'origine a le pouvoir de nous mettre en état de transe. En fait, *nous finissons par considérer comme normal* tout le contexte dans lequel nous avons été élevés.

Notre enfance est comme l'air que nous respirons: nous la tenons pour acquise. À l'instar des poissons qui ignorent vivre dans l'eau jusqu'à ce qu'on les en retire, nous n'avons pas conscience de ce qui baigne notre enfance. L'analogie est boiteuse, mais elle donne une idée de ce que je veux dire. Notre milieu nous encadre à un point tel qu'il nous semble aller de soi. Nous ne pouvons le connaître que lorsque nous en sommes extraits.

Ce n'est que lorsque nous prenons suffisamment de distance avec notre famille d'origine que nous sommes en mesure de la voir objectivement et de comprendre les répercussions profondes qu'elle a eues sur nous. Or il y a plusieurs manières de quitter sa famille d'origine.

Nous pouvons la quitter physiquement, quoique cette manière soit la moins significative si nous lui sommes encore extrêmement attachés sur le plan émotionnel.

Nous pouvons également laisser tomber les rôles rigides que nous y jouions ou transgresser les règles que nous y avons apprises. Je parlerai plus longuement des règles et des rôles familiaux dans le présent chapitre.

Je crois cependant que la démarche appelée l'«expression de la première souffrance» constitue le moyen le plus efficace et le plus spectaculaire de quitter notre famille d'origine. La «première souffrance» renvoie aux émotions que, enfants, nous avons dû refouler soit parce qu'il nous semblait dangereux de les exprimer, soit parce que nous souffrions d'un traumatisme grave. Ces émotions refoulées nous enchaînent au climat affectif de la famille, lequel est principalement créé par les émotions de notre mère et de notre père. Mais lorsque nous en arrivons à éprouver notre propre chagrin et notre propre colère, *nous nous réconcilions avec nous-mêmes*. C'est en éprouvant nos propres émotions et sentiments que nous rompons avec le climat affectif de la famille.

En ce qui me concerne, je suis passé au stade actuel de ma croissance personnelle après avoir consacré plusieurs années à l'expression de ma première souffrance. Au fur et à mesure que je me distanciais du climat émotionnel qui prévalait dans ma famille d'origine, j'ai commencé à comprendre clairement que ce qu'on m'y avait appris à considérer comme des modèles d'amour n'était pas de l'amour du tout. Je ne veux pas dire par là que mes grands-parents, mes parents, mes tantes et mes oncles étaient incapables d'aimer. D'un point de vue subjectif, je peux affirmer que plusieurs d'entre eux aimaient avec passion et de manière désintéressée. Dans l'introduction, par exemple, j'ai évoqué la grande force d'amour qu'avait ma mère. Il n'en reste pas moins que j'en suis arrivé à comprendre que, objectivement parlant, ce que les membres de ma famille appelaient «amour» n'était qu'une forme d'amour imparfaite et partielle. En fait, je crois maintenant que, sous plusieurs aspects, les règles *normales* auxquelles obéissaient la plupart des parents responsables, durant mon enfance, étaient abusives.

Enfant, je n'ai jamais mis en doute les croyances sur l'amour et la façon d'aimer que l'on me donnait en exemple. Ils constituaient pour moi une grammaire à partir de laquelle j'élaborais mon langage de l'amour. Lorsque ce langage me trahissait (ce qu'il a à peu près toujours fait), j'en déduisais que quelque chose n'allait pas en *moi*. La honte toxique me submergeait déjà, aussi ne m'est-il jamais venu à l'esprit que *toute ma conception de l'amour était mystifiée*. J'ai le sentiment que la plupart des gens véhiculent une conception de l'amour qu'ils n'ont jamais remise en question. Ceux dont la vie amoureuse s'est cruellement appauvrie déploient toute leur éloquence pour parler de la nature de l'amour. Tous et chacun semblent croire qu'ils *savent* ce qu'est l'amour. *Il leur vient rarement à l'esprit que s'ils échouent en amour, c'est parce que ce qu'ils croient être de l'amour n'est pas du tout de l'amour.*

LA MYSTIFICATION CULTURELLE

Depuis ses débuts, ou presque, la psychothérapie fonctionne comme si les problèmes émotionnels d'un sujet prenaient naissance à l'intérieur même de sa psyché. C'est évidemment à l'intérieur de soi-même que l'on *ressent* les effets de la mystification et de la honte toxique, mais il n'en reste pas moins que la mystification et la honte toxique résultent de ce qui, *à l'origine, a été vécu sous forme de transactions interpersonnelles.* En fait, la honte toxique prend naissance dans les toutes premières relations du sujet, à l'extérieur de sa psyché.

Ainsi, en ce qui a trait à l'art d'aimer, par exemple, les premières règles que j'ai apprises m'ont été inculquées par ma famille, mais la plupart de ces règles étaient basées sur les enseignements de notre culture patriarcale.

Les lois du patriarcat

Le dictionnaire définit le patriarcat comme «une forme d'organisation sociale dans laquelle l'homme exerce le pouvoir dans le domaine politique, économique, religieux, ou détient le rôle dominant au sein de la famille, par rapport à la femme». Le terme «patriarche» remonte jusqu'aux pères du judéo-christianisme, Abraham, Isaac et Jacob, et il est souvent utilisé pour désigner le fondateur d'une religion, d'un clan ou d'une race. Un roi est également un patriarche. Le patriarcat est caractérisé par la domination et le pouvoir mâles. Dans le système patriarcal, les femmes et les enfants n'ont aucun droit civil. La plus grande partie de l'histoire de l'humanité qui est parvenue jusqu'à nous a été dominée par le patriarcat.

Dans les temps reculés, lorsque la vie était plus ardue et que la sécurité de base était une préoccupation constante pour tous les êtres humains, le patriarcat fonctionnait. En se regroupant ensemble sur la base des liens du sang, les individus assuraient leur survie. Autrefois, les familles cherchaient également à se mettre sous la protection d'un roi ou d'un seigneur puissants. Puisque leur survie dépendait de leur roi, l'obéissance et la loyauté qu'ils devaient lui témoigner étaient essentielles. Voilà deux cents ans, la Révolution française et la Révolution américaine ont commencé à nous faire sortir de notre transe patriarcale collective. Mais, encore de nos jours, les lois du patriarcat régissent la plupart des systèmes religieux, scolaires et familiaux à travers le monde.

Voici quelles sont, à mon avis, les lois du patriarcat les plus nuisibles:

- L'obéissance aveugle. On doit obéir à un ordre, peu importe sa teneur, parce que l'obéissance est vertueuse en soi. C'est le fondement même du patriarcat. Si l'on en croit la tradition judéochrétienne, Abraham a emmené son fils sur la montagne pour le tuer, obéissant ainsi à un ordre de Dieu. Dans le pur patriarcat, la soumission est considérée comme vertueuse même si elle implique de tuer son propre enfant. Cet exemple illustre le point capital de l'obéissance aveugle. Aucun souverain ne pourrait demander un système d'assujettissement plus parfait que celui-là ou concevoir un meilleur plan pour obtenir de ses sujets une soumission totale à ses lois. Dans le contexte religieux et familial, on incite les individus à se soumettre aveuglément aux règles et à l'autorité du chef. Et *l'une de ces règles exige qu'on ne mette jamais les règles en question.* Le moindre doute au sujet d'une règle est considéré comme de la désobéissance.

- La répression de toutes les émotions, sauf la peur. La colère est particulièrement répréhensible. Or lorsqu'on n'est plus capable de se mettre en colère, on se transforme en chiffe molle, en «gentil» désireux de faire plaisir à tout le monde. On devient si gentil que l'on n'a plus la colère nécessaire pour se tenir debout et défendre ses convictions.

- La destruction de la volonté individuelle. Le patriarcat déteste les enfants têtus et exubérants. Ils sont trop difficiles à contrôler. En détruisant la volonté de l'enfant, on le laisse devant deux choix: se conformer ou se rebeller. Cette polarisation constitue le dilemme fondamental de tous les adultes enfants.

- La répression de toute idée qui se démarque de la manière de penser des figures d'autorité.

Fait aussi étrange que paradoxal, ces lois sont restées en place alors même que *la démocratie progressait un peu partout.* Tandis que l'on créait des structures démocratiques dans les autres domaines, personne ne semblait remarquer que le monde de l'enfance vivait toujours sous un régime autocratique.

La fin de la Deuxième Guerre mondiale a donné lieu à une prise de conscience majeure. Je pense ici au procès de Nuremberg, qui a marqué un tournant décisif dans l'histoire de l'humanité. On a dit aux criminels de guerre nazis qu'ils ne pouvaient pas proclamer leur innocence en se basant sur le fait qu'ils avaient obéi aux autorités de leur pays. On a pu constater que, de toute évidence, les hommes qui passaient en jugement ne se considéraient pas comme des êtres mauvais. Dans bien des cas, ils avaient appris la stricte obéissance chrétienne. Ils avaient grandi en se conformant au bon vouloir de l'autorité. Les châtiments physiques faisaient partie intégrante de leur éducation. En bref, ces hommes étaient des spécimens parfaits du patriarcat le plus pur.

Le phénomène nazi a mis en relief le danger inhérent aux lois patriarcales qui régissent l'éducation des enfants. Tant et aussi longtemps que ces lois seront prédominantes dans ce domaine, le totalitarisme demeurera toujours possible. Erik Erikson soutient que «le fantôme d'Hitler compte sur elles».

C'est par le biais de leur éducation patriarcale que mon père, ma mère et mes proches parents ont appris que l'amour devait être fondé sur le pouvoir, le contrôle, le secret, la honte, le refoulement des émotions ainsi que sur le renoncement à sa propre volonté et à ses propres pensées au profit de la volonté et des pensées de quelqu'un d'autre. Or ce ne sont pas les bases d'un amour humain normal.

Je dois préciser, cependant, que le patriarcat n'est pas uniquement le fait de la domination mâle. Les lois patriarcales peuvent aussi bien être appliquées par des femmes que par des hommes. En réalité, de nombreuses femmes ayant grandi dans une famille patriarcale se révèlent aussi dominatrices et répressives que leurs modèles masculins. Les petits garçons élevés par ce genre de femmes risquent d'être gravement atteints dans leur masculinité.

Le patriarcat ne réussit pas toujours aux hommes, mis à part ceux qui occupent les échelons supérieurs du pouvoir. Les pères patriarcaux se montrent particulièrement sévères en ce qui a trait à l'identité de leurs fils.

Mais en général, le patriarcat bafoue particulièrement les femmes.

Tous les modèles de rôles masculins et féminins que j'ai eus sous les yeux durant mon enfance étaient façonnés d'après les valeurs du patriarcat. Mon grand-père, par exemple, était un homme bon et doux, mais il possédait un savoir plutôt limité. Personne dans ma famille n'a jamais mis en doute son opinion, même lorsque l'on n'était pas d'accord avec lui. Il ne m'est pas arrivé une seule fois d'exprimer un sentiment contraire à ce qu'il attendait de moi.

Ma mère, quant à elle, a été élevée pour devenir une femme d'intérieur. Lorsque, par nécessité, elle dut aller travailler à l'extérieur du foyer, elle s'est sentie diminuée en tant que femme. La structure patriarcale du monde du travail l'a empêchée de mener une vie décente.

Je me souviens qu'une de mes clientes avait subi une grave oppression à cause de son sexe. Au départ, son père était déçu qu'elle soit une fille. Elle avait trois ans lorsque sa mère donna naissance à des jumeaux. Les deux petits garçons devinrent rapidement les préférés de la famille et captèrent toute l'attention. Le père croyait que les femmes qui faisaient des études perdaient leur temps. Il avait même précisé à ma cliente qu'il considérait les femmes comme inférieures. Il l'avait obligée à travailler dès l'âge de douze ou treize ans afin qu'elle l'aide à payer les études universitaires des jumeaux. Plus tard, ma cliente a pu décrocher un diplôme en suivant des cours du soir. Au début de sa carrière, elle a rencontré plusieurs obstacles dus au chauvinisme mâle. Elle a été victime de harcèlement sexuel et s'est vu refuser une promotion pour avoir repoussé les avances de son patron. Les messages qu'on lui avait envoyés se résumaient à ceci:

De son père: il y a quelque chose qui cloche en toi, et c'est ton sexe. Je t'aurais aimée davantage si tu n'avais pas été une fille.

De sa culture: les hommes sont plus importants que les femmes. Ils ont une valeur supérieure. Les femmes sont dignes d'estime uniquement lorsqu'elles satisfont les besoins des hommes.

Même si elle n'avait pas eu pour père un homme dominateur et attaché aux valeurs patriarcales, ma cliente aurait vécu dans la mystification simplement parce qu'elle était une femme.

Nous recevons tous en héritage une mystification culturelle plus ou moins profonde. Comment pourrait-il en être autrement? Dès notre naissance, nous sommes évalués. Et mieux vaut être à la hauteur. Une évaluation implique toujours une certaine injustice. Être évalué et ne pas se montrer à la hauteur équivaut pratiquement à se croire imparfait, foncièrement insuffisant. C'est ce profond sentiment d'insuffisance, cette blessure de l'être, que j'appelle «honte toxique». Personne n'y échappe entièrement.

LA MYSTIFICATION FAMILIALE

Nos parents nous ont transmis les valeurs culturelles dominantes mais, à l'origine, nous ignorions ce fait. Pour la première fois, enfants, nous faisions l'expérience d'une Puissance supérieure par l'entremise de notre père et de notre mère. Ils étaient des dieux pour nous. Ils savaient tout. Nous n'avions aucune raison de nous en méfier, du moins pas au début.

Nous sommes nés avec le sentiment inconscient d'être intègres et reliés à tout. Il n'y avait aucune division en nous ou à l'extérieur de nous. Nous ne faisions qu'un avec nous-mêmes et avec le monde extérieur.

Tant que nous ne faisions qu'un avec notre figure source maternelle, nous étions inconscients. Nous devions apprendre à nous connaître consciemment et, pour ce faire, nous avions besoin de voir notre image se refléter dans le *visage miroir* de notre mère. Nous avions besoin d'être acceptés et reflétés *exactement comme nous étions,* car toutes les images de nous-mêmes que nous renvoyait notre mère constituaient notre moi original; si elle rejetait une quelconque partie de nous-mêmes, nous rejetions cette partie nous aussi. Si elle rejetait tout ce qui faisait partie de nous-mêmes, si elle ne nous désirait pas, nous nous rejetions complètement. Nous nous sentions vides et sans valeur.

La mort psychologique

Au fur et à mesure que nous avons grandi, plusieurs autres besoins de dépendance inhérents à notre développement se sont manifestés. Nous avions besoin d'être touchés, étreints, nourris et vêtus; d'exprimer notre curiosité, de vivre tous nos sentiments, besoins et désirs; d'être soutenus et encouragés; d'être encadrés par une structure sécurisante à l'intérieur de laquelle nous pouvions apprendre et croître. Mais *ce dont nous avions le plus grand besoin, c'était qu'on nous permette de nous séparer,* d'être différents de nos figures source. La séparation nous permettait de nous individualiser et de nous actualiser.

Si nous n'avions pas effectué cette séparation, nous n'aurions pu d'aucune façon nous donner une *seconde* naissance, ou naissance psychologique. Ne pas se séparer, c'est-à-dire ne pas couper le lien qui nous rattachait à notre source maternelle, aurait signifié *la mort psychologique.* La mort psychologique est monnaie courante. À ce sujet, David Cooper, un psychiatre existentiel, écrit que:

Certaines personnes, en fait, plusieurs personnes, *ne sont jamais nées* ou, plus généralement, disons que leur naissance n'a été qu'un événement obscur et que leur vie n'est qu'une forme d'existence précaire.

Ne jamais être tout à fait né psychologiquement, voilà ce que j'appelle être *mystifié.* L'incapacité de renaître constitue le premier niveau de mystification et le plus profond.

Il y a des *degrés* à cette incapacité de renaître. Certains individus se séparent mais uniquement de manière conditionnelle. Le message qu'ils ont reçu se résumait à ceci: «Je te permets de te séparer de moi à condition que tu m'honores et que tu me fasses toujours plaisir (ou à condition que tu deviennes ce que je veux que tu sois ou encore à condition que tu soignes ma souffrance).»

Certains sont totalement incapables de se séparer. Ils ont subi des sévices physiques, sexuels ou émotionnels si graves qu'ils confondent leur moi authentique avec celui de l'individu qui les a maltraités. C'est ce qu'on observe le plus souvent chez les délinquants notoires. Ils agressent les autres exactement de la manière dont ils ont été agressés. Ils ont perdu leur moi lorsqu'ils ont subi différentes formes de sévices et ils se sont identifiés à leur agresseur. Ils se sont con*fondus* avec lui.

D'autres individus, et c'est le cas de plusieurs d'entre nous, n'ont jamais complètement renoncé à leur vrai moi mais l'ont plutôt dissimulé. Ils se sont rendu compte qu'on les aimait et les estimait seulement *quand ils n'étaient pas eux-mêmes.* Dans son émouvant essai intitulé *Emotional Child Abuse,* Joel Covitz parle d'une femme qui avait vécu plusieurs relations destructrices dans lesquelles elle avait fait preuve d'une grande soumission à l'égard de ses partenaires successifs. Au bout du compte, lorsqu'elle demanda de l'aide, elle découvrit que son père, un homme rigide et autoritaire, était à la source de ses problèmes. Avant même qu'elle voie le jour, il avait déterminé ce que serait la vie de sa fille et il exigeait qu'elle réalise rigoureusement ce qu'il avait imaginé pour elle. «À son grand désarroi, elle avait compris qu'*elle se sentait aimée uniquement lorsqu'elle n'était pas elle-même»*, écrit Covitz.

En lisant le passage que j'ai mis en italiques, j'avais la gorge serrée. Je savais exactement ce que cela signifiait. Et j'ai le sentiment que vous le savez, vous aussi. Un grand nombre d'entre nous connaissent ce faux amour, conditionnel et avilissant. C'est en lui que s'enracine notre propre amour mystifié. Il s'agit là du deuxième niveau de mystification: *sentir et croire que l'on est digne d'amour uniquement lorsque l'on n'est pas soi-même.* Cette blessure n'est pas aussi profonde que celle causée par une incapacité à venir au monde psychologiquement, mais elle est assez grave. Suffisamment grave pour étriquer notre vie au point que nous ne connaissions plus qu'«une forme d'existence précaire».

LES HUIT BLOCAGES QUI EXPLIQUENT LA MYSTIFICATION

Comme il est impossible de comprendre d'un seul coup toutes les sources de la mystification dont souffre notre enfant intérieur blessé, je vous demande de garder l'esprit ouvert. Il y a au moins huit formes de blocage qui peuvent nous aider à reconnaître la vérité:

1. Encore aujourd'hui, nous sommes mystifiés jusqu'à un certain point, toujours plongés dans notre ancienne transe et jouant encore le rôle dont notre système familial avait besoin pour maintenir son équilibre interne et son emprise sur nous.

2. Les lois patriarcales ayant régi notre éducation ont écrasé notre *volonté.* Nous avons appris que l'obéissance était vertueuse en soi et qu'il fallait obéir à tout adulte simplement parce qu'il était un adulte. Nous nous sommes alors retrouvés devant deux options: adhérer et nous soumettre servilement à ces croyances en renonçant à notre volonté ou devenir des révoltés compulsifs mus par un besoin maladif de contester toute règle et toute figure d'autorité.

3. Dès la prime enfance, nous avons, pour la plupart, été humiliés lorsque nous exprimions des sentiments de curiosité, d'exaltation, de joie, de peur, de tristesse et particulièrement de colère autoprotectrice. Afin de nous protéger de cette douloureuse honte, nous avons appris à engourdir nos sentiments. Nous sommes devenus tellement engourdis que nous ne savons plus ce que nous ressentons ni qui nous sommes vraiment.

4. Nous avons appris en très bas âge à ne pas penser par nous-mêmes. Nos idées et nos opinions étaient dénigrées ou méprisées. Résultat: nous n'avons plus confiance en elles.

5. Nos besoins ont également été méprisés, particulièrement notre besoin d'être soutenus et renforcés. De plus, on nous a couverts de honte lorsque nous exprimions notre peine. Le chagrin est un sentiment qui guérit. Plusieurs de nos blessures ne se sont jamais cicatrisées parce que nous n'avons pas pu pleurer.

6. Le mépris de nos désirs, de nos sentiments, de nos pensées et de nos besoins nous a prédisposés à la confusion et à la mort psychologiques. Ainsi privés de nos facultés naturelles, nous ne pouvons pas vraiment savoir ce qui nous est arrivé.

7. Nous avons appris que nous déshonorerions nos parents si nous critiquions, ne serait-ce que mentalement, leur façon d'agir. On

nous a inculqué l'ultime règle parentale: *ne jamais mettre en doute les principes sur lesquels nos parents s'appuient pour nous élever.*

8. Nous avons été conditionnés à prendre en charge la vie que nos parents n'ont pas vécue. Nous avons été enchevêtrés à leurs déceptions, à leur sentiment de vide et à la souffrance non résolue qu'ils portaient en eux depuis que, enfants, ils avaient subi des mauvais traitements. Nous ne pouvions d'aucune manière nous séparer d'eux, pas plus que nous n'avions le loisir de développer nos facultés naissantes.

Selon votre degré de mystification, chacun de ces blocages aura été un facteur plus ou moins déterminant pour vous.

LA FAMILLE EN TANT QUE SYSTÈME SOCIAL RÉGI PAR DES LOIS

Riche du nouveau savoir qu'elle a acquis durant les quarante dernières années, la psychologie est maintenant en mesure de nous montrer à quel point nous n'avons toujours pas conscience de la mystification culturelle transmise par notre famille. Ce nouveau savoir peut également vous aider à comprendre comment votre famille, en tant que système social régi par des lois, a créé un état d'esprit collectif semblable à un état de transe qui fait obstacle à votre compréhension de la mystification.

La famille constitue un système dans lequel chaque individu est affecté par tous les autres individus. Le tout, pourrait-on dire, est plus grand (ou produit davantage d'effet) que n'importe quelle combinaison de ses parties. Un trouble quelconque dans la principale relation, c'est-à-dire le lien conjugal, affectera la capacité des autres membres de la famille à combler leurs besoins. Ce trouble peut être relié à la pauvreté, à des problèmes d'accoutumance, à la maladie mentale ou physique, à un suicide, à un décès ou à toute autre tragédie. Tout facteur provoquant de la détresse chez un membre de la famille affectera le système familial au complet. Plus la détresse est grande, plus les membres en deviennent obsédés. *La détresse induit un état de transe parce qu'elle provoque une fixation mentale et diminue l'éventail de choix.* Plus il y a de la détresse, plus la transe devient possible.

La famille opérationnelle

Pour mieux comprendre ce qui caractérise la famille opérationnelle, nous devons réfléchir au sens du mot «responsabilité». Ce terme vient du mot latin *respondere* qui a d'abord signifié «s'engager en retour» puis, plus récemment, «répondre». Ainsi, je définirais la responsabilité comme une *habileté* à fournir une réponse. Au départ, une famille opérationnelle est fondée par des personnes opérationnelles. Les personnes opérationnelles ont la capacité de répondre mutuellement à leurs sentiments, à leurs besoins, à leurs pensées et à leurs désirs. Par conséquent, dans une famille opérationnelle, tous les membres ont le loisir d'exprimer ce qu'ils ressentent, ce qu'ils pensent, ce qu'ils désirent et ce dont ils ont besoin. On y résout les problèmes directement et efficacement.

J'ai connu un pasteur dont la famille illustrait de manière vivante ce qu'est pour moi une famille opérationnelle. Un de ses trois enfants avait péri dans un accident tragique à l'âge de six ans. Il avait touché un fil électrique laissé à nu par des ouvriers qui effectuaient des rénovations et il était mort électrocuté pendant que le reste de la famille assistait, impuissante, à la scène. Les deux autres enfants, une petite fille et un petit garçon qui avaient respectivement trois et quatre ans à l'époque, avaient été profondément affectés par la mort de leur frère. Quant au pasteur et à sa femme, ils avaient eu le cœur brisé.

Je les ai rencontrés tous deux lors d'un atelier offert aux pasteurs et à leur conjointe. Plus tard, pendant les deux heures que devait durer notre trajet vers un aéroport, ils m'ont raconté leur histoire. C'est à ce moment que j'ai su que toute la famille avait amorcé un travail de deuil en thérapie. Le père et la mère faisaient partie d'un groupe d'entraide pour les parents en deuil d'un enfant. Les enfants, quant à eux, s'étaient intégrés à un groupe de leur âge. On les aidait à traverser les différentes étapes du deuil. Ils entamaient la *troisième année* de leur démarche.

De temps à autre, tous les membres de la famille se réunissaient et se mettaient à l'écoute les uns des autres. Les sentiments de chacun étaient valorisés et reflétés. Les besoins uniques de chacun étaient pris en considération. La plus jeune, par exemple, s'exprimait mieux en transposant ses sentiments avec ses poupées. Comme elle n'avait que trois ans au moment de l'accident, elle ne pouvait pas comprendre la finalité de la mort. Elle était en colère que son frère reçoive autant d'attention et qu'il ne soit plus là pour jouer avec elle. L'aîné se sentait désorienté et effrayé. Sa capacité de comprendre la finalité de la mort était plus développée. Il avait énormément besoin du soutien du groupe et de l'affection de ses parents.

Le pasteur et sa femme prenaient également le temps de s'écouter l'un l'autre et de s'exprimer mutuellement leurs sentiments. Ils devaient composer avec un sentiment de culpabilité, avec la peur d'avoir négligé d'une façon ou d'une autre la surveillance de l'enfant. Ils m'ont raconté comment, au début, ils s'étaient mutuellement jeté le blâme et à quel point ils s'étaient blâmés dans leur for intérieur.

J'étais profondément impressionné. J'avais devant moi une famille dans laquelle chaque membre recevait le soutien dont il avait besoin pour faire face et répondre à un événement tragique qui avait affecté sa vie. Malgré son immense deuil, cette famille était vraiment *opérationnelle*.

La famille dysfonctionnelle

Je pense à une de mes clientes, dont la famille avait dû affronter la perte d'un enfant. Elle avait onze ans lorsque son frère, un adolescent qu'elle idolâtrait, s'était suicidé. Sa famille faisait partie de la haute société et était très soucieuse de son image. Tous les membres avaient honte de ce suicide et avaient fait tout ce qu'ils pouvaient pour le cacher. Ma cliente n'avait même pas eu la permission d'aller aux funérailles de son frère. Personne ne lui avait parlé de son frère ni de sa mort.

Plus tard, elle épousa un homme très religieux qu'elle adorait. Cependant, elle et son mari ne se parlaient jamais de ce qui les préoccupait vraiment sur le plan personnel. Le mari citait fréquemment les Écritures et philosophait sur tout. Ma cliente se faisait beaucoup de soucis au sujet de leur enfant, une petite fille schizophrène. Lorsqu'elle avait essayé d'en discuter avec son mari, celui-ci était devenu très silencieux et avait suggéré de prier pour l'enfant. Non seulement il refusait de venir en consultation, mais il s'opposait à ce que sa femme voie un thérapeute, affirmant que Jésus était la réponse aux difficultés de leur fille et que c'était en lisant les Saintes Écritures qu'ils trouveraient une solution à tous leurs problèmes.

Ma cliente était aussi seule qu'on puisse l'être. Sa vie d'adulte la plongeait dans la confusion, exactement comme cela avait été le cas de sa vie d'enfant. Durant son enfance, sa famille avait fui la tragédie du suicide en en faisant un secret que chacun avait dû enfouir en soi-même. À l'âge adulte, elle avait trouvé un mari qui se servait de la religion comme d'une sorte de drogue susceptible de modifier son humeur et qui fuyait toute chose désagréable en citant les Saintes Écritures et en allant à l'église.

Ma cliente allait à l'église avec son mari. Ils avaient l'air d'une famille heureuse. En réalité, ils formaient une famille très dysfonctionnelle. Ils n'apportaient pas de réponses à leurs problèmes. Ils ne tenaient pas compte de leurs sentiments ni de leurs besoins. Ce genre de dysfonction est caché: à l'extérieur, tout semble baigner dans l'huile, mais à l'intérieur rien ne va plus. Les problèmes demeurent non résolus.

La honte naturelle ou saine

La famille opérationnelle est fondée par des parents qui sont en contact avec une honte saine. La honte est une émotion humaine innée. Elle a pour fonction de nous signaler nos limites humaines, notre finitude. Notre humanité s'enracine dans nos limites. Être humain, c'est commettre des erreurs, avoir besoin d'aide et savoir qu'il y a quelque chose de plus grand que soi-même, une Puissance supérieure.

La honte normale est une composante essentielle de la condition humaine. La conscience de nos limites est nécessaire à notre équilibre psychologique. La honte est notre principale frontière humaine. À partir du moment où nous perdons le contact avec notre sentiment de honte salutaire, nous perdons toutes nos frontières et notre honte devient toxique. Nous essayons ensuite d'être plus qu'humains (éhontés) ou moins qu'humains (honteux).

Nous nous comportons de manière plus qu'humaine en agissant comme si nous étions parfaits; en essayant de contrôler toutes les choses et tous les gens qui nous entourent; en recherchant le pouvoir de manière obsessionnelle; en étant condescendants; en critiquant les autres, en les blâmant et en portant des jugements moraux sur eux; en nous montrant vertueux; en entretenant un besoin irrépressible d'accomplir des performances; en nous conduisant comme si nous étions supérieurs à tout le monde.

Nous nous comportons de manière moins qu'humaine en endossant une identité de raté; en nous permettant de perdre constamment notre maîtrise de soi, comme cela se produit dans le cas d'une accoutumance; en nous montrant impuissants et faibles afin d'obtenir du pouvoir; en jouant les nigauds pour en arriver à ce que les autres fassent à notre place des choses que nous pouvons faire nous-mêmes; en nous blâmant et en nous critiquant nous-mêmes de façon chronique; en choisissant constamment de nous comporter de manière dégradante; en refusant d'exploiter des aptitudes que nous savons posséder; en devenant chroniquement inférieurs.

Une honte saine s'avère cruciale pour que l'on puisse être des personnes opérationnelles. Et comme nous le verrons très bientôt, la honte salutaire est au cœur de l'amour plein d'âme.

MOINS QU'HUMAIN	PLUS QU'HUMAIN
HONTEUX	*ÉHONTÉ*
• Sentiment d'être un raté	• Sentiment d'incarner la perfection
• Absence de maîtrise de soi	• Maîtrise de soi extrême
• Impuissance et faiblesse	• Force
• Stupidité	• Condescendance
• Attitude autocritique	• Attitude critique
• Habitude de se blâmer soi-même	• Habitude de blâmer et de juger autrui
• Déchéance	• Pharisaïsme
• Sous-performance	• Besoin compulsif d'être performant
• Sentiment d'infériorité	• Sentiment de supériorité

Les rôles et les règles

Toutes les familles ont besoin de la structure que les rôles et les règles leur procurent. Dans les mariages traditionnels, papa ramène de l'argent à la maison, maman gère la vie domestique tandis que les enfants font quelques menues corvées et vont à l'école. Ce sont là des rôles propres à la famille.

Si la famille est opérationnelle, les rôles sont *flexibles.* Lorsque les temps changent et que maman décide d'aller travailler à l'extérieur du foyer, papa ne panique pas. Chacun des enfants n'accomplit *pas toujours* les mêmes tâches. Personne n'est choisi comme bouc émissaire. Et les rôles traditionnels peuvent être inversés.

Dans une famille dysfonctionnelle, les rôles sont rigides. Le système patriarcal a instauré le mariage traditionnel. Je connais plusieurs tenants du patriarcat qui se sentent menacés parce que leur femme poursuit sa carrière. Un membre de la famille endosse le rôle du bouc émissaire. Ce peut être celui qui est toujours malade ou qui s'attire continuellement des ennuis. Il mobilise l'attention de la famille. Il lui permet de souffler un peu en la déchargeant de ses problèmes et en faisant écran au manque d'intimité et de cohésion qui y prévaut.

Dans la famille opérationnelle, les règles sont également flexibles et négociables. Dans la famille dysfonctionnelle, les règles sont rigides et chaotiques.

Plus les règles sont inflexibles, plus le système devient fermé et rigoureusement déterminé. Plus les règles sont tues et cachées, plus elles deviennent déroutantes pour les membres de la famille et plus elles sont propices à la mystification.

Les règles cachées résultent habituellement d'une non-congruence entre ce que les parents disent et font. Si, par exemple, ils appliquent une discipline très stricte mais qu'eux-mêmes se montrent incapables d'autodiscipline, ils sèment la confusion dans l'esprit de leurs enfants.

Les familles établissent toutes sortes de règles. Ainsi, les familles pauvres ont leurs règles concernant la pauvreté. Dans ma famille d'origine, la règle ultime était «Il n'y a pas assez de...». Je l'appelle la «Loi de la pénurie». Chaque jour, j'entendais «Nous n'avons pas les moyens d'acheter cela» ou «Tu ne peux pas y aller parce que nous n'avons pas d'argent».

Il y avait une règle complémentaire qui stipulait ceci: «Ne soyez jamais dépensiers.» Personne n'aurait songé à dépenser son argent en frivolités.

Je me rappelle un événement traumatisant que ma sœur et moi avions provoqué en allant au Coston's Drug Store. Nous étions allés faire une course pour notre mère et avions décidé de lui acheter une tablette de chocolat pour lui faire plaisir. Par la même occasion, nous en avions acheté pour nous aussi. J'avais six ans et ma sœur en avait sept.

Eh bien! nous sommes revenus à la maison et la règle du «Ne soyez jamais dépensiers» a frappé aveuglément! Encore aujourd'hui, je peux ressentir la peur et la honte qui se sont emparées de moi à l'époque. Nous avions *gaspillé* de l'argent. Nous étions des enfants mauvais.

Une autre règle, celle des «Enfants qui meurent de faim...», venait renforcer la «Loi de la pénurie». Chaque famille a sa propre version de cette règle. Aussitôt que nous vivions un moment d'abondance, une voix parentale retentissait: «Rappelez-vous qu'il y a des enfants qui meurent de faim en Amérique latine (en Afrique, en Inde, etc.).» Cette voix nous ramenait automatiquement à la «pénurie»! Encore aujourd'hui, je l'entends lorsque j'ai du plaisir.

Avec les années, nous intériorisons les voix parentales et elles fonctionnent comme s'il s'agissait de voix intérieures. Au début, ces voix ne se manifestent que dans un contexte précis. Plus tard, elles s'étendent à tous les domaines de notre expérience.

La règle de ma famille concernant l'argent est devenue pour moi une voix intérieure qui me dit: «Il n'y aura pas suffisamment d'amour, d'amis, de nourriture, etc., pour tout le monde.» Elle s'étend à tous les domaines de ma vie.

TROIS TYPES DE FAMILLE DYSFONCTIONNELLE

Je trouve qu'il est commode de regrouper les familles pétries de honte en trois catégories: la famille sectaire, la famille chaotique et la famille corrompue. Chacune est profondément honteuse, mais d'une façon différente des autres. Les membres d'une famille sectaire dissimulent leur honte toxique en se comportant comme s'ils étaient plus qu'humains, voire éhontés. Les membres d'une famille chaotique affrontent leur honte toxique en se comportant comme s'ils étaient moins qu'humains, voire scandaleux. Quant aux membres d'une famille corrompue, ils ne manifestent aucun sentiment de honte. Ils ne se comportent pas de manière éhontée pour dissimuler quelque chose, mais plutôt parce qu'ils n'ont jamais pu prendre conscience de leurs limites.

Sectaire, chaotique ou corrompue, chaque catégorie de famille peut être subdivisée en plusieurs sous-catégories selon différents facteurs culturels, économiques, ethniques, religieux ou personnels. Chaque catégorie présente également plusieurs degrés de dysfonction.

Dans quelque type de famille que ce soit, tous les membres sont mystifiés jusqu'à un certain point. La famille chaotique nie sa souffrance et fuit ses problèmes. Quant aux familles sectaire et corrompue, elles s'illusionnent sur leur propre compte en croyant sincèrement n'avoir aucun problème et en minimisant leur souffrance.

Ces trois catégories de famille dysfonctionnelle entretiennent l'amour mystifié. Elles sont toujours régies par une loi cachée, concernant l'amour et la fidélité, à laquelle tous les membres doivent obligatoirement se soumettre. Cette loi cachée revêt une forme différente selon le type de famille, comme on peut le voir ci-dessous.

La famille sectaire: «Pour mériter mon amour, tu dois obéir sans poser de questions.»

La famille chaotique: «J'ai besoin que tu m'aimes et je vais t'aimer si, toi, tu m'aimes.»

La famille corrompue: «L'amour, c'est se liguer ensemble et mentir pour l'autre.»

Les membres de toutes les catégories de famille dysfonctionnelle sont liés ensemble par une conscience collective, un «esprit de corps» qui s'apparente à un état de transe. Ils sont pour ainsi dire envoûtés par un sortilège familial. Les tableaux aux pages 72, 73 et 79 donnent un résumé des principales caractéristiques de chaque type de famille. Il est important de savoir que dans la vraie vie, ces catégories ne sont pas nécessairement tranchées au couteau. *Plusieurs familles dysfonctionnelles présentent simultanément des caractéristiques de chacun des trois types.*

La famille sectaire

Une secte se définit habituellement comme un système fermé qui exerce un contrôle absolu sur les pensées, les sentiments et les désirs de ses membres. Tout le système est basé sur une idéologie rigide que l'on considère comme sacrée. Le système, et l'idéologie qu'il véhicule, est plus important que l'individu qui en fait partie.

Comme la secte exige de ses membres un engagement très pur et qu'elle entretient la méfiance entre eux, elle crée des rituels de confession. Le chef manipule les fidèles et il délimite des frontières rigides. Tous ces éléments propres aux sectes se retrouvent dans les familles perfectionnistes et pétries de honte.

Il se peut que la pureté de la doctrine repose sur la foi religieuse de la famille. Dans ce cas, les enfants se font répéter que leur foi religieuse est la seule vraie foi. On leur apprend qu'il ne faut jamais mettre cette foi en doute, que le simple fait de la remettre en question serait un manque de foi. Pour ce genre de famille, si l'on jouit d'une certaine prospérité matérielle, c'est que Dieu nous aime d'une façon toute spéciale.

Il est possible, par contre, que la doctrine familiale ne repose pas sur la foi religieuse mais plutôt sur ce que maman et papa tiennent rigoureusement pour vrai. Le parent sectaire dit souvent des choses comme «Fais en sorte que je sois fier de toi». Le corollaire de cette demande, c'est: «Si tu ne deviens pas ce que je veux que tu sois, je ne t'aimerai plus.»

La pureté de la doctrine, avec l'obéissance aveugle qu'elle exige, provoque un phénomène appelé le *snapping*. Les psychologues Flo Conway et Jim Siegelman définissent le snapping comme «une façon de se couper de ses pensées ou, en d'autres termes, de ne pas penser. Ce processus laisse la personne insensible à ses propres émotions et au monde qui l'entoure». À partir du moment où l'on snappe, on devient un membre non pensant de la secte familiale.

La famille sectaire exige une obéissance aveugle. Elle essaie d'exercer un contrôle constant sur l'environnement social de ses membres. Elle détermine avec qui l'enfant pourra se lier et qui comptera au nombre de ses amis. Les règles des parents constituent la Doctrine sacrée. On qualifie certains comportements de convenables *ou* de malséants, de bons *ou* de mauvais: il n'y a pas d'entre-deux.

Lorsque les enfants en arrivent à snapper, ils sont «transe-formés» et, tels des membres loyaux, ils prononcent les paroles familiales. Certaines phrases ou certains mots peuvent être répétés maintes et maintes fois. Chacun veille attentivement à ce que personne ne viole la Doctrine sacrée. Les frères et sœurs jouent les paniers percés auprès des parents afin de leur rapporter tout manquement aux règles commis par l'un d'entre eux.

Dans les familles opérationnelles, les frères et sœurs apprennent à partager et à coopérer ensemble, à donner, à prendre et à accepter les compromis. Ils apprennent la fidélité et la loyauté. Dans les familles dysfonctionnelles de type sectaire, les relations entre les pairs sont rompues. Les frères et sœurs sont souvent dressés les uns contre les autres. Cette situation est propice à l'émergence d'un *œil familial* (comme *Big Brother*) indifférencié et vigilant, chaque enfant devenant le prolongement des parents. En ce qui me concerne, par exemple, j'étais devenu une sorte de patriarche pour mon frère: je le blâmais et l'humiliais pour les erreurs qu'il commettait.

Les familles sectaires peuvent se révéler coercitives, cruelles et punitives. Elles peuvent être obsédées par les bonnes manières et enseigner implacablement à leurs membres à se montrer corrects, polis et à faire bonne impression. Elles peuvent également être obsédées par certains rituels qui mettent souvent l'accent sur la religion, la nourriture et la sexualité. Dans les cas les plus extrêmes, ces rituels impliquent la torture et le satanisme.

Le perfectionnisme et le blâme

Dans les familles sectaires, les règles dominantes sont le perfectionnisme et le blâme.

La règle du perfectionnisme est probablement la plus nuisible et la plus mystificatrice. Le perfectionnisme de la famille dysfonctionnelle est davantage une question de *contexte* que de *contenu*. La perfection concerne tout ce en quoi la famille *croit* avec une ferveur rigide. Les convictions rigides de la famille créent un contexte propice au blâme. Si les choses vont mal, c'est toujours la faute de quelqu'un.

Le perfectionnisme et le blâme servent à dissimuler la honte toxique que chacun doit affronter. Mais, tout comme les sentiments de honte qu'ils tentent de modifier, le perfectionnisme et le blâme sont sans limites. On ne peut jamais rien réussir parfaitement. Peu importe ce que l'on fait, ce n'est jamais assez bon. Le perfectionnisme nous fait toujours éprouver encore plus de honte toxique.

Le contrôle

Au cœur de la honte toxique est enfouie la crainte d'être mis à nu. Le contrôle constitue un moyen d'affronter cette peur. Si je te contrôle, tu ne risques pas de me mettre à nu. Dans les familles pétries de honte, le contrôle peut être basé sur le pouvoir ou la faiblesse. Dans les familles sectaires, il se fonde sur le pouvoir, alors que dans les familles chaotiques, on apprend très tôt que la faiblesse (et même la folie) est un moyen de manipuler et de contrôler ceux qui nous entourent.

LA FAMILLE SECTAIRE OU «ÉHONTÉE»

• RÈGLES DOMINANTES
  Pouvoir
  Contrôle
  Perfectionnisme
  Blâme

• SCHÉMA D'AMOUR MYSTIFIÉ
  Devoir
  Responsabilité
  Abnégation

• FRONTIÈRES
  Les frontières sont rigides à l'intérieur et à l'extérieur du système.

• MOTIVATIONS AGISSANTES
  «Travaille fort!»
  «Ne ressens pas!»

LA FAMILLE CHAOTIQUE OU «HONTEUSE»

• RÈGLE DOMINANTE
  Incohérence

• SCHÉMA D'AMOUR MYSTIFIÉ
  Protection
  Dépendance à l'égard de l'amour

• FRONTIÈRES
  Enchevêtrement des frontières

• MOTIVATIONS AGISSANTES
  «Essaie de toutes tes forces!»
  «Fais-moi plaisir!»

Les frontières

Les familles sectaires établissent des frontières inflexibles tant à l'intérieur qu'à l'extérieur d'elles-mêmes. On s'attend à ce que les membres s'évertuent à satisfaire parfaitement à la Doctrine sacrée de la famille. Habituellement, cela exige que chacun fasse preuve d'abnégation et qu'il exerce une sévère maîtrise de ses émotions. Les rôles familiaux sont basés sur la hiérarchie du pouvoir et la rigidité patriarcale. Les autres, ceux qui ne font pas partie de la famille, sont considérés comme des étrangers peu éclairés, des convertis en puissance. (J'ai été élevé dans la foi catholique et il m'était permis d'essayer de convertir mes amis non catholiques. Mais *jamais* on ne m'aurait autorisé à entrer dans une église, un temple ou une synagogue non catholiques. C'était considéré comme un péché.) Les membres de la famille sont entraînés à «gérer» l'impression qu'ils produisent en apprenant à «bien se comporter». Ils ne doivent jamais parler de la famille aux étrangers.

Les motivations

Travailler fort et accomplir son devoir: voilà l'impérieuse motivation qui domine plus que toute autre dans les familles sectaires. Les règles sont là, et l'individu aimant fait simplement ce qu'il est censé faire, peu importe ce qu'il en pense.

La forme d'amour mystifié la plus répandue dans les familles sectaires est l'amour défini comme un devoir, une obligation, l'abnégation et la négation de soi. L'amour du père se mesure aux longues heures qu'il passe à travailler pour sa famille. L'amour de la mère réside dans l'abnégation dont elle fait preuve en s'occupant de ses enfants. Ceux-ci, quant à eux, montrent leur amour en assumant des tâches domestiques ou en entrant sur le marché du travail le plus tôt possible. Puisque le système familial est de loin plus important que tout individu qui le compose, les enfants apprennent qu'aimer signifie renoncer à ses propres désirs.

La famille chaotique

Il y a plusieurs espèces de famille chaotique. L'une d'entre elles n'a absolument aucune règle. Cette absence totale de règles transmet le message suivant à l'enfant: «Tu n'es pas assez important à mes yeux pour que je t'apprenne quelque chose en établissant des frontières pour toi.» Il se peut que les parents soient des adultes enfants qui, portant à l'intérieur d'eux-mêmes une petite fille ou un petit garçon blessé, voudraient que leur enfant les aime comme leurs parents ne les ont jamais aimés. Dans ce cas, personne n'est là pour l'enfant. Les parents vivent enchaînés au passé, essayant de satisfaire leurs propres besoins narcissiques.

Aujourd'hui, je comprends que j'ai fondé une famille chaotique en me révoltant contre mon éducation patriarcale. Dans certains domaines, je suis allé à l'extrême opposé et j'ai évité de donner une quelconque structure à la vie de mes enfants. Dans les années soixante et soixante-dix, un grand nombre de parents ont agi de la même façon. (Par contre, certains ont aussi fait le processus inverse. Ayant grandi dans une famille chaotique, plus tard, ils ont imposé des règles très strictes et très perfectionnistes dans leur propre ménage. Ils sont devenus sectaires en essayant d'échapper au chaos.)

Un autre type de famille chaotique a des règles strictes mais inconsistantes. Les parents imposent beaucoup de discipline à leurs enfants mais ne font preuve d'aucune autodiscipline dans leur propre vie. Souvent, d'un instant à l'autre, les parents mystifiés se comportent en adultes puis agissent comme des enfants complètement démunis. Cette ambivalence est extrêmement déroutante pour l'enfant. Un jour, il renverse son verre de lait et papa se montre patient et compréhensif. Une semaine plus tard, il renverse de nouveau son verre de lait et papa devient fou de rage. L'enfant ne sait jamais ce qui fera exploser son père la prochaine fois. Il n'a pas besoin de vivre plusieurs incidents de ce genre pour en arriver à perdre toute confiance.

Cette inconsistance est aggravée par les divorces — fréquents, dans les familles chaotiques — et par la succession de nouveaux époux, conjoints de fait ou beaux-parents qu'ils impliquent.

De plus, dans un autre type de famille chaotique, on place souvent les enfants dans des situations sans issue, notamment en édictant des règles qui leur transmettent des «doubles messages» contradictoires. Une règle qui, par exemple, dit aux enfants «vous devez faire preuve de spontanéité» leur transmet un double message contradictoire. S'ils sont spontanés parce qu'on exige qu'ils le soient, où est la véritable spontanéité? Quoi qu'ils fassent, ils sont condamnés. Il s'agit là d'une situation sans issue.

Dans chaque type de famille chaotique, les enfants sont complètement désorientés.

L'inachèvement

L'inachèvement constitue un autre sujet tabou dans les familles chaotiques. Certains problèmes se perpétuent d'une génération à l'autre sans jamais être résolus. Le scénario suivant est un lieu commun dans la famille d'un alcoolique:

Adulte enfant A: «Et maman, ça va? A-t-elle réussi à résoudre son problème avec l'alcool?»

Adulte enfant B: «Ma foi, elle était très bien partie. Elle a cessé de boire au début du Carême, mais elle a recommencé le dimanche de Pâques.»

Cette conversation se répète depuis des années. Aucun de ces deux adultes enfants ne se rend compte de ceci: maman souffre d'une maladie appelée alcoolisme; elle a besoin d'une intervention qui la mettra face à ce problème destructeur et l'amènera chez les Alcooliques Anonymes ou dans un centre de traitement.

Ce même scénario pourrait aussi bien concerner la dépendance de papa à l'égard du sexe, du travail ou du jeu que la dépendance de maman à l'égard du magasinage, de la nourriture ou des pilules, pour ne nommer que ces quelques formes d'accoutumance. Comme le problème est nié ou minimisé, il n'est jamais résolu. Si la dysfonction familiale est multigénérationnelle, c'est principalement à cause de cette règle de l'inachèvement.

Les frontières

Il y a un fusionnement des frontières dans les familles chaotiques. Les frontières générationnelles entre les parents et les enfants sont violées de différentes façons que je décrirai plus loin dans ce chapitre, à la rubrique intitulée «L'enchevêtrement».

L'enchevêtrement est un état de confusion qui fait que l'on ne sait pas où on finit et où l'autre personne commence.

Les enfants se retrouvent déroutés sur le plan de leurs sentiments, de leurs pensées et de leurs désirs parce qu'ils ne sont pas confirmés par leurs modèles parentaux.

Les frontières physiques sont violées: les enfants couchent dans le même lit que leurs parents; les membres de la famille entrent dans la salle de bains pendant qu'un des leurs fait sa toilette; les frères et sœurs «s'empruntent» mutuellement des objets ou des vêtements.

Les motivations

Dans les familles chaotiques, la principale motivation des membres est d'apprendre à *plaire*. L'amour est basé sur l'indigence et la faim émotionnelle. Les enfants sont soit «gâtés», soit élevés pour prendre soin de leurs parents ou les deux. Il y a énormément d'échecs dans ces familles. Les individus essaient de toutes leurs forces, mais ils ne réussissent jamais tout à fait. «Essayer» est une espèce de comportement magique: dans les familles chaotiques, les enfants apprennent que si l'on essaie en fournissant de gros efforts, on n'est pas obligé de faire quelque chose.

Par ailleurs, ces enfants sont souvent conditionnés à répondre aux besoins de leur famille, à veiller sur les relations conjugales de leurs parents ou à prendre soin de l'un d'eux. Comme il arrive fréquemment que les parents soient puérils et qu'ils manquent de maturité, ils s'attendent à ce que leurs enfants les comblent de bonheur. Par conséquent, les enfants apprennent que c'est lorsqu'ils prennent soin de leurs parents ou qu'ils rendent quelqu'un heureux qu'ils sont le plus dignes d'amour.

Parfois, les parents de famille chaotique veulent tellement se faire aimer de leurs enfants qu'ils en deviennent les esclaves. Ayant tout le pouvoir, les enfants deviennent gâtés et exigeants. Plus tard, il est possible qu'ils se servent de l'amour comme d'un analgésique. Pour eux, la forme d'amour la plus familière consiste à tomber amoureux et à être admiré. La dépendance à l'amour peut également résulter d'une carence; de plus, c'est une tentative de combler le vide que l'on ressent à l'intérieur de soi-même.

La famille corrompue

Dans les familles corrompues, les parents n'ont acquis aucune conscience, souvent parce qu'ils ne manifestent aucun sentiment de honte. Ils sont vraiment dénués de honte, contrairement aux parents de familles sectaires dont le perfectionnisme impudent n'est qu'un faux-semblant. Parmi les criminels avec qui j'ai entretenu une correspondance, plusieurs étaient issus de familles corrompues. Leur mère se prostituait ou revendait de la drogue; leur père les avait abandonnés ou, ne connaissant d'autre loi que la leur, les traitait avec violence et cruauté. Quelques-uns de mes correspondants avaient des parents qui étaient eux-mêmes des criminels. Plusieurs avaient été battus ou victimes d'abus sexuels.

Dans les familles corrompues, la règle cachée se résume à ceci: «File avec tout ce que tu peux emporter.» Il n'existe aucune frontière morale. Il y a *nous* et *eux,* et tout le reste s'ensuit. Personne ne compte sauf les membres de la famille. La loyauté à l'égard de la famille est la forme d'amour la plus élevée, et elle peut exiger que l'on trompe les autres, qu'on leur mente, qu'on les batte et même qu'on les assassine.

Les parents des familles corrompues peuvent être sociopathes ou psychopathes. Ils peuvent enseigner la corruption et la donner en exemple. Je me souviens d'un client qui soutenait avec véhémence qu'il avait le droit de voler. Il croyait que le vol était tout à fait acceptable pourvu qu'on ne se fasse pas prendre. J'avais tout d'abord rencontré son fils, au cours d'une séance précédente, car la mère m'avait appelé et se disait très inquiète de son habitude de voler. Elle m'avait dit que son mari volait, mais l'avait défendu presque du même souffle. Il était évident que leur fils avait des modèles très corrompus.

Plusieurs des détenus qui m'ont écrit disaient que leurs souvenirs d'enfance étaient remplis du mépris de leurs émotions et de leurs besoins. Ils ont appris à être violents à cause de ces humiliations précoces. Ils ont été bafoués avant même d'avoir acquis l'aptitude verbale dont ils avaient besoin pour s'exprimer. Par conséquent, ils ont ensuite été privés des moyens d'expression normaux. Pour surmonter cette impuissance préverbale, ils ont nourri une colère irrationnelle qui leur tenait lieu de système de défense. Cette colère était acceptable tant et aussi longtemps qu'elle était dirigée à l'extérieur de la famille. Mais si elle éclatait à l'intérieur de la famille, elle était généralement sanctionnée par de sévères châtiments physiques. Leur colère irrationnelle ne trouvait d'exutoire qu'au plus profond d'eux-mêmes, où elle s'enflait comme un volcan bouillonnant prêt à entrer violemment en éruption au contact du monde extérieur.

Leur violence se transposait sur des victimes impuissantes et innocentes, sur les «blancs-becs» ou les «crétins» qui se trouvaient sur leur route.

Avec une nouvelle conscience et un langage pour s'exprimer, ces individus peuvent maintenant se rendre compte que leur colère était mal dirigée. Aujourd'hui, ils comprennent qu'ils «transposaient» sur des innocents exactement la même chose que ce qu'on leur avait fait lorsqu'eux-mêmes étaient des enfants innocents.

Les frontières

Au sein des familles corrompues, il y a des frontières rigides et absolues qui circonscrivent toutes les relations avec les «étrangers» mais, habituellement, il n'y a aucune frontière dans les relations parents-enfants. C'est pour cette raison que je qualifie de «corrompues» toutes les familles dans lesquelles on se livre à l'abus sexuel.

L'abus sexuel constitue une grave violation des frontières de l'enfant, car celui-ci prend à son compte la honte et la culpabilité que ses parents psychotiques ne *ressentent* pas. Généralement, les familles incestueuses établissent des frontières rigides en ce qui a trait à leurs relations avec le monde extérieur. On laisse très peu d'informations entrer dans la famille et, souvent, l'enfant victime d'abus est retenu à la maison pendant des années, comme un prisonnier. Une de mes clientes, par exemple, avait été battue et abusée sexuellement par son père. Il l'avait forcée à vivre avec lui pendant vingt-huit ans. Lorsqu'elle menaçait de partir, il pointait sur elle un fusil de chasse à deux coups.

LA FAMILLE CORROMPUE OU «ÉHONTÉE»

- **RÈGLES DOMINANTES**
  Pouvoir
  Châtiment
  Contrôle

- **SCHÉMA D'AMOUR MYSTIFIÉ**
  Les châtiments et les sévices sont considérés comme de l'amour.
  Troubles caractériels: «Je mérite l'amour.» «C'est mon droit d'être aimé.»

- **FRONTIÈRES**
  Rigides à l'extérieur de la famille

- **MOTIVATIONS AGISSANTES**
  «Sois fort (dur)!»
  «Ne ressens pas ou ne manifeste pas de besoins!»

Les motivations

La motivation agissante des familles corrompues se résume à «sois fort et dur et ne ressens pas». C'est le *nous* contre *eux* et on ne doit jamais relâcher sa vigilance.

Le schéma d'amour mystifié qui domine le plus dans ce groupe est l'amour en tant que punition et mauvais traitements. Les enfants y apprennent également une sorte d'amour typique à l'agresseur, qui leur dit ceci: «J'ai le droit d'aimer. Je suis supérieur à qui que ce soit d'autre.» Les familles corrompues peuvent aussi engendrer différentes formes d'amour sadomasochiste.

LES LEÇONS DE LA VIOLENCE FAMILIALE

C'est la violence qui est au cœur de l'amour mystifié. Cette violence va bien au-delà de ce que les journaux peuvent nous en rapporter. Elle produit la mystification et est, le plus souvent, secrète, cachée, subtile et tortueuse.

Je considère comme de la violence tout ce qui dégrade le sentiment du moi de l'individu. Cette violence peut ne pas être franchement physique ou sexuelle, bien qu'elle le soit assez souvent. Selon ma définition, il y a violence lorsqu'un être ayant plus de pouvoir et de connaissances brime la liberté d'un autre être plus démuni que lui et aux yeux de qui il est particulièrement significatif. Il va sans dire qu'il est violent de choisir de mettre des enfants au monde pour abuser d'eux sexuellement, les battre, les torturer, les emprisonner, les affamer ou les corrompre moralement. D'autres formes de violence ne sont cependant pas aussi flagrantes. Ainsi, il est également violent de choisir de mettre des enfants au monde et de se comporter avec eux des façons suivantes:

• Négliger leur santé.

• Les abandonner *émotionnellement.*

• Leur donner la fessée, les taper, leur donner des coups de pied, les pousser, les étouffer, les secouer ou les pincer, leur tirer les cheveux, les frapper avec un objet, ou les menacer de faire ces choses.

• Leur infliger la vue de toute forme de violence physique.

• Ne pas les protéger de leurs frères ou sœurs aînés et des autres enfants qui, à l'école ou dans le voisinage, se comportent comme des petites brutes.

• Les taquiner à propos de leur corps.

• Exiger d'eux des choses auxquelles on ne peut raisonnablement pas s'attendre d'un enfant.

- Refuser d'établir des limites pour eux.

- Faire preuve d'irresponsabilité en ne leur donnant pas l'éducation sexuelle dont ils ont besoin.

- Leur donner comme modèles des comportements sexuels inappropriés, par exemple, entretenir avec eux une relation teintée de romantisme, leur lancer des regards séducteurs et voyeurs, les exposer à une nudité inopportune, les embrasser de manière aguichante.

- Toucher leurs organes génitaux d'une quelconque manière sexuelle ou les contraindre à se livrer à des attouchements sexuels sur soi-même.

- Les exposer à être témoins de tout genre d'ébat sexuel impliquant des adultes ou des frères et sœurs plus âgés.

- Leur donner un bain ou un massage, les étreindre, les embrasser, danser ou dormir avec eux en cherchant à en tirer une forme quelconque de stimulation sexuelle.

- Les utiliser pour combler un besoin personnel d'être admiré et respecté.

- Les utiliser pour se consoler de ses propres déboires ou de sa propre tristesse en exigeant d'eux qu'ils accomplissent des performances ou des exploits, qu'ils soient beaux, sportifs, intelligents, etc.

- Les utiliser pour préserver son mariage.

- Les utiliser comme boucs émissaires pour se soulager de sa colère et de sa honte.

- Refuser de résoudre les problèmes relatifs à son histoire personnelle passée.

Cette liste pourrait s'allonger bien davantage, mais elle donne une idée assez précise de ce que recouvre la catégorie de la violence faite aux enfants. Chaque fois que l'on n'aime pas et n'estime pas un enfant pour l'être absolument unique qu'il est, on lui fait violence. Cela équivaut à lui dire ceci: «Ta personne entière n'est pas acceptable, pas plus que ton droit et ton besoin d'être toi-même. Tes émotions, tes désirs, tes besoins, ton imagination et tes pensées ne sont pas convenables.»

L'abus sexuel

Toute relation fondée sur l'abus sexuel transmet un enseignement à propos d'une certaine forme d'amour. Par ailleurs, l'abus sexuel violente la victime dans l'essence même de son être. Il lui envoie le message suivant: «Tu n'es désirable et adorable que lorsque tu te montres sexuel.» Plusieurs victimes d'abus sexuel croient qu'elles doivent être sexuellement attirantes pour être aimées et estimées. Il n'est pas rare que les survivants de ce genre de sévices excellent dans l'art de faire l'amour. À partir du moment où une personne croit que seule sa sexualité la rendra vraiment importante aux yeux des autres, il n'y a rien d'étonnant à ce qu'elle devienne une experte en matière de sexe. Par ailleurs, une attitude complètement contraire à celle-là s'observe fréquemment chez d'autres survivants, qui ne se croient ni désirables ni attirants sexuellement et en déduisent qu'ils n'intéresseront jamais personne. Ils peuvent prendre énormément de poids. Dans notre société, avoir des kilos superflus, c'est incarner l'antithèse du «dix sur dix parfait». On peut se servir de l'obésité pour cacher ses caractéristiques sexuelles. Plus on accumule les kilos, plus on a la possibilité de se cacher.

Les survivants d'un abus sexuel apprennent des choses très néfastes au sujet des relations interpersonnelles. Le scénario suivant nous donne une bonne idée de cet apprentissage destructeur.

Maman et papa viennent de se disputer âprement. Ils ont beaucoup bu. À un moment donné, maman entre dans la chambre de son enfant aîné et se glisse dans son lit. L'enfant est en larmes et s'agrippe à sa mère. Elle le serre dans ses bras quelques instants.

Lentement, maman prend la main de l'enfant et la pose sur elle, à un endroit qu'il sait être intime. Ensuite, elle touche l'enfant de la même façon. L'enfant a peur, mais il sait que maman ne veut pas se faire poser de questions. De plus, il a déjà appris à ne pas parler d'émotions déplaisantes comme la peur. Il n'a jamais éprouvé ces sensations. Elles sont extrêmement agréables, mais effrayantes aussi. Cette scène va se répéter plusieurs fois dans des circonstances similaires. Elle plonge l'enfant dans la confusion. Mais il n'y a personne à qui il pourrait en parler. L'enfant éprouve également de la honte. Quelque part au fond de lui, il sait que c'est mal. Cependant, c'est merveilleux, tout cet amour, toute cette attention que maman lui donne et qui le fait se sentir spécial, enveloppé de chaleur et d'intimité. L'enfant partage un secret particulier avec maman.

Cette mère donne à son enfant une sérieuse leçon sur le pouvoir, les sentiments, l'amour et les relations. Elle sait que l'enfant ne repoussera pas ses avances. Elle sait que l'enfant lui obéira et acceptera son autorité. Elle sait que l'enfant ignore qu'il a le *droit* de repousser ses avances. La mère fait l'usage d'un savoir, d'un pouvoir et d'un contrôle supérieurs à ceux de l'enfant.

L'enfant veut l'amour de sa mère plus que toute autre chose. Cependant, quelque part, il sait que sa mère se sert de lui comme d'un objet, un instrument de consolation.

Il se dit confusément que seul son comportement sexuel le rend important aux yeux de sa mère. Il devra inévitablement réprimer son besoin d'être reconnu et estimé pour ce qu'il est intégralement. En plus de ce refoulement, l'enfant pourrait élaborer maintes stratégies pour se soulager de sa souffrance. Il apprendra à fuir ce qui est là et à imaginer ce qui n'est pas là. Il se créera une mère imaginaire à qui s'attacher. Ce sera une merveilleuse mère nourricière qui aime son enfant d'une façon *très particulière*. Mais la réalité qui sous-tend leur relation, c'est l'abus. En fait, à partir du moment où il s'invente un lien fantasmatique avec sa mère, l'enfant *confond l'abus avec l'amour.*

Les sévices physiques

Les mauvais traitements physiques ont comme conséquence majeure de faire vivre la victime dans la peur. Lorsque les sévices sont chroniques, la peur devient de la terreur. La réaction de peur/terreur est parfois si intense qu'elle peut aller jusqu'à provoquer un déséquilibre permanent dans la chimie du cerveau. Le *New York Times* du 18 juin 1990 rendait compte des résultats d'une recherche effectuée par le National Center for the Study of Post-Traumatic Stress Disorder (Centre national de recherche sur le trouble du stress post-traumatique). Les chercheurs en étaient arrivés à la conclusion que «lorsqu'on est en situation d'impuissance, une seule expérience catastrophique suffit à modifier la chimie du cerveau». Les changements qui s'opèrent dans la chimie du cerveau ont un rapport direct avec le système de défense naturel du corps. Lorsque l'on affronte un grave danger, le cerveau libère certaines hormones, les catécholamines, qui accroissent la force physique et préparent le corps à lutter ou à fuir. Cet afflux hormonal est l'essence même de la colère et de la peur, deux émotions qui nous procurent l'énergie nécessaire à l'autoconservation.

Les enfants qui se voient infliger des sévices traumatisants par leurs figures de survie n'ont aucun endroit où s'enfuir. (Plus tard, il se peut qu'ils s'enfuient littéralement de la maison.) Incapables de fuir ou de lutter, ils risquent de «figer». À partir du moment où ils figent, ils entrent dans un état de transe qui les contraint à demeurer hypervigilants. Tout se passe comme si le bouton du rhéostat qui commande le flux de catécholamines était perpétuellement enfoncé et que, par conséquent, le cerveau continuait de libérer ces hormones même après que la menace première est passée. Pour décrire cet état, on parle habituellement d'hypervigilance, de crises de panique, de réaction exagérée ou d'inquiétude excessive.

L'enfant qui souffre d'un traumatisme non résolu est pour ainsi dire figé dans le temps. Sitôt qu'il vit une nouvelle expérience semblable à l'ancien traumatisme, celui-ci se réactive et l'enfant éprouve de nouveau l'ancienne menace avec tout ce qu'elle comportait d'effrayant. Par conséquent, il réagit de manière excessive, comme si l'ancienne menace était toujours présente.

Les individus qui ont été continuellement traumatisés en arriveront plus tard à déformer les *faits* de leur réalité immédiate. Autrefois, afin de survivre, ils ont dû déformer les *faits* entourant le premier traumatisme. Les sévices physiques créent une espèce d'ensorcellement. Le trouble du stress post-traumatique se caractérise par cet état d'inhibition dû à un traumatisme non résolu. Les enfants ayant subi des mauvais traitements physiques présentent plusieurs symptômes identiques à ceux des victimes du stress post-traumatique. (En fait, tous les types de sévices donnent lieu à l'apparition de quelques-uns de ces symptômes.) Ils sont hypervigilants, ils ont des réactions excessives et sont facilement effarouchés. Il s'agit là des principales composantes de l'état mystifié.

Les répercussions sur les relations interpersonnelles

Les individus ayant été victimes de sévices physiques ou sexuels réagissent principalement de l'une ou l'autre des quatre façons suivantes. La première, et la pire des réactions, les pousse, une fois adultes, à devenir eux-mêmes des agresseurs et à infliger aux autres — en particulier à leurs propres enfants — exactement les mêmes sévices que ceux qu'on leur a infligés autrefois. Ainsi, il arrive fréquemment que les survivants de sévices physiques ou sexuels prennent à leur tour l'habitude de s'attaquer aux enfants en les battant ou en abusant d'eux sexuellement.

La deuxième réaction de ces individus consistera à devenir des agresseurs pour eux-mêmes et à se maltraiter de la même façon que leur agresseur les a maltraités autrefois.

Les troisième et quatrième réactions résultent du fait que les sévices détruisent le pont interpersonnel qui relie l'enfant à ses parents. L'enfant n'étant plus en mesure de faire confiance à ses parents, soit il construira un mur afin de s'isoler, choisissant inconsciemment de ne jamais se rapprocher de personne, soit il continuera d'être une victime et jouera ce rôle toute sa vie durant. Plus on maltraite l'enfant, plus il a honte. Et plus il a honte, moins il s'attend à être aimé et soutenu. Il en arrive effectivement à la conclusion suivante: «Je fais mieux de prendre tout ce qui passe et de m'en contenter. Je suis si indigne d'amour que je peux m'estimer chanceux d'avoir quelque chose.»

L'enfant qui est victime de sévices physiques ou sexuels apprend que les relations interpersonnelles sont basées sur le pouvoir, la domination, le secret, la peur, la honte, l'isolement et la distance. Étant donné qu'il chérit et idéalise ses figures de survie — ses parents, en l'occurrence — il endossera leur propre honte et la fera complètement sienne. «S'ils me maltraitent, ça doit être ma faute, raisonne-t-il. Mes parents,

qui sont comme des dieux et savent tout, ont sûrement raison.»
Pour survivre, l'enfant *doit* nécessairement penser de cette manière.
«Sans les dieux que sont mes parents, qu'est-ce qui m'arriverait? se
demande-t-il. Je dois entretenir l'illusion que j'ai de bons parents,
sinon je serai abandonné et je mourrai.» Robert Firestone appelle ce
mode de pensée le «lien fantasmatique». Le fantasme du «bon
parent, mauvais enfant» est une image d'autoréconfort *défensif* qui
permet à l'enfant de survivre aux sévices.

Le plus souvent, les sévices ont pour effet de montrer à l'enfant
«comment se faire maltraiter». En les subissant, loin d'apprendre à
s'en prémunir, l'enfant apprend plutôt qu'il est *incapable* de se protéger lui-même. Plus tard, au cours de sa vie adulte, il n'aura aucunement conscience de certains dangers que d'autres personnes trouveraient évidents.

Nombreuses sont les victimes de sévices physiques ou sexuels
qui ne savent rien faire d'autre qu'attendre que le danger soit passé.

Les sévices émotionnels

Les sévices émotionnels constituent la forme de sévice la plus fréquemment infligée aux enfants. Ils comprennent, bien sûr, les mauvais
traitements physiques et l'abus sexuel, mais incluent également le
mépris de toutes les émotions, les sobriquets et les étiquettes, les jugements et les taquineries sadiques. Les deux types de sévices émotionnels
les plus mystificateurs sont l'*utilisation narcissique* et le *double message.*

Les individus qui n'ont pu voir leurs besoins d'affection et
d'admiration comblés par leurs propres parents utilisent souvent leur
enfant comme leur principale source de gratifications narcissiques. Très
tôt, ils lui inculquent un sens exagéré du devoir et de la gratitude.
L'enfant pensera alors qu'il leur *doit* tout. Plus tard, chaque fois qu'il se
sentira plus heureux ou financièrement plus à l'aise que ses parents, il
sera envahi par un sentiment de culpabilité toxique et pénétrant. Cette
culpabilité est basée sur une loyauté excessivement dépendante.

Le double message se caractérise par une disharmonie entre le
processus et le contenu d'une communication. Par exemple, maman
répète toujours «Je veux que tu deviennes grand et indépendant»,
mais non verbalement, par le biais de son langage corporel, elle dit

«Ne me quitte jamais, je t'en prie. Je suis si pitoyable, tu devras toujours prendre soin de moi». Ou, de façon très abstraite, elle parle des devoirs qu'ont les enfants vis-à-vis de leurs parents. Ou encore, elle évoque les sacrifices que sa propre mère a faits pour elle et souligne à quel point elle lui est redevable.

L'enchevêtrement est le type de sévice émotionnel le plus néfaste. Aucune autre forme de mauvais traitement ne nous désoriente autant, sur le plan de l'amour, que les différents types d'enchevêtrement que je vais décrire ici.

Dans une relation enchevêtrée, une personne ou un groupe de personnes (le système social) *utilisent* une autre personne (qui jouit d'un savoir et d'un pouvoir moindres) afin de se procurer quelque chose dont elles ont besoin et qui leur fait défaut. L'enfant se montre plus qu'avide d'incarner cette source d'approvisionnement en échange de l'attention et de l'amour *particuliers* qu'il semble recevoir en retour. Il a un besoin fondamental d'être important pour ses parents. Lorsque l'enchevêtrement parental se produit, il a le sentiment d'être l'enfant le plus spécial aux yeux de ses parents. Il ne peut pas savoir qu'il est utilisé par eux et que *utiliser*, c'est *abuser*. L'enchevêtrement est un sévice caché, et le sévice caché perturbe encore plus que le sévice flagrant.

L'enchevêtrement du système familial

Tout le système familial fonctionne comme un individu. Et, à l'instar de l'individu, il se peut que le système familial ait des besoins insatisfaits. Dans ce cas, un ou plusieurs membres de la famille s'enchevêtrent au système et suppléent aux manques de la famille. Au cours de ma série télévisée sur la famille, je me suis servi d'un mobile pour illustrer le besoin d'équilibre du système. Je touchais fréquemment une de ses composantes pour montrer à quel point cela affectait toutes les autres. Je voulais également mettre en évidence le fait que le mobile retournait toujours à l'état de repos ou d'équilibre.

Concrètement et précisément, disons que s'il n'y a pas de joie dans le système familial, il se peut qu'un ou plusieurs membres se créent un masque du type «rayon de soleil». Si la famille n'a pas de pourvoyeur, il est possible qu'un ou plusieurs enfants laissent l'école pour entrer sur le marché du travail. Si le père n'est pas présent, le membre le plus disponible deviendra l'Époux Substitut de sa mère et le Père Substitut de ses frères et sœurs plus jeunes. Ce sont les besoins du système familial qui prescrivent ces rôles. Individuellement, les membres sont sacrifiés au profit des besoins du système.

L'enchevêtrement conjugal

Je dis souvent que le fossé entre les générations est *nécessaire* à toutes les familles. À partir du moment où le père et la mère vivent un conflit perpétuel et qu'un vide se crée sur le plan de leur intimité, l'écart entre les générations risque de diminuer. Il se peut alors que maman et papa utilisent les problèmes de leur enfant pour se rapprocher l'un de l'autre et que, ce faisant, ils l'intègrent malgré lui dans une sorte de ménage à trois. Cette situation triangulaire a pour effet de soulager les tensions.

Mon travail de thérapeute familial me met fréquemment en contact avec ce genre de situation. Je me souviens du cas d'un enfant gravement dépressif qui portait en lui-même la solitude et la tristesse émanant du lien conjugal de ses parents. On avait tenté de soigner sa dépression en lui faisant prendre des médicaments. Ce traitement était fondé sur la conviction que la dépression était «endogène», c'est-à-dire qu'elle prenait naissance à l'intérieur même de l'enfant. J'ai été en mesure de changer l'attitude de l'enfant à l'égard de la vie en concentrant exclusivement mes interventions sur la relation conjugale de ses parents. Ceux-ci étaient les plus «gentilles» personnes que l'on puisse rêver de rencontrer. Mais ils n'avaient jamais vraiment *résolu* leurs conflits ou la colère que ces conflits soulevaient en eux. Puisqu'ils ne s'étaient jamais exprimé leur colère, ils n'avaient jamais établi de contact réel entre eux. Chacun était complètement isolé et seul. L'enfant était l'image même de leur solitude, de leur tristesse et de leur colère.

J'ai vu des situations triangulaires semblables dans des familles où un enfant souffre d'anorexie, de toxicomanie ou se révèle être un fauteur de troubles à l'école. Dans tous les cas, les problèmes de l'enfant sont utilisés pour soulager les tensions existant entre les parents. Les succès de l'enfant peuvent également servir aux mêmes fins. Quelquefois, l'enfant qui joue le rôle de la Star, du Héros ou de l'Héroïne sert à harmoniser les rapports conjugaux. Papa et maman deviennent si captivés par les talents, les réalisations, les prouesses de leur enfant qu'ils peuvent éviter de se pencher sur leur souffrance et leurs conflits.

Quoi qu'il en soit, dans tous les cas d'enchevêtrement, l'enfant est *utilisé*. Et *utiliser, c'est abuser*. Personne ne souhaite être utilisé dans une relation. Quand on se sert de nous, nous éprouvons une colère intense. Or, bien que les enfants ne puissent pas s'apercevoir qu'on les utilise, ils n'en éprouvent pas moins de colère pour autant. Cette colère en arrive à faire surface dans d'autres relations et leur occasionne de sérieux problèmes.

L'enchevêtrement dyadique

Souvent, les époux insatisfaits de leur relation conjugale se tournent vers leurs enfants pour combler leurs besoins. Carl Jung a déjà dit que «la chose la plus nuisible dans une famille, c'est la vie non vécue des parents». Il se peut en effet que les parents ne vivent pas leur vie pour différentes raisons, notamment parce qu'ils n'ont pas résolu certains problèmes reliés à des sévices passés, parce qu'ils ont été déçus de ne pas voir leurs rêves se réaliser ou parce qu'ils éprouvent des sentiments de vide et d'isolement.

Imaginons le cas d'un homme qui aurait été violé par sa belle-mère. Il en a conçu une énorme rage inexprimée qu'il transpose sur ses filles. Elles subissent la méfiance et le mépris que leur père entretient à l'égard des femmes en général. Bien qu'il ne leur dise jamais explicitement qu'il tient le sexe féminin pour mauvais ou inférieur, elles le sentent. Il peut donner l'exemple de son mépris dans sa relation avec sa femme. Ses fils peuvent s'approprier sa colère et la véhiculer dans leurs propres relations interpersonnelles. Ils peuvent également se ranger dans le camp de leur mère et se croire personnellement responsables du fait qu'elle soit prise pour victime. Ils peuvent se liguer avec elle d'une manière si enchevêtrée qu'ils ne seront plus capables de s'en séparer.

Les parents qui n'ont pas résolu certains problèmes reliés à des sévices physiques risquent d'utiliser leur enfant pour se venger de leurs propres parents. Ils peuvent, par exemple, lui imposer des châtiments démesurés et irrationnels ou en faire leur esclave, exigeant qu'il soit aux petits soins avec eux.

Il arrive aussi que ces parents actualisent leurs problèmes en manifestant un grand besoin de sécurité, de bien-être et de soins physiques. Ils habitueront leur enfant à dormir avec eux, à les câliner et à combler leur besoin de chaleur et de contact physique; ils feront en sorte que leur enfant soigne les «émotions somatisées» qu'ils expriment par le biais de maladies constantes. L'enfant sera lié à ses parents de manière telle qu'il croira que les soins, les séances de massage et la préparation des repas font partie de ses devoirs envers eux.

Les parents qui n'ont pas réalisé leurs aspirations et leurs rêves font souvent de leur enfant un prolongement d'eux-mêmes. Par le biais de cet enchevêtrement dyadique, ils *utilisent* leur enfant pour réaliser leurs propres rêves inassouvis. Cette attitude a pour résultat de créer une grande confusion et une grande mystification chez l'enfant, lequel se sent obligé de faire plaisir à ses parents, en retour de l'amour particulier et excessif qu'ils lui donnent. Cependant, en réalité, *ce sentiment n'est pas du tout de l'amour.* Il s'agit simplement d'un pur égoïsme qui s'affiche comme de l'amour. Mais de quelle manière l'enfant pourrait-il s'en rendre compte? Il est si occupé à répondre aux attentes de ses parents qu'il se trouve pratiquement dans l'impossibilité d'élaborer sa propre réalité.

Il y a plusieurs années, j'ai reçu une lettre et un poème d'un homme qui s'appelle Craig Sanchez. J'aimerais maintenant partager ce poème avec vous, car il illustre l'enchevêtrement dyadique dont je viens de parler.

En lisant le poème de Craig, imaginez combien de petits garçons ont été utilisés comme un prolongement de leur père, pour consoler son enfant intérieur déçu de n'avoir jamais brillé dans le sport. Entrez dans le cœur de ce petit garçon et ressentez ce qui lui arrive. Il apprend à confondre l'abus avec l'amour. Son père lui donne ce que tous les enfants désirent ardemment: du temps et une attention toute particulière. Mais il ne peut d'aucune façon savoir que cet étalage d'amour n'a rien à voir avec *lui.* Il sera certainement mystifié par cet amour et, toute sa vie durant, il portera en lui-même les chaînes paternelles de la culpabilité et du devoir.

CE QUELQUE CHOSE ENFOUI DANS SON CŒUR

Mon père est là!
Il m'attend dehors,
il m'attend pour jouer, là où une large rue transversale
longe calmement notre maison au toit plat, sur le coin,
celle dont la brique orange citrouille
jette des regards furtifs par-dessous le stuc blanc effrité.
Les lucioles commencent à tirer leurs volées
et leurs salves de feu
dans le no man's land de cette nuit d'été.
Un ange passe.
On dirait que la nuit a pris une profonde inspiration
et qu'elle retient son souffle.

Mon père a une balle de baseball dans la main.
Il la lance en la faisant claquer dans son gant.
Clac, clac, clac.
Ça fait un son clair, net et sec
comme un coup de fouet.
Soudainement, il se balance en arrière
et lance la balle tout droit vers
les ténèbres les plus profondes.
Elle monte, monte, monte,
plus haut que le réverbère et,
comme un éclair, file entre les câbles téléphoniques,
les branches d'arbre,
s'élance plus haut que les trois étages
de l'immeuble d'à côté.
Va-t-elle heurter un oiseau?

«Attrape-la! Attrape-la! Attrape-la!», vocifère-t-il.
Je scrute le ciel,
le cou cassé vers l'arrière, tendu aussi loin que possible.
Mes pieds se disent soudainement étrangers sur cette terre;
ils jurent qu'ils ne se connaissent ni d'Ève ni d'Adam,
pas plus que ces orteils, cet asphalte.
Je ne peux pas laisser tomber mon père.

Je l'attraperai, cette balle.
Je l'attraperai.

Mais je ne la vois pas.
Deux ans plus tard, je finirai bien par porter
des lunettes,
mais ce soir, tout ce que je peux faire,
c'est loucher dans l'obscurité.
Retombera-t-elle jamais, à la fin? demande mon cœur battant.

Je ne vois rien,
mais je sens quelque chose.
Je sens le cuir souple et tout neuf
de mon gant de baseball orange vif
qui glisse sur ma main.
Il a sa vie propre.
C'est un gant d'adulte, un gant de professionnel,
parce que mon père veut que je m'habitue aux vraies choses
dès le début,
alors pas de gant d'enfants pour moi.
Oh non!
C'est très chic de sa part de me l'avoir offert.
Il le dit lui-même, d'ailleurs.
J'ai cinq ans.
Je dois faire entrer de force mes quatre doigts
dans le trou prévu pour l'index
juste pour empêcher le gant de tomber.
Quant à mon pouce, il est perdu quelque part
dans un trou noir,
la caverne de Tom Pouce, j'imagine.

Je cours en décrivant des cercles
et j'espère que d'une façon ou d'une autre,
peut-être en restant en mouvement,
j'entendrai la balle lorsqu'elle retombera
et je serai capable de l'attraper à la dernière seconde.
Je ne dois jamais décevoir mon père.
Pas une seule fois.

Je suis son grand garçon.
Il veut que je devienne un joueur de baseball
tout comme il en serait devenu un
s'il n'y avait pas eu cette mauvaise fracture.
(Est-ce que ça fait mal, papa, une mauvaise fracture?)
Il va se sacrifier
et veiller à ce que *moi,* j'entre dans les ligues majeures.
Quel papa formidable!

La balle retombe et me cogne
la tête.
N'y a-t-il pas un trou pour moi,
petit comme je suis,
dans lequel je pourrais ramper?

«Tu aurais dû naître en fille.
Mon père ne jouait jamais avec *moi.*
Pourquoi ai-je gaspillé tout cet argent pour t'acheter
ce gant?
Tu es tellement poule mouillée que j'aurais plutôt dû
t'acheter une jupette.»

Je refoule mes larmes triplement honteuses.
Pourquoi ai-je envie de pleurer *maintenant,*
en ce moment précis!
La douleur du coup
sur ma tête
me va droit au cœur.

«Papa, je suis désolé.
Vraiment désolé.
Donne-moi une autre chance, papa.
S'il te plaît.
Je ne le ferai plus, je te le promets.
Je t'en prie, papa.
Je t'en supplie.»

«Entendu, entendu! Une deuxième chance»,
dit-il
en esquissant un sourire.
«Mais cette fois-ci, concentre-toi.
Ne me déçois pas.»

Une fois de plus, la balle s'envole dans le vide.
Écartez-vous, les oiseaux!
Ne vous faites pas frapper.
Avec vos ailes blanches, volez en lieu sûr.

Je suis si heureux d'avoir une seconde chance.
Quel papa formidable!
Je ne peux toujours pas voir la balle,
mais je l'attraperai,
d'une façon ou d'une autre.
Il faut que je l'attrape.

Quand on grandit dans la mystification, on passe sa vie à essayer d'attraper une balle que l'on ne peut pas voir.

Chapitre 3

Les stades de la mystification

Ce que nous pensons est inférieur à ce que nous savons; ce que nous savons est inférieur à ce que nous aimons; ce que nous aimons est de loin inférieur à ce qui est, et dans cette mesure précise, nous sommes largement inférieurs à ce que nous sommes.

RONALD D. LAING

[...] nombre de gens choisissent un mode de vie qui les étouffe et les contraint émotionnellement. Ils ont cessé de vouloir ce qu'ils disent vouloir parce que les vraies satisfactions et les vraies réalisations mettent en péril le processus d'auto-alimentation de leur imagination.

RICHARD W. FIRESTONE

Un enfant ne se retrouve habituellement pas mystifié du jour au lendemain. La mystification s'opère avec le temps et passe par plusieurs stades. Il y a évidemment des exceptions à cette règle. Ainsi, un grave sévice sexuel ou physique peut avoir des répercussions immédiates et marquer la victime pour le reste de sa vie.

Avant de donner un aperçu des différents stades de la mystification, je tiens à souligner que ce processus n'est pas inéluctable. Il n'y a en effet aucun traumatisme infantile qui ne puisse être résolu et intégré puisque, grâce à une faculté unique, la capacité d'avoir de la peine, nous pouvons nous libérer de notre souffrance émotionnelle. L'affliction est une espèce de travail psychique qui s'effectue en plusieurs étapes, les deux plus importantes étant celle où l'on ressent un profond chagrin (qui s'exprime par les larmes) et celle où l'on éprouve une colère intense. J'examinerai ces étapes en détail au chapitre 7, lorsque je présenterai les exercices qui vous aideront à vous séparer de vos figures source intériorisées.

Tout enfant a besoin de pleurer et d'exprimer sa colère. Lorsque nous sommes contraints de réprimer nos sentiments de tristesse et de colère, la souffrance que nous éprouvons reste imprimée dans notre système neurologique. Nous avons des réactions de défense automatiques qui servent à nous protéger, et ce sont ces défenses mêmes qui nous ont permis de survivre. Malheureusement, elles nous maintiennent figés dans le passé, en quelque sorte. Or c'est justement cette souffrance refoulée et non résolue qui caractérise l'état de mystification.

PREMIER STADE: L'ASSUJETTISSEMENT À LA HONTE

La mystification commence par ce que j'ai appelé l'«assujettissement à la honte». Comme je l'ai expliqué dans *S'affranchir de la honte*, tout l'éventail de nos pouvoirs peut être mortifié. Chacun des types de sévice que j'ai décrits précédemment a pour effet d'assujettir un ou plusieurs de nos pouvoirs à la honte. Cet assujettissement constitue le premier stade de la mystification.

Les pouvoirs auxquels je fais allusion comprennent notamment les facultés perceptuelles, imaginatives, intellectuelles (la pensée), affectives (les émotions et les sentiments) et volitives (la volonté). C'est notre corps qui abrite tous nos pouvoirs. Il incarne le fondement de notre être et notre façon d'être au monde.

En plus de ces pouvoirs, nous avons des pulsions (la sexualité, l'appétit) et des besoins. Enfants, nous avions des besoins de dépendance ou, en d'autres termes, des besoins dont la satisfaction dépendait entièrement de quelqu'un d'autre.

Regardez la figure de la page 105. J'y ai schématisé les différents types d'assujettissement à la honte. Bien que ce soit uniquement dans les familles les plus violentes qu'on les retrouve tous à l'œuvre simultanément, il n'en demeure pas moins que la plupart d'entre nous peuvent reconnaître qu'ils sont aux prises avec au moins quelques-uns d'entre eux.

En venant au monde, l'enfant se sent profondément en contact avec lui-même et il a un sentiment organismique de complétude relatif à tous ses pouvoirs, pulsions et besoins. Mais dès qu'un pouvoir, une pulsion ou un besoin est mortifié, l'enfant s'en dissocie. Un processus d'aliénation et de rupture avec soi-même prend alors place à mesure que la mortification continue et s'intensifie. C'est ainsi que, de façon générale, on en arrive à se sentir de moins en moins en harmonie avec soi-même.

Il me semble tout à fait clair que la violence physique, sexuelle ou émotionnelle n'est pas innée, qu'elle n'est pas le fruit de la nature humaine. L'individu qui inflige des mauvais traitements aux autres a appris à confondre les sévices avec l'amour ou cherche à se venger de ceux qui l'ont maltraité autrefois. En d'autres termes, il est mystifié. Il souffre d'un blocage psychique et ne peut envisager aucune solution de rechange. Cette étroitesse d'esprit inhérente au comportement abusif témoigne du fait que l'individu n'a plus conscience de qui il est ni de sa faculté de choisir. Il n'est plus libre. Quant à la victime, les mauvais traitements qui lui sont infligés diminuent grandement sa liberté, elle aussi. La liberté est un sentiment intérieur qui jaillit de l'essence même de nos forces vives. Or à partir du moment où nous avons honte de notre corps, de nos pulsions, de nos besoins et de nos pouvoirs, nous perdons tout contact avec nos ressources intérieures. Notre liberté de choisir est par le fait même déchue de ses fonctions.

Le corps

Le corps est un moyen dont dispose notre âme pour être au monde. Cela ne signifie pas que nous ayons deux êtres, soit un corps et une âme. Toute notre âme vit dans chacune des cellules de notre corps. Cependant, notre corps n'est pas notre âme. Comme le grand théologien médiéval Thomas d'Aquin l'a dit: «Nous sommes une espèce d'êtres spirituels qui avons besoin d'un corps pour être spirituels.»

Comme je l'ai déjà expliqué, tout sévice physique génère la honte du corps. Les coups, et à plus forte raison ceux qui sont administrés fréquemment et sans avertissement, constituent une violation des frontières corporelles. L'enfant que l'on bat ainsi se sent dépourvu de protection. Le message qu'il reçoit, c'est que tout adulte a le droit de le toucher, de le frapper ou de l'humilier.

Lorsque l'on taquine l'enfant au sujet de sa taille, de son apparence ou d'un quelconque aspect de son corps, du même coup, on le mortifie. Qu'il soit beau ou laid, trop grand ou trop petit, trop gros ou trop maigre, maladroit ou affligé d'une quelconque difformité physique; qu'il ait des organes sexuels particulièrement gros ou petits, l'enfant est exposé à la honte qui sévit dans sa famille dysfonctionnelle. Souvent, le fait de continuellement détourner l'attention sur lui en le ridiculisant, en le taquinant ou simplement en discutant de lui s'avère pénible et humiliant à l'extrême.

Il n'est pas rare que des enfants très beaux physiquement soient *utilisés* par des parents ayant besoin de se conforter dans leur estime de soi. Je me souviens d'une cliente, une femme superbe, qui était venue me consulter pour des problèmes de compulsion sexuelle. À onze ans, son corps était déjà très développé et elle était extraordinairement séduisante. Son père et sa mère l'emmenaient dans des endroits publics, des centres commerciaux par exemple, et lui demandaient de marcher devant eux afin de pouvoir observer les hommes qui la reluquaient. «Ils se servaient de moi comme d'un morceau de viande pour se revaloriser. Ma mère adorait cela quand, par hasard, un homme s'exclamait devant ma beauté!»

Étant donné que, vers trois ans, l'enfant a besoin d'intimité physique, il doit pouvoir s'habiller et faire sa toilette en se sachant tout à fait à l'abri des regards indiscrets. Ses parents doivent respecter ses frontières. Ils doivent également le protéger de ses frères et sœurs aînés. À ce propos, qu'il me suffise de souligner que nombre de mes clients se sont vu infliger des sévices sexuels, physiques ou émotionnels par leurs frères et sœurs plus âgés; ils se sont fait taquiner, harceler et même torturer, dans certains cas.

En violant le corps, on viole l'esprit également, car lorsque le corps est mortifié, la souffrance se répercute jusqu'au plus profond de l'être. Ainsi, mortifier le corps équivaut à mortifier toute la personne.

Les perceptions

Il arrive souvent que l'on mortifie les enfants pour ce qu'ils ont vu ou entendu. Ils se mettent alors à douter de leurs perceptions sensorielles. L'exemple suivant est une situation courante. La mère pleure. Son enfant s'approche d'elle et lui demande: «Qu'est-ce que tu as, maman?» «Rien, répond la mère en s'essuyant les yeux, va jouer dehors.» *Mystifié,* l'enfant tourne les talons. «Je jurerais que je l'ai *vue* et *entendue* pleurer, se dit-il. Il doit y avoir quelque chose *qui cloche en moi.*»

Les émotions

Les membres d'une famille dysfonctionnelle sont mystifiés, et une partie de leur mystification réside dans leur fidélité aux règles familiales de l'*insensibilité* et du *silence.* L'enfant ne cesse de se faire dire et redire qu'il n'éprouve pas vraiment ce qu'il prétend éprouver.

Je me souviens d'un petit garçon que j'ai observé dans la salle d'attente d'un dentiste. Il avait manifestement une peur bleue et son père lui demandait sans arrêt «Es-tu un cowboy?». Le petit garçon portait des bottes de cowboy, et un revolver jouet était accroché à sa ceinture. Lorsque son père lui demandait s'il était un cowboy, il répondait systématiquement «*Oui,* monsieur!». Ensuite, le père ajoutait «Très bien, mais les *vrais* cowboys n'ont pas peur!». Le petit garçon semblait confus et, au bout du compte, il était encore plus effrayé. Même si, de toute évidence, son père essayait de l'aider à surmonter sa peur, en fait il niait ses émotions.

Cette négation a un effet mystificateur. L'enfant mystifié de la sorte est alors doublement effrayé d'avoir peur. S'il pouvait verbaliser ce qu'il ressent, il dirait probablement ceci: «Quelque chose ne va pas en moi. Je sais que je suis effrayé, mais mon père, ce véritable dieu, me dit que je n'ai aucune raison d'avoir peur. Peut-être que je suis fou. Peut-être que je ne suis même pas effrayé! Mais j'ai peur. Il y a vraiment quelque chose qui cloche en moi.»

Pour plaisanter, j'aime raconter aux gens que dans ma famille une *alarme* retentissait dès que quelqu'un éprouvait une émotion. Ensuite, une voix sortant d'un haut-parleur disait «Il y a une émotion dans la salle à manger!» et nous nous précipitions tous dans la salle à manger afin de chasser bruyamment cet intrus à coups de pied. Nous pensions que c'était ce qu'il fallait faire, puisque nous avions appris à considérer les émotions comme des signes de faiblesse. «Ne sois pas si émotif!» nous faisions-nous répéter inlassablement. Mais à force de voir toutes ses émotions méprisées, on finit par s'engourdir, par ne plus rien ressentir du tout. Et cet engourdissement prédispose à l'accoutumance, car on en arrive au point où c'est *uniquement* sous l'effet de l'alcool ou de la drogue, par exemple, que l'on peut ressentir quelque chose.

Les besoins de dépendance

Faible et démuni, le nouveau-né ne peut que s'en remettre entièrement à ses parents ou à ceux qui lui tiennent lieu de parents. Il a besoin qu'ils le prennent dans leurs bras, qu'ils le caressent et le reflètent; qu'ils le nourrissent, l'habillent et lui fournissent un abri; qu'ils surveillent son alimentation et sa santé. Il a besoin de s'identifier à eux et de se séparer d'eux. Par-dessus tout, il a besoin de leur approbation et de leur soutien. Ces besoins, qui ne peuvent être comblés que par un tiers attentif, constituent l'essentiel de ses besoins de dépendance.

Si l'on méprise un, plusieurs ou l'ensemble de ces besoins, le lien fondamental qui unit l'enfant à ses figures source se rompt. Et une fois que le pont interpersonnel nécessaire à son individuation et à sa croissance est détruit, l'enfant a le sentiment de n'avoir personne à qui s'en remettre. Ce sentiment de ne pas avoir le droit de dépendre de qui que ce soit est le coup le plus cruel porté par la honte toxique, car il incite l'enfant à s'isoler ou à établir avec ses parents une relation basée sur l'enchevêtrement. S'il choisit l'isolement, il se créera un moi fictif qui lui servira de façade pour maintenir les autres à distance. S'il choisit l'enchevêtrement, il se créera un moi tout aussi fictif, mais basé sur ce que ses figures source semblent attendre de lui. Plusieurs personnes se balancent continuellement entre ces deux moi d'emprunt.

Paradoxalement, l'association intime de la honte et des besoins de dépendance crée chez le sujet une sorte d'attachement à ses relations source. Étant donné qu'il n'a jamais pu se séparer et définir son identité propre, il n'a pas de véritable moi. C'est ainsi qu'il poursuivra sa quête pour gagner l'amour de ses parents. Souvent, il reproduira ce genre d'attachement toute sa vie durant.

La volonté

L'énergie vitale de l'enfant peut également être bafouée. En ce qui me concerne, je me souviens que l'exubérance faisait peur à mes figures source. En d'autres mots, la vie terrifiait leur enfant intérieur mystifié. C'est la raison pour laquelle j'ai souvent dit que j'avais été élevé par des terroristes. Or tout comme l'exubérance, la curiosité et la volonté naissantes de l'enfant sont des formes d'expression des forces de la vie.

Très tôt durant l'enfance, on bafoue la volonté, qui est pourtant la force maîtresse de la personnalité et l'énergie de l'amour la plus profonde. L'enfant têtu et obstiné était et est toujours la première cible du patriarcat. Ce qu'un roi désire d'abord et avant tout, c'est régner sur des sujets soumis. Il s'attend à ce que ses sujets lui obéissent. C'est pourquoi le patriarcat doit écraser la volonté de l'enfant en très bas âge. Je m'étonne souvent de voir les gens rester perplexes devant la quantité prodigieuse de problèmes d'accoutumance qui sévissent dans notre culture. Les individus aux prises avec une accoutumance quelconque sont accusés de manquer de volonté, mais je suis convaincu que nous les entraînons systématiquement à dépendre de l'alcool, de la drogue ou de quoi que ce soit d'autre. Je crois que certains facteurs génétiques peuvent expliquer plusieurs types d'accoutumance et je me réjouis de voir que des études récentes prouvent cliniquement ce fait. Mais dans la plupart des cas, l'hérédité donne une simple indication sur le type d'accoutumance dont souffrira l'individu si on lui apprend à dépendre d'une substance quelconque. Cet apprentissage se fait par le biais de l'abandon, des sévices de toutes sortes et de l'enchevêtrement. Chacun de ces phénomènes produit une honte toxique. Les sévices et l'enchevêtrement détruisent la volonté de l'enfant. En le privant de sa volonté, on le prédispose à l'accoutumance.

Le patriarcat nous demande de briser très précocement la volonté des enfants, car il perçoit leurs premières tentatives d'accession à l'autonomie comme une preuve de leur perversion innée due au péché originel. Il n'en demeure pas moins qu'à deux ans, l'enfant

dira «Non», «Je ne le ferai pas» et «C'est à moi» aussi inévitablement que la nuit succède au jour. L'enfant est en train de naître psychologiquement; il commence à élaborer son moi, il commence à
sentir qu'il a un moi *différent* de celui de son père et de sa mère.
Être différent, c'est sa façon à lui de venir au monde psychologiquement. Le fait d'avoir sa propre volonté équivaut pour lui à avoir son
propre moi. La volonté, c'est l'autonomie.

Avec la volonté commence l'établissement des frontières. Une
frontière est une limite, une définition. Elle nous protège d'autrui et
constitue le fondement de la discipline. Tant que nous ne comprenons
pas nos propres droits, nous ne pouvons pas comprendre les droits des
autres. Sans frontières, nous n'avons aucune limite. C'est la raison pour
laquelle l'enfant a besoin de concevoir peu à peu un sentiment de
honte salutaire. La honte saine constitue sa première vraie frontière.
Elle lui fait prendre conscience de ses limites. Elle met des balises à sa
volonté et tempère son sentiment naturel d'omnipotence.

Cependant, à partir du moment où la honte toxique s'est intimement associée à notre volonté, nous ne sommes plus capables de
nous développer. Nous nous conformons, nous nous rebellons, ou
nous passons sans arrêt du conformisme à la rébellion. Nous n'avons
plus aucun moyen de nous protéger. Si l'on nous humilie chaque
fois que nous exprimons de la colère, si l'on ne nous permet pas de
dire «non» ou de revendiquer ce qui nous appartient, nous devenons des chiffes molles ou des rebelles ne pouvant faire aucun choix
véritable. Nous finissons par ne plus savoir ce que nous voulons
vraiment. Nous nous mettons à tout défier (contredépendance) ou à
considérer les suggestions d'autrui comme des ordres auxquels nous
devons obéir (codépendance).

Perdre notre volonté, c'est perdre notre *liberté*. Et quand nous
avons perdu notre liberté, *il nous devient impossible d'aimer véritablement*. L'association intime de la honte avec la volonté nous conduit à
la mystification.

Les pulsions

La faim est un besoin naturel, et les enfants savent s'ils ont
faim ou pas. Par conséquent, rien n'oblige les parents à transformer

la salle à manger en un cachot digne des récits du marquis de Sade. J'ai entendu des histoires concernant la faim, la nourriture et la table familiale qui feraient paraître bien ternes les romans d'horreur de Stephen King.

Lors d'un de mes passages à l'émission d'Oprah Winfrey, un homme dans l'assistance a raconté que, enfant, son père l'avait obligé à rester à table des heures durant jusqu'à ce qu'il vide toute son assiette. Il détestait ce plat composé de courge et d'aubergine mais il l'avait mangé et avait fini par tout vomir. Son père l'avait alors obligé à avaler ses vomissures. Et tout cela au nom de la discipline et de l'éducation!

Bien sûr, les enfants ne sont pas des nutritionnistes et ils ont besoin d'être guidés dans ce domaine. Mais ils savent s'ils aiment quelque chose ou pas. En les forçant à manger et en méprisant leur appétit, on recourt à des moyens susceptibles de provoquer chez eux des troubles de l'alimentation et de détruire la perception intime qu'ils ont d'eux-mêmes et de leur corps.

La *pulsion sexuelle* est une pulsion universellement mortifiée, et ce, avant même que les enfants soient conscients de son existence. On récompense l'enfant qui découvre et nomme les parties de son corps, mais le fait est qu'on le récompense tant qu'il ne découvre pas ses organes génitaux: la suite est tout à fait infernale. Imaginez à quel point cela peut mystifier la petite fille qui, après avoir été récompensée et félicitée lorsqu'elle a découvert et nommé son menton, ses bras, ses mains, ses coudes, etc., découvre ensuite son vagin. J'imagine que dans sa tête d'enfant, elle se dit: «Je les ai bien eus avec le menton, les coudes, etc., mais avec ceci, ils vont rester bouche bée!» Malheureusement, lorsque ses parents la sortent de la pièce (où elle montrait son vagin à grand-maman) en quatrième vitesse, elle se rend compte que sa découverte ne suscite que de la fureur. Le visage de son père lui laisse clairement savoir que cette partie de son corps a quelque chose de honteux. On la chasse du jardin d'Éden! On accepte sa nudité tant et aussi longtemps qu'elle ne révèle pas cette partie très intime qui, semble-t-il, a quelque chose de très mauvais. Comment pourrait-elle ressentir autre chose que de la confusion? Plus tard, elle découvrira que cette partie de son corps est si mauvaise que personne n'ose lui en parler. Au début de sa puberté, elle sera terrifiée de s'apercevoir que du sang s'écoule de ce mystérieux et mauvais endroit. Par conséquent, elle en arrivera à avoir honte et à se sentir mauvaise chaque fois qu'elle éprouvera ou exprimera une pulsion sexuelle quelconque.

La pensée

Dans les familles sectaires et corrompues, les parents exigent que la volonté et l'esprit de l'enfant fusionnent avec les leurs. L'enfant perd ainsi contact avec ses propres pensées, sa propre imagination et ses propres opinions. À mesure que l'on rabroue les pensées et les idées qu'il exprime spontanément, il snappe dans la fixation mentale qui caractérise la transe de sa famille. Quand il exprime une idée personnelle, on l'humilie avec des réponses comme celles-ci: «Où vas-tu chercher ce genre d'idée? Tu es sûrement encore allé frayer avec ces enfants protestants (juifs, catholiques, bouddhistes, etc.)» ou «Surtout, que je ne t'entende plus jamais dire cela!». Le message pourrait se résumer ainsi: «Ta façon de penser n'est pas correcte.» Une fois de plus, l'enfant en conclut ceci: «Il doit y avoir *quelque chose qui cloche en moi.* Je ne suis même pas capable de réfléchir correctement. Je suis digne d'amour seulement quand je ne pense pas par moi-même ou quand je n'exprime pas mes propres croyances.» Il en arrive à la conclusion que sa façon de penser est vraiment imparfaite.

Le parent peut dire: «Je sais bien que, *au fond,* tu n'as pas une mauvaise opinion de ton frère. *Je sais* que tu l'aimes vraiment.» Ou, si l'enfant s'oppose verbalement à ce qu'il a dit, le parent peut s'exclamer: «Mais qui est-ce qui parle ainsi? Ce n'est certainement pas mon petit garçon!» Il peut tout aussi bien lui déclarer, comme le faisait ma belle-mère à mon fils: «Cranky Roy est ici. John est parti.» On ne saurait trouver de mystification plus puissante que celle-là. Ma belle-mère laissait croire à mon fils qu'il n'était même plus lui-même lorsqu'il verbalisait une pensée négative; elle lui disait en fait qu'il était quelqu'un d'autre. Ahurissant!

L'inconséquence des parents rend les familles chaotiques particulièrement déroutantes. Imaginez une petite fille dont la mère est alcoolique. Elle revient de l'école et sa mère, qui est tout à fait sobre à ce moment-là, lui dit: «Va jouer dehors et cesse de

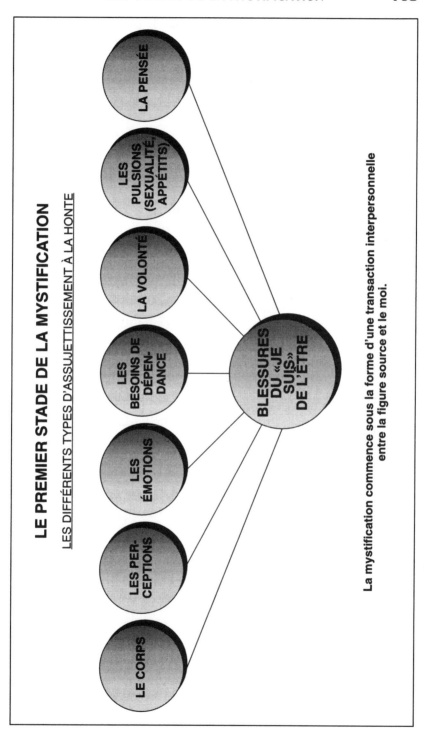

LE PREMIER STADE DE LA MYSTIFICATION

LES DIFFÉRENTS TYPES D'ASSUJETTISSEMENT À LA HONTE

LA PENSÉE

LES PULSIONS (SEXUALITÉ, APPÉTITS)

LA VOLONTÉ

LES BESOINS DE DÉPEN-DANCE

LES ÉMOTIONS

LES PER-CEPTIONS

LE CORPS

BLESSURES DU «JE SUIS» DE L'ÊTRE

La mystification commence sous la forme d'une transaction interpersonnelle entre la figure source et le moi.

m'importuner!» Un peu plus tard, lorsque la petite fille rentre à la maison, sa mère, qui entretemps a bu trois verres d'alcool, lui donne un gros baiser mouillé et lui promet de lui acheter une bicyclette de course. Le soir venu, elle tombe ivre morte. Le lendemain matin, lorsque son enfant mentionne la bicyclette, elle lui répond «Où as-tu été chercher une idée aussi folle?» Les enfants de familles chaotiques passent souvent le reste de leur vie à essayer de découvrir et de comprendre le sens caché des choses.

Une fois que la faculté de penser de l'enfant est anéantie, une sorte de fermeture ou de fixation mentale s'ensuit inévitablement et l'empêche de faire l'expérience de la réalité présente, bien vivante, à laquelle il est exposé. Cette fixation mentale amoindrit sa liberté car elle détruit toute possibilité. «Soumets-toi ou va-t'en»: par le biais de ce message, ses parents l'obligent à se conformer à leur volonté ou à les quitter. Cependant, étant donné que pour le jeune enfant le fait de partir équivaudrait à mourir, il n'a pas vraiment le choix. Plus tard, une fois que la honte se sera intimement associée à sa pensée, elle l'empêchera à toutes fins utiles de savoir ce qui lui est arrivé en très bas âge. C'est la raison pour laquelle toute personne issue d'une famille dysfonctionnelle a besoin de témoigner de ce qu'elle a vécu. Elle doit donner une réalité aux mauvais traitements qu'elle a subis et détruire le mythe qui entoure ses parents. Fritz Perls a souvent dit que «rien ne change tant que les choses ne deviennent pas ce qu'elles sont». L'état de transe rétrécit notre champ mental et ne nous permet de voir que les arbres plutôt que la forêt entière. Par conséquent, nous ne pouvons pas savoir ce qui nous est arrivé, nous ne pouvons pas avoir accès à la *vérité* de notre enfance.

DEUXIÈME STADE:
LES PHÉNOMÈNES DE TRANSE PROFONDE

J'ai mentionné précédemment les recherches du docteur Stephen Wolinsky concernant les phénomènes de transe profonde. Je dois cependant souligner que Wolinsky n'utilise pas le terme «mystification» et que j'assume l'entière responsabilité de ma façon d'interpréter son travail. Le lecteur pourra éventuellement se reporter à son essai intitulé *Trances People Live*, un ouvrage extrêmement novateur dans lequel il fait œuvre de pionnier. Je lui dois les idées exposées dans cette rubrique.

Les phénomènes de transe profonde nous permettent de comprendre différemment ce que Freud appelait «les défenses du moi». Nous, les humains, avons la faculté de nous protéger de certaines expériences qui nous semblent insupportables. Or nous construisons habituellement nos défenses durant la prime enfance, au moment où nous sommes plus impuissants — et particulièrement démunis face aux mortifications — que nous ne le serons jamais au cours de notre vie. Je dois souligner ici que le sentiment d'être *mis à nu*, qui est au cœur de toute expérience mortifiante, joue un rôle de première importance. Les mortifications prennent toujours naissance dans le contexte d'une relation avec un être significatif et plus fort que nous. L'enfance est évidemment l'époque où nous sommes le plus exposés à la honte. Très jeunes, nous éprouvons ce sentiment lorsqu'une rupture soudaine vient tromper nos attentes. Lorsque cette rupture se produit, nous nous sentons mis à nu et envahis par un sentiment d'impuissance à l'égard de ce que nous vivons. Ce sont ces sentiments de vulnérabilité et d'impuissance qui donnent à l'expérience mortifiante son effet paralysant. En réaction à cette expérience, nous nous sentons intérieurement paralysés ou coincés. Nous ne pouvons nous enfuir ni nous cacher nulle part. Si cela était possible, nous creuserions un trou et nous nous enfoncerions dedans. En bref, nous avons besoin d'un soulagement et nous le voulons immédiatement.

Le deuxième stade de la mystification survient précisément parce que la transe profonde constitue un moyen *immédiat* de soulager la souffrance. Lorsqu'il vit une expérience traumatisante ou mortifiante, l'enfant recourt à cette faculté naturelle qu'est l'auto-hypnose afin de protéger sa réalité d'une menace atterrante. Wolinsky écrit ceci: «Tous les phénomènes de transe profonde sont créés par une série d'interactions interpersonnelles (du parent à l'enfant) qui seront ensuite intériorisées sous forme de communications intrapersonnelles (de soi à soi).»

Toute menace qui surgit dans son environnement risque de plonger l'enfant dans un état de transe profonde. Des désastres tels qu'un incendie, la mort d'un parent, un terrible accident de la route ou une maladie infantile grave peuvent effectivement déclencher une transe défensive naturelle et immédiate. S'il recevait une aide adéquate, cependant, l'enfant pourrait affronter des situations de ce genre *sans* qu'elles ne provoquent en lui une transe défensive profonde. Cette aide l'amènerait à témoigner de son expérience (il parlerait de ce qui est arrivé et exprimerait pleinement ses émotions). Mais c'est précisément ce que sa famille pétrie de honte l'empêche de faire. Par conséquent, la transe défensive reste en place.

Le type de transe ou de combinaison de transes défensives varie selon les expériences personnelles du sujet et selon d'autres facteurs relatifs aux convenances, au sens pratique et à la survie. Après un certain temps, telle ou telle transe défensive peut s'avérer plutôt efficace. Une fois qu'on l'a choisie et que l'on y a recouru très souvent, elle se met à fonctionner automatiquement. «L'intentionnalité consciente du sujet, écrit Wolinsky, n'est désormais plus nécessaire pour déclencher la transe défensive.» À partir du moment où l'on adopte un ensemble de défenses se manifestant par une transe profonde, ces défenses deviennent la structure fondamentale de la mystification.

La nature de la transe

Avant d'aller plus loin, j'aimerais parler brièvement des phénomènes de transe en général.

Jusqu'à ce jour, la plus grande autorité en matière de transe demeure sans doute le psychiatre Milton Erickson. Tous les théoriciens modernes, y compris Wolinsky, lui sont redevables. Erickson a mis en évidence le fait que la transe est un phénomène naturel et qu'elle ne constitue pas uniquement une défense contre une menace quelconque. Nous entrons dans un état de transe et en ressortons chaque jour, voire plusieurs fois par jour. Nous faisons des rêves éveillés, nous nous perdons dans nos pensées et nous nous absorbons tellement dans quelque chose que nous n'avons plus la notion du temps. Il arrive parfois, juste au moment où nous commençons à avoir faim, qu'une crise mineure nous distraie tellement que, complètement absorbés par la recherche d'une façon de réagir à cette crise, nous finissons par ne plus sentir du tout notre faim.

Ces transes naturelles sont souvent caractérisées par un état modifié de conscience, une distorsion du temps (une heure peut nous sembler cinq minutes et vice versa) et une dissociation des fonctions corporelles.

La différence entre ces transes naturelles et la transe hypnotique réside dans notre plus ou moins grande capacité de faire un choix conscient. Lorsque vous émergez d'un rêve éveillé, par exemple, vous savez qu'à l'origine c'est vous-même qui vous êtes plongé dans ce rêve. Mais si vous émergez d'un état hypnotique, vous avez le sentiment que *cela vous est arrivé.*

Si je mets «cela vous est arrivé» en italiques, c'est parce qu'il s'agit d'un point crucial. Dans la deuxième partie de ce livre, nous apprendrons à établir des relations basées sur l'amour plein d'âme. Une partie de cette démarche consistera à démystifier la transe d'amour mystifié dans laquelle plusieurs d'entre nous sont plongés. Si nous comprenons le fait que, à l'origine, c'est nous qui avons créé cette transe et si nous découvrons comment nous l'entretenons encore aujourd'hui, nous pourrons cesser de la générer et nous serons en mesure de créer l'amour que nous voulons.

La transe hypnotique

Selon Milton Erickson, la transe hypnotique présente les trois caractéristiques fondamentales suivantes:

1. La transe provoque un resserrement, un rétrécissement ou une fixité de l'attention. 2. Le sujet la vit habituellement comme quelque chose qui lui arrive. 3. Elle donne lieu à différents phénomènes hypnotiques.

Afin de comprendre comment agit la transe, il faut examiner la manière dont l'hypnotiseur produit cet état chez le sujet. L'induction hypnotique a comme particularité de provoquer chez le sujet le sentiment intense d'être contrôlé par l'hypnotiseur. Mais en réalité, ce n'est pas *vraiment* le cas. Personne ne peut vous faire entrer en transe si vous ne coopérez pas avec lui.

Cependant, l'hypnose fonctionne parce que les sujets finissent par croire que ce qui leur arrive malgré eux est vraiment provoqué par les *suggestions* de l'hypnotiseur. Un bon hypnotiseur peut utiliser une ou plusieurs techniques pour donner aux sujets le sentiment d'être ainsi dominés.

La transe préexistante

L'hypnotiseur peut stimuler un état de transe qui existait déjà chez le sujet. Par exemple, certains mots associés à une expérience passée peuvent faire resurgir cette expérience. Si, en tant qu'hypnotiseur, je savais que vous avez eu énormément de problèmes avec votre père autoritaire, je pourrais, en donnant des détails sensoriels, vous parler d'une figure d'autorité cruelle et faire en sorte que mes propos vous ramènent à ce que vous avez vécu avec votre père. Je pourrais ainsi induire en vous un état de régression temporelle. Si vous avez subi de nombreux traumatismes jamais résolus, les souvenirs reliés à ces traumatismes sont encore enfouis en vous-même et risquent de resurgir si l'on vous parle d'expériences semblables à ce que vous avez vécu autrefois.

Je ne suis pas hypnothérapeute, mais si je voulais vous faire entrer dans une transe infantile, je vous dirais à peu près ceci: «Maintenant que vous êtes installé confortablement dans ce fauteuil et que vous vous relaxez, laissez vagabonder votre esprit et songez à tous les moments de détente que vous avez vécus durant votre enfance. Peut-être vous reverrez-vous en train de jouer dans le sable, de glisser sur une glissoire ou de vous balancer dans une balançoire; peut-être vous rappellerez-vous ce moment où vous avez eu des ennuis parce que vous aviez taquiné votre frère ou parce que vous aviez ri à l'église; il se peut aussi que vous vous souveniez de ce moment effrayant où vous attendiez que votre père rentre à la maison tout en sachant qu'il allait vous administrer la fessée...» Cette séquence de suggestions organisée comme un menu vise à vous faire retrouver tout souvenir susceptible d'induire un état de transe profonde.

En fait, l'hypnothérapeute se contente d'observer la façon dont le sujet *se plonge lui-même* dans une transe préexistante. Milton Erickson se plaisait à répéter à ses élèves que leur client leur fournissait toutes les informations dont ils avaient besoin. Il voulait dire qu'*en parlant de ses problèmes* le client recréait la transe dans laquelle il était plongé. En d'autres mots, l'hypnotiseur qui observe comment le sujet se met lui-même dans un état de transe peut ensuite utiliser un processus identique pour induire cette transe.

L'hypnose classique

En règle générale, pour induire une transe hypnotique on demande au sujet de regarder fixement quelque chose (un pendule en mouvement ou un point sur le mur). La *fixité du regard* est l'élément important de ce processus classique. L'hypnotiseur utilise cette méthode car, connaissant la grande faiblesse des muscles oculaires, il sait que le sujet aura inévitablement besoin de cligner des yeux lorsqu'il fixera l'objet en question. Il dira, par exemple: «Regardez fixement l'objet que je tiens dans ma main» et, dès qu'il verra le sujet battre les paupières, il continuera en disant: «Vous commencez à cligner des yeux.» L'hypnotiseur utilise la technique du *reflet*. En fait, il énonce sous forme de suggestion tout ce qu'il voit ou ce qui, à sa connaissance, est sur le point de se produire. À force de regarder fixement quelque chose, le sujet ressentira très vite une fatigue oculaire. Habituellement, l'hypnotiseur lui dira alors: «Vos paupières sont lourdes et vous sentez le besoin de fermer les yeux... Laissez-les simplement se fermer et une bienfaisante sensation de repos vous envahira à mesure que vous vous détendrez.»

L'hypnotiseur *conditionnera* son sujet en lui parlant plus bas et plus lentement. Il n'a aucune preuve tangible de la sensation de détente qu'est censé éprouver le sujet, c'est lui qui, en réalité, l'*amène* à se détendre au moyen de ses suggestions. Il dira: «Maintenant, les paupières toujours fermées, faites rouler vos yeux vers l'arrière de la tête et sentez qu'ils restent si fermement dans cette position que plus vous faites des efforts pour ouvrir les paupières, plus elles restent serrées.» Encore ici, l'hypnotiseur sait que l'on ne peut effectivement pas ouvrir les paupières en gardant les yeux roulés vers l'arrière de la tête. Ainsi, de lui-même, le sujet bloque ses paupières en roulant les yeux mais, étant donné que l'hypnotiseur continue de le refléter et de le conditionner, il commence à avoir l'impression que c'est lui qui agit à sa place. Après un certain temps, le sujet est tout à fait persuadé que l'hypnotiseur provoque vraiment ses comportements.

En définitive, le sujet hypnotique doit *faire confiance* à l'hypnotiseur, car le pont interpersonnel qui les relie est primordial. Pour peu qu'il se sente en confiance, le sujet sera tout disposé à croire l'hypnotiseur. Une fois cette confiance établie, l'hypnotiseur achève d'induire la transe en reflétant le sujet, en le conditionnant et en le suggestionnant.

Comme l'individu mystifié a effectivement été hypnotisé durant son enfance, une fois adulte, il se montre plutôt crédule et facile à hypnotiser. L'hypnotiseur professionnel, qui n'est qu'un pur étranger, s'appuie entièrement sur la confiance et la naïveté de son sujet.

Les enfants en tant que sujets hypnotiques

Lorsque l'on examine de plus près la condition infantile, il est facile de comprendre la raison pour laquelle l'enfant est un sujet hypnotique parfait. L'enfant est profondément confiant. Il s'attache à ses parents et a un *besoin vital*, directement *relié à sa survie*, de croire qu'ils sont à la hauteur. L'enfant est égocentrique, c'est-à-dire qu'il ramène tout à lui-même. Si l'une de ses figures de survie crie après lui, loin de penser que cette irritation puisse être attribuable à une migraine, il se croira automatiquement en cause. Les mots qu'il entend se répercutent fortement sur lui; ils continuent de résonner dans sa tête et deviennent des voix intérieures susceptibles de lui donner du réconfort ou des voix intérieures qui le blâment, le critiquent, le comparent aux autres et expriment du mépris. L'enfant intériorise l'image de ses parents quand ceux-ci vivent leurs pires moments, car c'est lorsqu'ils crient ou s'enragent après lui, qu'ils le frappent ou abusent sexuellement de lui qu'ils menacent le plus sa sécurité. C'est la raison pour laquelle les scènes traumatisantes restent gravées en mémoire beaucoup plus profondément que les autres. Nos souvenirs les plus vifs concernent les événements qui ont le plus durement menacé notre vie.

L'état d'hypnose nous rend extrêmement sensibles aux suggestions. Ainsi, Milton Erickson hypnotisait des sujets afin de mettre en place des voix positives capables de stimuler leurs ressources intérieures. Il faisait également des suggestions positives à propos de l'avenir puis demandait aux sujets de les oublier une fois sortis de transe afin qu'elles agissent directement sur leur inconscient. Ces suggestions concernant le futur sont qualifiées de «posthypnotiques».

Les voix parentales traumatisantes sont comme des suggestions posthypnotiques négatives qui résonnent continuellement dans notre tête. Habituellement, nous les prenons — à tort— pour un dialogue intérieur. En réalité, ce sont des empreintes auditives, les voix intériorisées des figures source qui sont à l'origine de notre première transe. Tant que nous ne supprimons pas ces voix, elles continuent de se manifester dans notre vie adulte. Dès que nous les entendons, nous replongeons dans la transe originale qui entretient notre mystification.

LE PHÉNOMÈNE DE TRANSE PROFONDE

La transe profonde se distingue de la transe ordinaire par son intensité; elle peut être provoquée soit par des événements traumatisants ou menaçants, soit par l'hypnose. Dans le deuxième cas, cependant, cet état ne sera atteint qu'au bout de plusieurs heures.

Il y a bien sûr des exceptions. Ainsi, les personnes particulièrement impressionnables peuvent entrer dans une transe profonde assez rapidement. Une expérience catastrophique et effrayante est susceptible d'induire cet état immédiatement.

Dans les pages suivantes, je décrirai brièvement plusieurs phénomènes de transe profonde en les accompagnant d'un exemple.

LE DEUXIÈME STADE DE LA MYSTIFICATION
LE PHÉNOMÈNE DE TRANSE PROFONDE

- Suggestion posthypnotique
- Régression temporelle/progression temporelle
- Amnésie/hypermnésie
- Hallucinations positives/hallucinations négatives
- Distorsion sensorielle
- Dissociation mentale
- Distorsion temporelle

La suggestion posthypnotique

J'ai évoqué précédemment la manière dont la voix de nos figures source est intériorisée sous forme d'empreintes auditives, lesquelles sont ensuite activées par toute expérience présentant une ressemblance quelconque avec notre expérience passée.

Lorsque j'étais enfant, par exemple, chaque fois que je me montrais fier de moi ou de mes talents, je me faisais réprimander: «Ne t'enfle pas la tête» me disait-on, ou «Prends garde. Péché d'orgueil ne va pas sans danger». On m'avait appris que la vraie humilité consistait à ne *jamais* parler de soi-même, à ne jamais penser à ses propres forces, à ne jamais exprimer le plaisir d'exploiter ses talents.

Maintenant que je suis un adulte, j'entends ces voix chaque fois que je pense à mes réalisations ou que je suis fier de posséder tel ou tel talent. Deux de mes livres ont été sur la liste des best-sellers du *New York Times: S'affranchir de la honte,* pendant six semaines, et *Retrouver l'enfant en soi,* pendant cinquante-deux semaines, dont trente-trois en tête de liste. (Une voix me susurre à l'instant que je fais mousser ma propre publicité et que je ne devrais pas mentionner le titre de ces ouvrages.) À partir du moment où ces deux livres se sont retrouvés sur la liste des best-sellers, j'ai été bombardé par des voix qui me disaient d'être humble. L'une d'entre elles me murmurait que j'étais tout bonnement chanceux. Une autre me disait que mon succès ne durerait certainement pas.

J'ai fait de gros efforts pour en arriver à reconnaître que ces voix étaient étrangères à mon vrai moi. J'essaie maintenant de les considérer comme la manifestation d'un phénomène de possession, en quelque sorte. Je leur réponds et je les remplace par de nouvelles voix qui me nourrissent spirituellement et m'aident à avoir confiance en moi et à jouir de ma réussite.

La régression temporelle

La plupart d'entre nous faisons assez fréquemment l'expérience de la régression temporelle. Par exemple, si notre patron nous envoie une note de service parce qu'il souhaite nous rencontrer dans son bureau, cela peut nous rappeler cette fois où nous avons dû aller chez le directeur de l'école ou dans la chambre de notre père tout en sachant que nous allions être punis. Peut-être n'aurons-nous même pas conscience du fait que l'événement en question a ravivé un ancien souvenir, mais nous n'en serons pas moins envahis par le même sentiment de panique qu'autrefois. Ainsi, le conjoint qui agit comme s'il était complètement démuni régresse probablement dans le temps, jusqu'au moment où il lui suffisait d'agir ainsi pour que sa mère prenne les choses en main. Erickson définit la régression temporelle comme «la tendance qu'a une partie de la personnalité à revenir à des méthodes ou à des formes d'expression appartenant à un stade antérieur de son développement». Les adultes enfants régressent fréquemment et, selon toute apparence, de façon automatique. L'adulte qui se comporte comme un enfant est en pleine régression temporelle.

C'est cet aspect «figé dans le temps» inhérent à la régression temporelle qui explique la nature répétitive du comportement mystifié. En fait, on peut dire que la compulsion de répétition est due à l'activation d'une expérience passée. Ainsi, dès qu'un adulte affronte une situation problématique, il peut se remettre à penser et à agir de la même façon qu'il pensait et agissait auparavant, à un stade de développement antérieur. En ce qui me concerne, par exemple, j'ai appris durant mon enfance à bouder et à me replier sur moi-même pour avoir de l'attention. Or une fois devenu adulte, je me suis surpris à réagir de manière identique aussi bien avec d'autres adultes qu'avec mes propres enfants. Lorsque je boude et que je me replie sur moi-même, je régresse.

La régression mine et entrave le fonctionnement de l'adulte, et la chronicité de cette régression met en évidence les blocages dont le sujet a souffert au cours de son développement. Comme j'ai pensé que le lecteur saisirait mieux cette idée au moyen d'une image, j'ai dessiné à la page suivante deux adultes portant en eux-mêmes un enfant intérieur mystifié et blessé.

Amorçant une transaction adulte, l'homme demande à la femme: «Pourquoi es-tu fâchée?» «Pour rien», répond l'enfant intérieur de son interlocutrice. Souvent, la personne qui s'exprime par le biais de son enfant intérieur *ressemble* vraiment à un enfant.

Toute relation risque de devenir une source de confusion lorsque l'adulte et son enfant intérieur régressif interviennent simultanément. Plusieurs relations présumément choisies par des adultes ont été choisies par leur enfant intérieur régressif.

En fait, l'enfant peut se mettre à régresser dès qu'il se sent incapable de comprendre ou de résoudre certaines interactions avec ses figures source. Voici ce qu'en dit Wolinsky:

> Afin de *ne pas* intégrer une expérience — essentiellement, afin de lui opposer une *résistance* — l'enfant raidit son corps en contractant ses muscles et en retenant sa respiration. Ce schéma physiologique peut ensuite devenir le fondement somatique d'un réflexe spontané, une transe intrapersonnelle auto-induite qui perdurera des dizaines d'années.

Personnellement, les effets les plus néfastes que la régression produit sur ma vie sont reliés à de la colère mortifiée et refoulée. On m'a appris que la colère faisait partie des sept péchés capitaux, que c'était un péché mortel du genre de ceux qui vous envoient directement en enfer. Par conséquent, j'ai appris très tôt à retenir ma respiration, à serrer les mâchoires et à contracter mes muscles lorsque j'étais en colère. Je ne me rappelle pas ces moments où, enfant, j'ai dû réprimer ma colère, mais je sais qu'avec le temps cette émotion est devenue pour moi quelque chose de terrifiant qui m'inspire littéralement une peur bleue.

Carl Jung a déjà dit que toute partie de soi-même que l'on n'aime pas inconditionnellement se dissocie du moi et devient plus primitive. Au fil des ans, la colère que j'avais réprimée s'est enflée. Dans ma vie adulte, cette colère régressive s'est traduite par des réactions sans commune mesure avec les événements qui la déclenchaient. Elle a souvent pris la forme d'une rage primitive, d'une colère noire comme en font les enfants, sauf qu'elle s'exprimait par le biais d'un corps et d'une voix d'homme. Les régressions de ce genre s'avèrent dévastatrices dans les rapports interpersonnels.

La progression temporelle

La progression temporelle a pour effet de nous projeter dans un avenir où les choses sont plus sécurisantes et plus agréables. Nous recourons souvent à la progression temporelle pour nous distraire des interactions qui nous menacent dans l'immédiat. Pour ma part, c'est en me créant des images de l'avenir très différentes du contexte déprimant de mon enfance que j'ai pu m'en sortir au jour le jour.

On peut évidemment se servir de la progression temporelle de façon positive. La faculté de se projeter dans l'avenir constitue un aspect important de la créativité humaine. Notre imagination peut nous indiquer la voie d'une vie meilleure. Pour ma part, je pourrais, parmi mes réalisations, en citer plusieurs qui étaient basées sur des visions survenues durant mon enfance.

Le danger de la progression temporelle réside dans ce que j'appelle l'«imagination fantastique», celle-ci donnant lieu à des fabulations qui nous amènent à déformer la réalité. J'avais, par exemple, un ami qui parlait constamment de devenir millionnaire et affirmait que ce n'était qu'une question de temps. Cependant, non seulement il ne faisait rien de concret pour que son rêve devienne réalité, mais il ne saisissait pas les occasions qui lui auraient permis d'améliorer sa situation financière. Son père, un alcoolique dur et froid, restreignait considérablement ses activités et, confronté aux limites déprimantes que ce dernier lui imposait, mon ami avait appris très tôt à recourir à la progression temporelle. Avec le temps, il s'était habitué à vivre une vie imaginaire. Sa transe auto-induite est devenue un espace psychique secret qui s'animait automatiquement. À l'instar de toutes les transes défensives qui deviennent une forme d'accoutumance, elle se déclenchait sans intention consciente. Mon ami se livrait constamment à la progression temporelle afin de fuir la réalité. Plutôt que d'apprendre à utiliser son énergie consciente pour imaginer un avenir réaliste, il restait prisonnier de l'espace psychique qui l'avait protégé durant son enfance.

J'ai passé bon nombre de mes années d'alcoolisme actif dans de sombres tavernes infectes à écouter des «perdants» exposer le sort merveilleux que l'avenir leur réservait. Je pense notamment à trois hommes, tous morts avant d'avoir atteint l'âge de quarante-cinq ans. Enfants, ils avaient été victimes d'abus sexuels et avaient appris très tôt à être des rêveurs. Ils n'étaient jamais sortis du pays imaginaire de leur enfance. Comme toutes les transes défensives, la progression temporelle nous aide à *survivre* à notre enfance mais, si elle demeure inchangée, elle peut être une cause d'échecs dans notre vie adulte. Voilà le paradoxe des défenses de la prime enfance: elles nous sauvent la vie quand nous sommes en très bas âge, mais elles nous créent de graves problèmes à l'âge adulte.

L'amnésie

Selon Milton Erickson, l'amnésie, ou l'oubli, découle naturellement de l'état modifié de conscience qu'est la transe hypnotique.

L'amnésie est l'une des expériences humaines les plus courantes. Comme Wolinsky le fait remarquer, nous oublions notre rendez-vous chez le médecin, la réception de bureau que nous appréhendons, l'anniversaire de notre beau-père, mais c'est seulement lorsque l'oubli devient chronique qu'il nous pose des problèmes. Et à partir du moment où il s'avère problématique, l'oubli constitue réellement une forme de transe.

Tous les enfants issus d'une famille dysfonctionnelle ont appris à recourir à la transe amnésique. Wolinsky fait observer que le terme «dénégation» est plus couramment utilisé pour désigner l'amnésie. La dénégation constitue l'élément majeur de la dysfonction familiale. Elle est la grande responsable du fait que les membres de la famille ne vivent pas leurs émotions et ne résolvent pas leurs problèmes, chacun convenant inconsciemment d'oublier ce qu'il a vu et entendu. Depuis vingt ans, papa s'est toujours enivré à Noël mais, d'une manière ou d'une autre, chacun *espère* que ce sera différent cette année. Cet espoir relève de la fabulation, il n'a aucun fondement dans la réalité.

L'amnésie chronique est une méthode forte que l'on utilise pour maintenir l'équilibre familial ou individuel. Si une enfant arrive à oublier les choses horribles que son père lui fait, l'équilibre familial pourra être maintenu. Mais si elle se souvient et parle de ces choses, toute la famille en souffrira, y compris la petite fille.

C'est la *loi* de l'équilibre du système familial qui explique le fait que la dénégation amnésique soit si courante dans les familles dysfonctionnelles. Le système exerce une pression sur les individus pour qu'ils se conforment. Plus chaque membre se sent incomplet et vide, plus la famille resserre ses liens, formant ce que Murray Bowen, un pionner en matière de systèmes familiaux, a appelé une «masse d'ego indifférenciés». On exerce d'énormes pressions sur les victimes de violence physique et sexuelle pour qu'elles ne révèlent pas leur secret et pour qu'elles oublient ce qui leur est arrivé.

Lorsqu'une personne est victime d'un sévice grave, son moi est si violenté qu'il disparaît et fusionne avec celui de l'agresseur. L'image de l'agresseur se grave dans le système neurologique de la victime. L'amnésie est une conséquence naturelle de cette perte du moi inhérente au sévice.

La victime ne se souviendra du traumatisme qu'au moment où elle retrouvera l'état modifié de conscience dans lequel elle était lorsqu'elle a subi le traumatisme en question. D'ailleurs, le même phénomène s'observe chez les survivants d'un grave accident, qui éprouvent habituellement de la difficulté à se rappeler les circonstances qui précédaient l'accident car, ultérieurement, ils ont retrouvé leur état de conscience normal. Mais si, en regardant un film par exemple, ils assistent à un événement semblable à leur accident, ils se retrouveront éventuellement plongés dans un état traumatique. Il en va de même pour les survivants d'un inceste ou les victimes du trouble du stress post-traumatique. Une scène ou une émotion forte similaires à la scène ou à l'émotion originales sont susceptibles de raviver le souvenir de leur traumatisme.

L'hypermnésie

Être hypermnésique équivaut à être doté d'une mémoire anormalement vive. L'hypermnésie semble être tout à fait à l'opposé de l'amnésie, qui se définit par une perte partielle ou totale de la mémoire, mais, comme le souligne Wolinsky, ces deux types de transe sont similaires du fait qu'elles altèrent le fonctionnement normal de la mémoire. Selon la protection qu'il peut en retirer, l'enfant souffrira habituellement d'une transe amnésique ou d'une transe hypermnésique, mais l'une et l'autre peuvent également coexister.

L'hypermnésie est provoquée par la crainte de manquer de vigilance. Elle se manifeste habituellement dans les familles dysfonctionnelles où prévaut l'inconséquence. Bien que, le plus souvent, l'inconséquence ait quelque chose à voir avec des châtiments tels que de violentes réprimandes verbales ou des sévices physiques, tout comportement de ce genre peut provoquer une transe hypermnésique.

Dans le chapitre premier, j'ai relaté l'histoire de Jean-Marc, cet homme qui, enfant, avait vu son père battre sa mère et ses deux frères aînés. À force d'observer tous les mouvements de son père, Jean-Marc en était arrivé à reconnaître les signaux qui précédaient une explosion de violence: un certain ton de voix, un sourire et un mouvement des lèvres dédaigneux. Dès que ces signaux apparaissaient, il se montrait extrêmement sage et poli ou se réfugiait dans sa chambre et feignait de dormir. En agissant ainsi, il ne s'était jamais fait battre. À l'âge adulte, néanmoins, cette hypervigilance lui causa de sérieux problèmes dans ses relations interpersonnelles.

L'hypermnésie constitue une transe défensive majeure chez les personnes qui ont été victimes de viol durant leur enfance. Je connais plusieurs survivants d'une agression sexuelle qui, aujourd'hui, peuvent déterminer si tel ou tel inconnu est un agresseur potentiel parce qu'elles ont un sens du détail — non verbal, surtout — anormalement aigu.

L'envers de l'hypermnésie, c'est l'attitude de méfiance qu'elle sous-tend. Cette transe permet aux individus de voir les épines mais pas les roses, le trou mais pas le beignet. Toujours sur leurs gardes, ils ne sont pas libres de considérer tout l'éventail des choix qui s'offrent à eux.

Paradoxalement, les hypermnésiques ignorent quantité d'informations positives émanant de leur entourage. La vision en tunnel propre à l'hypermnésie limite considérablement leur champ de perceptions et les pousse à entretenir une relation paranoïde avec le monde. De plus, l'hypermnésie se manifeste souvent par des dysfonctions de l'intimité et une attitude exagérément critique. Elle peut également être à l'origine de troubles compulsifs et d'autres troubles qu'implique le fait de vivre constamment dans un état de tension vigilante et craintive.

Les hallucinations positives

Avoir des hallucinations positives signifie voir, entendre ou sentir des choses qui *ne sont pas présentes dans la réalité*. Les formes les plus bizarres de ces hallucinations sont qualifiées de psychotiques, mais il en existe beaucoup d'autres sortes. Ainsi, on peut dire que l'enfant qui s'invente un compagnon de jeu imaginaire fait l'expérience d'une hallucination positive. Dans les cas les plus bénins, l'individu qui, dans ses fantasmes, se voit en relation avec une autre personne ou se prend pour un champion de golf ou de ski hallucine positivement.

Petit garçon, je me voyais en héros de matches de football et en champion de tournois de golf. Le fantasme et la rêverie sont des aspects normaux d'une saine activité imaginaire, et ils demeurent normaux tant que nous pouvons volontairement nous y livrer ou *cesser* de nous y livrer. Mais notre imagination devient problématique à partir du moment où elle commence à avoir sa vie propre.

Lorsque les hallucinations positives sont automatiques et chroniques, on peut en déduire qu'il s'agit d'une transe que l'on a induite au cours de l'enfance afin de survivre à un sévice quelconque. Plus le sévice a été grave, plus les hallucinations positives risquent d'être puissantes.

Le père et la mère de Maximilien usaient de violence verbale. Peu importe ce qu'il faisait, ce n'était jamais assez bien pour eux. «Tu peux toujours faire mieux» disait son père. Son système familial correspondait au modèle sectaire tel que je l'ai défini précédemment. Maintenant que Maximilien est un adulte, dès qu'il se retrouve dans un groupe, il s'imagine que les gens ne l'aiment pas ou qu'ils parlent de lui dans son dos. Trompé par ses hallucinations, il croit voir des expressions critiques sur leur visage et pense qu'ils le jugent sévèrement.

La *jalousie* est une autre forme d'hallucination positive très répandue. Jacques accusait Julie d'avoir une liaison bien avant qu'elle en ait vraiment une. Petit garçon, Jacques était souvent laissé à lui-même pendant de longues périodes de temps. Pour alléger sa solitude, il s'inventait un ami imaginaire. L'hallucination positive était devenue pour lui un moyen de survivre. Plus tard, chaque fois que sa femme parlait à un autre homme, il voyait des choses qui *n'existaient pas*. Je me souviens de l'avoir entendu lui dire: «J'ai bien vu que ce gars-là te faisait de l'effet; tu n'arrêtais pas de sourire et tu respirais bruyamment.» Or Julie n'avait même pas fait l'ombre d'un sourire.

En thérapie conjugale, il n'est pas rare que l'on parle du fait que l'un des deux conjoints superpose le visage de son père, de sa mère ou de son ex-partenaire à celui de son nouveau conjoint. Nous croyons souvent déceler dans la physionomie ou la voix de notre partenaire des ressemblances négatives avec nos figures source. Tout thérapeute travaillant avec des couples a subi le choc des réactions excessives d'un des partenaires. Ce genre de réaction sous-tend habituellement des hallucinations positives, c'est-à-dire des images ou des voix du passé qui se superposent à celles du présent.

Les hallucinations négatives

À l'instar de l'hallucination positive, l'hallucination négative est une transe qui altère nos perceptions. L'épithète «négative» n'exprime ici aucun jugement de valeur. Elle signifie simplement que l'on *ne voit, n'entend ou ne ressent pas* ce qui existe.

Nous avons quotidiennement des hallucinations négatives. Ainsi, par exemple, alors que je suis en train d'écrire, installé à mon bureau, je ne vois pas la règle que j'ai utilisée voilà quelques minutes. Il nous est tous déjà arrivé de chercher quelque chose qui se trouvait juste sous nos yeux. Je peux également dire que j'hallucine négativement si, écoutant un match de football disputé par l'équipe de l'université Notre-Dame, je n'entends pas mon fils me dire que mon ami Johnny a demandé que je le rappelle, ou si je ne ressens plus du tout cette douleur aux épaules qui m'est restée de ma dure et longue semaine de travail.

De façon plus problématique, nous pouvons ne pas voir l'expression de tristesse sur le visage de notre partenaire, ne pas entendre une requête qui nous est faite directement, ne pas sentir la colère qui gronde dans notre poitrine.

J'ai vu cela maintes et maintes fois en thérapie. La femme qui refuse de voir que son mari est alcoolique. Le mari qui refuse de voir que sa femme a une liaison avec son associé alors que tout le monde est au courant. Ou la femme à qui son mari répète plusieurs fois durant la consultation: «J'ai besoin que tu me soutiennes dans mon travail» et qui, six mois plus tard, lorsqu'on soulève la question, jure que son mari ne lui a jamais demandé son appui.

La transe de l'hallucination négative commence dans la prime enfance. Plusieurs choses pouvant se révéler trop douloureuses à voir, à entendre ou à ressentir, l'enfant prend l'habitude de ne pas voir, de pas entendre et de ne pas ressentir. Il devient plus tard un adulte enfant et reproduit cette habitude dans toutes ses relations successives.

Les hallucinations négatives jouent un rôle dans presque tous les autres phénomènes de transe profonde. Ainsi, par exemple, la régression temporelle empêche le sujet de percevoir le vrai contexte interpersonnel dans lequel il se trouve, car elle le contraint à se fermer au moment présent et à concentrer son attention sur le passé. La progression temporelle requiert une hallucination négative semblable, car pour se projeter dans le futur, le sujet ne doit plus voir le présent.

Bon nombre de mes clients ont eu aussi bien des hallucinations positives que des hallucinations négatives en thérapie. Cela s'est habituellement produit lorsqu'ils décrivaient un comportement qu'ils considéraient comme honteux. Le plus souvent, je me montrais tout à fait neutre en les écoutant. Il m'arrivait de dire quelque chose comme «C'est assez typique dans le cas d'une personne qui a été maltraitée comme vous l'avez été durant votre enfance». Cependant, mes clients répondaient «Je sais que vous pensez que je suis monstrueux» ou «Je vois que vous me trouvez stupide d'avoir fait ça». En substance, non seulement ils voyaient et entendaient des choses que je ne faisais pas et ne disais pas, mais ils ne voyaient pas et n'entendaient pas ce que je faisais ou disais.

Les personnes profondément enlisées dans leur rôle de victime ont des hallucinations positives et négatives très fréquentes. Dans le premier chapitre, j'ai parlé de Myriam, l'Enfant Sacrifiée qui, très jeune, avait endossé un rôle de victime. Une fois adulte, elle s'était toujours sentie maltraitée par ses patrons successifs. Cependant, lorsqu'elle fut profondément engagée dans sa thérapie, elle se rappela qu'un de ses patrons lui avait offert de lui payer des études universitaires à même ses fonds personnels. Elle avait ensuite admis qu'un autre de ses patrons était un type plutôt bien. Mais même en thérapie, elle continuait de voir et d'entendre des gestes ou des mots dénigrants et méprisants qui n'existaient pas en réalité.

Il arrive fréquemment que, cessant de voir et d'entendre ce qui se passe pendant qu'on les violente, les victimes d'abus sexuels plongent dans un état de transe. Par la suite, elles souffrent de dysfonction sexuelle. Elles ne voient plus et n'entendent plus leur partenaire réel, mais voient et entendent plutôt l'individu qui a abusé d'elles. Elles ont à la fois des hallucinations négatives et positives.

La distorsion sensorielle

La distorsion sensorielle est un état de transe qui a pour effet soit d'engourdir soit d'amplifier la perception sensorielle du sujet. Dans un cas comme dans l'autre, ces modifications permettent à l'enfant de survivre. Plutôt que d'exercer normalement ses facultés perceptuelles, il ne ressent plus rien ou devient hypersensible et réagit exagérément à tous les stimuli.

L'inhibition sensorielle sert souvent de contrepoids aux mauvais traitements physiques. L'enfant qui se fait régulièrement corriger ou battre apprend à réagir aux sévices qu'on lui inflige en contractant ses muscles et en retenant son souffle, ce qui lui permet de se couper de ses émotions. Il en arrive ainsi à se distraire de la douleur physique et à s'engourdir complètement. Ce type de transe opère des changements physiologiques sur sa souffrance. Une fois que cette réaction lui est familière, il peut spontanément engourdir son corps en présence d'un danger quelconque.

Il n'est pas rare que les troubles de l'alimentation soient provoqués par cette inhibition visant à contrebalancer les sévices physiques ou sexuels. Comme la victime de sévices a perdu tout contact avec ses sensations physiques, elle n'est pratiquement plus en mesure de savoir si elle a faim ou pas.

La distorsion hypersensorielle amplifie les stimuli perçus par les sens. Certaines personnes, par exemple, sont exagérément stimulées par la présence des autres. Je me souviens que, enfant, j'avais très peur lorsque ma mère me disait que C. W. allait venir à la maison. Souvent, stimulé à l'excès par sa visite, C. W. se jetait sur moi et me mordait! C'est vrai, je ne plaisante pas! Cet enfant était survolté! Son énergie entrait dans une telle ébullition qu'elle le submergeait entièrement, lui et tout son entourage. Ce genre de distorsion sensorielle est souvent provoqué par des parents qui stimulent trop leur enfant ou se montrent trop possessifs à son égard. Ils outrepassent ses frontières jusqu'au point où, s'efforçant de se protéger, l'enfant finit par exploser.

L'exacerbation des émotions n'est, au fond, qu'un moyen de ne pas vivre ses émotions. L'éjaculation précoce en est un exemple. L'homme qui, étant jeune, a appris à avoir honte de sa pulsion sexuelle peut réagir en souffrant d'éjaculation précoce, comme s'il voulait en finir le plus rapidement possible avec un acte jugé répugnant. Cette explosion subite révèle son incapacité à éprouver une sensation pendant un plus long moment.

Certains individus émotionnellement paralysés par la honte expriment leurs émotions très énergiquement. Ils ont ce qu'on appelle des «accès». Dans ce cas également, l'exacerbation émotionnelle constitue pour eux un moyen de ne pas vraiment ressentir leurs émotions. L'explosion affective les coupe rapidement de ce qu'ils éprouvent.

La dissociation mentale

Durant leur enfance, la plupart des victimes d'inceste ont recours à la dissociation mentale afin de survivre. Pour affronter leur agresseur menaçant, elles «se distancient», «s'en vont ailleurs» ou «sortent de leur corps». Wolinsky distingue les trois types de dissociation mentale suivants:

• La dissociation d'une émotion ou d'une sensation;

• La dissociation d'une partie du corps (les organes génitaux, les membres, la voix, les muscles);

• La dissociation des stimuli externes.

Nous savons tous comment nous distancier, puisque nous le faisons presque quotidiennement. Ainsi, nous sommes capables de fuir mentalement ou physiquement des choses que nous jugeons dégoûtantes ou des situations qui nous menacent.

La dissociation mentale contraste avec ces réactions normales en ce sens qu'elle fonctionne automatiquement. Elle se présente sous un très large éventail de formes, allant de la simple dissociation d'une émotion jusqu'à l'élaboration de personnalités multiples et distinctes chez un même sujet. Dans ce dernier cas, la dissociation mentale peut être si complète qu'elle provoque des changements physiques mesurables selon que telle ou telle personnalité distincte habite le sujet. Par exemple, les allergies, la pointure des chaussures et la couleur des yeux peuvent varier en fonction de chacune des personnalités.

Certains enfants battus apprennent à se dissocier de leur corps et à se couper tant de leur douleur que de leur tristesse. De tels cas de dissociation mentale constituent la forme ultime de l'engourdissement sensoriel.

La dissociation mentale permet à l'enfant de ne plus éprouver la détresse, la peur, le chagrin et la colère qui sont présents dans sa famille. En ce qui me concerne, j'ai appris à me dissocier de mes émotions dès l'âge de neuf ans. Plus tard, durant l'adolescence, je me suis servi de l'alcool et de la drogue à la fois pour éprouver de l'exubérance et pour cacher ma peur et ma tristesse. J'étais si engourdi que seules les substances chimiques me permettaient de ressentir quelque chose.

Comme je l'ai mentionné tantôt, la dissociation mentale qui nous fait «quitter» notre environnement immédiat est un phénomène courant. Les enfants cessent d'entendre leurs parents grondeurs; les étudiants qui s'ennuient dans une salle de classe fantasment qu'ils sont ailleurs. Il s'agit là d'utilisations normales de la dissociation. Mais certains enfants quittent leur environnement pour entrer dans une sorte d'état de somnambulisme. Tant sur le plan psychologique qu'émotionnel, ils se dissocient complètement de leur vie familiale. J'ai fait la pénible expérience de travailler avec des adultes enfants qui s'étaient dissociés de leur propre voix. Ils ne prononçaient que les mots prescrits par leur famille, des mots qui n'étaient pas leurs mots à eux mais ressemblaient plutôt à un vocabulaire de perroquet appris par cœur. Ces adultes parlaient comme des marionnettes manipulées par un ventriloque.

La distorsion temporelle

La distorsion temporelle nous donne l'impression que le temps passe plus lentement ou plus rapidement qu'en réalité. Lorsque nous assistons à une conférence ennuyeuse, par exemple, le temps semble s'étirer indéfiniment, alors que si la conférence est intéressante, le temps semble s'envoler. Notre perception du temps est aussi très affectée par la résistance que nous opposons aux événements. Ainsi, le simple fait de se demander de façon obsessionnelle «Ce conférencier va-t-il parler encore longtemps?» ralentit vraiment le temps.

L'enfant terrifié qui essaie de ne plus entendre sa mère pleurer durant une querelle conjugale se mettra automatiquement à retenir sa respiration et à contracter ses muscles. Or ce réflexe augmente la durée subjective du temps. Selon Wolinsky:

> L'état de tension et de contraction du corps ralentit la perception subjective du temps, et le blocage de la respiration donne lieu à un vécu «paralysé» qui «retient» les émotions et entrave leur jaillissement spontané.

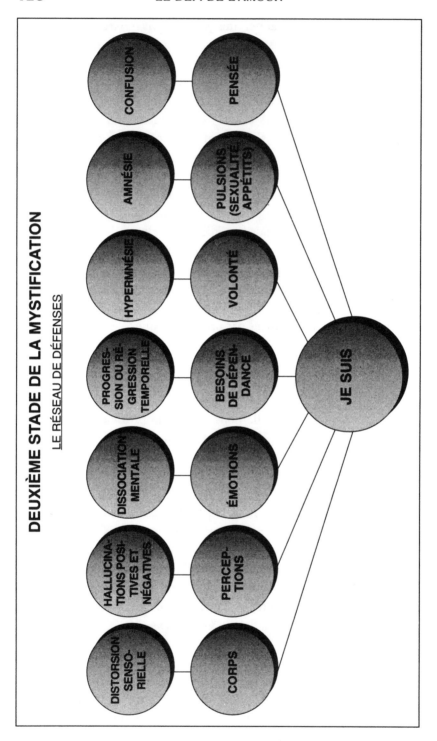

DEUXIÈME STADE DE LA MYSTIFICATION

LE RÉSEAU DE DÉFENSES

CONFUSION

AMNÉSIE

HYPERMNÉSIE

PROGRESSION OU RÉGRESSION TEMPORELLE

DISSOCIATION MENTALE

HALLUCINATIONS POSITIVES ET NÉGATIVES

DISTORSION SENSORIELLE

PENSÉE

PULSIONS (SEXUALITÉ, APPÉTITS)

VOLONTÉ

BESOINS DE DÉPENDANCE

ÉMOTIONS

PERCEPTIONS

CORPS

JE SUIS

C'est ainsi qu'une querelle familiale de vingt minutes semblera durer quatre heures.

Dans les familles dysfonctionnelles, les événements pénibles occupent réellement une grande partie du temps, et ils semblent en occuper encore davantage du fait de la distorsion temporelle. Mais même dans les familles relativement fonctionnelles, un événement traumatisant peut créer une distorsion temporelle. En fait, la vie de bon nombre d'individus est régie par quelques événements douloureux. Il arrive même que des couples heureux depuis plusieurs années laissent une aventure ou un autre événement pénible détruire leurs relations.

Le réseau de défenses

À la figure de la page 128, j'ai jumelé les multiples formes de mortification contre lesquelles l'enfant tente de se défendre avec les différents types de transe auxquels il recourt pour ce faire. J'y montre notamment que les hallucinations positives et négatives constituent une transe servant à affronter la mortification de la faculté perceptuelle, que la distorsion sensorielle est une transe qui recouvre la mortification physique, et ainsi de suite.

La confusion, que j'ai associée dans ce tableau à la mortification de la pensée, est un état de transe dont il sera question plus longuement dans la dernière rubrique de ce chapitre. Ultimement, elle devient un état généralisé résultant de tous les types de mortification, et non pas seulement de la mortification de la pensée.

En fait, les jumelages présentés dans ce tableau sont interchangeables; *tout phénomène de transe peut être associé à l'un ou l'autre des types de mortification.* Ainsi, par exemple, pour supporter la mortification physique, une personne peut recourir à la dissociation mentale plutôt qu'à la distorsion sensorielle. Les choix inconscients de chaque individu créent un schéma et une combinaison de défenses particuliers. La figure à la page précédente vise donc simplement à faire ressortir les liens entre le premier stade (les différents types de mortification) et le deuxième stade (les phénomènes de transe) du processus de mystification.

Lorsque nous étions enfants, tous ces phénomènes qui se produisaient dans l'inconscient ont fusionné ensemble et ont mis en place un réseau de défenses. Bien que ce réseau nous ait protégés et ait allégé notre détresse et notre souffrance, il n'en est pas moins devenu le fondement de notre mystification. Sous l'emprise de cette mystification, nous n'étions plus nous-mêmes, nous ne vivions plus notre propre vie; notre corps était soit engourdi, soit exagérément sensible, tout comme nos pensées, nos émotions et nos désirs. Nous n'étions plus en contact avec nos besoins fondamentaux. Tout en nous protégeant des mortifications, la transe nous empêchait de les résoudre et elle nous a figés dans le temps, en quelque sorte. Elle n'a pas pour autant racheté les injustices et les trahisons interpersonnelles qui étaient à l'origine de nos blessures d'amour-propre. Comme nous étions dans l'incapacité d'exprimer notre chagrin, notre tristesse et notre colère, les premières scènes humiliantes se sont peu à peu gravées en permanence dans notre système neurologique, jetant les bases du troisième stade de la mystification.

TROISIÈME STADE DE LA MYSTIFICATION
LES SCÈNES MAÎTRESSES

Les empreintes neurologiques des premières scènes mortifiantes fusionnent avec des fragments de scènes subséquentes, véhiculant ainsi des affects semblables.

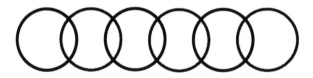

TROISIÈME STADE: LES SCÈNES MAÎTRESSES

Plus la scène originale était pénible et humiliante, plus elle s'est gravée profondément en nous. Selon Gershan Kaufman, un des premiers psychologues à étudier la honte:

> L'affect [l'émotion] grave des scènes, et la présence d'un affect identique dans deux scènes différentes augmente les probabilités que ces scènes s'interrelient et fusionnent

directement l'une avec l'autre. Ce processus d'amplification psychologique donne lieu à des familles de scènes.

Durant notre enfance, les scènes mortifiantes se fondent ensemble et forment progressivement des familles de scènes complètes. En d'autres mots, elles deviennent des *scènes maîtresses.* Ces scènes maîtresses forment des amas de honte plus puissants. Kaufman fait une distinction entre la mortification du corps, la mortification des facultés et la mortification des relations. Toutefois, mon expérience personnelle de la honte toxique m'a appris que toutes les premières humiliations finissent par se regrouper et par former des réservoirs de honte si profonds que la honte s'insinue *partout en soi-même.* La honte n'a pas de frontières, elle se répand dans tout notre être.

À l'origine, les scènes de mortification restent intégrales et séparées. Ensuite, des éléments de nouvelles scènes s'y ajoutent jusqu'à ce qu'un collage d'images interreliées prenne forme. Ce collage constituera une des scènes maîtresses qui alimentent la honte toxique.

Chaque collage est comme un *trou noir* dans le cosmos; il recèle une puissante énergie et auto-alimente insidieusement sa propre honte. Une fois qu'une partie de la scène maîtresse est activée, le collage tout entier risque d'être entraîné dans le mouvement. Ce phénomène est appelé la «spirale de honte», et quiconque en a fait l'expérience connaît exactement ses effets. Tout se passe comme si la mèche d'un pétard s'allumait et que, en explosant, ce pétard en allumait un autre qui lui-même mettait le feu au pétard suivant, et ainsi de suite: une pensée mortifiante active une image qui active une autre image, et ainsi de suite, chaque image amplifiant et intensifiant le sentiment de honte. Sitôt pris dans ce genre de spirale, on se sent accablé et impuissant. On sent qu'on n'a pas le choix. *Mais, en réalité, on a le choix.* J'en reparlerai plus loin dans ces pages.

Imaginons la spirale de honte d'une personne qui, enfant, s'est fait taquiner et ridiculiser au sujet de son corps. Cette personne aura de puissantes images de honte, c'est-à-dire des images visuelles (des visages) aussi bien qu'auditives (des voix), gravées dans sa mémoire. Chaque fois qu'elle rencontrera quelqu'un dont le visage ou la voix s'apparente au visage ou à la voix des personnes qui l'ont humiliée autrefois, ces anciennes scènes de mortification physique s'activeront automatiquement. Tout stimulus externe présentant une ressemblance quelconque avec la mortification physique originale produira cet effet. De plus, les scènes mortifiantes s'activeront parfois sans l'apport d'un stimulus externe. Ainsi, une pensée, un fragment de dialogue intérieur, un souvenir ou le simple fait de comparer son corps avec celui de quelqu'un d'autre pourra mettre la spirale de honte en mouvement.

Étant donné que l'image de la personne qui a été à l'origine de l'humiliation s'enregistre également dans la mémoire neurologique du sujet, la spirale de honte risque toujours de l'inciter à réagir par l'agression. On inflige souvent aux autres les mêmes humiliations que celles qu'on a subies. C'est pourquoi une personne qui, enfant, a été humiliée ou battue humiliera ou battra éventuellement ses propres enfants.

Comme l'illustrent les exemples suivants, les scènes et les déclencheurs mortifiants peuvent concerner le corps, les perceptions, les émotions ou tout autre pouvoir.

Wolinsky relate l'histoire d'une femme qui avait l'habitude de regarder fixement les cheveux gris de son père pendant qu'il lui faisait des attouchements sexuels. Elle trouvait cette expérience agréable, mais se sentait sale lorsqu'elle y repensait. Une fois adulte, elle avait complètement refoulé ce souvenir; néanmoins, un de ses fantasmes masturbatoires préférés consistait à imaginer qu'un homme aux cheveux gris, plus âgé qu'elle, la prenait doucement mais de force. De plus, il lui arrivait souvent d'entrer dans un état de dissociation mentale lorsqu'elle contemplait une chevelure grise.

Bien que Joël aime manger, il a la nausée et est envahi par un sentiment de honte dès qu'il sent l'odeur de la dinde que l'on sert traditionnellement à l'Action de grâces. Son problème de suralimentation remonte à ses quatre ans. Joël se faisait souvent punir pour ses mauvaises manières à table. Aujourd'hui, il a une cinquantaine de kilos superflus. À maintes reprises, au cours d'une séance de régression temporelle, il s'est rappelé le jour où, durant un repas, son père ivre et en colère l'avait brutalement fait tomber de sa chaise parce qu'il mangeait trop vite à son goût. Alors que Joël était étendu par terre, son père lui avait rempli la bouche de dinde et de sauce!

Simon aime manger vite et à la sauvette. Ainsi, il mange debout ou en conduisant sa voiture. Lorsqu'il était jeune, on le forçait à rester à table des heures durant, jusqu'à ce qu'il ait vidé son assiette. Le simple fait de s'asseoir à table ravive en lui les sentiments de honte et d'isolement qu'il éprouvait autrefois.

Les sentiments associés à la honte restent bloqués dans notre corps. *Chaque fois que nous éprouvons ces sentiments mortifiés, nous avons honte.* Voilà pourquoi on qualifie la honte d'«émotion maîtresse».

Souvent, lorsque Benoît éprouve de la peur, l'image de son père arborant une expression de dégoût lui traverse l'esprit. Il lui arrive aussi fréquemment d'entendre la voix de son père lui dire: «Espèce de poule mouillée! Tu aurais dû être une fille.» Plutôt que d'éprouver de la peur, il ressent de la honte. Benoît a commencé à boire pour dissimuler ses peurs. L'alcool s'est avéré un antidote efficace contre la peur, même si, au fil des ans, la dose a dû être de plus en plus forte. Au bout du compte, c'est dans un centre de désintoxication que Benoît a appris que la peur est une émotion humaine normale. Il a appris à exprimer sa peur et a fini par comprendre que sa vulnérabilité lui permettait de se rapprocher d'autrui.

La mortification interpersonnelle des besoins de dépendance donne lieu à des scènes maîtresses qui peuvent être ravivées par toutes sortes d'interactions avec l'entourage. Pour illustrer ce fait, j'ai choisi ces quelques exemples tirés de ma vie.

Mon éducation patriarcale ne reconnaissait pas aux enfants le droit de dire non à un adulte. Il était cependant acceptable qu'un adulte dise non à un enfant, simplement parce qu'il était un adulte. Une fois devenu moi-même un adulte, il m'a été très difficile de dire non.

Quand je disais non, des collages de visages me regardant d'un air dédaigneux et désapprobateur me revenaient en mémoire. J'avais la voix chevrotante et j'étais submergé par l'angoisse. Ou encore, il fallait que j'éprouve d'abord une colère très vive pour être capable de dire non.

J'ai aussi eu très peur les premières fois où je me suis risqué à exprimer une colère légitime. Toute ma vie durant, j'avais été manipulé par la colère d'autrui; j'aurais fait n'importe quoi pour qu'on ne soit plus fâché contre moi. De plus, j'étais incapable d'exprimer ma colère tant que je n'avais pas accumulé un si grand nombre d'injustices et de blessures que plus personne n'avait la possibilité de s'opposer à mon courroux.

Un jour, mon thérapeute m'a demandé de fermer les yeux et d'imaginer que j'affrontais la colère de ma femme. Le souvenir d'une scène avec ma mère a alors soudainement remonté à la surface. Ma mère me quittait. Elle ne disait rien, mais elle me rejetait. J'avais à peu près trois ans à l'époque et, pour un enfant de cet âge, le rejet équivaut à la mort. C'est à ce moment que j'ai compris que ma peur phobique de la colère était enracinée dans cette scène et dans d'autres scènes avec ma mère.

La mortification de nos besoins relationnels de dépendance porte un coup fatal à notre capacité d'établir ultérieurement des relations de dépendance équilibrées. Les scènes de honte que nous avons vécues avec les êtres les plus significatifs pour nous restent fixées dans notre psychisme. Plus tard, lorsque nous traversons les différents stades d'une nouvelle relation, ces anciennes scènes repassent indéfiniment dans notre tête comme la musique d'un disque rayé.

Ces scènes maîtresses figées dans notre mémoire contaminent notre vie relationnelle. Elles restent figées parce qu'elles ne sont pas résolues. Leur non-résolution est due aux défenses que nous avons érigées afin de ne pas vivre la souffrance inhérente aux mortifications qu'on nous a infligées. Les stratégies défensives restent en place, elles aussi. Elles nous ont donné différents moyens de fuir la réalité vivante du moment présent. Elles constituaient une véritable planche de salut pour les enfants que nous étions. Mais à l'âge adulte, elles nous gardent enchaînés au passé.

QUATRIÈME STADE: LA CONFUSION GÉNÉRALISÉE

Une fois que nous sommes profondément mortifiés, que nos défenses sont en place et que les scènes maîtresses alimentent notre honte, nous finissons par vivre dans un état de désorientation et de confusion généralisées. La «confusion», au sens où je l'entends, n'est ni plus ni moins qu'un phénomène de transe profonde. Elle peut constituer en soi une transe défensive ou agir comme «le pivot de la roue honteuse», comme le dit Wolinsky. Lorsqu'une menace pèse sur lui, l'enfant entre habituellement dans un état de désorientation et de confusion. Dans ce cas, la confusion agit à la manière d'une transe défensive. La confusion, ce «pivot de la roue honteuse», accompagne tous les phénomènes de transe profonde. En d'autres mots, toute stratégie défensive de transe profonde sous-tend la désorientation et la confusion.

Plus nous sommes emportés par la transe, plus la confusion nous envahit. Quels effets cette confusion produit-elle? Eh bien, nous avons de moins en moins conscience de ce que nous sommes vraiment et de ce qui se passe réellement autour de nous. Au début de notre vie, nous ne connaissions strictement rien. Nous étions entièrement dépendants des personnes qui assuraient notre survie; ce sont elles qui nous servaient de maîtres et de guides. Enfants, nous avions besoin d'énormément de sécurité afin d'apprendre à nous connaître, nous et notre univers. Nous avions besoin d'un environnement sûr et fiable. Le rôle fondamental de l'enfant consiste à faire preuve de curiosité, à explorer et à apprendre. Cette tâche s'avère cependant très difficile lorsqu'on se sent constamment anxieux ou menacé. Si son environnement est dangereux, l'enfant doit rester continuellement sur ses gardes. Il ne peut pas explorer et apprendre à se connaître. Il en est réduit à espérer se défendre et survivre par ses propres moyens.

Au sein des familles dysfonctionnelles, les enfants vivent dans un état chronique de défense et de confusion qui les oblige à se fabriquer un moi fictif afin de satisfaire plusieurs besoins fondamentaux: le besoin de structure, le besoin d'appartenance et le besoin de «caresses» — toute marque de reconnaissance qui confirme leur valeur personnelle. Ces besoins, communs à tous les êtres humains, sont fondamentaux et doivent nécessairement être satisfaits. On ne peut vivre en les ignorant. Quelle que soit l'identité fictive choisie, elle vise toujours à les satisfaire.

La figure de la page 136 montre les deux types de choix identitaires qui résultent de la confusion. Le premier type de choix découle d'une association intime de tous nos pouvoirs et de tous nos besoins avec la honte. Il est le produit de la violence familiale inhérente au perfectionnisme, à l'abandon, aux mauvais traitements et à la négligence. Ces formes de violence envoient à l'enfant un message terriblement déroutant: «C'est lorsque tu *n'es pas* toi-même que tu es le plus digne d'amour.»

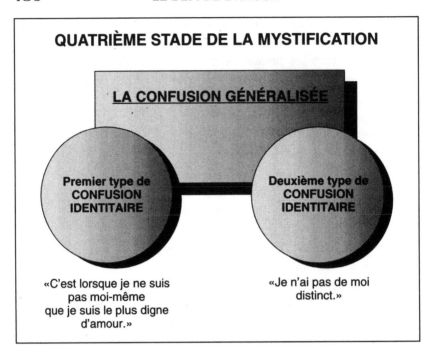

QUATRIÈME STADE DE LA MYSTIFICATION

LA CONFUSION GÉNÉRALISÉE

Premier type de CONFUSION IDENTITAIRE

Deuxième type de CONFUSION IDENTITAIRE

«C'est lorsque je ne suis pas moi-même que je suis le plus digne d'amour.»

«Je n'ai pas de moi distinct.»

Le deuxième type de choix résulte des diverses formes de violence reliées à l'enchevêtrement dont j'ai parlé précédemment. Dans ce cas, l'enfant vit une con*fusion* axée sur la fusion. Ce genre de confusion est habituellement plus caché que l'autre. Il est possible que dans cette situation l'enfant ne se sente pas consciemment désorienté. Il s'identifie tellement à son parent et se retrouve si complètement enchevêtré à lui qu'il n'a aucune identité propre. Il *est* le parent avec qui il est confondu. Et il fusionne avec le tissu même de la transe familiale.

Si vous êtes plongé dans l'un ou l'autre de ces types de confusion identitaire, il vous est impossible d'établir une *véritable* relation avec qui que ce soit.

Chapitre 4

La mystification ultime: le faux moi

C'est une souffrance si absolue
Qu'elle engloutit toute substance
Puis recouvre l'abîme d'une transe
Et la mémoire le traverse, le survole, le parcourt
Comme le somnambule
S'avance sans crainte là où, éveillé,
Il aurait fait une chute à s'en rompre les os.

EMILY DICKINSON

Le faux moi a pour but de nous protéger de la souffrance,
et non pas de nous faire affronter la réalité.

ROBERT FIRESTONE

Si vous voulez faire une expérience intéressante, essayez l'exercice suivant. Demandez à quelqu'un de s'asseoir en face de vous et de simplement vous poser la question que voici: «Qui es-tu?» Après que vous aurez répondu, votre interlocuteur fera une pause d'une dizaine de secondes, puis il vous demandera: «Mais qui es-tu vraiment?» Vous répondrez de nouveau, puis il vous redemandera: «Mais qui es-tu vraiment?» Vous continuerez l'exercice pendant au moins trente minutes en répétant le même procédé. Il est fort probable que vous éprouverez de plus en plus de difficulté à répondre à cette question; en outre, plus votre faux moi s'est affermi, plus la difficulté sera importante. Faites cette expérience et observez ce qui vous arrive. Personnellement, j'ai commencé à me sentir très embrouillé au bout de la cinquième ou sixième réponse.

Cet exercice vous pousse à aller au-delà des masques du faux moi et des rôles culturels et vous aide à approfondir votre conscience de soi.

Idéalement, suivant la séquence naturelle du développement humain, l'enfant élabore son identité en expérimentant, en imitant des modèles adéquats et en voyant ses besoins de dépendance sainement comblés. Lorsque ce processus d'élaboration de l'identité est perturbé, l'enfant vit une confusion généralisée qui le force à choisir une identité adaptée aux événements mystifiants de sa vie. L'identité qu'il choisit n'est en réalité qu'un moi d'emprunt, mais ce moi d'emprunt lui donne une définition, une structure et une certaine emprise sur le monde extérieur. En fait, il doit revêtir ce faux moi pour ne pas sombrer dans la folie.

CINQUIÈME STADE: LE FAUX MOI

C'est du cœur de la honte qu'émane le sentiment d'être imparfait et anormal, l'imperfection étant attribuée non pas à ce que l'on *fait* mais plutôt à ce que l'on *est*. En d'autres termes, je ne me sens pas imparfait et anormal simplement parce que je fais des erreurs ou des choses «mauvaises». Si j'ai ce sentiment, c'est que je crois que ma façon d'*être*, mon essence même, est anormale.

Dans son roman intitulé *Le procès,* Franz Kafka évoque brillamment ce sentiment d'anormalité. Le protagoniste, Joseph K., se réveille un bon matin et apprend qu'il est en état d'arrestation. Bien qu'il n'ait aucune idée de ce qu'il a fait de mal, il sera tout simplement accusé et jugé.

Kafka a écrit dans son journal que «des hommes sains donnent vie aux fantômes de la nuit», mais dans *Le procès,* les fantômes, bien que méconnaissables, sont présents dès le matin. L'arrestation de Joseph K. marque le début d'une série de cauchemars, d'une sentence de mystification à vie. Il passe en cour et doit assurer sa propre défense devant un juge d'instruction. Mais comme il ne comprend pas la nature des charges retenues contre lui, il est totalement incapable de se défendre.

Selon moi, ce roman symbolise le sentiment d'antagonisme cauchemardesque qui a déchiré la vie de Kafka. Tous les personnages de cette histoire incarnent des aspects de sa vie intérieure. Il était constamment tourmenté par une voix intérieure sévère et accusatrice qui, dans le roman, est personnifiée par un inspecteur de police du nom de Franz.

Kafka était un enfant exceptionnellement sensible et imaginatif, mais complètement dominé par un père patriarcal que la singularité de son fils laissait froid. Dans sa jeunesse, il avait été contraint de renoncer à ses propres idées et de se conformer au monde banal et standardisé de son père. Même après qu'il eut quitté sa famille, la voix de son père continua de vivre en lui, l'accusant sans cesse de penser et de ressentir différemment. Dans le monde de son père, le simple fait d'*être* différent constituait un crime. Cependant, Franz ne pouvait échapper à sa propre singularité; il était condamné à vivre dans le secret, désespérant de jamais exprimer ouvertement son véritable moi. Quiconque ne répond pas aux exigences absolues du patriarcat est considéré comme coupable, et le crime de Joseph K. résidait dans son désir d'être lui-même, donc différent.

Joseph K. doit aller au tribunal plusieurs fois. Il comparaît devant des juges barbus à l'allure fantomatique et arpente de longs et suffocants corridors qui ne mènent nulle part. Les audiences de la cour ont lieu le soir et le dimanche. Ce sont des moments où Joseph K. est complètement seul et n'a plus l'écran protecteur que lui fournissent quotidiennement ses activités professionnelles, comme il le souligne lui-même: «À la banque, par exemple, je serais toujours prêt [...]. Il y a toujours des gens qui viennent, des clients ou des employés, et puis surtout je me trouve toujours en plein travail, j'ai donc toute ma présence d'esprit.»

Au travail, il incarne son faux moi: toujours prêt, sur ses gardes et maîtrisant la situation.

Pour ma part, je comprends parfaitement cette attitude. J'ai passé une grande partie de ma vie si occupé que je n'avais pas le temps de réfléchir à ma déprime chronique. C'est seulement tard le soir et durant mes journées de congé, le dimanche par exemple, que, plus rien ne venant me distraire, je ressentais la souffrance aiguë causée par mon sens autocritique et par la honte qui me retranchait dans l'isolement.

À ma connaissance, personne d'autre que Franz Kafka n'a évoqué aussi magistralement le côté obscur du faux moi mystifié. L'impression d'avoir fait quelque chose de mal et d'ignorer complètement de quoi il s'agit, le sentiment que quelque chose cloche terriblement au plus profond de soi, tout cela conduit au désespoir total. Ce désespoir est la blessure la plus profonde infligée par la mystification. Il signifie que, *tel que je suis, je n'ai aucune chance; je ne peux d'aucune façon compter aux yeux d'autrui ou mériter l'amour de qui que ce soit tant et aussi longtemps que je reste moi-même.* Je dois donc trouver le moyen de devenir quelqu'un d'autre, quelqu'un qui soit digne d'amour. Quelqu'un qui n'est pas moi.

L'ÉLABORATION DE L'IDENTITÉ DANS LA CONFUSION

Pour comprendre ce qu'est le faux moi mystifié, il faut remonter à la prime enfance. Le petit bébé n'a pas du tout le sentiment d'avoir un moi séparé de sa figure source maternelle. Son image de soi est entièrement basée sur celle que lui renvoie sa mère, et c'est à travers ses yeux à elle qu'il voit le monde extérieur. Son moi correspond exactement à l'idée que sa mère s'en fait. Que se passe-t-il lorsque la mère ne prodigue pas son affection et son approbation? Voici ce qu'en dit le docteur James Masterson, une autorité en matière de troubles de formation de la personnalité:

> Pour édifier les structures de son ego, l'enfant a grand besoin que sa mère lui donne son affection et son approbation; lorsque la mère néglige de satisfaire ce besoin absolu, l'enfant en conçoit une rage si intense qu'il a peur que cette rage les anéantisse tous deux, lui et sa mère. Par conséquent, afin de surmonter sa peur, le jeune enfant divise l'objet maternel en deux: la bonne mère et la mauvaise mère.

L'enfant opère cette division par le biais d'une défense primaire appelée «clivage de l'objet» (voir la figure ci-dessous).

La «mauvaise» mère n'est pas la mère réelle de l'enfant, elle est tout simplement quelqu'un d'autre. L'enfant peut néanmoins diriger sa rage vers elle sans craindre qu'elle ne l'abandonne.

Ce n'est qu'au cours d'un stade de développement ultérieur, celui de la séparation/individuation (stade ambulatoire, entre un an et demi et trois ans) que prendra naissance un véritable sentiment du moi chez l'enfant. À cet âge, il marche et jouit du tout nouveau sentiment de maîtrise que la locomotion lui apporte. Désormais capable de s'éloigner physiquement de sa mère, il commence par se percevoir lui-même comme un objet, puis il en arrive à se percevoir comme un objet distinct de sa mère. Si tout se passe bien, il apprend également que sa mère n'est qu'une seule et même personne, quelle que soit son humeur ou son apparence.

L'enfant doit élaborer progressivement une image unique de sa mère, l'image de quelqu'un qui est à la fois une source de satisfaction (bonne mère) et une source de frustration (mauvaise mère). Il doit simultanément élaborer une image complète de lui-même. Autrement dit, l'enfant doit être capable de se considérer lui-même

**LE CLIVAGE DE L'OBJET AU COURS
DE LA PETITE ENFANCE**

BONNE MÈRE   MAUVAISE MÈRE

et de considérer sa mère en termes de «à la fois/et»: lui-même, aussi bien que sa mère, sont à la fois à l'aise et mal à l'aise, à la fois bons et mauvais. Techniquement, cette faculté est appelée l'intégration de la *permanence de l'objet*.

Une séparation/individuation réussie donne à l'enfant la capacité d'entrer en relation avec lui-même et avec les autres tout en se considérant comme une personne entière et en considérant les autres comme des personnes entières. Cette capacité le prépare de façon décisive à établir ultérieurement des relations interpersonnelles satisfaisantes tant sur le plan intime que social. Selon Masterson, percevoir l'autre comme un être entier signifie «le percevoir comme un individu à la fois bon et mauvais, gratifiant et frustrant, et maintenir la relation même si l'objet (l'autre personne) est parfois une source de frustrations». Si j'arrive à ressentir la permanence de l'objet, la personne que j'aime et celle que je hais ne font qu'un à mes yeux. De plus, que cette personne m'approuve ou me désapprouve, je reste le même. *Plutôt que d'être dans une situation de type «soit/ou», je me retrouve alors dans une situation de type «à la fois/et».*

Si ce développement est interrompu — ce qui est presque toujours le cas dans les familles pétries de honte — l'enfant ne peut pas réaliser son individuation. Il n'arrive pas non plus à acquérir la capacité de se lier à sa mère en la percevant comme une personne entière. Si je suis bloqué au stade infantile du *clivage de l'objet,* je perçois l'autre comme un être entièrement bon lorsqu'il comble mes besoins et comme un être entièrement mauvais lorsqu'il ne les comble pas. Pour moi, l'autre est une bonne personne ou une mauvaise personne, mais jamais une personne complète. Et je me perçois selon la même polarisation: je suis bon *ou* mauvais, je suis tout *ou* rien.

La faculté de ressentir la permanence de l'objet est essentielle à la séparation/individuation. L'enfant qui se sépare normalement est capable d'évoquer mentalement une image stable et cohérente de sa figure maternelle, que celle-ci soit présente ou non. Pour lui, être loin des yeux ne signifie pas nécessairement être loin du cœur. Les adultes mystifiés, quant à eux, n'arrivent habituellement pas à tisser des liens profonds avec qui que ce soit. Dans leur cas, être loin des yeux *signifie vraiment* être loin du cœur. Certains de mes clients, par exemple, peuvent rompre avec un partenaire et s'accrocher à un autre en un clin d'œil. N'ayant aucun sentiment de la permanence de l'objet, ils sont incapables d'évoquer l'image de leur partenaire perdu et, par conséquent, ils sont incapables d'éprouver du chagrin. Ils sont insensibles.

À partir du moment où l'on est incapable de pleurer et d'évoquer l'image de la personne qui nous délaisse, on ne peut résoudre les nombreux problèmes de séparation que la vie nous pose. Cela revient à dire que l'on est incapable de grandir.

Les deux illustrations qui suivent vous aideront peut-être à mieux saisir cette théorie fort complexe. En fait, bien qu'il s'agisse d'une théorie, quelque chose de très semblable arrive à un grand nombre de personnes qui aiment d'un amour mystifié. Elles se créent deux images de l'être aimé: l'une des images est *idéalisée* tandis que l'autre est *dégradée*. Elles idéalisent l'être aimé sitôt qu'il se montre à la hauteur de l'image qu'elles se font d'un bon amant (d'un bon enfant, d'un bon parent, d'un bon partenaire, d'un bon ami, etc.) et elles le jugent et le dégradent sitôt qu'il ne se montre pas à la hauteur de cette même image. Il manque à ce genre d'amour une image faisant la synthèse des deux extrêmes. L'image résultant de cette synthèse serait *humaine* et engendrerait des attentes réalistes. L'image polarisée, quant à elle, est *inhumaine* et engendre des attentes irréalistes.

LA PERMANENCE DE L'OBJET AU COURS DU STADE AMBULATOIRE

Je peux être bon
et mauvais à la fois.

Ma mère peut être bonne et mauvaise à la fois, mais elle reste une seule et même personne.

La compréhension fondamentale de la polarité

L'INCAPACITÉ DE RESSENTIR LA PERMANENCE DE L'OBJET

Bonne mère

Lorsque j'obtiens ce que je veux ou ce dont j'ai besoin, ma bonne mère est là.

Mauvaise mère

Lorsque je n'obtiens pas ce que je veux ou ce dont j'ai besoin, ma mauvaise mère est là.

Bon enfant

Lorsque maman me donne de l'amour, je suis bon.

Mauvais enfant

Lorsque maman me retire son amour, je suis mauvais.

Les bases de la polarisation

L'incapacité de franchir le stade de la séparation/individuation et, par le fait même, de ressentir la permanence de l'objet, entraîne cinq conséquences désastreuses tant sur le plan de la relation avec soi-même, c'est-à-dire l'image de soi, que sur le plan des relations avec les autres.

• L'individu mystifié se lie aux autres en les considérant comme des parties plutôt que comme des touts, comme des *objets* plutôt que comme des sujets. Cette situation lui donne une pensée fondée sur le soit/ou, du type «tout ou rien».

- Les relations mystifiées n'ont aucune tolérance à la frustration et fluctuent énormément au gré des émotions et des besoins de chacun des partenaires.

- L'individu mystifié est incapable d'évoquer l'image réconfortante de l'autre personne lorsque celle-ci est absente. Sitôt que la personne s'éloigne, il s'affole en croyant qu'elle ne reviendra pas.

- L'individu mystifié a une image de soi divisée où prédomine soit le bon «je», soit le mauvais «je». Il se perçoit comme plus qu'humain ou moins qu'humain.

- L'individu mystifié *est incapable de supporter son affliction.* Par conséquent, il vit toute séparation ou perte d'objet comme une calamité et s'empresse de trouver un objet substitut.

Le moi divisé

La figure de la page 147 schématise le cinquième stade du processus de mystification. Dans la partie inférieure du schéma, vous pouvez apercevoir une étoile contenue dans un cercle. Ce cercle représente votre vrai moi et l'étoile qu'il contient représente votre enfant intérieur doué. Comme tous les organismes vivants, l'enfant doué a des besoins qui lui sont propres et il aspire de façon toute naturelle à l'achèvement. Or le processus de mystification commence si tôt que la connexion avec le vrai moi et les aspirations qui en émanent deviennent inconscientes. Cependant, chacun de nous n'en connaît pas moins des moments — que j'appellerai des moments «pleins d'âme» — où son vrai moi refait surface. Ces percées de l'âme peuvent se manifester par le biais de nos rêves, d'une attitude apparemment irrationnelle, d'un accès de rage ou d'un comportement inhabituel. Lorsque quelqu'un nous dit «Ça ne te ressemble pas!», un moment où notre âme fait une percée est probablement en cause.

Comme vous pouvez le voir dans le schéma qui suit, la structure interne de l'individu mystifié est composée de deux extrêmes. La personne passe habituellement de l'un à l'autre, mais finit par choisir un modèle d'adaptation qui repose, en général, sur le «bon côté» de la polarité du moi divisé, tandis que son contraire reste tapi dans l'ombre.

L'un des extrêmes cède au sentiment de nullité dans lequel s'enracine la confusion. À ce pôle, l'identité de l'individu est une identité négative. «Tel que je suis, je ne vaux rien, croit-il, je ne suis pas bon, quelque chose cloche dans mon corps, mes perceptions, mes émotions, mes besoins, mes désirs, mes pensées, mes pulsions.» Cet extrême génère une fausse identité cataleptique. L'individu revêt progressivement un faux moi caractérisé par la flagornerie, la servilité, le désir de faire plaisir à tout le monde; son identité se résume à ceci: «Je ferais n'importe quoi pour vous plaire.» Alternativement, son identité fondamentale pourrait être du type «Je suis une victime, pensez à tout ce qui m'est arrivé et, de grâce, aimez-moi!» ou «Je suis si bête, stupide, fou, inepte, laid, gros, minable, etc. Aussi bien m'avouer vaincu et devenir un raté, un plouc, le cancre de la classe, etc.» ou «Je vais me révolter contre tout et tout le monde». Ce sont des stratégies qui donnent à la personne une définition, une identité. «Je suis le zéro de la classe» est une identité. J'appelle ces types de stratégie «les stratégies du moins qu'humain». Elles comportent d'indéniables avantages. Si je suis moins qu'humain, personne ne pourra s'attendre à quelque chose de moi. Si je ne rate pas une occasion de me blâmer et de me faire des reproches, personne d'autre ne pourra me blâmer et me faire des reproches. En étant moins qu'humain, je peux laisser tomber toute discipline et toute responsabilité. Mais surtout, je ne risquerai jamais de rater quelque chose puisque je suis déjà un raté.

À l'autre extrême se trouvent les stratégies du plus qu'humain. Les types d'identité élaborés dans ce pôle impliquent le pouvoir, le contrôle, le perfectionnisme, le jugement, la vertu et le blâme. Si je domine la situation, personne ne pourra me blesser. Si je suis parfait, personne ne pourra me démasquer. Si j'ai le contrôle, personne ne pourra me prendre au dépourvu. Si je suis vertueux et saint, personne ne pourra me critiquer, alors que moi, je serai en mesure de critiquer, de juger et de blâmer tout le monde. Ce sont des identités du type «Je suis OK, tu n'es pas OK».

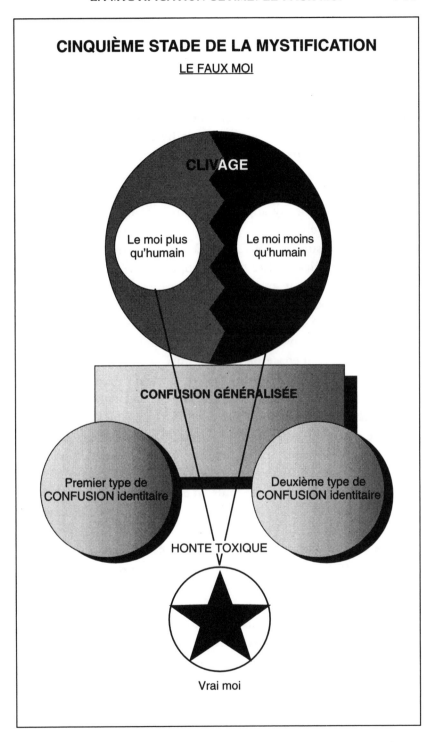

Seule une honte salutaire nous permettrait d'être humains et complets. En tant qu'humains, nous commettons des erreurs, nous souffrons, nous avons besoin d'aide, nous nous affairons vainement et nous savons que nous ne sommes pas Dieu. Le faux moi que nous nous créons pour affronter la confusion et la désorientation inhérentes à la honte intériorisée nous pousse à essayer d'être plus qu'humains ou moins qu'humains. La plupart des individus mystifiés expriment ces deux extrêmes. Ils ont, au centre de leur personnalité, une polarisation du type «tout ou rien». Si je ne peux pas être tout, je ne serai rien. Si je ne peux pas être quelqu'un d'extraordinaire, je serai un misérable. Wolinsky appelle ces deux extrêmes coexistants «les transes oppositionnelles».

L'exemple suivant vous aidera à comprendre la manière dont ces transes oppositionnelles se développent. Une petite fille est en train de jouer avec le maquillage de sa mère. Elle a du rouge à lèvres et de la poudre partout. À ce moment, son père arrive et lui fait honte d'agir ainsi. Tout naturellement, elle a envie de lui répondre ceci: «Je veux continuer de jouer, bon.» Cependant, comme son père menace de lui administrer la fessée, elle a peur. Cette menace contrecarre sa réaction et la plonge dans la confusion. Elle sait ce qu'elle veut et ce qu'elle ressent, mais elle ne peut pas risquer de perdre l'amour de son père. Par conséquent, elle choisit de «faire n'importe quoi pour *lui plaire*». Il s'agit là d'un choix efficace, particulièrement si son père la domine et lui fait honte de manière chronique. Dans une telle situation, on commence par essayer une première identité, puis on en essaie une autre. L'identité que l'on finit par choisir est celle qui résorbe le plus fructueusement la confusion.

La première réaction que l'enfant a essayée reflétait le choix naturel de son moi. «Je veux agir à ma guise»: c'est le premier choix que tout le monde fait. Si cela avait fonctionné, elle aurait continué de faire ce choix.

Au fur et à mesure qu'on lui a fait honte, un état de transe s'est instauré en elle, lui faisant croire ceci: «Je suis vraiment mauvaise de vouloir en faire à ma tête.» Par ailleurs, la transe oppositionnelle provoque une autre réaction qui se résume à ceci: «Je ferai n'importe quoi pour vous plaire. J'agirai comme vous l'entendez.» Ces deux identités, «Je suis mauvaise» et «Je ferai tout pour vous plaire», coexistent, chacune reposant sur un extrême. Leur coexistence provoque un état de tension et de lutte de pouvoir à l'intérieur de la personne.

Pour se libérer de cette tension, l'enfant a tôt fait d'apprendre à *projeter* une identité et à *endosser* l'autre. Personnellement, mon identité du type «Je ferai tout pour vous plaire, je serai parfait» est celle que j'endosse, tandis que je projette sur les autres mon identité du type «Je suis mauvais, je veux agir comme je l'entends» — souvent par le biais de critiques cinglantes.

Il est facile de déceler la projection chez l'enfant qui proteste innocemment que c'est «la méchante Suzie» (son amie imaginaire) qui a renversé le lait, mais il est cependant beaucoup plus difficile de la déceler en soi-même. Lorsque nous projetons notre identité de type «Je suis mauvais, je n'en fais qu'à ma tête» sur les autres, nous remarquons le moindre soupçon de vanité ou d'égoïsme en eux. Souvent, nous nous montrons impitoyablement critiques à l'égard de ceux qui semblent faire exactement ce qu'ils *veulent* faire.

Je me souviens d'une cliente, célibataire de son état, qui méprisait passionnément les autres célibataires de son immeuble, alléguant que ces femmes vivaient dans la promiscuité sexuelle. Issue d'une famille fondamentaliste très rigide, elle était moralisatrice et s'érigeait en juge. Cependant, elle rêvait souvent qu'elle se faisait violer par une douzaine d'hommes. S'habillant de façon pudique mais aguichante, elle portait de longues jupes et des corsages moulants qui, tout en lui recouvrant les bras jusqu'aux poignets, soulignaient la rondeur de ses seins.

Je me souviens bien de cette femme, car je m'inquiétais de l'attirance sexuelle que j'éprouvais à son endroit. Pensant que cette attirance était probablement due à mes propres problèmes sexuels, j'ai voulu vérifier mes perceptions auprès de la psychiatre qui m'avait envoyé cette cliente. Or il s'avéra que ma collègue psychiatre la trouvait aguichante, elle aussi. Cette femme *projetait* son moi érotique et désirant de type «Je veux ce que je veux» sur les autres femmes sexy, tandis qu'elle *endossait* son moi de type «Je ferai tout pour vous plaire» en se comportant de manière soumise, moraliste et religieuse.

D'autres gens basculent tour à tour dans l'un ou l'autre de leurs faux moi oppositionnels. Pour ma part, mon moi de type «Je fais ce que je veux (je suis mauvais)» s'exprimait surtout dans ma relation de couple, alors qu'en public, la plupart du temps, j'endossais mon moi de type «Je ferai tout pour vous plaire».

Les rôles dans le système familial enchevêtré

Durant ses années préscolaires, c'est-à-dire entre trois et six ans, l'enfant franchit un stade de développement où il doit élaborer une première identité primitive. Un nouveau *rôle familial* s'ajoute alors à son sentiment du moi fondamental. Or si la famille est très dysfonctionnelle, l'éventail des rôles qui s'offrent à lui est considérablement réduit.

Rappelons-nous que les rôles sont choisis non pas en fonction des besoins de l'individu, mais plutôt en fonction des besoins du système, et qu'ils maintiennent l'équilibre du système aux dépens de l'unicité et de la spontanéité de l'individu. Le choix d'un rôle rigide est également déterminé par la *confusion* que génère l'enchevêtrement familial.

Il n'y a rien d'étonnant à ce que, dans un système familial dysfonctionnel, les rôles soient habituellement polarisés, puisque le système fonctionne de la même manière qu'un organisme individuel. L'un des enfants peut être rigoureusement bon (se soumettre aux lois familiales) alors qu'un autre peut être rigoureusement mauvais (se révolter et transgresser les lois). Chacun joue le rôle contraire de la polarité. À l'occasion, le bon enfant *voudrait* être mauvais et le mauvais enfant *voudrait* être bon, mais les forces systémiques les maintiennent tous deux dans leur rôle rigide.

Quel que soit le rôle que vous ayez choisi, il est important de comprendre que ce rôle vous a donné le sentiment d'être structuré et défini. Grâce à lui, vous aviez l'impression d'exercer un certain contrôle sur votre environnement. À la longue, votre rôle s'est transformé en un état de transe particulier, si bien que vous avez fini par croire que cette frontière pour le moins limitée reflétait ce que vous étiez vraiment. Wolinsky appelle ce phénomène «une limitation de la pensée». Votre expérience se trouve rétrécie par une telle forme de pensée ou de conviction à votre sujet. Toutes vos émotions, toutes vos pensées et tous vos désirs sont limités par la transe identitaire que vous avez choisie.

De plus, personnellement, je me suis rendu compte qu'avec les années mes rôles «hypnotiques» fonctionnaient à la manière d'une *accoutumance.* Je m'étais si complètement identifié à mes rôles de Star et de Protecteur que je n'avais aucune idée de la manière dont je devais me comporter lorsque je ne les jouais pas. Ces identités ont considérablement limité les possibilités de mon expérience et, par le fait même, elles ont tout aussi considérablement restreint ma liberté.

La mystification finale

Notre identité fictive nous donne le sentiment d'échapper à la confusion alors que, *en réalité, elle ne fait que la dissimuler.* Fondamentalement, une fois que notre identité cataleptique est formée, nous ne savons plus que nous sommes confus. Plutôt que d'affronter et de résoudre le dilemme — qui se résume à «C'est lorsque je ne suis pas moi-même qu'on m'aime le plus» ou à «J'ignore qui je suis» —, le faux moi passe au dernier niveau de mystification. À ce niveau, soit *je ne sais pas que je ne sais pas qui je suis,* soit *je pense savoir qui je suis, mais en réalité je ne le sais pas.* Êtes-vous embrouillé?

Deux moi mystifiés qui essaient d'entrer en relation et de générer de l'amour se demandent l'impossible. Une relation d'*amour mystifié* est composée de deux personnes *qui ne sont pas vraiment présentes, qui pensent savoir qui elles sont et qui ne savent pas qu'elles ne savent pas qui elles sont.* Quel joli tableau! Moi qui, en vingt-deux ans de pratique, ai vu défiler quelque huit cents couples dans mon bureau, je peux vous certifier que c'est vraiment mystifiant.

SIXIÈME STADE: LA FAMILLE INTÉRIORISÉE

Le système familial intériorisé entretient l'état de mystification, tandis que le faux moi élaboré sous l'effet de cette mystification continue d'enchaîner l'individu à son système familial. Par conséquent, l'individu mystifié n'a jamais pu se séparer de son système familial.

Pour mieux comprendre comment fonctionne cet asservissement, répondez par «oui» ou par «non» à chacune des questions ci-dessous.

1. Vous mettez-vous en colère ou sur la défensive lorsque votre partenaire critique vos parents?
Oui _____ Non _____

2. Vous mettez-vous en colère ou sur la défensive lorsqu'un étranger fait des remarques réalistes mais négatives sur l'une ou l'autre de vos figures source ou sur les deux?
Oui _____ Non _____

3. Vous arrive-t-il encore d'être indigné par l'une ou l'autre de vos figures source ou par les deux?
Oui _____ Non _____

4. Êtes-vous obsédé par l'une ou l'autre de vos figures source ou par les deux? Oui _____ Non _____

5. Vous est-il déjà arrivé de maintenir une relation sans issue longtemps après que cette situation n'était plus saine pour vous? Oui _____ Non _____

6. Vous est-il déjà arrivé de maintenir une relation destructrice longtemps après avoir compris que, ce faisant, vous vous détruisiez vous-même? Oui _____ Non _____

7. Lorsque vous prenez le temps d'y réfléchir, avez-vous le sentiment que la mort ne vous fait pas peur?
Oui _____ Non _____

8. Vous sentez-vous plus à l'aise de parler de vos défauts plutôt que de parler de vos qualités? Oui _____ Non _____

9. Vous arrive-t-il de vous plaindre de vos parents puis de vous mettre aussitôt à expliquer ce qui motive leur comportement en essayant de justifier leurs problèmes ou leurs faiblesses? Oui _____ Non _____

10. Vous a-t-on déjà dit que vous incarniez les pires défauts de vos parents? Oui _____ Non _____

Si vous avez répondu «oui» à l'une ou l'autre de ces questions, il se peut que vous soyez encore enchaîné intérieurement à vos premières figures source. Plus les réponses affirmatives sont nombreuses, plus l'assujettissement est fort.

Les figures parentales vivent en nous sous la forme de voix et de scènes maîtresses intériorisées. Le système familial se perpétue également par le biais des *lois* que nous avons intériorisées et des *rôles* rigides que nous avons appris à jouer autrefois dans notre famille. Comme je l'ai dit dans le premier chapitre, des milliers de gens reproduisent leurs liens familiaux originels dans leurs relations courantes, et ce non seulement dans leurs rapports avec leurs amis et leur partenaire, mais aussi dans leurs rapports avec Dieu, avec eux-mêmes et avec le monde extérieur.

Ainsi maintenu en permanence à l'intérieur de soi, le système familial fonctionne à la manière d'une *transe* qui régit les choix de l'individu pratiquement comme si celui-ci portait des œillères. Soumis à cette transe intrapersonnelle, l'individu entend les voix de ses figures familiales, et ces voix ont le même effet que des croyances lui dictant la majeure partie de ce qu'il pense et de ce qu'il choisit de faire.

Effrayé à mort

Je me souviens d'un homme qui avait raconté son histoire lors d'une réunion d'un Programme en 12 étapes. Il tentait de résoudre sa dépendance aux tranquillisants et n'en avait pas du tout consommé depuis deux ans. En racontant à quel point il avait trouvé difficile de ne plus prendre de médicaments, il souligna cependant que, pour lui, l'abstinence était deux fois moins difficile à vivre qu'une relation d'intimité. «Je suis effrayé à mort par l'intimité», avait-il dit. Sur le moment, je n'ai pas prêté attention à cette expression «effrayé à mort», mais j'y ai beaucoup réfléchi depuis. J'en suis arrivé à croire qu'elle décrit très bien ce qui se passe chez les êtres mystifiés et qu'en fait, il s'agit non pas d'une description métaphorique mais bien d'une description *exacte*.

Pour l'enfant intérieur mystifié et blessé, le fait de s'engager vraiment avec une autre personne équivaut à *risquer sa vie*. Je m'explique.

Le faux moi, qui nous maintient dans un état d'asservissement à l'égard de notre système familial dysfonctionnel, est lui-même entretenu par notre incapacité à ressentir la permanence de l'objet. J'ai décrit précédemment la manière dont le tout petit enfant recourt à la défense primaire qu'est le clivage de l'objet. Le lecteur se rappellera aussi que l'enfant se sent impuissant et absolument vulnérable et que, pour lui, perdre sa figure source maternelle équivaut à être anéanti et à mourir. En lui permettant de s'identifier à sa mère (d'être sa propre mère), ce mécanisme de défense lui donne l'illusion d'être tout-puissant et autosuffisant (voir la figure ci-dessous).

Cette illusion nourrit chez l'enfant la conviction grandiose qu'il est *capable de combler ses propres besoins par lui-même, sans faire appel à l'extérieur.* L'enfant en transe finit par se rabattre sur cette solution défensive plutôt que d'explorer et de tester le monde extérieur. Son univers reste figé, prévisible et statique, maintenu en place par le faux moi. Or le faux moi inclut la ou les figures source auxquelles il s'est identifié. Voilà comment et pourquoi l'état de mystification se maintient. Pour l'enfant, le fait de renoncer à la figure parentale intériorisée équivaudrait à perdre *le sentiment puéril d'autosuffisance et d'immortalité.*

Lorsqu'il est question de leurs figures source, bon nombre d'individus rejettent catégoriquement, et souvent avec une franche colère, toute opinion extérieure plus réaliste que la leur. Personnellement, je me rappelle à quel point je me suis emporté contre le premier thérapeute qui m'a dit que mon enchevêtrement à ma mère était la principale cause de mes problèmes relationnels. Je me rappelle aussi à quel point mon ex-femme et moi nous nous plaisions à démolir nos propres parents pour ensuite, dans un même souffle, nous indigner et crier au scandale sitôt que l'un de nous se mettait à critiquer les parents de l'autre.

L'ILLUSION DE L'AUTOSUFFISANCE

L'enfant enchevêtré

- L'enfant intériorise la bonne mère.
- Il a l'illusion que sa mère ne mourra jamais/le protégera toujours.
- La bonne mère devient alors la voix intérieure de l'autosuffisance.

La honte toxique, qui est à l'origine du faux moi, est aussi alimentée par l'idéalisation de nos figures source. L'enfant est incapable de démythifier ses parents. Pour se sentir protégé et entouré, il a besoin de les déifier. À l'âge de quatre ans, par exemple, j'aurais été incapable de convoquer une réunion familiale afin de déclarer à mes parents que leur mariage était dysfonctionnel et que, mon petit baluchon sur l'épaule, je pliais bagage pour aller vivre chez des voisins qui, eux, sauraient mieux combler mes besoins! Aucun enfant n'est en mesure de faire cela. «Si papa et maman ne sont pas là pour moi, *c'est sûrement ma faute* et non la leur», se dit-il plutôt.

Je me souviens d'un petit garçon dont les parents avaient divorcé et qui avait emménagé à Houston avec sa mère. Celle-ci lui répétait que son père n'était qu'un minable. Le petit garçon réagissait en se battant avec ses pairs à l'école et en se conduisant mal à la maison. En consultation, il m'avait dit qu'il était mauvais comme son père.

J'avais suivi la mère en thérapie pendant un an et demi et je l'avais aidée à reconnaître quelques-uns de ses propres problèmes d'intimité dans la relation conjugale.

Il m'est apparu de plus en plus clairement que le petit garçon avait excessivement idéalisé sa mère. J'ai donc pressé la mère de lui parler des différentes façons dont elle avait créé des problèmes dans sa relation conjugale et de lui présenter son père sous un jour plus honnête et plus favorable.

Le petit garçon se montra plutôt agité lorsque sa mère aborda ce sujet avec lui. Dans les jours qui suivirent la discussion, il passa à l'acte de manière encore plus marquée. Cette intensification du passage à l'acte constituait pour lui une façon d'accroître son sentiment de honte afin de prouver qu'il était mauvais tandis que sa mère était bonne. Tant et aussi longtemps qu'il s'accrochait à ce lien fantasmatique idéalisé qui subsistait à l'intérieur de lui-même, il n'était pas obligé de grandir. Le simple fait de voir que sa mère avait des défauts détruisait son identification avec elle et, par conséquent, anéantissait son illusion de toute-puissance et d'autosuffisance. En fin de compte, pour lui, être mauvais, c'était une façon d'acheter l'immortalité à bas prix.

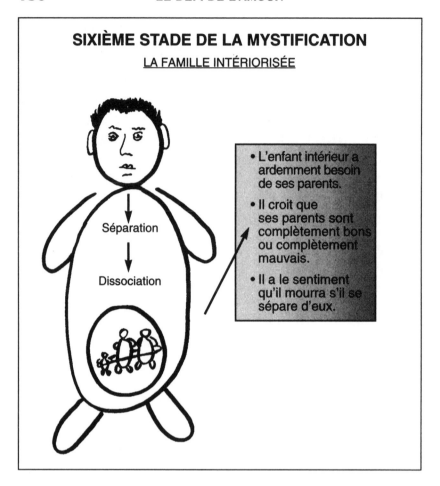

La figure ci-dessus montre que c'est l'enfant intérieur blessé qui maintient l'état de mystification. Pour lui — et il s'agit là d'un aspect décisif —, la perte éventuelle du parent équivaudrait à la mort. Au chapitre 7, je décrirai un processus qui vous permettra de vous séparer de votre système familial intériorisé. Il faut savoir cependant que les étapes de ce processus sont difficiles et effrayantes, car l'enfant intérieur blessé nourrit des croyances magiques.

Voici ce que croit l'enfant intérieur mystifié:

• Ma «bonne figure source» (la bonne mère ou le bon père) est encore là et elle me protégera toujours.

- Tous mes fantasmes de délivrance vont se réaliser. Ma «bonne figure source», ou une personne qui lui ressemble, viendra me sauver de sorte que je serai heureux pour toujours.

- Si je trouve la réplique exacte de ma «bonne figure source», ou si je trouve la réplique exacte de ma «mauvaise figure source» et que je me conduis parfaitement, je serai heureux pour toujours.

- Si je trouve une personne qui est exactement le contraire de ma «mauvaise figure source», je serai heureux pour toujours.

- Si je me séparais de ma «bonne» ou de ma «mauvaise» figure source, je serais sévèrement puni ou je mourrais. (NOTE: C'est la raison pour laquelle la figure de survie a été divisée en deux, à l'origine.)

Si nous continuons de jouer les rôles rigides imposés par notre système familial, c'est parce que ces rôles nous permettent de rester en contact avec notre figure source présumément omnipotente. C'est peut-être aussi pour cette raison que nous avons si peur de transgresser les *lois* de notre famille d'origine. Ces lois entretiennent le lien d'asservissement entre notre enfant intérieur mystifié et le parent source que nous avons intériorisé.

Le désespoir et l'impuissance

Si l'enfant intérieur blessé a tellement peur de se séparer, c'est aussi parce que la honte toxique fait naître en lui *un sentiment de désespoir.* Son monologue intérieur ressemble à ceci: «Je suis désespéré et je ne peux pas compter sur moi-même; il m'est donc pratiquement impossible de quitter mes figures de survie, car je ne pourrais jamais m'en sortir tout seul.» Tout enfant intérieur mystifié entretient plus ou moins ce type de monologue. L'irrespect familial, comme toutes les formes de mépris, atteint l'enfant dans ce qu'il a de plus profond, diminuant son estime de soi et son amour-propre et le conduisant ensuite à ressentir ce qu'on a appelé l'«impuissance apprise». Plus l'individu a été méprisé, plus il s'est senti dénué de valeur personnelle, et plus il s'est senti dénué de valeur personnelle, plus il a perdu confiance en ses propres capacités. C'est ainsi qu'il a appris à se sentir impuissant.

Le désespoir et l'impuissance font partie des raisons pour lesquelles bon nombre de familles restent dysfonctionnelles pendant des générations. Il est très difficile de se séparer du système familial dysfonctionnel que l'on a intériorisé. Cela requiert un véritable engagement.

Pour ce faire, vous devrez être prêt à éprouver les sentiments de chagrin et de colère que les mauvais traitements ont suscités en vous.

L'image idéalisée ou dégradée

Le parent intériorisé que j'ai décrit précédemment est un parent idéalisé. Il est bon et fondamentalement merveilleux. Surviendra un âge d'or, croyons-nous, au cours duquel ce parent nous donnera tout ce dont nous avons besoin. Tous nos soucis s'envoleront et toutes nos larmes seront séchées.

Le parent intériorisé peut également demeurer en nous sous la forme d'une image dégradée. Papa ou maman sont alors déformés et monstrueux. Souvent, nous gardons d'eux le souvenir d'êtres diaboliques ou complètement dégradés. Des vagues de *ressentiment* récurrent maintiennent notre enfant blessé et mystifié accroché à eux. Le ressentiment et la haine préservent notre enfant intérieur blessé d'une éventuelle séparation. Quelquefois, l'image dégradée fait même partie de l'idéalisation. L'enfant idéalise tellement son parent et projette sur lui un si grand nombre d'attentes irréalistes qu'il finit par le dégrader.

En ce qui me concerne, j'ai longtemps véhiculé une image dégradée de mon père. Fondamentalement, cette image correspondait à la perception que ma mère et sa famille avaient de lui. C'était un bon à rien, un fainéant irresponsable et alcoolique. Il ne s'était jamais occupé de moi une seconde, ce salaud pourri. Durant mon adolescence, je fréquentais des garçons qui, comme moi, étaient issus de familles désunies et dégradaient leur père. Nous allions dans les bars et qualifiions notre père de tous les noms. «Mon vieux n'est qu'un salaud, un vaurien, un couillon, un minable. Il ne pense qu'à lui-même.» Notre mère n'était ni plus ni moins qu'une sainte.

Ni l'image idéalisée ni l'image dégradée ne sont fidèles à la réalité. Et au cours du processus de séparation, nous devrons démythifier ces images.

LA MYSTIFICATION EN BREF

Les prochaines pages présentent un résumé des éléments clés de la mystification.

La magie

L'individu mystifié n'a jamais pu naître complètement sur le plan psychologique. Par conséquent, il a encore la mentalité d'un enfant. Il croit que certains gestes, certains comportements, certains mots ou certains rituels lui apporteront le bonheur instantané. Le mariage est un événement magique pour plusieurs d'entre eux, qui croient que le simple fait d'épouser quelqu'un résoudra tous leurs problèmes.

L'aspiration à la complétude

Nous avons tous, à un moment ou à un autre, un sentiment de vide intérieur. Cependant, puisque l'individu mystifié a perdu tout contact avec son moi authentique, il éprouve ce sentiment avec une intensité nettement supérieure à la moyenne. *Il n'est pas pleinement présent à ce qu'il vit* et a l'impression de ne jamais vraiment participer à ce que les autres font. Il a la sensation d'être constamment en marge, comme s'il observait sa vie plutôt que de la vivre. Son ardent désir d'accomplissement est en outre le symptôme d'une profonde faillite spirituelle. L'individu mystifié n'a pas de véritable vie intérieure.

Un profond sentiment de honte

L'être mystifié est complètement assujetti aux mortifications de la honte toxique. Tout ce qu'il voit, entend, ressent ou désire est, jusqu'à un certain point, associé à la honte. Sa vie est complètement dépourvue de limites ou de frontières. La honte naturelle ou saine nous donne la permission d'être humains. Mais la honte toxique nous pousse à tenter d'être plus qu'humains (éhontés) ou moins qu'humains (honteux). L'individu éhonté souffre d'un perfectionnisme compulsif, tandis que l'individu honteux se laisse dominer par ses pulsions et ne se préoccupe plus d'avoir un but ni de nourrir son estime de soi. L'individu pétri de honte a été spirituellement ruiné. Comme il n'a pas de véritable moi, sa liberté est sérieusement compromise.

Une hypnose perpétuelle

L'individu mystifié porte un masque figé ou léthargique qui confond souvent les autres. Il a tendance à réagir beaucoup trop fortement ou beaucoup trop faiblement. En fait, la plupart du temps, sa réaction est inopportune. Son vocabulaire fait penser à celui d'un perroquet et, comme il n'est jamais vraiment présent, il ne sait pas écouter. Selon la nature de sa transe identitaire finale, il se conforme ou se révolte exagérément. Le conformiste considère les suggestions d'autrui comme des ordres auxquels il doit obéir, tandis que le rebelle fait preuve d'une contredépendance compulsive en mettant tout en question et en refusant de donner son accord à quoi que ce soit.

L'incomplétude, l'insatiabilité

L'individu mystifié vit dans le passé. Il a des masses de besoins de dépendance qui n'ont pas été comblés au cours de son développement. Il est devenu un adulte enfant — un adulte portant un enfant insatiable en lui-même. Son insatiabilité est due à l'inassouvissement de ses besoins de dépendance. Bien qu'il ait l'air d'un adulte, il agit comme un enfant. Ce comportement convenait à l'enfant démuni qu'il était, mais pas à l'adulte qu'il est devenu. À cause de cette insatiabilité, il est très difficile d'être en relation avec lui, car il est à la recherche de ses figures source, espérant qu'elles le prendront en charge. Une relation adulte ne saurait être fondée sur ce comportement.

Une imagination bizarre

Pour l'individu mystifié, les hallucinations positives et les hallucinations négatives constituent des mécanismes de survie. Il s'invente un lien fantasmatique avec ses figures de survie. Souvent, plus ses figures source l'ont humilié, plus il les a idéalisées. Par ailleurs, s'il a été victime d'un abandon de leur part, il peut tout aussi bien les dégrader de façon grotesque. Le moi pétri de honte crée des images plus qu'humaines ou moins qu'humaines. Ces images font naître des attentes inhumaines et irréalistes qui ont un effet dévastateur sur tous les types de relation.

La transe et la confusion identitaires

Parce qu'il a subi la violence familiale, l'individu mystifié vit une profonde confusion en ce qui a trait à son vrai moi, sa véritable identité. Soit il a fusionné avec une figure source, soit il est devenu extrêmement méfiant à l'égard de ses propres perceptions, pensées, émotions, besoins et désirs. «Cette personne est-elle réellement triste ou est-ce seulement mon imagination qui me joue des tours?» se demande-t-il. Ce dilemme est causé par la mystification constante provenant des figures source. «Maman pleure; j'essaie de la consoler mais elle me dit qu'elle ne pleure pas. Je dois être fou!» La confusion la plus néfaste est due au fait que, enfant, l'individu n'était jamais à la hauteur des attentes extravagantes de ses figures source et que très tôt il a compris ceci: «C'est lorsque j'agis comme ils le veulent, et non pas quand je suis moi-même, que je suis le plus aimé.» Assez souvent, les parents entretiennent à son sujet des rêves tellement irréalistes qu'il ne peut d'aucune façon se montrer à la hauteur et qu'il en est profondément mortifié. L'identité hypnotique est toujours un faux-semblant et, conséquemment, une forme de dénégation.

La fermeture cognitive

L'individu mystifié souffre d'une fixation mentale parce qu'il est en état de transe. Cette fixation mentale, généralement appelée «fermeture cognitive», le rend rigide et le prive d'une grande partie de sa flexibilité et de sa liberté. La fermeture cognitive est particulièrement marquée chez l'adulte enfant issu d'une famille sectaire ou corrompue, où on lui a constamment répété les mêmes choses dans un langage clos sur lui-même et caractérisé par les clichés. Il a intériorisé sous forme de voix posthypnotiques l'endoctrinement transmis par ses figures source. La fermeture cognitive contribue au processus de la dénégation.

La mise en actes de la violence familiale

L'individu mystifié reproduit les principaux incidents mortifiants de sa vie en jouant le rôle de l'agresseur, celui de la victime ou parfois les deux. Il s'inflige, ou inflige aux autres, les mêmes mauvais traitements que ceux qu'il a subis autrefois. C'est principalement par le biais des différents types d'accoutumance qu'il met cette violence en actes en la dirigeant contre lui-même ou contre autrui. La mystification est à l'origine de tous les troubles de compulsion/dépendance.

La distorsion du temps

La distorsion du temps chez l'être mystifié est causée par un traumatisme passé et s'accompagne d'autres distorsions. L'individu déforme la réalité des interactions ou des événements ou y réagit de manière exagérée, particulièrement lorsqu'ils sont douloureux. Il est hypervigilant, catastrophiste et facilement effarouché. Il s'agit là des caractéristiques du syndrome du stress post-traumatique. La distorsion du temps et les autres distorsions dont il souffre compliquent énormément ses relations.

L'incapacité à réagir

L'incapacité à réagir finit par empêcher l'individu mystifié de résoudre les problèmes courants de la vie. Soit il fuit les responsabilités, soit il en assume trop mais, en définitive, dans un cas comme dans l'autre, il est déséquilibré sur ce plan. Le manque de sens des responsabilités fait partie intégrante de la dénégation et de la minimisation qui caractérisent la mystification. La responsabilité ou l'irresponsabilité excessives témoignent du profond trouble de la volonté qui, lui aussi, caractérise la mystification.

L'*alter*ation, la codépendance

L'individu mystifié est confus et n'a aucune conscience de son véritable moi. Soit il a fusionné avec une figure source, soit il dépense toute son énergie à manipuler les gens afin de satisfaire ses besoins. La codépendance est une maladie de croissance du moi. L'individu codépendant est incapable de trouver le bonheur à l'intérieur de lui-même. Il est spirituellement en faillite.

Les hallucinations négatives ou positives

L'individu mystifié voit et entend des choses qui n'existent pas. Il projette les parties indésirables de lui-même sur ses partenaires relationnels et superpose sur leur visage le visage de ses figures source. Étant donné qu'il est enchaîné au passé, *il ne voit pas les faits de sa réalité immédiate*. Il se nourrit d'illusions, c'est-à-dire qu'il continue de croire à certaines choses en dépit de la vérité des faits.

DEUXIÈME PARTIE

Les possibilités de l'amour

Là où il n'y a pas d'amour, mettez de l'amour et vous trouverez de l'amour.

SAINT JEAN DE LA CROIX

Chapitre 5

L'amour plein d'âme

Ultimement, l'âme c'est l'amour.

THOMAS MOORE

En plein hiver, j'ai découvert en moi un invincible été.

ALBERT CAMUS

Il y a quelques années, je me suis retrouvé au beau milieu d'une maison de trois étages vide et délabrée. La pelouse du devant et du jardin était desséchée par le soleil, laissant la terre à nu à quelques endroits.

Mes deux enfants n'étaient plus là. Brenda avait déménagé depuis plusieurs années et John était parti quelque temps auparavant pour aller étudier à l'université. Je savais que ni l'un ni l'autre ne reviendrait plus jamais vivre dans cette maison.

Mon ex-femme et moi venions de conclure nos vingt et un ans de mariage mystifié par un divorce à l'amiable. Reconnaissant que nous étions tous deux dans un état de stagnation, nous avions décidé de nous laisser mutuellement la chance de trouver la qualité de vie que nous n'aurions pas pu trouver ensemble.

Dans cette maison qui avait été autrefois notre foyer familial, je me demandais pourquoi j'étais resté, pourquoi je l'avais rachetée de mon ex-femme. Pourtant, Dieu sait que je m'en étais plaint continuellement durant mes années de mariage. Les parquets étaient tachés, les murs avaient besoin d'être repeints, les salles de bains et la cuisine étaient tristes et ternes. Autrefois, je me plaisais à répéter que je détestais cette maison, mais je n'avais jamais fait le moindre effort pour l'embellir. J'avais plutôt choisi de travailler et de gagner de l'argent, et j'avais exercé une énorme pression sur ma femme pour qu'elle en fasse autant. Pourtant, nous avions beau accumuler et accumuler, il semble que cela ne me rassurait pas davantage: je m'inquiétais toujours de l'avenir.

À ce moment-là, tout m'incitait à partir, à trouver un bel appartement dans une tour d'habitation ou dans un immeuble en copropriété, quelque chose de plus adapté au style de vie d'un célibataire.

Cependant, pour une raison ou pour une autre, j'avais désespérément besoin de cette maison. Peut-être avais-je peur de partir. Je croyais y tenir pour que, lors de ses congés à l'université, mon fils retrouve la maison de son enfance ou pour être en mesure de les recevoir, lui et ma fille, à Noël. Mais, semble-t-il, il y avait une raison plus *profonde*... Je n'avais gardé qu'un seul élément du mobilier, la très belle réplique d'un bureau napoléonien que j'avais achetée pour célébrer ma série télévisée sur la famille. C'était la meilleure chose que je m'étais jamais offerte. Mais maintenant, je me retrouvais assis tout seul, auprès de cet élégant bureau entouré d'un vide austère.

Je ressentais ce vide comme jamais auparavant; c'était non pas le genre de souffrance qui, comme un coup de couteau dans la poitrine, nous déchire intérieurement lorsque l'on a été rejeté par un être cher, mais plutôt un sentiment d'anomie envahissant. J'étais pris de vertiges, embrouillé, ne sachant pas quelle direction prendre ni par où commencer.

Il n'y a pas de cérémonial pour effectuer ce rite de passage, ni ministre du culte pour célébrer l'office religieux, ni personne pour vous apporter de la nourriture à la maison et vous dire des mots gentils. Je me sentais triste, très triste, surtout le soir.

J'avais toujours rêvé d'avoir un espace où disposer mes objets favoris, un endroit où je pourrais évoquer les souvenirs qui leur étaient associés. Je possède bon nombre d'objets faits par les autochtones d'Amérique, notamment un calumet de paix ojibway.

Je possède également une collection d'aigles et de lions venant d'un peu partout. J'avais coutume de les appeler mes animaux de «pouvoir».

C'est donc à partir de ces objets que, lentement, au fil des mois, j'ai entrepris d'incroyables rénovations dans ma maison. Bien que n'ayant aucun plan précis, je continuais d'avancer. J'ai engagé une décoratrice et, en lui faisant part de mes souhaits, je me suis surpris à lui demander des choses que je ne savais même pas désirer. Nous avons complètement refait les salles de bains et la cuisine. Nous avons poncé et reverni les planchers. Auparavant, j'aurais lésiné sur chaque sou dépensé, mais à ce moment précis, j'adorais cela.

Choisir le mobilier de la maison est devenu une sorte d'expérience délirante, extatique. À certains moments, je me sentais ni plus ni moins comme un enfant en plein jeu. J'ai acheté des fauteuils indiens sculptés à la main et un ancien tambour de cérémonie chinois. *Mon âme commençait à prendre le relais!*

En Nouvelle-Orléans, j'ai trouvé des fauteuils Empire avec des pattes en forme de griffon. Le griffon est un animal fabuleux qui a le corps ainsi que la tête d'un lion et les ailes d'un aigle, et *il fallait* que j'en aie dans mon bureau. J'ai acheté un immense lit gondole et une énorme armoire anglaise ancienne. Dans une petite ville située près d'Oakland, je suis tombé sur une boutique géniale où j'ai acheté deux lampes Tiffany. La maison commençait à prendre forme.

Je n'avais jamais accroché de crucifix ni d'images saintes dans la maison. Cependant, j'ai acheté deux magnifiques anciens crucifix de procession et, en Angleterre, j'ai trouvé par hasard un ostensoir en argent fait à la main. L'ostensoir est le récipient qui renferme l'hostie consacrée durant les offices catholiques du salut et de la prière. J'ai placé mes deux crucifix et l'ostensoir côte à côte et j'ai créé un autel en haut de l'escalier menant au premier étage. Cet autel est là pour honorer Dieu, bien sûr, mais aussi pour honorer les dix années que j'ai passé à étudier la prêtrise. J'étais heureux de renouer avec cette partie de ma vie.

Ainsi, ma maison était en train de devenir mon *chez-moi*. Au cours des seize premières années de ma vie, j'avais déménagé dix fois et habité chez des parents la plupart du temps. De plus, j'avais déménagé cinq fois à l'époque du séminaire et quatre autres fois après avoir laissé mes études. Je ne m'étais jamais senti vraiment chez moi nulle part.

J'ai rempli le parterre avant et le jardin de fleurs, des rouges, des bleues, des vertes, des jaunes, des violettes, des orangées, des fleurs fabuleuses exprimant la vibrante énergie de la vie.

Finalement, il restait un endroit assez vilain, un enclos, sur le côté de la maison, où était installé l'appareil de climatisation. Mon frère Richard m'a suggéré de faire quelque chose pour l'embellir. Nous l'avons rempli de plantes — toute une variété de lis, du gingembre, des arums d'Éthiopie, différentes sortes d'armoise, de l'«herbe de singe» et des brassées d'impatientes. C'est ainsi que ce dernier coin de laideur est devenu mon jardin secret.

J'aime aller m'asseoir là, dans la chaleur du soir, et réfléchir. Toute ma vie défile dans ma tête; je pense au vieillissement, j'évoque les souvenirs tristes ou heureux de mon existence. Ça y est, c'est bien vrai, je prends de l'âge! Lorsque je brûlais du feu de la jeunesse, l'idée du vieillissement ne m'effleurait jamais l'esprit. Mais voilà que j'entame l'après-midi de ma vie — le *quatrième quart,* comme l'appelle mon copain Mike Falls — et que, au bout du compte, je prends soin de ma propre maison et de mon propre jardin.

Le vide et les ténèbres dans lesquels m'avaient plongé la peine et le mécontentement ont procuré à mon âme l'espace dont j'avais besoin pour faire mon jardin secret. À partir d'une maison déserte qui représentait la fin d'un cycle de vie, je me suis créé un *home* bien à moi.

Mon jardin secret est comme mon âme: tranquille et discret, mais débordant de vie.

L'ENFANT DOUÉ ET LA PLÉNITUDE DE L'ÂME

L'amour plein d'âme plonge ses racines au plus profond des forces vives et inadaptées de la nature humaine. Il découle des dons naturels que nous avons en tant qu'êtres humains. Il se développe naturellement à mesure qu'on nourrit l'enfant doué. Le célèbre psychologue Carl Jung employait l'expression «enfant doué» pour désigner l'état naturel de l'enfance.

L'enfant vient au monde avec la capacité d'éprouver des émotions qui témoignent de sa vitalité: curiosité, étonnement, joie. Il éprouve également des émotions — la colère, la peur et la tristesse — qui jouent un rôle d'autodéfense et d'autoconservation. L'enfant est curieux et a le sens du risque. Débordant de courage, il s'aventure dans un monde immense et dangereux. De prime abord, il fait confiance à la vie et aux processus de la vie. Les faits lui semblent amicaux. Il est tout naturellement prédisposé à croire qu'il peut se fier à l'univers. Lorsque ses projets sont contrecarrés, il a la capacité de se remettre très vite sur pied. Pensons simplement à la résistance dont il doit faire preuve quand il apprend à marcher.

J'ai parlé précédemment de la manière dont l'enfant pense. J'ai qualifié sa pensée de magique, d'égocentrique et d'illogique. L'illogisme *est* bel et bien un mode de connaissance, c'est même le mode de connaissance le plus familier pour notre âme. La pensée illogique est poétique, elle sous-tend l'imagination et l'émotion. L'enfant adore chanter et danser, tout comme il raffole des histoires et des contes de fées. Les récits, les chansons, la danse et la poésie constituent de véritables modes de connaissance. Ce sont de merveilleux composants de la vie humaine, aussi importants que le mode de connaissance logique.

L'âme en tant que partie indestructible de l'être humain

La plénitude de l'âme n'est pas complètement définissable puisque c'est une manière d'être, un état pleinement humain qui procède du corps et de la pensée, de la matière et de l'esprit. En fait, l'âme comblerait le fossé entre le corps et la pensée, la matière et l'esprit, comme le dit Thomas Moore dans son très bel ouvrage intitulé *Care of the Soul:* «L'âme est le "messager" qui assure le lien entre la pensée et le corps, entre la matière et l'esprit.»

Nous sommes mieux à même de percevoir des signes et des traces de l'âme à partir du moment où nous approfondissons notre compréhension de ce que signifie le fait d'être humain.

Pour pressentir la nature de l'âme, un des moyens dont nous disposons consiste à nous pencher sur la façon dont l'enfant réagit aux formes de violence que j'ai décrites antérieurement. L'enfant est incapable de nommer les mauvais traitements ou l'abus sexuel dont il est victime. Il ne sait pas qu'il a le *droit* de stopper la personne qui le maltraite ou abuse sexuellement de lui. Souvent, l'enfant enchevêtré est terriblement confus de sentir que maman ou papa le considère comme spécial. Il ne sait pas qu'en fait il est *utilisé*. Il n'en demeure pas moins que, dans presque tous les cas de violence, *quelque chose crie au plus profond de l'enfant*. Je me rappelle avoir entendu parler d'une fillette de trois ans qui avait subi l'inceste; cette enfant était incapable de parler de ce qui lui était arrivé mais, dès qu'on l'interrogeait à ce sujet, elle avait la nausée et se mettait à vomir. Imaginez! Cette petite fille ne pouvait d'aucune manière savoir que ce que l'adulte lui faisait était mal. Tout ce qu'elle savait, elle l'avait appris des adultes de son entourage, y compris de celui qui abusait d'elle. Cependant, quelque chose au fin fond d'elle-même ne pouvait pas *digérer* ce qui s'était passé. Ses vomissements étaient une métaphore de la répulsion qu'éprouvait son organisme, une tentative de se débarrasser de la honte que son agresseur lui avait transmise. Tant et aussi longtemps que l'on n'entendra pas la voix de l'enfant et que l'on ne reconnaîtra pas les sévices dont il est victime, il criera, que ce soit en manifestant une accoutumance quelconque ou en reproduisant les mauvais traitements qu'il a subis. Je considère tous les symptômes résultant de la violence familiale comme une métaphore des cris que lance l'âme de la victime afin d'obtenir justice.

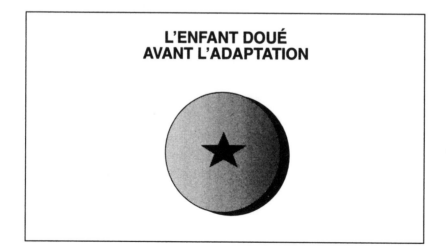

**L'ENFANT DOUÉ
AVANT L'ADAPTATION**

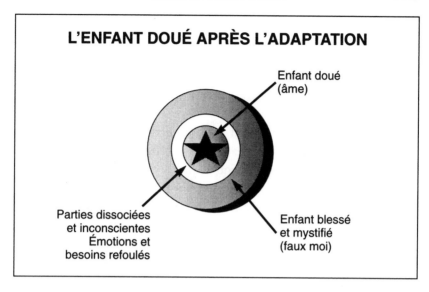

L'ENFANT DOUÉ APRÈS L'ADAPTATION

Enfant doué (âme)

Parties dissociées et inconscientes Émotions et besoins refoulés

Enfant blessé et mystifié (faux moi)

David Mura exprime ce phénomène lorsqu'il écrit ceci: «Qu'est-ce que l'âme? L'âme est ce qui reconnaît le fait que les mauvais traitements nous avilissent. C'est la somme de ce qui crie en nous-mêmes.»

L'âme, c'est ce qu'il y a de plus profondément humain en chacun de nous, et rien de ce qui est humain n'est étranger à l'âme, pas plus nos erreurs que nos échecs ou notre pathologie.

À la figure de la page précédente, vous pouvez voir ma représentation très simple de l'âme à la naissance. L'étoile au centre du cercle finira par s'étendre jusqu'aux limites du cercle, à condition que nous soyons en mesure de la laisser prendre cette expansion. Personne n'a eu une enfance parfaite et tout le monde est blessé jusqu'à un certain point par sa culture. Si l'on ajoute le patriarcat et tous les outrages que nous subissons au cours de l'enfance, ceux-là mêmes que j'ai évoqués précédemment, le tableau change. Un faux moi émerge; nous avons honte de nos émotions, de nos besoins et de nos désirs; notre vie devient une quête de sécurité défensive. Nous vivons en état de transe en cherchant à nous défendre contre la souffrance plutôt qu'en vibrant de concert avec la vie. La mystification nous enchaîne au passé et nos blessures absorbent toute notre attention.

Il n'en demeure pas moins que, indépendamment de la gravité de ces blessures, le sentiment de désespoir et de fatalité que vous éprouvez n'est dû qu'à une impression créée par l'état de transe dans lequel vous êtes. *La transe n'est vraiment pas nécessaire.* Bien sûr, vous devez reconstruire le pont interpersonnel et voir votre reflet dans le visage d'amis non mortifiants. Mais vous êtes capable de vous démystifier. Il se pourrait même que votre âme le fasse pour vous sans aucune aide.

Il n'y a rien qui cloche en vous; vous n'êtes pas une marchandise détériorée ou défectueuse. C'est tout simplement la mystification qui vous donne ce sentiment, lequel fait partie intégrante de la transe. Lorsque vous avez choisi un faux moi, vous aviez une conscience et une expérience très limitées, mais cela ne change rien au fait que vous avez bel et bien choisi ce faux moi et la profonde transe défensive qui le soutient. Nous avons tous la capacité de faire de nouveaux choix. Nous avons tous des moments de grâce et d'inépuisables réserves de détermination. Cette étoile au centre du cercle ne s'arrête jamais de répandre la vie. Vous avez en vous-même un noyau qui est demeuré intact. Quelque chose en vous refuse de mourir. Nos comportements les plus névrotiques sont l'expression métaphorique des besoins et des aspirations les plus profondes de notre âme.

Chronos et kaïros

Les philosophes existentiels font une distinction entre le «temps chronos» et le «temps kaïros». Le temps chronos est le temps mesurable — les vingt-quatre heures d'une journée, par exemple. Quant au temps kaïros, c'est le temps de l'âme: le temps où nous prenons une importante décision; un moment d'intensité au cours duquel nous rompons avec les schémas connus ou amorçons un changement de direction. Souvent, lorsque nous vivons un moment kaïros, nous ne nous en rendons pas compte et nous n'avons pas conscience de ce phénomène tant que nous ne le recherchons pas et que nous ne croyons pas à son existence. Les changements de croyance — les croyances limitatives, en particulier — se produisent durant un moment kaïros. J'ai vu un type qui passait à une émission de télévision intitulée *That's Incredible*. Cet homme attrapait au vol des flèches lancées par un arc très puissant. En soi, l'exploit était assez stupéfiant, mais ce qui m'a carrément renversé, c'est d'imaginer comment quelqu'un pouvait en arriver à croire qu'il était possible d'attraper des flèches en plein vol! De toute évidence, un beau jour, ce type s'est assis et s'est demandé: «Est-ce que je serais capable d'attraper une flèche?» Par la suite, il a poursuivi cette idée et, d'une façon ou d'une autre, il a appris à le faire. Le moment *kaïros* est survenu lorsqu'il a changé sa croyance, lorsqu'il a considéré la possibilité d'attraper une flèche. Il ne faut surtout pas croire que vous êtes condamné. Personnellement, au cours des trois ou quatre dernières années, j'ai fait des pas de *géant* quant aux croyances que j'entretenais à mon sujet. Je me suis complètement surpris moi-même. Et vous aussi, vous le pouvez. Votre âme vous certifie qu'il existe quelque chose là, sous la mystification.

DEUX FAÇONS DE FAIRE L'EXPÉRIENCE DU TEMPS

• CHRONOS
  Le temps est une mesure limitée de la durée: c'est le temps linéaire, chronologique.

• KAÏROS
  Le temps est une expérience intense qui semble dépasser le temps: c'est le temps non linéaire.

L'âme dans le langage de tous les jours

Depuis l'avènement des temps modernes, la notion d'«âme» est tombée en discrédit. Carl Jung considérait qu'il était urgent de remettre le concept de l'âme à la place noble et estimée qu'il occupait historiquement.

Il est intéressant de réfléchir aux façons dont l'«âme» survit dans le langage courant. Cette survivance laisse croire que l'âme est encore là.

Quelqu'un m'a fait remarquer dernièrement que mon regard était «plein d'âme». Les yeux, affirme-t-on, sont le «miroir de l'âme». Les gens disent souvent qu'ils sont à la «recherche de leur âme», signifiant par là qu'ils veulent retrouver leur innocence ou leur capacité de rêver. On entend parfois dire, à propos de ceux qui subissent un procès difficile, que leur «âme est jugée». Ceux qui se montrent cruels et sans pitié nous apparaissent comme des êtres «sans âme». Les Noirs du Sud des États-Unis nous ont donné la musique et la nourriture *soul.* Les toxicomanes ou les alcooliques invétérés ainsi que les criminels endurcis sont qualifiés d'«âmes perdues». On entend parler d'«âmes troublées», de «vieilles âmes», d'«âmes innocentes» et d'«âme inspirées». Plusieurs religions croient à l'«immortalité de l'âme». Quelques-unes croient également que l'âme peut être «possédée par le démon» ou par des esprits maléfiques. D'autres croient que l'âme peut tomber malade ou revivre dans un objet, un animal, un lieu ou une autre personne.

Les philosophes disaient que l'âme entière se trouve dans chaque partie du corps, mais qu'elle transcende le corps. Ils ont parlé des âmes animales, végétales et minérales.

Dans tous les cas, lorsque le mot «âme» est employé, on fait référence à la profondeur et au mérite.

L'ÂME

L'âme renvoie:

- à ce qui est le plus humain;
- à la profondeur et au mérite;
- aux possibilités créatrices de l'être;
- à ce qui rend le sens possible.

Dans son essai intitulé *Re-Visioning Psychology,* le psychologue jungien James Hillman fait ressortir trois dimensions de l'âme:

> Tout d'abord, l'âme renvoie à notre capacité d'approfondir les événements et de les transformer en expérience; ensuite, la signification que l'âme rend possible, tant sur le plan amoureux que religieux, découle de sa relation particulière avec la mort. Enfin, par le mot «âme», j'entends les possibilités créatrices inhérentes à la nature humaine, tout ce dont nous faisons l'expérience à travers la spéculation réflexive, le rêve, la métaphore et l'imagination — ce mode qui reconnaît toutes les réalités [...] comme étant essentiellement symboliques ou métaphoriques.

L'âme rend possible le sens et transforme les événements en expérience

Vous est-il déjà arrivé d'être surpris par le comportement inattendu d'une personne que vous croyiez très bien connaître? Personnellement, cela m'est arrivé dans chacune de mes relations intimes. Et souvent dans mon travail de thérapeute. J'évaluais une personne en la rangeant dans une catégorie thérapeutique bien connue, puis je travaillais avec elle en appliquant les méthodes prescrites par le modèle thérapeutique sous-jacent à la catégorie dans laquelle je l'avais rangée. Mais la majorité du temps, cette approche s'avérait inadéquate.

J'en suis arrivé à comprendre qu'aucun modèle théorique ne pourra jamais capter la profondeur d'un être humain unique. L'âme transcende toutes les interprétations humaines. Si les gens nous semblent parfois surprenants, c'est que nous oublions le fait que nos définitions sont limitées. Les grands thérapeutes comme Virginia Satir et Milton Erickson ont de l'âme. Ils nous déconcertent parce qu'ils vont au-delà des apparences et appréhendent intuitivement la profondeur des possibilités chez les gens avec qui ils travaillent.

Les bons thérapeutes sont des artistes et non pas des cliniciens. Toutes les *méthodes* du monde ne mettront jamais un individu en contact avec son âme, puisque l'âme est ce qui nous permet de saisir le sens caché du comportement humain. L'âme comprend le sens profond de toute chose. Dans une relation, l'âme donne ce sens que nous appelons l'amour. L'amour mystifié dont j'ai parlé précédemment n'est pas mystifié parce qu'il est illogique. Il est mystifié parce qu'il est inhumain. Il n'accroît ni le mystère ni la profondeur spirituelle.

Sur le plan de l'amour et de la spiritualité, le sens le plus profond que l'âme rend possible est relié à la mort. Comme l'a dit Heidegger, un philosophe existentiel allemand, nous sommes tous des «êtres-pour-la-mort». Cela signifie que la mort est une frontière qui donne tout son sens à la vie. L'âme compose avec la *polarité*. Il n'y a pas de vie sans la mort, et la mort est toujours une de nos possibilités. La mort donne un sens ultime à la vie. Toujours présente, elle nous conseille de réfléchir à la singularité et à la signification de chaque moment. La mort tempère notre catastrophisme et notre grandiosité. Elle nous rappelle notre finitude.

Les possibilités créatrices

L'âme renvoie aux possibilités créatrices de la nature humaine, elle révèle la profondeur et le mystère qu'il y a en nous. L'âme nous dit que chaque chose est inépuisable, que chaque chose a une signification plus profonde. Le poète Shelley a dit ceci: «S'ils avaient des oreilles pour entendre, les hommes sauraient qu'il y a de la musique en toute chose.» L'âme découvre la musique et nous en fait prendre conscience, tout comme elle nous fait prendre conscience du sens symbolique et de la profondeur des choses. L'âme nous enseigne ce qui était déjà écrit sur un des plus anciens fragments de texte philosophique grec: «Toutes les choses sont remplies de dieux.» Pour moi, cela signifie que toute chose a une *profondeur* et un *mystère* sacrés que nous ne serons jamais totalement en mesure de sonder.

Le langage de l'âme

Le langage naturel de l'âme est celui de la poésie et de la musique. Il s'exprime à travers le symbole, le mythe et la métaphore. La faculté de l'âme est l'imagination. Cette faculté est le moyen dont nous disposons pour accéder à un sens plus large. Les spécialistes de la Bible parlent du *sensus plenior,* ou sens plus complet, des Écritures, laissant entendre que chacun des textes a un sens littéral et un sens plus complet. La vie a un sens littéral, mais elle a aussi un sens plus complet fondé sur le mystère. Ce mystère plonge ses racines dans le sol fertile de l'être, dans cette Puissance supérieure que la plupart appellent Dieu.

Si l'enfant doué en nous-mêmes pouvait se développer sans violence, nous atteindrions spontanément à la plénitude de l'âme. La violence blesse toujours l'âme. Les pratiques patriarcales et rationalistes en matière d'éducation et de pédagogie avaient pour but de nous éloigner de l'enfance. Nous avons besoin des assises de l'enfance, besoin de nous accrocher à la sagesse et aux talents de l'enfance. Nous avons besoin que nos pratiques éducatives et pédagogiques encouragent et développent les modes de connaissance propres à l'enfant.

La plénitude de l'âme n'est pas antilogique, elle est illogique. Les grands esprits utilisent la logique pour mener à bien leurs intuitions pleines d'âme. Les grands artistes utilisent la technique pour donner forme à leurs intuitions créatrices pleines d'âme. L'art, la poésie, la sainteté et la sagesse requièrent aussi bien la plénitude de l'âme que la pensée logique.

Dans ce livre, je n'insisterai jamais assez sur le fait que le véritable amour humain est impossible sans la plénitude de l'âme.

LES NIVEAUX DE L'AMOUR

L'amour plein d'âme revêt plusieurs formes. Regardez la figure de la page 181. Le premier niveau représente l'éros, la force vitale. Dans son aspect le plus fondamental, l'éros est la pulsion qui est présente dans toutes les choses et qui les fait tendre vers leur propre achèvement. Cette force vitale est l'âme qui fait éclore les fleurs et transforme les glands en chênes.

C'est l'énergie que chaque réalité créée consacre à la recherche de son propre bien. Dans ce sens, on peut parler de formes d'amour non humaines. En devenant ce qu'ils sont — en réalisant les fins de leur maturité — les minéraux, les végétaux et les animaux s'aiment eux-mêmes. Cependant, cet amour n'est pas un amour personnel et ne peut être qualifié d'intime; il s'agit plutôt d'un appétit inconscient qui anime toutes les choses et les pousse vers la complétude et l'achèvement. C'est le premier niveau, le plus primitif, de l'amour. Toutes les réalités créées désirent ardemment leur propre achèvement, elles luttent pour lui et y aspirent de toutes leurs forces.

Lorsque les êtres atteignent à la conscience, l'éros se transforme en appétit, ou libido — le désir de l'union physique avec l'autre (deuxième niveau). Cette énergie sexuelle est la force qui assure la reproduction et la survie des espèces. Elle fait partie de la force vitale qui nous fait tendre vers l'achèvement!

À un niveau de conscience plus élevé (troisième niveau), l'éros devient l'affection, l'amour naturel que les représentants d'une même espèce éprouvent les uns envers les autres. Chez les humains, il s'exprime par le biais d'une sexualité affectueuse et devient une arène de possibilités pleines d'âme. La sexualité est profondément reliée à la spiritualité. On a besoin d'une sexualité humaine saine pour générer de l'amour plein d'âme.

Au quatrième niveau, on dépasse l'amour naturel pour les représentants de sa propre espèce. L'éros devient la volonté — le désir élevé au niveau du libre choix et de l'action. Le libre choix est l'essence même de l'amour humain. Par l'exercice de la liberté, l'âme devient esprit.

L'amour filial (cinquième niveau) naît lorsque les conjoints *décident* d'avoir un enfant. Le jeune enfant éprouve une affection toute naturelle pour ses parents. Mais cet amour est un amour fondé sur le manque, en ce sens où l'enfant a besoin de l'amour de ses parents et qu'il ne pourrait pas vraiment survivre sans cet amour. Son amour dépend de l'amour de ses parents.

Les parents ont *besoin* d'aimer, mais leur amour implique aussi un choix conscient, de la volonté et de l'autodiscipline. L'amour parental sous-tend que l'on fait don de son temps, de son attention et que l'on montre la voie à suivre. L'amour parental est un «amour don» plutôt qu'un «amour besoin», car les parents n'ont pas besoin de l'amour de leurs enfants pour survivre.

L'amour des parents pour leurs enfants ne peut pas être un amour intime, car, selon ma définition personnelle, l'intimité exige deux personnes égales en savoir et en pouvoir. Les enfants sont égaux en dignité, mais non en savoir et en pouvoir. Les parents peuvent aimer leurs enfants profondément et de toute leur âme, mais pas intimement.

À mesure que les enfants s'acheminent vers l'âge adulte, ils deviennent capables d'éprouver ce même genre d'amour filial pour leurs parents.

L'amour atteint un plus haut degré de plénitude spirituelle dans l'amitié et l'engagement entre conjoints (sixième niveau). Cet amour, souvent appelé *agape,* est généré par deux personnes qui s'engagent mutuellement à considérer la sécurité et l'actualisation de l'autre comme aussi importantes que leur propre sécurité et leur propre actualisation.

L'agape est aussi une forme d'amour qui doit s'étendre à soi-même, car pour vraiment aimer l'autre, il faut d'abord s'aimer soi-même. Le narcissisme normal, c'est-à-dire l'amour et l'affection véritables que l'on éprouve à son propre endroit, favorise un contact

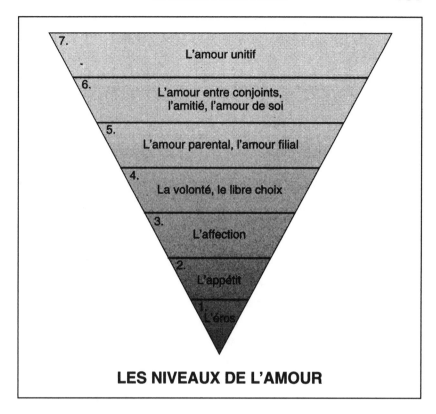

LES NIVEAUX DE L'AMOUR

très soutenu avec soi-même; il fait naître un sentiment d'unité et de bien-être intime, nous donne conscience de notre valeur et alimente notre estime de soi.

Le niveau le plus accompli de l'amour, le septième niveau, est souvent appelé *caritas.* Cet amour s'apparente à l'amour divin, en ce sens où l'on imagine que Dieu est amour et acceptation inconditionnelle de toutes choses. Ce genre d'amour unifie tous les opposés et considère toute chose comme estimable. À mesure que notre être prend de l'expansion à travers l'amour agape, nous devenons davantage que ce que nous étions. Aimer de toute son âme, c'est aller à la rencontre de l'autre en entrant dans son propre monde, en pénétrant sa véritable façon d'être. Nous devenons l'autre sans nous perdre nous-mêmes. Plus notre amour s'étend et englobe les autres, plus nous nous dépassons et accroissons notre être.

À mesure que nous nous relions progressivement à toutes les autres créatures vivantes, nous faisons l'expérience d'une conscience plus unifiée. La sagesse provient des sommets de l'amour plein d'âme. Elle nous donne une plus grande vue d'ensemble, nous fait sentir la cohésion et le lien qui existent entre nous et le monde. Les grands maîtres spirituels appellent cette conscience élargie la «vision unitive».

Personne n'effectue cette ascension, pour ainsi dire, en suivant l'ordre linéaire des étapes représentées dans le tableau. Nous avons des visions fugitives d'une conscience plus élevée, nous pressentons le mystère de notre Puissance supérieure, nous vivons des moments de grâce où des dons d'amour surgissent des profondeurs de notre âme. Nous y travaillons, nous trébuchons, nous avons des problèmes, et nous voyons les fruits de notre persévérance et de notre constance.

Nous courons le risque d'avoir des révélations, et c'est de façon inattendue que nous sommes récompensés d'avoir couru ce risque. Ce qui relève de la plénitude spirituelle est souvent imprévisible. Notre enfant s'approche et nous dit «Je t'aime» au moment où nous nous y attendions le moins. Notre conjoint s'en tire indemne alors que nous croyions que tout était perdu, pour ainsi dire. Nos amis arrivent juste au moment où nous avions vraiment besoin d'eux. Et le contraire peut tout aussi bien se produire. Il semble alors que nos enfants, notre partenaire, nos amis, ou Dieu lui-même, nous laissent tomber. Nous voguons à la dérive sur des océans d'inquiétudes, nous errons dans le désert du repliement, nous nous cachons dans la caverne de notre honte et de notre culpabilité. Il semble que personne ne soit là. Et puis nous décidons de sortir de notre routine, de changer notre ancienne façon de réagir. Notre vie prend une autre direction. Nous ne savons pas exactement comment nous sommes partis d'un point A pour arriver à un point B, mais nous sentons le bonheur et l'excitation nous gagner de nouveau. Un amour frais et nouveau émerge. Telles sont les voies de l'âme!

LA PHÉNOMÉNOLOGIE
DE LA PLÉNITUDE SPIRITUELLE

J'aimerais résumer le présent chapitre en décrivant différents aspects de la plénitude spirituelle. Souvenons-nous que, de par sa nature expansive, l'âme échappe à toute définition; nous devons donc nous contenter d'évoquer certains aspects de la plénitude spirituelle.

C'est phénoménologiquement que nous devons aborder l'âme. La phénoménologie est une méthode de réflexion qui nous permet de tourner autour d'un sujet et de le laisser se révéler de lui-même. Nous l'examinons sous tous ses angles, laissant chacun d'entre eux nous révéler quelque chose. Ainsi, par exemple, nous ne sommes jamais en mesure d'appréhender la terre entière d'un seul coup; nous ne pouvons que décrire l'expérience que nous faisons de chacune de ses parties. De façon semblable, je vous présente ma compréhension de quelques-uns des principaux aspects de la plénitude spirituelle.

La honte en tant que limite

La honte saine nous parle de notre humanité essentielle et nous met en garde contre la tentation d'être plus qu'humains (éhontés) ou moins qu'humains (honteux). Nietzsche disait que la honte est une source de spiritualité et une protection pour l'esprit. Pour moi, cela signifie que la honte saine nous laisse savoir que nous n'avons rien d'absolu, que nous ne sommes pas Dieu. La honte saine entretient notre sincérité et notre humilité. Sans cette conscience, nous nous prenons pour Dieu. Nous nous érigeons en mesure universelle, faisant de nos émotions, de nos besoins, de nos pensées et de nos fantasmes des normes à partir desquelles nous jugeons la réalité. En uniformisant ainsi l'expérience humaine, nous en évacuons la profondeur. Nous créons des absolus au moyen desquels nous évaluons les autres êtres humains. La honte constitue notre frontière fondamentale. La conscience de la honte saine est au cœur d'une existence pleine d'âme.

L'ouverture d'esprit face au quotidien

Lorsque nous vivons avec toute notre âme, nous sommes en contact avec la vie de tous les jours. Les choses ont de la valeur

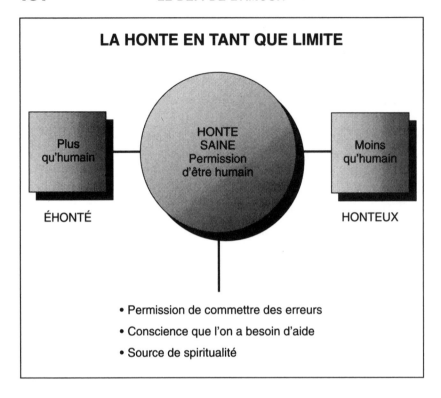

LA HONTE EN TANT QUE LIMITE

Plus qu'humain

HONTE SAINE
Permission d'être humain

Moins qu'humain

ÉHONTÉ

HONTEUX

- Permission de commettre des erreurs
- Conscience que l'on a besoin d'aide
- Source de spiritualité

simplement parce qu'elles sont. Avoir l'esprit ouvert face à l'ordinaire, c'est mettre l'accent sur l'être. «L'être, selon le philosophe Jacques Maritain, est cette victorieuse poussée par laquelle nous triomphons du néant.» Cette candeur à l'égard du quotidien équivaut en fait à la capacité d'émerveillement propre à l'enfant. Pour lui, tout ce qui fait partie de la réalité est spécial et merveilleux, le monde est flambant neuf à chaque moment de chaque jour.

La compréhension et l'acceptation de la polarité

Lorsque nous acceptons les choses telles qu'elles sont, nous acceptons la réalité. Or la réalité est faite de polarité. La honte saine nous met en contact étroit avec la polarité. Il n'y a pas de son sans le silence, pas de lumière sans l'obscurité, pas de vie sans la souffrance et la mort, et personne n'est parfait. Tous les comportements humains existent virtuellement en nous-mêmes. Un Hitler et une mère Teresa sommeillent en chacun de nous. *La polarité nous protège de la polarisation.* Elle nous rappelle que les deux côtés de la médaille sont valables. À partir du moment où nous glorifions un côté, nous tombons dans un extrême et rejetons l'autre. Voilà en quoi consiste la polarisation. La conscience de la polarité nous met à l'abri de la rigidité et de l'absolutisme.

Nous devons être conscients du fait que la polarité existe aussi bien en nous-mêmes que dans les autres. Jung appelait «ombre» ce côté contraire que nous possédons tous. La découverte et la prise de conscience de l'ombre constitue une importante opération de plénitude spirituelle. Notre ombre représente souvent la partie la plus riche et la plus profonde de nous-mêmes.

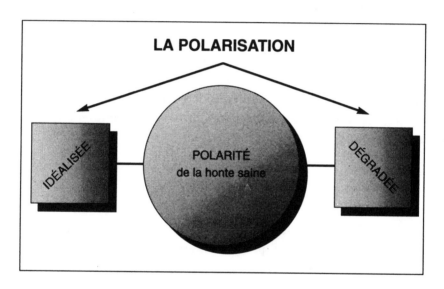

La capacité de vivre le moment présent

La capacité d'être présent ici et maintenant est un indice de plénitude spirituelle. Lorsque nous sommes présents, nous ne nous faisons pas de cinéma intérieur; nous voyons ce que nous avons sous les yeux; nous ne nous racontons pas d'histoires au sujet des choses et des gens; nous entendons ce que les autres disent et la façon dont ils le disent. Lorsque nous réagissons, nous le faisons de manière congruente. La congruence signifie que le contenu de notre message (ce que nous disons) est compatible avec le processus (la façon dont nous parlons, le ton de notre voix, l'expression de notre visage, notre posture, etc.). La congruence favorise le contact véritable. Les individus mystifiés ont tendance soit à se confondre aux autres, soit à être en conflit avec eux. La plénitude de l'âme nous met en *contact* avec la réalité.

La liberté

La plénitude spirituelle est caractérisée par la liberté. Lorsque nous vivons avec toute notre âme, nous choisissons nos propres projets de vie. Nous sommes capables d'imaginer plusieurs possibilités, car le passé ne nous tire plus en arrière. Dégagés de l'ornière d'un point de vue fixe, nous sommes en mesure d'envisager plusieurs solutions de rechange. Nous sommes libérés de la fixation, de la paralysie et de la rigidité que nous imposait la profonde transe défensive. Nous sommes libres de réagir au réel, bien ancrés dans la réalité vivante. Vivre dans la plénitude spirituelle, c'est agir dans le présent plutôt que de réagir plus ou moins démesurément aux échos du passé.

L'inattendu et l'inhabituel

La plénitude spirituelle naît fréquemment de l'inattendu et de l'inhabituel. Ainsi, en ce qui me concerne, les pires événements de ma vie se sont souvent, au bout du compte, avérés les plus bénéfiques. Les personnes qui ne semblaient pas destinées à jouer un rôle important dans ma vie ont, contre toute attente, été très significatives (mais je l'ai compris seulement rétrospectivement). Mon ami Norris, qui m'a emmené à l'hôpital où j'ai été traité pour mon alcoolisme, était lui-même un alcoolique très malade. Je l'avais fait hospitaliser deux ans auparavant. Peut-être m'a-t-il emmené à l'hôpital pour se venger! Ses motifs m'importent peu. Ce que Norris a fait m'a conduit à prendre une décision majeure qui a changé ma vie! C'était un véritable moment kaïros.

L'amour en tant que processus

L'amour implique de la passion, un travail assidu et du courage. C'est un processus qui s'avère souvent ambigu et houleux.

L'amour se développe et s'approfondit constamment. L'expansion fait partie intégrante de sa véritable nature. En amour, il n'y a pas de bonheur éternel comme dans les contes de fées, car l'amour plein d'âme se rajuste et se rééquilibre constamment. Il n'est jamais abouti et accompli une fois pour toutes.

L'amour plein d'âme comporte une polarité. Il implique non seulement l'extase, mais aussi la durée. À elle seule, l'extase ne saurait donner un fondement solide à l'amour.

L'amour plein d'âme favorise l'éclosion de sentiments ardents, mais aussi la capacité d'entrer en conflit. Sans conflit, les vraies différences ne peuvent être ni exprimées ni surmontées.

Pour aimer de toute notre âme, nous devons faire preuve de responsabilité à l'égard de notre partenaire. En même temps, nous devons avoir la possibilité de tenir compte de nos propres besoins.

En amour, les choses se déroulent rarement comme nous l'avions imaginé. L'amour comporte d'inévitables tours et détours, ses manques d'égards inattendus, ses trahisons et ses douloureuses périodes de croissance.

Le numineux

Le numineux renvoie aux aspects mystérieux de la vie, à la profondeur et au sacré. Dans son essai célèbre intitulé *Le sacré*, Rudolf Otto a étudié le témoignage de gens qui ont fait l'expérience de la théophanie (apparition de Dieu). Il s'est rendu compte que chacune de ces expériences de Dieu avait deux composants: la terreur et la fascination. La terreur impliquait la peur et l'épouvante, tandis que la fascination impliquait le désir et l'obsession. La réalité que les sujets avaient appréhendée les avait remplis d'une sainte terreur. Otto a qualifié cette expérience de «numineuse».

Au cours d'une existence pleine d'âme, le numineux se présente à nous de plusieurs façons. Tout être humain est entouré d'une aura de destin et de mystère. Aucune vie humaine ne saurait être définie et cernée par quelque épithète que ce soit. Il y a un sens du sacré en toute créature. Tout être humain y plonge ses racines. La vie nous inspire un respect mêlé de crainte; elle nous appelle à nous engager toujours plus profondément.

L'exubérance

Être plein d'âme n'équivaut pas toujours à vivre ardemment et passionnément, mais c'est souvent le cas. Les enfants incarnent l'exubérance dans sa forme la plus pure. Ils sont pleins de vie, de joie et de cœur. Ils débordent de spontanéité et de curiosité. Ils vivent chaque minute de chaque jour. Leur énergie semble inépuisable.

L'exubérance exprime la polarité. Les enfants sont les meilleurs modèles de cette polarité: qu'ils rient à gorge déployée et se roulent par terre ou qu'ils pleurent et sanglotent, ils vivent leurs émotions de façon très nette. Quelques minutes après avoir pleuré, ils peuvent se mettre à rire et à jouer. Nous avons tous besoin de retrouver notre exubérance d'enfants. En ce qui me concerne, je peux dire que je me suis senti exubérant plusieurs fois au cours des trois ou quatre dernières années. À maintes reprises, j'ai spontanément fait des choses ou acheté des objets sans aucune idée ni plan préconçus. La spontanéité ainsi que le sens du jeu font habituellement partie de l'exubérance.

L'exubérance s'exprime également par le rire et la joie. Le sens de l'humour est le signe d'une saine honte. La vie ne doit pas être prise autant au sérieux, malgré tout.

Le symbolisme

La plénitude spirituelle s'épanouit dans un océan de symbolisme. Le symbole comporte plusieurs couches, c'est-à-dire plusieurs niveaux de signification. Le symbole est holistique. Il capte la plénitude de l'être sans le réduire à des concepts linéaires et fermés. Nombreux sont les gens qui ont été outrés lorsque des manifestants ont brûlé le drapeau américain car, pour eux, ce bout de tissu symbolise la révolution, le courage, la volonté de mourir pour la démocratie, le cran des pionniers, les nouvelles frontières, les droits de la personne, etc. La liste pourrait s'allonger encore longtemps. Un symbole est comme un caillou jeté dans un lac: les ondes qu'il provoque se propagent à l'infini. Un symbole est inépuisable, car il provient de l'imagination.

L'imagination voit, entend et touche des profondeurs insoupçonnées de possibilités. L'imagination est le fondement de la liberté. À partir du moment où nous sommes incapables d'imaginer, nous perdons le contact avec nos possibilités. Dans cet ordre d'idées, on pourrait considérer que les personnes aux prises avec une accoutumance quelconque, les criminels — toutes ces «âmes perdues» que la vie moderne met sur notre route — sont des gens qui ont perdu leur imagination. N'ayant plus la capacité de donner un sens à leur vie, ils n'ont plus d'espoir.

La spiritualité

La plénitude de l'âme conduit à la spiritualité. La spiritualité est un état d'abondance, une amplitude. La spiritualité élargit notre champ de vision et nous permet de voir le tout. Elle nous fait comprendre ce que les philosophes appellent «la coïncidence des opposés». Nous voyons les choses de façon holistique, et non comme des parties objectivées. Nous éprouvons de la vénération pour toutes les choses, et ce respect religieux s'étend à notre vie. La vénération signifie «voir un monde dans un grain de sable», comme Blake l'a écrit. Chacun des aspects de la Création est merveilleux et sacré.

La spiritualité célèbre la vie et nous remplit du plus grand respect pour toute forme de Puissance supérieure. Pour quelques-uns, cette Puissance supérieure s'appelle «Dieu». Nous croyons qu'il y a quelque chose ou quelqu'un de plus grand que nous-mêmes, quel que soit son nom. Nous sommes reconnaissants d'être en vie et sentons le besoin de louer cette Puissance supérieure.

La spiritualité nous conduit au service et à la solitude. Nous nous préoccupons de nos semblables et entreprenons des actions qui en témoignent. Nous nous aimons nous-mêmes. Nous prenons notre vie en charge. Nous aimons notre prochain en le considérant comme le prolongement de notre propre vie. Nous comprenons que c'est en donnant que nous recevons. Nous comprenons qu'en allumant la chandelle d'autrui, nous ne perdons pas notre propre lumière. Que plus nous allumons de chandelles, plus le monde s'illumine.

La plénitude de l'âme nous amène à comprendre que la spiritualité est notre destinée. Être pleinement humain, c'est être pleinement spirituel. Nous sommes des êtres spirituels par nature. Nous ne sommes pas des êtres matériels qui tentent de se spiritualiser. Nous sommes des êtres spirituels qui effectuent un voyage humain. L'âme voit la profondeur de la spiritualité en tout et en tous.

Chapitre 6

La démystification:
l'imagination réaliste

Derrière toutes les formes de maladie mentale, il semble y avoir une image généralisée du soi humain, vu comme obscurément indigne et pas bon. Il s'agit d'un fantasme tenace et d'une conviction profonde qui s'immiscent dans tout ce que les hommes font.

WILLIAM LYNCH

Un accroissement de l'imagination équivaut toujours à un accroissement de l'âme.

THOMAS MOORE

«Je crois que je commence enfin à me *réveiller*. Je commence enfin à comprendre ce que c'est qu'aimer», ai-je entendu récemment dans un groupe en 12 étapes. Cette phrase témoigne de ce que j'appelle la «démystification», ce processus d'éveil à la réalité qui nous entoure et, plus particulièrement, à la réalité des gens avec qui nous sommes en relation et en interaction. À partir du moment où notre esprit n'est plus tourné vers le passé, nous devenons capables de fixer notre attention sur ce qui se trouve réellement devant nous. Si nous voulons aimer les autres, il est primordial que nous puissions vraiment les entendre et les voir tels qu'ils *sont*.

LES CINQ LIBERTÉS

La grande thérapeute familiale Virginia Satir a souvent dit que l'individu parfaitement opérationnel dispose des cinq libertés suivantes:

- La liberté de voir et d'entendre ce qu'il voit et entend plutôt que ce qu'il est censé voir et entendre;

- La liberté de penser ce qu'il pense plutôt que ce qu'il est censé penser;

- La liberté d'éprouver ce qu'il éprouve plutôt que ce qu'il est censé éprouver;

- La liberté de vouloir ce qu'il veut plutôt que ce qu'il est censé vouloir;

- La liberté d'imaginer ce qu'il imagine plutôt que ce qu'il est censé imaginer.

La démystification consiste à sortir de l'isolement provoqué par la transe intrapersonnelle et à s'approprier ces cinq libertés. Une fois démystifiés, nous voyons et entendons ce que nous voyons et entendons plutôt que de générer des hallucinations positives et négatives basées sur ce qui n'est pas menaçant à entendre et à voir. Nous pensons ce que nous pensons plutôt que d'être toujours embrouillés ou de penser ce que nous sommes censés penser. Nous éprouvons nos propres émotions plutôt que de nous engourdir systématiquement ou d'assumer les émotions de quelqu'un d'autre. Nous voulons ce que nous voulons plutôt que ce que l'on nous dit que nous devrions vouloir. Et nous sommes en mesure d'imaginer nos propres possibilités plutôt que de toujours jouer nos rôles rigides.

Ces cinq libertés sont à la base de notre relation intime avec nous-mêmes. Lorsque nous les exerçons, nous ne sommes plus pris dans un réseau défensif de transes profondes. Nous sommes vivants et éveillés, capables de faire face à la réalité telle qu'elle est.

Dans l'introduction, j'ai parlé de la solitude à laquelle j'ai dû faire face dans une chambre d'hôtel, à Philadelphie, alors que mon amie de cœur m'avait annoncé qu'elle devait mettre un terme à notre relation, affirmant qu'elle avait le sentiment de se perdre en moi. Elle avait souligné mon manque d'intérêt pour les problèmes concrets de sa vie.

Ma première réaction a été une vieille réaction mystifiée. J'ai commencé à me défendre en pensant immédiatement à toutes les choses fabuleuses que j'avais faites pour elle. Il faut dire que je me suis souvenu tout particulièrement de l'argent que j'avais dépensé.

Plusieurs aspects de la mystification viennent de la réalité que nous avons connue durant l'enfance. En ce qui me concerne, par exemple, le fait est que, dans ma famille d'origine, nous n'avions jamais d'argent à dépenser pour autre chose que notre subsistance. Par conséquent, mon enfant intérieur blessé et mystifié a l'impression que c'est en donnant des cadeaux coûteux qu'il peut prouver son amour. Pour cette partie de moi, offrir des choses qui coûtent beaucoup d'argent équivaut à faire un *grand* geste d'amour.

Bien sûr, cette forme de générosité peut faire partie d'une relation amoureuse, mais ce n'est pas de l'amour en soi. Personnellement, je me suis éveillé au fait que, dans une certaine mesure, j'essayais d'acheter du temps avec mes cadeaux. J'étais très occupé à donner des conférences, à écrire, à voyager et, lorsque je rentrais de voyage, je me sentais épuisé. Mais, souvent, mon besoin de plaire engloutissait mon besoin d'être tout simplement tranquille et d'avoir de l'espace. J'ai reçu une éducation mystifiée et, dans ma famille, l'expression d'un besoin quelconque était habituellement accueillie avec irritation et exaspération. J'ai donc appris à réprimer mes besoins et, avec le temps, j'en suis arrivé à ne plus les ressentir du tout.

Les deux ou trois semaines durant lesquelles mon amie et moi avons été séparés m'ont ouvert les yeux sur bon nombre de choses. J'ai compris notamment que mon amie ne pouvait pas lire dans mes pensées et deviner qu'à tel ou tel moment j'avais besoin d'être seul. C'était à moi de le lui dire. Je me suis également éveillé au fait que j'accordais trop peu d'attention à sa vie et à ses besoins *à elle*. Son travail est très exigeant et il implique de lourdes responsabilités. Mon enfant intérieur mystifié était tellement séduit par tous les événements qui entouraient ma célébrité que j'avais négligé d'appuyer mon amie dans son travail. Elle voulait que nous allions consulter un thérapeute et que nous fassions quelques séances de clarification, mais j'avais refusé, croyant qu'elle exagérait le problème. J'étais retombé dans ma profonde transe caractérisée par l'hallucination négative. *Je n'entendais pas ce qu'elle disait à propos de ses besoins* et *je ne voyais pas le chagrin sur son visage.* Petit garçon, mon rôle dans le système familial consistait à assumer la souffrance de ma mère. Lorsque je ne pouvais plus en absorber davantage, je recourais à l'hallucination négative pour me protéger.

Ce réveil m'a aidé à voir la *réalité* de ma relation. J'ai passé plusieurs jours à clarifier ce que je voulais pour moi-même et ce que j'étais prêt à donner à mon amie. À la suite de cette période de réflexion, je lui ai proposé mon nouvel engagement, lequel incluait la consultation du thérapeute de son choix. Cela peut vous sembler un détail insignifiant, mais pour moi c'était énorme. J'allais devoir renoncer à tout contrôle et m'ouvrir à de nouveaux apprentissages — à ses conditions.

Le choc que j'ai subi en apprenant son intention de me quitter et les deux semaines de séparation m'ont aidé à me démystifier. Je me suis rendu compte que, au cours de nos deux années passées ensemble, j'étais inconsciemment retombé dans une ancienne transe défensive. La crise m'a contraint à *regarder* l'état réel de notre relation, me forçant à envisager les choses différemment et à *imaginer* d'autres avenues possibles pour notre relation. Les crises s'avèrent particulièrement propices à la démystification, car elles court-circuitent nos schémas habituels. Il devient alors clair que nos comportements routiniers ne fonctionnent plus du tout! Il faut en chercher de nouveaux, et cela exige que nous fassions preuve d'*imagination*. Nous devons considérer de nouvelles possibilités et d'autres points de vue. L'activité imaginaire est une fonction de la liberté. L'imagination crée un contexte propice à de nouveaux choix.

Ainsi, la crise est-elle un des nombreux moyens de se démystifier.

LES MODIFICATIONS STRUCTURELLES

«C'est la prise de conscience, le fait de sentir pleinement à quel point vous êtes coincé qui vous amène à guérir», a écrit Fritz Perls, le créateur de la thérapie gestaltiste.

Le plus souvent, cette prise de conscience est le résultat d'une intervention thérapeutique. Un bon thérapeute aide son client à ressentir profondément la manière dont il se bloque lui-même en se maintenant dans un état de mystification. Wolinsky, quant à lui, affirme qu'il a appris à observer la manière dont ses clients se mettent eux-mêmes en état de transe. J'ai à l'esprit un exemple de ce phénomène. Au cours d'un récent atelier, une dame est venue me parler. Elle a commencé par passer une réflexion négative à son propre sujet: «Je suis si stupide, j'ai encore fait ça.» Ensuite, elle a cessé de me regarder dans les yeux et s'est mise à fixer le plancher: «Je sais que vous pensez que je suis complètement confuse.» Elle a bloqué sa respiration puis a continué: «Je suis si embrouillée que je ne sais même plus ce que je voulais vous demander.» Finalement, devenue toute rouge, elle s'est retranchée dans un silence glacial. Je crois qu'elle s'est mise elle-même en état de transe. Cette dame était venue vers moi pour demander conseil, mais en me regardant, ce n'est pas mon visage qu'elle a vu, c'est celui d'un de ses parents (hallucination positive). Ensuite, elle a entendu une voix parentale intériorisée — «Tu es tellement stupide» — qui a déclenché la transe. Ayant rompu le contact avec moi (en détournant le regard), elle a amorcé une transaction intrapersonnelle. Ses sens se sont engourdis et elle a sombré dans la confusion. Envahie par la honte et l'humiliation, elle est ensuite restée figée.

N'ayant pas le temps de travailler avec elle, j'ai demandé à un de mes adjoints de «remettre sa montre à l'heure». Dans ces cas-là, il faut demander à la personne de nous regarder dans les yeux, de respirer profondément et de répondre à des questions factuelles — «De quelle couleur est ma chemise?», «Où êtes-vous en ce moment?», «Pouvez-vous entendre ma voix?» — qui la ramènent dans le moment présent et rétablissent le pont interpersonnel. Ce retour à la réalité ne démystifie pas complètement la personne en transe, mais il l'aide à sortir de son état d'accablement.

La démystification demande du temps, mais toute modification de la structure psychique s'avère un bon début. La démystification vise à nous faire interagir avec la réalité présente, de façon que nous puissions voir ce que nous voyons et entendre ce que nous entendons sans qu'interviennent les distorsions provoquées par notre enfant intérieur blessé et mystifié. Idéalement, la démystification passe par le rétablissement du pont interpersonnel. On se rappellera que l'état mystifié a commencé par une transaction interpersonnelle qui est ensuite devenue une transaction intrapersonnelle. C'est ce processus qui doit être renversé. Une nouvelle conscience et une nouvelle compréhension intérieure s'élaborent au fur et à mesure que l'on rétablit le pont interpersonnel. L'interaction avec l'autre est beaucoup plus puissante lorsqu'elle se produit dans le cadre d'une transaction interpersonnelle bien vivante et bien présente. Dans les pages suivantes, je décrirai les diverses formes que peuvent prendre les modifications structurelles.

Les lectures

Puisque vous êtes justement en train de lire un livre, j'aimerais en profiter pour affirmer que beaucoup de gens vivent une expérience de type «Ah! Ah!» en lisant un livre. Personnellement, j'ai fait plusieurs découvertes capitales concernant ma propre mystification en lisant d'autres auteurs qui décrivaient comment survient la dysfonction. Pendant que vous lisez ce livre, une relation personnelle s'établit entre nous deux. C'est la raison pour laquelle je vous raconte certaines choses qui me sont déjà arrivées. Ces expériences, je les ai également racontées au cours de ma série d'émissions télévisées au réseau PBS.

Les livres ou les enregistrements télévisuels ont ceci de formidable qu'ils peuvent être lus ou vus avant, pendant et après une transformation personnelle. Et c'est de changement dont il est question ici.

Les lectures complètent admirablement bien une démarche de changement, mais il est impossible de se démystifier complètement tant que l'on ne passe pas à l'action. Je suis la preuve vivante qu'il est possible de comprendre bien des choses et de rester bloqué malgré tout. Je raffole de la catharsis que provoque la compréhension intellectuelle et j'adore voyager dans ma tête, mais cela peut s'avérer une forme de modification de l'humeur et de déni très coûteuse.

Les conférences et les ateliers thérapeutiques

J'ai également vécu de profondes expériences au cours de conférences et d'ateliers. Par ailleurs, j'ai reçu des centaines de lettres témoignant du pouvoir de transformation que mes ateliers exercent sur la vie des gens. La transformation s'explique par les courts-circuits structurels qui amorcent le processus de démystification. Voilà maintenant sept ans que j'anime un atelier visant à guérir l'enfant intérieur blessé. J'ai reçu quantité de lettres dans lesquelles des ex-participants affirment que le travail en atelier les a amenés à effectuer des changements permanents dans leur vie. J'étais le premier à rester perplexe devant le pouvoir de cette démarche jusqu'à ce que je commence à comprendre le phénomène de la mystification. En accédant directement à l'énergie bloquée, laquelle est représentée symboliquement par l'enfant intérieur, on peut provoquer une modification structurelle immédiate. Dans ces ateliers, les participants ne vivent pas tous une expérience profonde, mais chacun d'eux connaît une rupture dans ses schémas habituels.

Il y a quelque chose de vraiment formidable dans le fait de travailler en grand groupe. Chaque participant est conscient que tous les autres sont là pour les mêmes raisons que lui. L'enfant intérieur blessé n'avait pas d'allié autrefois et, confronté à la violence, il vivait dans l'isolement. Lorsque plusieurs personnes se regroupent ensemble, elles peuvent mutuellement s'apporter protection et soutien. Dans mes ateliers, des thérapeutes-facilitateurs sont toujours disponibles, mais ils sont continuellement émerveillés de voir à quel point les gens sont capables de s'entraider à partir du moment où on les place dans un contexte sécurisant.

L'approche clinique actuelle met beaucoup l'accent sur les forces intérieures du patient. Ayez confiance en votre propre expérience. Ne perdez pas courage si la première démarche que vous essayez ne fonctionne pas pour vous. Parlez avec ceux et celles qui ont participé à des ateliers et qui ont vécu d'intenses expériences de démystification.

La thérapie individuelle

Ce n'est que le jour où elles vont consulter un thérapeute que certaines personnes font, pour la toute première fois, l'expérience d'une bonne relation. Le célèbre théologien juif Martin Buber croyait que, en thérapie, le véritable facteur de guérison réside dans la relation entre le thérapeute et le patient. Si une vraie démystification thérapeutique se produit, c'est parce qu'on rétablit le pont interpersonnel. Un lien de confiance se tisse, et une espèce de transfert a lieu en ce sens où le sujet voit habituellement dans le thérapeute certains défauts et certaines qualités de ses figures source. À mesure que le thérapeute *s'occupe* vraiment de son client, celui-ci remplace ses anciens scénarios violents par de nouveaux, plus favorables à sa croissance, et il laisse tomber les défenses inhérentes à sa transe. Il se sent alors suffisamment en sécurité pour éprouver sa souffrance originelle. En éprouvant ses propres émotions, il reprend contact avec lui-même.

Il y a d'autres façons de conduire une thérapie. Ainsi, lorsque Stephen Wolinsky voit que son client commence à entrer en transe, il s'attache à court-circuiter ses schémas habituels et, ce faisant, il maintient un pont interpersonnel solide.

Milton Erickson, quant à lui, avait plusieurs méthodes pour pénétrer la transe de ses sujets. Peu de gens ont été capables d'imiter son génie créateur. En fait, dans le travail d'Erickson, rien ne ressort davantage que la richesse de son imagination. Il appliquait rarement le même traitement à deux personnes présentant les mêmes symptômes. Il entrait dans les rouages uniques de chaque transe individuelle afin de l'interrompre.

L'un de ses cas les plus connus concerne une dame de Milwaukee, laquelle souffrait de dépression depuis neuf mois. Cette femme était très religieuse, assez riche pour être tout à fait indépendante, et extrêmement recluse. On avait prié Erickson de lui rendre visite et il avait accepté. Une fois sur place, il avait demandé à faire le tour du propriétaire. Voici ce qu'il a écrit à ce sujet:

En jetant un coup d'œil autour de moi, je me suis rendu compte que la dame en question était très riche, qu'elle vivait seule, qu'elle était oisive, qu'elle allait à l'église mais ne fréquentait presque personne [...] et j'ai vu trois violettes africaines ainsi qu'un pot contenant une jeune pousse fraîchement transplantée. C'est alors que j'ai su quel genre de traitement j'allais devoir lui administrer.

Erickson demanda à la dame d'acheter environ deux cents pots à donner en cadeaux. Il lui expliqua qu'elle allait faire pousser de nouvelles violettes africaines et que chaque fois qu'à l'église on annoncerait une naissance, elle devrait envoyer une plante aux gens concernés. Elle ferait la même chose toutes les fois où on annoncerait un baptême, des fiançailles, un mariage, une maladie, un décès ou une vente de charité.

Moins de six mois plus tard, on publia un article de journal qui décrivait cette dame comme la «Reine des violettes africaines de Milwaukee». Elle avait un nombre incalculable de nouveaux amis, et sa dépression s'était envolée.

Erickson avait observé que cette femme déployait beaucoup d'énergie dans deux sphères de sa vie quotidienne: la fréquentation de l'église et la culture des violettes africaines. Il savait que la culture de deux cents violettes exigerait une dépense d'énergie considérable et que le fait de les donner en cadeau susciterait des interactions amicales, ce qui créerait des ponts interpersonnels. Il a, pour ainsi dire, pénétré de plain-pied dans le monde intérieur de cette femme. Il est entré dans sa transe, a trouvé les éléments les plus porteurs de vie, les a assemblés puis l'a sortie de sa torpeur. Il s'agit là d'un travail brillant, qui exigeait d'Erickson un sens de l'observation très aigu et une *présence* totale à la réalité de cette femme dépressive.

La programmation neurolinguistique (PNL) est une autre technique de modification structurelle très efficace. Les créateurs de la PNL ont mis au point différents outils pour court-circuiter les états hypnotiques provoqués par la mystification — tous les types de transe que j'ai décrits précédemment.

Un de leurs outils les plus puissants s'appelle le «recadrage». J'aime bien le type de recadrage dont Leslie Cameron Bandler s'est servie pour aider une mère particulièrement sévère qui, de façon obsessionnelle, s'emportait et fulminait contre ses enfants parce qu'elle voulait conserver sa maison dans un état de propreté impeccable. Madame Bandler, qui fait partie des pionniers de la PNL, a demandé à cette femme de fermer les yeux et de faire un voyage imaginaire à travers sa maison en observant à quel point tout était immaculé. Lorsque sa cliente est entrée mentalement dans la salle de séjour, madame Bandler lui a dit à peu près ceci: «Regardez votre moquette parfaite, lisse comme une mer de glace, sans aucune empreinte, en vous disant que *personne d'autre que vous n'est à la maison. Il n'y a personne ici pour salir quoi que ce soit. Vous êtes toute seule.*»

À ce moment-là, la dame s'est mise à pleurer. Leslie Bandler venait de recadrer sa moquette immaculée et, dorénavant, plutôt que de symboliser une salle de séjour impeccable, cette moquette la représentait, elle avec sa solitude. Les enfants détestaient rentrer à la maison et ils s'en évadaient le plus souvent possible. Le recadrage a eu pour effet de court-circuiter le schéma de pensée habituel de cette dame exagérément critique. En un éclair, il lui a révélé une nouvelle signification et a changé sa conscience.

La confrontation

Un bon thérapeute confronte souvent son client à certains faits, et ce de différentes manières. Je me souviens d'une femme qui était confinée dans un travail pénible et humiliant. Sa transe, qui remontait à l'enfance, avait principalement pour origine l'anxiété hypervigilante de sa mère ainsi que des messages terrifiants sur les supposées menaces du monde extérieur. Le message familial dominant, qui fonctionnait comme une suggestion posthypnotique, se résumait à ceci: «Ne cours aucun risque, accroche-toi à ce que tu as!» Après en être arrivée à toucher le fond de sa honte, elle chercha désespérément une aide thérapeutique. Pendant qu'elle parlait au thérapeute, elle fut frappée de stupeur en voyant *l'expression* qu'arborait son visage lorsqu'il lui dit: «Et vous avez conservé cet emploi pendant toutes ces années.» Elle s'en trouva démystifiée. Comme dans un miroir, elle vit se refléter sur le visage du thérapeute la tragédie de ce qu'elle s'était infligée et elle comprit à quel point elle avait vécu dans un état hypnotique. Elle décida de quitter son emploi.

L'intervention de l'entourage

La technique de l'intervention est très utile pour traiter les personnes souffrant d'une accoutumance quelconque et pour briser les murs de la transe du déni. Essentiellement, la transe du déni amène le sujet à se dissocier de ses propres actions par le biais de l'hallucination négative (il ne voit pas les effets de son irresponsabilité) et de l'amnésie (il oublie que, à cause de son accoutumance, il a fait des gestes destructeurs). L'individu qui souffre d'une accoutumance est dans un état de transe. Il semble n'avoir aucune prise sur les cycles répétitifs de son accoutumance. Cette situation *est imputable à la transe*. La transe nous donne le sentiment de ne pas être maîtres de nos actes.

L'intervention s'avère plus efficace lorsque le sujet vient tout juste de passer aux actes ou se trouve confronté aux conséquences de son comportement compulsif.

Le groupe d'intervenants est habituellement composé des personnes que le sujet considère comme particulièrement significatives: son conjoint ou sa conjointe, ses enfants, ses parents, son patron, ses meilleurs amis — un groupe aussi nombreux que possible. Un professionnel ou un membre d'un Programme en 12 étapes approprié doivent également être présents.

S'adressant à tour de rôle au «malade», chaque personne significative relate, de façon précise et détaillée, un incident qui l'a concernée de très près; elle met en évidence l'irresponsabilité du sujet et montre que l'incident était une conséquence directe de son accoutumance. Chacune commence par évoquer des faits concrets puis termine en disant ceci: «Je t'aime et je crois que tu es (un alcoolique, un toxicomane, etc.) qui a sérieusement besoin d'aide.» La dernière personne à prendre la parole est soit le professionnel — qui, le cas échéant, proposera une admission dans un centre de désintoxication — soit le membre d'un Programme en 12 étapes — qui offrira au sujet de l'accompagner immédiatement à une réunion du programme concerné.

Ce genre d'intervention a de profondes répercussions. Plusieurs personnes ont mis fin à leur comportement obsessionnel à ce moment précis. Souvent, la simple confrontation avec les êtres qui nous sont chers et avec les faits entourant notre assuétude suffit à nous démystifier, à nous faire sortir de notre transe intrapersonnelle. Le *groupe* de personnes significatives joue un rôle très important quant à l'effet produit.

La thérapie en petit groupe

Bien que je pratique la thérapie individuelle depuis plus de vingt ans, je crois personnellement que la thérapie en petit groupe possède un plus grand potentiel de démystification, pour peu que le groupe soit soutenu par un facilitateur doué. Personnellement, j'ai vécu des expériences très intenses en groupe, et j'ai également fait des découvertes capitales en thérapie individuelle.

Je ne veux pas pour autant signer un chèque en blanc à la thérapie de groupe, car je connais des gens qui ont eu de mauvaises expériences dans ce cadre. Tout dépend de la compétence du thérapeute qui facilite la démarche du groupe.

D'abord et avant tout, le facilitateur du groupe doit jouir d'une très grande plénitude spirituelle. La thérapie est bien plus un art qu'une science. Un bon thérapeute sait comment renoncer au contrôle de l'ego et laisser le processus du groupe se dérouler naturellement. Il doit donc avoir des frontières très nettes, car c'est grâce à elles qu'il peut affronter les silences en refusant de parler, de donner un cours ou d'expliquer. Cette attitude oblige le groupe à se prendre lui-même en charge. Avec de bonnes frontières, le thérapeute peut faire face à l'illusion aussi bien qu'au déni et il peut refuser d'assumer les émotions des autres. Un thérapeute efficace crée un contexte sécurisant. Plus le contexte est sécurisant, moins les membres du groupe sentent le besoin de recourir à leur transe défensive. La thérapie de groupe a un plus grand pouvoir de démystification que la thérapie individuelle, car chaque membre peut être reflété par tous les autres et recevoir davantage de feed-back. Ainsi, le groupe offre plus de moyens de *rétablir le pont interpersonnel.*

Tous ces facteurs font de la thérapie de groupe un puissant outil pour rompre l'isolement causé par la transe intrapersonnelle. Les transactions interpersonnelles qui ont lieu entre les membres du groupe interrompent tout naturellement les fantasmes d'autosuffisance alimentés par l'état de transe.

Les groupes pratiquant un Programme en 12 étapes

Les groupes qui mettent en pratique un Programme en 12 étapes font partie d'une catégorie très spéciale et ont un grand pouvoir de démystification. Des millions d'alcooliques et leur conjoint mènent une vie riche et fructueuse grâce aux Alcooliques Anonymes (AA) et au mouvement Alanon. Les groupes qui mettent en pratique un Programme en 12 étapes ont vu le jour lorsque Bill W. et le Dr Bob, deux alcooliques chroniques vivant dans l'isolement et dans une transe intrapersonnelle, se sont tournés l'un vers l'autre et ont établi entre eux une relation basée sur le soutien mutuel. Peu à peu, d'autres alcooliques s'étant joints à eux, leur dyade est devenue une grande communauté d'alcooliques en voie de rétablissement que l'on appelle maintenant les AA. Par le biais de ses réunions qui rapprochent les gens et les amènent à partager leur expérience avec les autres tout en travaillant aux 12 étapes, le mouvement des AA est devenu une puissante force de démystification pour les alcooliques du monde entier, une force qui les sauve des affres de l'alcoolisme et de l'isolement qu'il provoque.

Plusieurs autres types de groupes en 12 étapes sont nés du mouvement des AA et d'Alanon. Les Enfants d'alcooliques (EADA) et les Codépendants anonymes (CODA) sont les groupes les plus appropriés pour travailler à la guérison de l'enfant intérieur blessé et mystifié.

Les groupes en 12 étapes ont un effet thérapeutique formidable sur les gens, mais le processus est assez différent de celui d'une thérapie de groupe. Les groupes en 12 étapes n'ont pas de facilitateur officiel. Les participants partagent simplement «leur expérience, leur force et leur espoir» en rapport avec le problème précis — l'alcoolisme ou la consommation excessive d'aliments, par exemple — qu'ils cherchent à résoudre.

En fait, je dois vous mettre en garde contre les gourous des Programmes en 12 étapes, ces gens qui se posent en spécialistes du problème concerné. Il n'y a pas d'autorités dans les groupes en 12 étapes. On peut cependant choisir une personne qui semble sérieusement engagée dans le Programme et lui demander d'être notre *parrain*. Le parrain est un modèle et un guide. J'ai choisi mon parrain, un homme appelé Fran, parce qu'il était professeur d'université. J'avais besoin de trouver quelqu'un à qui je pouvais m'identifier, car à ce moment-là j'enseignais moi-même à l'université. Je me réfugiais également dans ma tête, comme Fran me l'a rapidement fait comprendre.

Au cours de mes trois premiers mois de sobriété, Fran m'a emmené à plusieurs réunions de différents groupes. Nous sommes allés à des réunions dans des quartiers très riches, dans des groupes composés presque exclusivement d'hommes d'affaires, dans des groupes hétérogènes, dans des groupes de pauvres types qui avaient touché le fond. L'important, dans le processus des 12 étapes, c'est l'identification. Cela signifie que je devais trouver un groupe d'individus ayant une éducation et des expériences de vie auxquelles je pouvais m'identifier. J'ai éprouvé des difficultés dans les groupes composés de gens riches et j'ai éprouvé des difficultés dans les groupes composés de clochards. J'ai finalement trouvé une demi-douzaine de groupes avec lesquels je me sentais à l'aise. Leur expérience rejoignait la mienne. Elle ne la rejoignait évidemment pas dans tous ses aspects, car très peu de gens peuvent partager la honte et la solitude que j'ai connues durant mes années d'ivrognerie au séminaire, mais j'en ai entendu assez pour savoir que j'étais à la bonne place.

Quelquefois, au cours des réunions, nous échangeons à partir d'un thème comme «le ressentiment» ou «la colère et la rage»; d'autres fois, nous discutons des étapes et chaque membre parle de la façon dont il a travaillé l'étape concernée. Au début, j'étais souvent perdu lorsque les participants parlaient des étapes. C'est là que mon parrain intervenait. Il m'expliquait l'étape en question et me donnait certaines indications pour m'aider à l'aborder. Tout compte fait, Fran était un professeur doux et sage qui donnait l'exemple de tout ce dont il parlait. Je rends hommage à ce «mentor spirituel» de première classe.

Dans les groupes en 12 étapes, les échanges ne sont pas basés sur les «répliques», en ce sens où les membres ne sont pas là pour clarifier ce que les autres disent, valider les émotions exprimées ou se confronter avec ce qui a été mis en commun. Ce genre d'interactions est plus approprié en thérapie de groupe. Dans les groupes en 12 étapes, l'expérience de chaque personne est acceptable telle quelle.

Toute la dynamique des groupes en 12 étapes débouche sur une honte salutaire et sur la polarité. *Il n'y a pas une seule bonne façon de faire. Rien n'est pris au pied de la lettre ou normalisé.* Pour être membre, la seule exigence requise est le désir sincère de mettre fin à l'accoutumance spirituellement destructrice que vous mettez en actes. Vous n'êtes même pas obligé de travailler toutes les 12 étapes!

Les expériences de vie

Nos expériences de vie nous permettent également de rompre avec nos schémas habituels et de nous démystifier. La mort d'un parent ou d'un vieil ami, l'approche de la quarantaine ou la perte d'un emploi, tout cela repousse les limites étroites de notre état mystifié.

Quelquefois, avec les années, nous en arrivons à être tout simplement malades et fatigués d'être toujours malades et fatigués. Notre train-train devient si ennuyeux que nous cherchons d'autres façons de vivre. Parfois, nos schémas sont court-circuités du simple fait que nous nous retrouvons avec quelqu'un qui ne pense pas comme nous et ressent ou fait les choses très différemment. Cette personne nous montre de nouveaux choix de vie.

L'expérience de croissance naturelle que nous vivons en traversant les cycles de l'existence peut également nous amener à re*voir* notre vie. Le vieillissement élargit notre perspective. Le simple fait de prendre de l'âge peut nous obliger à démystifier certaines croyances. Souvent, les couples plus âgés semblent avoir trouvé une certaine plénitude spirituelle. Ils ont tiré des enseignements de leurs expériences de vie. Les partenaires sont sortis de leur transe et ont appris des façons nouvelles et efficaces de s'aimer l'un l'autre.

Tout traumatisme peut devenir une expérience de démystification. Un accident grave peut court-circuiter profondément nos schémas habituels. La mort d'un être cher peut changer notre vie pour toujours. Le fait de souffrir d'une maladie grave, voire de frôler la mort, peut nous faire envisager la vie d'une façon complètement nouvelle. Du point de vue de l'âme, le traumatisme peut donner un regain de passion à notre amour; il peut changer nos structures et nous forcer à réévaluer ce qui est important et ce qui ne l'est pas.

La conversion religieuse

Dans ses écrits, William James parle du genre de foi qui émane de ceux qu'il a appelés les «doublement nés» et qui ont connu une véritable conversion religieuse. Ces gens ont vécu de profondes expériences qui les ont éveillés à une toute nouvelle façon de voir la réalité. La conversion religieuse peut prendre plusieurs formes. Pour certains, il s'agit d'une rencontre intime avec ce qu'ils appellent «le divin»; pour d'autres, ce sera une guérison miraculeuse ou la réponse à une prière. Saint Augustin, quant à lui, a entendu une voix venant du jardin voisin qui lui disait: «Prends et lis. Prends et lis.» Il a pris la Bible et a lu une admonestation qui parlait précisément de sa concupiscence. Cette expérience a changé sa vie. James parle également des «simplement nés» qui choisissent d'aimer Dieu profondément et sur-le-champ. J'y reviendrai au chapitre 9.

Je parle ici d'expériences qui ont permis à des gens d'échapper à la rigidité et à un mode de vie stagnant. Cependant, toutes les conversions religieuses ne produisent pas cet effet. Certaines conversions sont mystifiées en soi. Ainsi, par exemple, je considère les religions de type sectaire comme relevant d'une forme de foi mystifiée. Souvent, les adeptes d'un culte prétendent qu'ils vivent de puissantes expériences spirituelles, mais je crois qu'en réalité, ils ne font qu'*entrer en transe* plutôt que d'en sortir. À mon avis, bon nombre de conversions religieuses ne sont en fait que des expériences de snapping comme celles que j'ai décrites au chapitre 2.

Selon moi, la véritable conversion religieuse démystifie. Sous son effet, notre vie gagne en spiritualité; nous devenons plus ouverts et plus aimants; nous repoussons les limites de notre mode de vie et nous nous retrouvons plus libres, plus créateurs.

L'expérience mystique naturelle

Quelquefois, le simple fait de goûter profondément la beauté peut opérer un changement dans notre conscience. Un jour, j'ai vu une exposition des œuvres de Vincent Van Gogh à Toronto. J'étais stupéfié. Je suis resté au musée pendant cinq heures. Je n'arrivais pas à croire qu'un homme avait été capable de créer une telle beauté avec de la peinture à l'huile et de la toile. J'ai vécu une autre profondeur de la vie dans la beauté de ces peintures, et j'ai vécu une rencontre avec la plénitude spirituelle de Van Gogh. Il m'a donné à voir des images et une intensité de couleurs comme je n'en avais jamais vu auparavant. Quand je suis parti, ces couleurs sont restées gravées dans mon âme. Mes horizons et ma vision s'en sont retrouvés élargis.

Certains rapportent des expériences pleines d'âme qu'ils ont vécues au contact de la nature, que ce soit en contemplant la mer, un ciel étoilé ou un panorama majestueux, en se promenant dans un jardin rempli de fleurs épanouies ou en observant la vie sauvage et la multiplicité des espèces. La beauté de la nature peut nous secouer de notre sommeil mystifié et nous éveiller à l'étendue et aux trésors de l'être.

Le chagrin et la souffrance dans les relations

La crise relationnelle peut être un véhicule qui nous aide à sortir de notre transe. Le fait de vivre avec quelqu'un qui nous inflige une souffrance physique, sexuelle et émotionnelle peut éventuellement nous conduire à un trop-plein. La goutte qui fait déborder le vase, ce peut être le jour où vous êtes frappé et humilié en public, le jour où il bat les enfants, le soir où elle invite le voisin à la maison pour coucher avec lui. Tout événement peut vous faire sentir qu'un comble a été atteint, et chaque individu a son propre et unique seuil de tolérance.

Il est regrettable que des relations sérieusement destructrices aient à se prolonger indûment jusqu'au nadir de l'humiliation et parfois jusqu'aux pires tragédies. Le comportement de victime et celui de bourreau sont des états de transe complémentaires. Les victimes et les bourreaux se développent à partir du même fonds de honte; l'individu choisit l'une ou l'autre voie, selon son tempérament et la gravité des sévices qu'il a subis. Il faut souvent une crise extrême pour sortir de transe.

La séparation

Dans les pages précédentes, j'ai mentionné que la brève séparation d'avec mon amie avait freiné mon dérapage et m'avait remis sur la voie de la démystification. La séparation peut être un moyen utile pour démystifier les partenaires. En counseling, j'ai travaillé avec plusieurs couples qui, grâce à une séparation thérapeutique, ont pu comprendre la réalité de leur situation.

Quelquefois, l'un des conjoints tient l'autre pour acquis et est incapable de se rendre compte que ses besoins ont changé au fil des ans. Le choc de la séparation peut le faire sortir de sa transe défensive basée sur les hallucinations positives et négatives. Ce n'est qu'au cours d'une période de séparation qu'un de mes clients a vraiment *entendu* le cri de solitude que lançait sa femme. Il a vu à quel point elle était maigre et émaciée. Une femme a cessé de s'imaginer que son mari était une mauviette le jour où il a pris l'initiative de la séparation. Elle a entendu ses paroles lorsqu'il a établi fermement ses limites quant à la liaison adultère qu'elle entretenait. Dans ces deux cas, les couples ont fini par se réconcilier.

La démystification n'a pas toujours pour effet de ressouder le couple. Parfois, elle conduit au divorce. Les conjoints prennent connaissance du contrat caché que leurs enfants intérieurs mystifiés avaient conclu au départ. Ils comprennent (en sortant de transe) à quel point leur relation conjugale reproduisait les relations de leur famille d'origine. Ils se rendent compte qu'ils ont signé un pacte de non-intimité et décident de divorcer. Il est même possible que le divorce se fasse à l'amiable et s'avère bénéfique pour l'évolution de chacun. Le mien l'a certainement été.

Le divorce

Le divorce peut également être catastrophique. Le couple désuni se retrouve alors piégé précisément dans la mystification qui avait présidé à sa formation. Les partenaires fulminent l'un contre l'autre comme ils auraient souhaité pouvoir fulminer contre leurs figures source. Étant donné que ni l'un ni l'autre n'a terminé son travail de deuil, ils restent tous deux bloqués à l'un des stades de l'affliction qui, en l'occurrence, est souvent celui de la colère. Le divorce ne se résout jamais.

Le choc du divorce a habituellement un puissant effet de démystification, car les ex-conjoints sont forcés de se confronter à leurs attentes et à leurs rêves non réalisés. Tous leurs rêves irréalistes s'écroulent. La déception est terrible. Souvent, à ce stade de leur vie, les gens entreprennent une thérapie, car ils comprennent que quelque chose est foncièrement erroné dans leurs croyances au sujet de l'amour et des relations.

Le divorce est souvent plus vivifiant que les mariages que nous avons examinés au premier chapitre, c'est-à-dire ceux basés sur l'endurance, l'abnégation et une patience à toute épreuve. L'âme émerge de la souffrance et des perturbations. Une fois le travail de deuil accompli, un nouveau genre de vie peut prendre forme. Une vie plus réaliste, plus humaine et, par conséquent, plus pleine d'âme.

Les rencontres

La rencontre de certaines personnes peut nous éveiller. Un certain type d'amour peut être une expérience profondément transformatrice. Dans ce cas, on dira «Je regrette que cette relation ait dû prendre fin, mais ma vie ne sera plus jamais la même» ou «Un tel m'a appris énormément de choses». «Nous avons vécu des moments très difficiles, mais j'ai beaucoup appris d'elle.» «Je suis reconnaissant d'avoir connu cette relation.»

Peut-être vous souvenez-vous d'un professeur qui a influencé votre vie d'une manière toute spéciale. Étant moi-même professeur, j'adore recevoir des lettres d'anciens élèves du secondaire qui m'écrivent pour me parler de ce qu'ils ont vécu dans ma classe. Ce sont parfois les élèves auxquels je m'attendais le moins qui m'écrivent. Je n'aurais jamais cru avoir exercé une quelconque influence sur eux. Ce sont là les voies de la plénitude spirituelle. Souvent, nous sommes pour autrui l'instrument d'un changement salutaire et, la plupart du temps, nous ne le savons pas. Les professeurs en particulier ont la possibilité d'éveiller les gens de leur transe. Socrate était l'un des premiers grands professeurs. On l'a dépeint comme un taon qui stimulait la jeunesse d'Athènes, l'éveillait à une nouvelle conscience.

La plupart d'entre nous peuvent nommer une personne qui a été une source de grâce dans leur vie. En ce qui me concerne, je pense au père David Belya, un moine basilien de grande valeur. Il a profondément stimulé ma réflexion théologique et a élargi mes horizons. Il était également mon confesseur. À l'époque où je me sentais comme une sale poche de honte, il m'a renvoyé à ma dignité. Il a refusé de me laisser sombrer dans l'autodénigrement et le mépris de moi-même. Il m'a doucement et continuellement invité à m'aimer.

Je pense à un pasteur épiscopalien, le révérend Charles Wyatt Brown. Il m'a entendu parler lors d'une réunion des Alcooliques Anonymes. C'est un homme plein d'amour et de compassion qui possède cette faculté pleine d'âme de voir la profondeur et la valeur d'une personne. Il m'a invité à la Palmer Episcopal Church de Houston et m'a intégré à son Église malgré les critiques et le scepticisme. Ce qu'il a vu en moi, je ne l'avais pas vu. Mais c'était là, et, grâce à son soutien, ma force intérieure a commencé à se déployer. Pendant vingt ans, j'ai enseigné la théologie aux adultes à la Palmer Episcopal Church. C'est durant un cours dominical à cette église que Liz Kaderli, une étudiante, a entrevu la possibilité de me confier la création d'une série d'émissions télévisées pour le réseau PBS. C'est ainsi que j'ai commencé à travailler à la télévision.

Ces personnes ont vu les profondeurs de mon âme comme je ne les avais jamais vues moi-même. Leur foi et leur amour m'ont renvoyé à mes ressources les plus profondes.

L'IMAGINATION EN TANT QUE FACULTÉ DE TRANSFORMATION

Dans tous les exemples que j'ai cités, c'est la rupture des schémas habituels qui crée un contexte propice à l'émergence de nouvelles possibilités et qui, par le fait même, atténue la mystification. La découverte des possibilités nouvelles est principalement l'œuvre de l'imagination. Pour créer la plénitude spirituelle, nous avons besoin d'une énorme dose d'imagination. La plénitude de l'âme exige que nous éprouvions une sorte de vénération pour la valeur et la *profondeur* de tout ce qui existe. *Pour voir la profondeur, nous avons besoin d'imagination.*

Pour être pleins d'âme, nous devons aussi être libres. La mystification est synonyme de rigidité et d'esclavage. À partir du moment où nous nous éveillons de notre transe, nous jouissons d'une flexibilité et d'une créativité nouvelles. L'imagination nous donne la possibilité de faire des choix créateurs. L'amour exigera ensuite le choix et l'adoption de nouveaux comportements. Pour aimer vraiment, nous devons être conscients et libres. La liberté emprunte le regard de l'imagination. Lorsque nous pouvons envisager différentes solutions de rechange, nous sommes capables de choisir. Si nous n'avions pas cette capacité d'imaginer de nouvelles façons d'être et d'agir, nous ne pourrions pas faire de choix.

Les autres animaux semblent dépourvus d'imagination; ils vivent selon des schémas de comportements déterminés, instinctuels. C'est la raison pour laquelle les petits de l'animal ont l'air plus forts que les petits de l'homme. Leur code génétique gouverne leur survie, ce qui n'est pas notre cas à nous, les humains. À la naissance, nous sommes les créatures les plus démunies de toutes les espèces animales. Mais étant donné que nous sommes aussi les créatures les moins déterminées par leur instinct, nous sommes potentiellement les formes de vie les plus évoluées. Au fil de l'évolution, chaque nouvelle forme de vie est devenue de moins en moins déterminée par son instinct. La vie humaine est la moins déterminée et, par conséquent, la plus libre de toutes les formes de vie. C'est à notre faculté d'imaginer que nous devons ce privilège.

L'amour mystifié est non imaginatif. Il présuppose une certaine façon d'aimer, une norme à partir de laquelle on évalue tout comportement affectueux, tandis que l'amour plein d'âme n'est limité que par les contraintes inhérentes à la nature humaine.

Pensez à une œuvre de grand maître. Elle est limitée par la nature de la peinture à l'huile, des pinceaux et de la toile. Mais si l'on compare un Monet avec un Van Gogh, on est stupéfait de voir leurs différences.

La capacité d'imaginer avec justesse n'est pas quelque chose de déterminé. Certains peuvent être naturellement plus doués pour imaginer juste, alors que d'autres l'apprennent par l'exemple et l'enseignement qu'ils reçoivent de leurs figures source. Mais nous sommes tous capables d'apprendre à mieux utiliser notre imagination.

L'imagination fantastique *versus* l'imagination réaliste

Thomas Moore nous dit que «un accroissement de l'imagination équivaut toujours à un accroissement de l'âme». Mais la seule imagination qui puisse favoriser la plénitude spirituelle, c'est la véritable imagination humaine — celle que je qualifierai ici de «réaliste». L'imagination inadéquate ou «fantastique» est l'essence même de la mystification. L'imagination réaliste est enracinée dans les limites de la nature humaine, tandis que l'imagination fantastique est enracinée dans l'inhumain. L'imagination réaliste repose sur une honte saine, tandis que l'imagination fantastique repose sur l'absence ou l'excès de honte; elle nous demande d'être soit «plus qu'humains» (parfaits, irréprochables, sans défauts), soit «moins qu'humains» (vautrés dans l'imperfection et l'échec). L'imagination plus qu'humaine nous pousse à nous prendre pour Dieu. L'imagination moins qu'humaine nous pousse à considérer l'échec comme une vertu.

L'imagination plus qu'humaine engendre des systèmes aussi étriqués que le puritanisme. Ce genre de moralité repose sur l'*image* d'une bonté dénuée de plaisir et de joie. Le martyre et l'abnégation sous-tendent également un amour mystifié généré par un autre fantasme du type plus qu'humain. Le martyre mystifié constitue une forme de grandiosité et, comme Shaw l'a remarqué, c'est «la seule façon dont un homme peut devenir célèbre sans aucun talent». Ces fantasmes de type plus qu'humain peuvent élever la personne jusqu'à des hauteurs inhumaines, lui procurant un sentiment euphorique de vertu et de bonté dont elle devient maladivement dépendante.

Les véritables martyrs, au contraire, puisent leur courage à même l'imagination réaliste. Pour être un martyr, il faut être capable d'imaginer passionnément l'objet d'amour pour lequel on est prêt à mourir.

Les fantasmes du type moins qu'humain ne sont également que des échappatoires. Ils permettent à la personne de se donner un semblant d'identité et d'estime de soi en se méprisant. Nietzsche a écrit que: «Celui qui se méprise lui-même s'estime lui-même en tant que sujet automéprisant.» Il y a une espèce de grandiosité à rebours paradoxale dans le fait de se mépriser soi-même. *On devient le pire des pires!* Il y a également un énorme profit à choisir de s'imaginer soi-même en «moins qu'humain». Une fois que l'on s'est défini comme un être minable, personne n'attend plus rien de soi. On peut fuir toute responsabilité.

Les deux extrêmes dérivent de l'imagination fantastique. Ils n'ont aucune commune mesure avec une existence humaine équilibrée. Être humain, c'est être au centre de l'ambiguïté et du paradoxe. Nos intentions et nos comportements ne sont jamais entièrement purs. La vertu est un extrême, une polarisation. Quand la vertu s'approche, le vice n'est jamais loin derrière.

Le lien fantasmatique

L'imagination fantastique peut détruire la vie d'une personne. Je pense à une femme qui avait perdu son père à l'âge de deux ans. Pendant toute son enfance, on lui répéta que son père l'avait aimée comme il n'avait jamais aimé personne auparavant. On lui dit que son père était un homme brillant, un rêveur génial, et qu'il écrivait des poèmes magnifiques.

Elle avait cinq ans lorsque sa mère se remaria. Son beau-père, un homme froid et sévère, la rabaissait souvent en s'en prenant à son apparence physique. Elle le haïssait et rêvait d'un père chaleureux et attentif qui viendrait la délivrer de lui. Elle *fantasmait,* imaginant qu'elle et son père étaient réunis. Sa vie fut dominée par l'image d'un homme brillant qui la prenait dans ses bras et lui lisait les chansons d'amour qu'il avait écrites pour elle. Petite fille, elle entretenait ce fantasme consciemment, mais à mesure qu'elle grandit et que sa raison se développa, son fantasme se perpétua inconsciemment.

Dans sa vie réelle, elle essayait continuellement de plaire à ce beau-père qu'elle méprisait, recherchant toute marque d'affection et rampant devant lui pour ramasser la moindre miette d'amour.

Durant son adolescence, elle eut une série de liaisons imaginaires avec des types fondamentalement inaccessibles, soit parce qu'ils ne s'intéressaient pas à elle, soit parce qu'ils étaient déjà engagés avec quelqu'un d'autre. Étant donné que ceux avec lesquels elle sortit vraiment étaient froids et émotionnellement violents, elle se mit à fantasmer, à espérer encore plus fort qu'un homme du genre sauveur la comblerait de son amour et s'occuperait d'elle pour le reste de sa vie. Bien sûr, cet homme imaginaire n'était jamais venu la chercher.

Elle avait cinquante-deux ans lorsqu'elle vint me consulter. Son problème semblait se résumer à ceci: reconquérir un homme qui l'avait laissée tomber. Son amoureux, disait-elle, était extrêmement intellectuel et poétique mais, selon ses propres termes, il la traitait comme un chien. Et elle voulait que je l'aide à regagner son amour!

Il m'est apparu clairement que son problème majeur découlait du *fantasme central* que j'ai décrit. Ce fantasme était irréaliste, basé sur une situation impossible. Elle n'avait pas réellement connu son père, elle n'avait jamais entendu, touché ou vu un homme comme celui dont elle rêvait. Elle était liée à un fantasme.

Ce genre de lien fantasmatique est un véritable *esclavage.* Il provoque une fermeture de l'imaginaire, en ce sens où l'imagination perd contact avec les images réelles de l'expérience vécue et se clôt sur elle-même. Plutôt que de découvrir des images reliées aux choses réelles qui offrent de nouvelles possibilités d'action, l'imagination fantastique fonctionne à vide et génère des images inhumaines, qui anéantissent le potentiel humain, faisant naître un sentiment de désespoir. C'est Martin Buber qui a qualifié de «fantastique» ce type d'imagination.

Selon mon modèle, l'imagination fantastique est la source de la grandiosité qui domine l'existence des gens mystifiés. Elle produit les rêveries et les chimères qui acculent la personne à l'échec, à la honte et à la déception. Ultimement, l'imagination «fantastique» détruit le désir et mène droit à l'apathie. Devant l'impossibilité d'obtenir ce que l'on veut, on perd tout espoir. L'imagination fantastique impose constamment des attentes irréalistes dans la vie de l'individu. Les images fantastiques en viennent à constituer la norme de l'accomplissement et du bonheur. Et comme la vision fantastique ne s'enracine pas dans la réalité, ces attentes ne sont *jamais* satisfaites.

Dans la troisième partie, nous verrons ce type d'imagination dysfonctionnelle à l'œuvre dans tous les domaines des relations mystifiées. Nous nous pencherons sur le cas de certains parents qui entretiennent des attentes complètement irréalistes en ce qui a trait au comportement de leurs enfants. Nous analyserons une espèce de foi en Dieu mystifiée, celle qui, en fait, détruit notre humanité. Je parlerai de la rupture intérieure qui se produit lorsque notre vie est gouvernée par des rêves irréalistes à propos de ce que nous devrions être plutôt que par une acceptation réaliste de ce que nous sommes vraiment. Et nous observerons la manière dont nous projetons — sur nos amis, notre partenaire amoureux, notre conjoint, nos enfants et nos collègues de travail — les attentes irréalistes que nous entretenons à notre propre sujet.

L'imagination réaliste

Dans la troisième partie, nous examinerons des solutions de rechange réalistes et aimantes à tous ces types de relations irréalistes et mystifiées.

Pour que notre vie et nos relations soient pleines d'âme, nous avons besoin de ce que Buber a appelé l'imagination *réaliste*. L'imagination réaliste assemble de façon nouvelle les éléments de l'expérience *humaine réelle.* Elle reconnaît les faits essentiels de notre existence. Permettez-moi de vous rappeler qu'en définitive, la plénitude spirituelle est intimement liée à l'*humain.* Plus nous sommes humains, plus nous sommes en contact avec notre âme. Thomas Moore écrit ceci: «C'est dans les domaines où nous nous sentons le plus inférieurs que notre âme se manifeste le plus facilement.» Une honte salutaire nous fait savoir que nous sommes limités et que nous commettrons inévitablement des erreurs. «La vie est un problème, patron», comme Zorba le dit si bien à son ami professeur, et l'âme se manifeste lorsque nos règles rigides s'effondrent. Et, comme j'espère pouvoir le démontrer, l'âme est plus féconde et plus susceptible de voir le jour dans les relations, puisque sans les relations nous ne pourrions pas être humains. Tout seuls, nous sommes incapables de sauver notre âme, et encore moins capables de la trouver.

Il est primordial de faire une distinction entre l'imagination fantastique et l'imagination réaliste si nous voulons comprendre la façon dont nous pouvons passer de la mystification à la plénitude spirituelle. Plusieurs formes de névrose sont générées par l'imagination fantastique. Les individus émotionnellement malades sont incapables d'imaginer de façon réaliste.

Permettez-moi de donner un autre exemple de cette distinction. À cinquante-cinq ans, seul depuis mon divorce, mes enfants ayant grandi et quitté la maison, j'ai éprouvé un profond sentiment de dépression et d'échec quant à mon mariage et à ma famille. J'ai passé beaucoup de temps à me demander pourquoi la table de la salle à manger n'avait jamais été la scène d'un partage intense et attentif, comme j'avais rêvé qu'elle le soit. Je me disais que mon fils n'avait jamais tiré sur mon pantalon en levant sur moi des yeux remplis d'adoration. Je repensais aux nombreuses fois où j'avais imaginé que, la nuit de Noël, toute ma famille se rassemblerait autour de moi pour écouter mes paroles pleines de sagesse... et à toutes les fois où, en réalité, je n'avais pu obtenir l'attention de qui que ce soit pendant cinq minutes!

Un jour, me sentant déprimé et très seul, je décidai de partager mes sombres pensées avec un groupe de soutien composé d'amis masculins. Après que plusieurs eurent déclaré qu'ils ressentaient la même déception que moi, l'un de nous finit par demander: «Y en a-t-il un parmi vous qui a vraiment vécu quelque chose de semblable dans la famille où il a été élevé?» Pas un seul ne put répondre oui. «Où avez-vous été chercher ces fantasmes?», continua-t-il. Je fouillai ma mémoire. Je ne savais vraiment pas d'où m'étaient venues ces images. Je suppose que je les avais prises dans des films ou dans des feuilletons télévisés. Compte tenu de la souffrance, de la tristesse et de l'alcoolisme qui sévissaient dans ma famille d'origine, j'avais nourri le fantasme d'une vie familiale qui serait le contraire exact de celle que j'avais vécue. En en parlant, il m'est venu à l'esprit que ce genre de vie n'avait peut-être *jamais existé dans aucune famille.* Que ma vie familiale, celle que j'ai connue en tant qu'enfant puis en tant que père, ressemblait énormément à la vie familiale de la majorité des gens.

Bien sûr, l'alcoolisme de mon père, le divorce de mes parents et notre pauvreté ont rendu les choses plus dramatiques et plus difficiles que dans beaucoup d'autres familles. Mais, si chaque être humain est différent, aussi unique que ses empreintes digitales, il n'y a donc pas, pour les familles, de façon normative d'être et d'agir. Elles sont comme elles sont. Certaines familles portent des cicatrices plus profondes, mais toutes ont des cicatrices. Évidemment, je peux imaginer un père qui est beaucoup plus souvent à la maison que le mien ne l'était. Je peux imaginer un père qui consomme de l'alcool avec modération. Je peux imaginer une famille qui partage ses sentiments avec plus de spontanéité. Mais une famille sans problèmes! Une famille où chaque membre pense toujours aux autres membres! Une famille où l'on boit les moindres paroles du père! C'est irréaliste. Irréaliste, donc *inhumain* en soi: si de telles attentes irréalistes s'avèrent aussi déprimantes et aussi mortifiantes, c'est précisément parce qu'elles impliquent des exigences inhumaines.

À partir du moment où j'ai compris cela, je me suis senti mieux. J'ai décidé de faire des projets pour Noël. J'ai cessé d'espérer que mes enfants me voient comme le sage Bouddha. J'ai invité mes meilleurs amis à passer la nuit de Noël avec moi. Ils constituent ma famille d'attaches. J'ai passé un réveillon de Noël formidable avec mes enfants et, plus tard dans la soirée, j'ai joué à des jeux et chanté des cantiques avec mon groupe de soutien. En fait, mes enfants ont même voulu se joindre à nous. C'était peut-être le plus beau Noël de toute ma vie.

L'espoir, les possibilités et la liberté

Dans la troisième partie, l'imagination sera l'outil que j'utiliserai pour vous suggérer des façons de transformer des comportements mystifiés en plénitude spirituelle. Nous examinerons les nouvelles avenues de l'amour dans tous les types de relation. L'imagination réaliste sera mon marteau et mon ciseau de sculpteur.

Chapitre 7

Élaborer une nouvelle image de nos parents intériorisés

Il n'est pas possible de vivre très longtemps [...] au sein de notre famille sans mettre en danger notre santé psychique. La vie nous enjoint de conquérir notre indépendance.

CARL JUNG

Je croyais être à même de décrire un état, de dépeindre le chagrin, en l'occurrence. Cependant, il s'est avéré que le chagrin est un processus et non un état.

C. S. LEWIS

Pour être en mesure de tisser des liens pleins d'âme, nous devons d'abord mettre un terme à nos relations source, c'est-à-dire les relations que nous entretenons avec nos parents biologiques ou adoptifs, nos beaux-parents et toutes les personnes qui nous ont servi de parents substituts (gardienne, oncle, tante, grands-parents) ou qui ont joué un rôle significatif dans notre apprentissage de l'amour. La conclusion de nos relations source constitue la principale étape de notre démarche visant à transformer l'état de mystification dans lequel se trouve notre enfant intérieur blessé. Le processus implique que nous nous représentions ces relations de manière différente.

Comme je l'ai expliqué en détail dans la première partie, nous avons intériorisé nos relations source. Cela signifie qu'elles subsistent en nous par le biais d'un ensemble d'images kinesthésiques, visuelles et auditives qui se sont imprimées dans notre système nerveux central. Ainsi, les premières interactions que nous avons eues avec nos parents continuent de nous influencer. Leurs voix se sont substituées à notre monologue intérieur et fonctionnent comme des suggestions posthypnotiques. Souvent, elles dominent notre vie.

Nous avons toujours en mémoire les scènes clés où se sont jouées les interactions les plus pénibles et mortifiantes ainsi que les interactions les plus spectaculairement fortes et bienfaisantes que nous avons eues avec nos figures source. Les scènes pénibles sont reliées les unes aux autres par la peine et la tristesse que nous avons ressenties à l'origine. Pour nous protéger de cette peine et de cette tristesse non résolues, nous avons appris, étant jeunes, à nous mettre en état de transe profonde. Sitôt que nous nous retrouvons dans une situation qui, d'une façon ou d'une autre, ressemble à ce que nous avons vécu à l'origine, une scène clé resurgit de notre mémoire avec tous les fragments visuels et auditifs qui lui sont associés. Par exemple, si la voix d'une personne ressemble à la voix d'une de nos figures source, il se peut que nous retombions dans notre transe originale tout simplement en l'entendant. Quantité de nos transactions problématiques avec d'autres personnes ne sont en réalité que la reproduction de scènes que nous avons vécues il y a très longtemps avec nos figures de survie. Tant que nous n'aurons pas mis un terme à nos relations source, nous ne serons jamais pleinement présents à nos relations actuelles, car nous n'y apporterons pour tout bagage que les problèmes relatifs à notre passé non résolu. La colère, la peur et la tristesse demeurées inexprimées risqueront de resurgir inopinément dans nos relations présentes. Voilà pourquoi nous devons tourner la page du passé.

Pour ce faire, nous devons accomplir un travail de deuil, laisser tomber les défenses qui nous ont protégés pendant tant d'années. Ces défenses, les états de transe profonde que j'ai décrits au chapitre 3, sont comme de bons vieux amis. Au moment où nous les laissons tomber, nous devons éprouver la peine que, enfants, nous n'avons jamais pleinement éprouvée et, ce faisant, nous nous sentons aussi démunis et désorientés qu'autrefois. C'est la raison pour laquelle ce travail de deuil nous semble si effrayant. Mais, si nous voulons générer de l'amour dans notre vie, nous devons être prêts à le faire.

Dans *Retrouver l'enfant en soi,* j'ai décrit une méthode visant à éprouver la souffrance reliée aux besoins de dépendance qui sont demeurés inassouvis tout au long de notre développement infantile. Je tiens à préciser que ce travail d'affliction n'est que le début du processus et non pas une fin en soi, car j'ai été quelque peu frustré de m'apercevoir qu'il y avait un malentendu à ce sujet. Il semble que d'aucuns soient restés bloqués à ce stade du processus de deuil. Ils ont concentré toute leur attention sur la deuxième partie de *Retrouver l'enfant en soi* et ont survolé les troisième et quatrième parties. J'aimerais rappeler que la troisième partie présente tout un éventail d'exercices correctifs très pratiques qui exigent un sérieux investissement de temps et d'efforts. Ces exercices sont conçus pour aider les gens à désapprendre certaines règles dysfonctionnelles et à acquérir de nouvelles habiletés qui leur permettront éventuellement de tenir compte de leurs besoins et d'exprimer leur colère sans se mettre en danger. La quatrième partie décrit le réveil spirituel et le travail intérieur qui semblent essentiels à toute personne désireuse d'aimer vraiment de toute son âme. Je recommande ce livre à ceux et celles qui veulent guérir leur enfant intérieur blessé.

Dans le présent chapitre, je vais vous guider à travers un processus plus bref qui vous permettra de faire le deuil des relations source que vous avez intériorisées. Ce travail de deuil amènera votre enfant intérieur blessé à se séparer de ses figures source intériorisées. Les pages qui suivent présentent une version abrégée de mes ateliers sur la guérison des blessures qui nous ont été infligées par notre père ou notre mère.

Regardez le tableau de la page suivante. Vous pouvez constater que mon modèle du processus de séparation/deuil comporte trois étapes. *Vous devez faire le processus complet pour chaque figure source importante.* Chacune de ces étapes s'avérera plus fructueuse si vous travaillez *en compagnie d'au moins une personne.* Pour faire ce travail de deuil, vous avez besoin de soutien social. Lorsque, enfant, vous avez subi des blessures, vous avez dû en porter le poids tout seul. L'enfant abandonné et maltraité vit dans une solitude absolue. Le fait d'éprouver de nouveau les sentiments de cet enfant isolé et meurtri est très effrayant.

LE PROCESSUS DE SÉPARATION/DEUIL

PREMIÈRE ÉTAPE: ÉPROUVER SA PROPRE SOUFFRANCE

PREMIER STADE: L'ARDENT BESOIN DU PÈRE OU DE LA MÈRE
                  La peine et la tristesse

DEUXIÈME STADE: DE LA RAGE REFOULÉE À LA RAGE
                  EXTÉRIORISÉE
                  Étreindre son enfant intérieur mystifié
                  Constituer une ancre ressource
                  Exprimer sa colère

DEUXIÈME ÉTAPE: COMPATIR AVEC LA SOUFFRANCE DE
                  SES PARENTS

PREMIER STADE: DÉMYTHIFIER SES PARENTS

DEUXIÈME STADE: LE DIALOGUE ENTRE SON ENFANT
                  INTÉRIEUR ET CELUI DE SON PARENT
                  La figure source en tant qu'enfant

TROISIÈME STADE: LE PARDON
                  La mort et l'enterrement

TROISIÈME ÉTAPE: DEVENIR SON PROPRE PARENT

PREMIER STADE: PRENDRE LA TÊTE DE SON PROPRE FOYER

DEUXIÈME STADE: REDESSINER SON ENFANCE
                  Les souvenirs d'enfance agréables

Lorsque je dis que vous avez besoin d'être socialement soutenu pour faire la démarche proposée, j'entends par là que vous devez travailler avec au moins une personne devant laquelle vous pourrez exprimer vos émotions sans vous censurer — quelqu'un en qui vous avez confiance et qui ne vous mortifiera pas. Idéalement, vous pourriez faire partie d'un groupe engagé dans le même processus que vous et guidé par un facilitateur expérimenté. Cette démarche peut se faire au sein d'un groupe de soutien autonome, mais il y a certaines restrictions. Si vous êtes présentement en thérapie, de grâce, demandez la permission de votre thérapeute avant de commencer ce travail. Si vous êtes actuellement aux prises avec une accoutumance quelconque, n'essayez pas de commencer ce travail avant d'avoir cumulé trois mois d'abstinence. Si vous avez fait l'objet d'un diagnostic de maladie mentale, n'entreprenez pas cette démarche avant d'avoir obtenu l'accord de votre psychiatre. Si, en commençant ce travail, vous éprouvez des émotions qui vous effraient, arrêtez-vous et consultez un thérapeute professionnel pour lui parler de ces émotions. Si vous n'avez pas les moyens de payer les honoraires d'un thérapeute, mettez tout simplement fin à votre démarche.

Ces mises en garde sont ma façon à moi de vous dire que le petit enfant blessé enfoui en nous est extrêmement vulnérable. Notre enfant intérieur blessé croit que quelque chose de terrible va se produire s'il se sépare de papa ou de maman. Surtout, il croit qu'*il pourrait même en mourir.* Cette croyance en la protection de parents que nous avons déifiés est très fermement ancrée en nous, et c'est la raison pour laquelle il est si difficile de se séparer d'eux.

Cependant, le processus de séparation n'en demeure pas moins crucial si nous voulons créer des relations aimantes dans notre vie. Si nous ne nous séparons pas de nos figures source intériorisées, nous contaminerons toutes nos relations subséquentes avec nos problèmes non résolus. Maintenant, si vous le voulez bien, nous allons examiner les différentes étapes du processus en question.

PREMIÈRE ÉTAPE:
ÉPROUVER SA PROPRE SOUFFRANCE

Premier stade: l'ardent besoin du père ou de la mère

La première étape porte surtout sur notre peine. Bien que cela ait souvent été inconscient ou involontaire de leur part, nos figures source nous ont fait de la peine. *Qu'ils nous aient blessés intentionnellement ou non est sans importance.* Qu'ils aient agi ainsi par désir de se conformer à une norme objective est également sans importance. Ce qui importe, c'est le fait que, pour nous, leurs gestes aient été offensants. Ces offenses nous ont fait mal. La peine que nous avons ressentie est demeurée enfouie en nous et transpire dans nos relations actuelles. Elle resurgit sous forme de réactions excessives, dans notre colère ou dans notre rage, dans nos schémas de comportements négatifs et dans nos régressions. Nous devons donner une réalité à cette souffrance. Elle doit être reconnue et éprouvée.

Exercice: la peine et la tristesse

La présentation générale qui suit peut être utilisée pour tous les types d'offense — émotionnelle, physique ou sexuelle — que j'ai évoqués dans la première partie. Servez-vous de cette présentation pour décrire de façon concrète et détaillée les épisodes précis durant lesquels vous avez subi des mauvais traitements. Faites cet exercice en compagnie de la personne qui s'est engagée à vous donner du soutien.

Le fait d'écrire nous aide à nous mettre en contact avec nos émotions. Avant de commencer à écrire, trouvez un endroit où vous pourrez vous détendre. Assurez-vous que rien ni personne ne puisse vous déranger pendant au moins une heure. Débranchez le téléphone, fermez la porte de la pièce où vous avez choisi de travailler. Demandez à la personne qui vous assiste de vous lire ceci:

> **Ferme les yeux... Respire profondément pendant trois minutes... Laisse ta mémoire retrouver le souvenir d'un incident offensant. Rappelle-toi que tu as survécu à l'événement en question. Je te demande d'évoquer tes souvenirs... Lorsque tu auras repris contact avec une scène précise, tu ouvriras les yeux et tu la décriras en notant le plus de détails possible.**

Pendant que vous écrivez, la personne-ressource reste avec vous mais ne doit pas vous déranger. Elle peut, si elle le désire, lire ou s'occuper à toute autre activité silencieuse, à condition que cela ne l'empêche pas d'être disponible si vous avez besoin d'elle.

MAMAN:
(NOTE: vous pouvez considérer comme votre mère toute personne qui a été votre principale figure de survie maternelle; vous vous adresserez donc à votre mère biologique, à votre mère adoptive, à votre belle-mère, à une nourrice, à une grand-mère, à une sœur aînée, à une tutrice œuvrant dans un foyer d'accueil ou un orphelinat, etc.) Tu m'as fait de la peine quand:

1. _____

2. _____

3. _____

4. _____

Maintenant, continuez jusqu'à la fin des première et deuxième étapes du processus de séparation-deuil en vous adressant à votre mère. Ensuite, recommencez tout le procédé en vous adressant à votre père ou à votre principale figure de survie paternelle. Si vous avez grandi sans la présence de votre père, parlez de la peine, du sentiment d'abandon et de désertion que l'on éprouve lorsque l'on n'a pas de père.

PAPA:
Tu m'as fait de la peine quand:

1. _____

2. _____

3. _____

4. _____

Quand vous aurez terminé les première et deuxième étapes en vous adressant à votre père, revenez au début et répétez le procédé avec chacune de vos autres figures de survie importantes.

_____ (une autre figure de survie importante):
Tu m'as fait de la peine quand:

1. _____

2. _____

3. _____

4. _____

Voici, à titre d'exemple, le texte qu'un de mes clients a écrit et que j'utilise avec son autorisation.

MAMAN (mère adoptive):
Tu me faisais de la peine quand:

1. Tu me rappelais constamment que j'étais un enfant adopté. Tu montrais ta préférence pour ton enfant naturel et insinuais que je devais comprendre pourquoi c'était à lui que revenaient les vêtements neufs et les plus grosses portions de nourriture et de dessert.
2. Tu me disais que j'avais beaucoup de chance d'avoir été adopté. Tu me faisais agenouiller et prier à voix haute, m'obligeant à remercier Dieu de t'avoir pour mère.
3. Tu m'affublais de tous les noms, comme cette fois où tu m'as traité d'égoïste alors que je jouais avec mon jeu de cubes et que mon demi-frère Joe était venu tout démolir.
4. Tu étais toujours tendue, et cela m'obligeait à marcher sur des œufs quand je me trouvais dans les parages. Tu étais insatisfaite de ta vie, et il fallait que je ne décroche que des A à l'école pour que tu puisses rehausser ton estime de toi-même.
5. Après ton divorce, tu t'es servie de moi comme d'un pourvoyeur. Tu faisais constamment pression sur moi pour que je travaille après l'école et durant les week-ends, me déclarant que je te devais bien ça. Je n'avais jamais de temps pour jouer et être tout simplement un enfant.

Entre parenthèses, j'aimerais partager avec vous ce que tant d'enfants adoptés ont partagé avec moi. Peu importent les raisons qui amènent des parents à abandonner leur enfant, l'adoption est une blessure primale, et *il est nécessaire d'éprouver la souffrance qu'elle a engendrée.* Quelles que soient les intentions de ses parents naturels, l'enfant, de par son égocentrisme, ressent le fait d'être donné en adoption comme un abandon. C'est la raison pour laquelle il doit absolument éprouver la souffrance causée par cette blessure, et ce, qu'il ait été ou non comblé d'affection et d'attention par ses parents adoptifs.

Après avoir relaté un épisode, prenez le temps d'en parler avec votre personne-ressource afin qu'elle confirme la réalité de votre vécu. La confirmation est essentielle dans ce processus. Vous essayez de vous remettre en contact avec des sentiments de tristesse et de peine ainsi qu'avec l'ardent besoin de vos figures source et, pour ce faire, vous avez besoin d'être confirmé dans vos sentiments. La confirmation aide à légitimer votre souffrance; elle rétablit le pont interpersonnel (entre soi-même et l'autre) et, par conséquent, allège votre isolement. C'est grâce à la confirmation que vous pourrez voir votre reflet dans le visage de l'autre.

Respirez profondément et regardez souvent votre personne-ressource tout en lui parlant des épisodes que vous avez évoqués. La respiration profonde vous aidera à combattre la respiration superficielle qui caractérise la transe défensive. Tous les phénomènes de transe profonde sont reliés à des schémas de respiration. En retenant votre respiration ou en respirant superficiellement, vous vous êtes empêché jusqu'à maintenant d'éprouver vos émotions douloureuses.

La personne-ressource

À titre de personne-ressource, votre tâche consiste à confirmer la peine de votre partenaire. Vous devez *entrer* dans son monde et le refléter de façon qu'il se voie plus clairement.

En tant qu'ami désireux d'offrir son soutien, vous voudrez naturellement aider votre partenaire, particulièrement lorsqu'il exprimera son chagrin. Vous avez probablement appris que lorsque quelqu'un souffre émotionnellement, on peut l'aider en lui rappelant ses forces ou en soulignant tout ce qui va bien dans sa vie.

Il y a *en effet* des moments où il est valable d'aider l'autre en mettant l'accent sur ses forces plutôt que sur ses blessures, mais il en va tout autrement dans le cas présent, puisqu'il s'agit ici d'un travail sur les émotions. Comme je l'ai expliqué dans la première partie, les enfants qui ont reçu une éducation patriarcale n'ont presque jamais été confirmés dans leurs émotions.

Or le mieux que vous puissiez faire pour soutenir votre partenaire, c'est de refléter ses émotions. Voici des exemples de ce type de reflet:

«Je vois les frémissements de ta bouche, et je vois que tu es triste»; «J'entends la tristesse dans ta voix qui se brise»; «Je vois tes larmes»; «J'entends la colère dans ta voix»; «Je vois que tes mâchoires sont crispées, que tu serres les dents, et je peux voir que tu es en colère». Pour bien jouer votre rôle de soutien moral, imaginez que vous assumez les fonctions d'un magnétoscope. Ainsi, en renvoyant à votre partenaire l'image de ses émotions, vous confirmerez ses émotions.

Soyez particulièrement vigilant si, dans votre enfance, vous avez vécu une expérience semblable à celle que votre partenaire partage avec vous. Sa souffrance peut catalyser la vôtre, et il est possible que vous entriez *vous-même* dans votre propre transe défensive ou dans un état de confusion.

Si une émotion quelconque échappe à votre observation, vous pouvez poser des questions comme celles-ci: «Comment te sentais-tu après cela?» «Comment te sens-tu maintenant?» Vous pouvez également vérifier si votre partenaire ressent les émotions que vous lui prêtez en lui disant ceci: «J'imagine que tu es triste (en colère, effrayé). Est-ce bien le cas?» S'il répond affirmativement, vous pouvez lui demander s'il veut en parler. Incitez-le à parler de ses émotions en lui posant une question du type *«Comment* te sentais-tu?».

Les questions à éviter sont celles qui l'obligent à *réfléchir.* En voici des exemples: «Selon toi, *pourquoi* ta mère t'a-t-elle fait cela?» «À ton avis, *pour quelle raison* ton père était-il tellement en colère?».

Une bonne personne-ressource soutient son partenaire de façon telle qu'elle l'aide à donner une réalité à ses émotions.

Ensemble, vous adopterez une certaine ligne directrice en ce qui a trait au genre de contacts physiques que vous et votre partenaire aurez lorsque celui-ci éprouvera et exprimera ses émotions. Avant de toucher votre partenaire *de quelque façon que ce soit,* demandez-lui la permission. Décrivez-lui la manière dont vous voulez le toucher. Vous pourriez lui dire, par exemple: «J'aimerais te tapoter le dos ou l'épaule pendant que tu partages ta souffrance avec moi. Est-ce que ça te conviendrait?» Faites preuve de discernement en ce qui concerne les étreintes physiques, car en prenant votre partenaire dans vos bras, vous pourriez le distraire de ses émotions. Par conséquent, avant de l'étreindre, demandez-lui s'il en ressent le besoin.

Si la personne que vous assistez plonge dans un état qui vous semble ou lui semble trop inquiétant, recourez au processus de «remise à l'heure juste»: demandez-lui *d'ouvrir les yeux et de vous regarder, dites-lui de respirer profondément,* et posez-lui de simples questions factuelles au sujet de son environnement immédiat. Vous pouvez également lui poser des questions factuelles à son propre sujet: «Quel âge as-tu?» «Où habites-tu?» «As-tu une voiture? De quelle couleur est-elle?».

L'accablement

Il se pourrait que le travail émotionnel dont il est question ici vous plonge dans un état d'accablement. L'accablement découle de la transe défensive que nous avons élaborée en réaction aux outrages dont nous avons été victimes. Ces outrages ont fait naître en nous de la peine, de la colère et quelquefois de la rage. Mais comme nous étions sans défense, l'expression de cette peine et de cette rage était trop risquée. Nos défenses nous empêchaient d'éprouver nos émotions. Nous avons appris à retenir notre respiration, à contracter nos muscles et à nous réfugier dans nos fantasmes. Cela nous a permis de nous insensibiliser, et cet engourdissement a figé nos émotions, en quelque sorte. Elles sont restées refoulées depuis ce temps.

En faisant les exercices présentés dans ces pages, vous allez commencer à re-sentir vos émotions d'autrefois. Il se peut que vous les éprouviez si profondément que vous vous sentirez comme un bambin de trois ans abandonné par sa mère. Ce sentiment est *accablant*. La plupart des gens ne vont pas aussi profondément. Plus l'outrage que vous avez subi était grave (inceste, violence physique), plus vous risquez d'être accablé. C'est la raison pour laquelle je vous suggère de demander la permission de votre thérapeute avant d'entreprendre ce travail.

Si, enfant, vous avez été victime d'inceste ou si vous avez été maltraité ou battu, je vous recommande fortement de chercher une aide thérapeutique avant d'entreprendre ces exercices.

Avertissement particulier aux victimes d'abus sexuels

Si, jusqu'à maintenant, vous avez travaillé les problèmes reliés à l'abus sexuel dont vous avez été victime et que **votre thérapeute** vous autorise à faire la démarche que je vous propose, utilisez la présentation générale pour évoquer les scènes en rapport avec cet abus sexuel.

Si vous n'avez pas travaillé les problèmes reliés à l'abus sexuel dont vous avez été victime, je vous recommande de chercher de l'aide auprès d'un thérapeute compétent. Si vous n'avez pas les moyens de payer les honoraires d'un professionnel, trouvez un groupe d'entraide composé de personnes ayant survécu aux abus sexuels. Ces groupes sont très répandus. Renseignez-vous à ce sujet en téléphonant à un organisme de services communautaires.

En règle générale, les victimes d'abus sexuel ont besoin d'une aide thérapeutique. L'abus sexuel est le plus mortifiant de tous les mauvais traitements. Il véhicule en soi le pire élément de *trahison*. En abusant de vous, on vous a dit haut et fort: «Tu n'es qu'un objet destiné à satisfaire mes besoins. Tu n'as toi-même aucune valeur en tant que personne.»

De plus, la personne qui a été victime d'abus sexuel est très fortement attachée à son agresseur. La séparation exige beaucoup de temps, et le survivant ou la survivante doit se sentir parfaitement protégé tout au long du processus. Ce travail ne souffre aucune pression de l'extérieur — chacun doit pouvoir le faire *à son propre rythme.*

Une fois que notre peine et notre souffrance émotionnelles ont été confirmées, nous sommes en mesure de faire ce qui autrefois, durant l'enfance, nous était pratiquement impossible: éprouver de l'affliction. Nous n'étions pas en mesure d'exprimer notre détresse car nos parents ne nous l'auraient pas permis. Ils ne pouvaient pas supporter d'entendre notre angoisse. Ils ne pouvaient pas non plus tolérer notre colère, car leur colère à eux était inacceptable aux yeux de leurs propres parents. Ils ne pouvaient pas nous laisser exprimer la souffrance reliée à nos blessures, car ils n'avaient pas exprimé leur propre souffrance.

La véritable affliction active l'énergie des profonds sentiments de manque et de tristesse qui ont été refoulés. Cette énergie se libère à mesure qu'on l'exprime. Si diverses empreintes neurologiques ont pu s'agglutiner les unes aux autres pour former une scène clé, c'est parce que chaque unité d'expérience était amplifiée par la tristesse. La tristesse (une peine et une douleur profondes) maintenait les empreintes mortifiantes regroupées en une scène clé. Une fois que la tristesse est exprimée, une fois que nos larmes se sont répandues, la scène complexe commence à se désagréger. Plus l'expression de la tristesse est profonde, plus son impact sur la scène clé est fort.

Le problème de la confrontation

En faisant ces exercices, rappelez-vous que ce n'est pas à vos figures parentales vivantes (ou décédées) que vous vous adressez, mais plutôt aux images que vous portez en vous-même, ces images constituant votre parent intériorisé. Elles compensent votre manque, votre «ardent besoin d'un parent». C'est de ces images que vous vous séparez.

La question de savoir si vous devez ou non vous confronter avec vos parents vivants est un problème distinct.

Plusieurs thérapeutes recommandent que, à un certain stade de leur guérison, ceux ou celles qui ont survécu à des sévices sexuels ou physiques ou à de graves sévices émotionnels affrontent le parent qui les a agressés. Dans le processus habituel de la psychothérapie, il y a de bonnes raisons qui justifient cette position.

Cependant, *la confrontation avec les figures source ne fait pas partie du processus que je vous présente dans ces pages.* Je la déconseille catégoriquement. Dans mes ateliers, je dis aux participants qu'ils ne doivent pas affronter leurs parents en chair et en os et que s'ils le font, c'est qu'ils n'ont pas compris l'essentiel du processus.

Deuxième stade: de la rage refoulée à la rage extériorisée

Le deuxième stade de l'expression de votre souffrance implique la colère. Pour l'enfant, la colère est l'émotion sur laquelle pèse l'interdit le plus lourd. Les parents patriarcaux sont incapables de tolérer la colère de leurs enfants. Les patriarches scrupuleux l'étiquettent comme un péché mortel. On terrorise les enfants en leur disant qu'ils iront brûler dans les feux de l'enfer s'ils se mettent en colère contre leurs parents. Même si vous avez échappé à ces menaces, vous avez probablement été puni lorsque vous avez exprimé votre colère. Plusieurs ont même été abandonnés pour cela.

D'un autre côté, il se peut aussi que vous ayez impunément laissé libre cours à votre colère, comme c'est habituellement le cas dans les familles chaotiques. Ainsi, peut-être l'un de vos parents portait-il en lui-même un enfant blessé qui aurait fait n'importe quoi pour que vous l'aimiez. Son besoin de vous être agréable à tout prix l'a transformé en parent fantoche. Vous exprimiez votre colère au mépris de toute discipline et de tout discernement. Ce manque de structure et de maîtrise était aussi terrifiant que la répression patriarcale absolue.

Dans l'un ou l'autre des scénarios que je viens de décrire, vous avez appris à avoir peur de votre propre colère.

Le deuxième stade de l'expression de votre propre souffrance implique que vous exprimiez la colère qui couve sous vos blessures. L'expression de la colère peut s'avérer dangereuse, car elle fait partie de votre première souffrance. Il s'agit de la colère et de la rage primitives de l'enfant blessé. Faites preuve de prudence dans cette démarche. Si elle vous insécurise, remettez-vous-en à quelques séances de thérapie avec un professionnel qui saura vous aider.

L'expression indirecte de la colère

Tout comme la tristesse, la colère constitue une partie de votre *énergie* qui a été réprimée pendant des années. Elle a été gardée à vue, pour ainsi dire, par les diverses défenses de votre transe profonde. Votre colère est restée inconsciente. Il se peut que, au fil des ans, vous l'ayez exprimée de plusieurs façons indirectes.

- Certains expriment indirectement leur colère en se montrant très gentils avec les autres en public et en les critiquant continuellement en privé.

- Quelquefois, on somatise la colère, c'est-à-dire qu'on la convertit en affections physiques comme les migraines, les maux de dos, les douleurs d'estomac, l'asthme, l'arthrite et les ulcères. Les recherches indiquent que la colère inexprimée peut être un facteur dans certains cas de crise cardiaque et de cancer.

• Certains expriment indirectement leur colère par le biais d'at-
taques apparemment «froides» et rationnelles dirigées contre les
choses et prenant la forme d'une rumination sans fin.

• On reproduit dans nos relations interpersonnelles — habituellement à la fin d'un cycle de conflits ou lors d'une rupture — la
colère refoulée qui, à l'origine, s'adressait à nos figures source.

• La rage qu'un parent éprouve à l'égard de ses enfants est souvent
une transposition de la rage que l'enfant intérieur de ce parent
éprouvait à l'égard de ses propres parents.

• Une grande partie de la criminalité accompagnée de violence
s'avère une transposition sur la société d'une rage non résolue
provenant des relations familiales. J'ai reçu des centaines de
lettres de détenus, hommes ou femmes, qui, après avoir vu mes
émissions de télévision et lu mes livres, ont fait le lien entre leur
comportement criminel et leur famille d'origine.

• De nombreux cas d'impuissance et de frigidité ont quelque chose
à voir avec la colère refoulée.

• Dans bien des cas, la violence sexuelle est reliée à l'impuissance
préverbale et à la colère irrationnelle qui en a résulté.

Il est essentiel que vous vous remettiez en contact avec votre
colère et que vous l'exprimiez si vous voulez vous séparer de vos
figures source intériorisées.

L'expression de la colère

La démarche que je vous propose au premier stade du travail
de la colère sous-tend la «restructuration interne», un procédé basé
sur la cybernétique moderne. Il existe un principe de cybernétique
voulant que le cerveau et le système nerveux central soient incapables de faire la différence entre une expérience *imaginée* et une
expérience *réelle*, pour peu que l'expérience imaginée soit suffisamment vivante et détaillée. Je suis certain qu'il vous est déjà arrivé

d'être excité physiquement par un fantasme sexuel. Il est aussi probable que vous vous soyez fait peur en entretenant des images mentales d'une tâche menaçante dont vous deviez vous acquitter plus tard. Les fantasmes sexuels et l'attitude de catastrophisme face à l'avenir sont des expériences imaginées qui provoquent des réponses physiologiques bien réelles. Ainsi pouvons-nous, de la même façon, nous servir de notre imagination pour changer des expériences passées destructrices et créer de nouvelles expériences qui soient positives. C'est en cela que réside le pouvoir de la restructuration.

Avant que nous soyons en mesure de restructurer notre colère d'autrefois, cependant, nous devons étreindre notre enfant intérieur blessé. L'enfant intérieur ne se laissera pas aller à exprimer la colère dirigée contre ses figures source s'il n'a pas notre protection.

Exercice: étreindre son enfant intérieur mystifié

(Faites-vous guider par votre personne-ressource.)

La façon la plus simple d'accéder à l'enfant intérieur consiste à faire un exercice de respiration profonde pendant environ cinq minutes. Pour vous faciliter la tâche, vous pouvez, pendant l'exercice, écouter une douce musique de berceuse (*Lullabies and Sweet Dreams* de Steven Halpern, par exemple).

Ferme les yeux, inspire en comptant jusqu'à huit, retiens ta respiration en comptant jusqu'à quatre, puis expire en comptant jusqu'à huit. Fais cet exercice de respiration pendant environ cinq minutes. (Cinq minutes plus tard.) Recommence à respirer normalement et efforce-toi de fouiller ta mémoire pour y retrouver plusieurs souvenirs d'enfance agréables que tu avais oubliés depuis longtemps. Pour que ce soit plus facile, repense aux réceptions d'anniversaire, aux journées de congé, aux vacances en famille, aux parcs où tu allais jouer, aux rentrées scolaires, à tes jouets et à tes vieilles photographies. Dès que tu auras retrouvé un beau souvenir, plonge dedans et imagine que tu vas à la rencontre de l'enfant que tu étais autrefois. Dis-lui «Bonjour!».

Dis-lui que tu viens de son futur et que tu as survécu. Remercie-le d'être qui il est. Remercie-le de son courage et de sa bonté! *Dis à ton enfant que tu sais mieux que personne par où il a dû passer.* Et dis-lui que tu es là pour l'aider à exprimer la colère qu'il éprouve d'avoir été violenté. Dis-lui que tu vas le *protéger* pendant qu'il exprimera la colère qu'il ressent à l'endroit de ses figures de survie. Demande-lui s'il est prêt à exprimer sa colère maintenant.

Assurez-vous que votre enfant intérieur est prêt. Vous devrez peut-être, comme il arrive quelquefois, alimenter davantage l'interaction avec votre enfant avant qu'il vous accorde sa confiance et vous reconnaisse comme son protecteur. Cela peut signifier que vous dialoguiez avec lui quinze minutes par jour pendant quelques semaines. Une simple conversation avec lui suffit. Le plus souvent, l'enfant se sent prêt à entreprendre la démarche. Mais avant de continuer, faites preuve d'imagination afin d'accroître votre capacité à protéger l'enfant.

Exercice: constituer une ancre ressource

Pensez à un moment où vous avez exprimé votre colère sans en être mortifié. Tout en demeurant en deçà de vos frontières, vous disiez ce que vous aviez vu, entendu, interprété, et ce que vous vouliez de la personne contre laquelle vous étiez en colère. Toute votre *énergie était mobilisée, prête à vous servir,* et vous sentiez que vous vous maîtrisiez parfaitement. Maintenant, imaginez que vous revivez cette scène et prêtez attention au plus grand nombre de détails possible. Dès que vous éprouverez la force de cette colère, serrez le poing gauche. Gardez-le serré pendant quelques minutes et sentez la force que vous donne ce geste. Ensuite, prenez une profonde inspiration et détendez votre main. Vous venez de constituer une *ancre ressource* que vous pourrez utiliser lorsque votre enfant intérieur affrontera une de ses figures source.

Si l'un de vos parents était violent, peut-être voudrez-vous constituer une ancre ressource en pensant à quelqu'un de plus puissant que le parent en question. Vous pourriez vous représenter Dieu sous la forme symbolique de votre choix et serrer le poing en imaginant qu'il est présent. Vous pourriez aussi imaginer quelqu'un ayant une plus grande force physique que votre parent — Arnold Schwarzenegger, par exemple. Une fois constituée, cette ancre fonctionnera comme un coup de baguette qui donnera vie à la puissante figure ressource capable de protéger votre enfant intérieur.

Exercice: exprimer sa colère

Pour commencer l'exercice d'expression de la colère, serrez le poing gauche et imaginez que votre moi adulte prend l'enfant par la main. Partez ensemble et allez retrouver la figure source à laquelle vous désirez exprimer votre colère.

> Imagine que tu es dans la maison où tu as vécu avec ce parent ou encore dans la maison qu'il habite présentement. S'il est décédé, imagine-le à n'importe quelle période de ta vie où tu te rappelles avoir été avec lui. Si aucun souvenir ne te revient, imagine simplement une situation dans laquelle tu vois ta figure source.
>
> En te servant de la liste de chagrins que tu as dressée précédemment, laisse ton enfant intérieur lui dire ceci: «Je suis en colère contre toi parce que tu m'as fait mal.» Sois très précis. *Tu ne peux pas te tromper avec les détails.* Plus tu donneras de détails, mieux cela vaudra. Permets à ton enfant intérieur de laisser libre cours à sa colère. (J'ai quelquefois appelé ce processus la «justice originelle». Il s'agit d'une forme de rétablissement de la justice, car vos droits d'enfant ont été bafoués. Enfant, vous étiez impuissant et n'aviez pas la capacité de vous défendre. Maintenant, votre enfant intérieur vous a comme défenseur.)

Une fois que vous avez complètement exprimé votre colère à cette figure source, je vous conseille d'attendre quelques jours avant de passer à une autre. Assurez-vous que toute votre colère a été exprimée. Exprimez-la aussi passionnément que possible. Nous avons besoin de faire preuve de passion si nous voulons affecter nos images intérieures. Notre but consiste à interrompre les scènes maîtresses. Je suggère souvent aux gens de dire ceci à leur figure source: «Je suis fâché contre toi et je te rends ta souffrance, ta solitude, ta colère, tes problèmes sexuels non résolus, tes déceptions, ton mariage et toute ta honte.» De plus, j'encourage l'enfant intérieur de la personne à dire ceci: «Je suis fâché contre toi parce que tu déverses ta souffrance et ta honte sur moi. Désormais, je ne porterai plus à ta place *la souffrance et la honte qui t'appartiennent.* Je ne suis pas responsable de ta vie décevante. J'ai ma propre vie à vivre.»

Lorsque vous aurez fini d'exprimer votre colère à toutes vos figures source significatives, vous serez prêt à passer à la deuxième étape du processus de séparation-deuil. Rappelez-vous que je présente ici un processus abrégé. Il se peut que vous mettiez plusieurs mois à travailler la première étape. Ce genre de choses demande du temps. Rappelez-vous également qu'il n'est pas question ici de vos parents en chair et en os. Vos vrais parents vivent peut-être encore dans votre entourage immédiat, et il est possible que leur attitude à votre égard soit toujours aussi mortifiante. Ce qui vous attache à eux, c'est la peur de l'abandon et de la mort qu'éprouve votre enfant intérieur. Voilà pourquoi ils ont toujours le pouvoir de vous bouleverser et pourquoi vous finissez par être encore plus victime de leurs mauvais traitements. Pendant que vous ferez ce travail, il se peut que vous ayez à établir une frontière très ferme entre vous et vos parents. Si tel est le cas, vous pourriez leur dire que vous faites un travail émotionnel très délicat et que vous n'entrerez pas en contact avec eux pendant quelque temps. Vous pourriez également choisir de leur parler périodiquement tout en gardant vos distances. Vous avez des droits absolus sur votre propre vie, et vous ne devez laisser personne vous humilier ou vous outrager de quelque façon que ce soit. Une fois que ce travail sera accompli, vos frontières seront plus fortes. En général, les gens ont une bien meilleure relation avec leurs parents après avoir fait ce travail.

La démarche que je propose ici et dans mes ateliers est toujours axée sur une restructuration interne. Le parent ou la figure source en question est toujours l'*image intériorisée* du parent. C'est cette image qui vit en nous-mêmes et qui contamine notre vie.

Afin de neutraliser son pouvoir destructeur, nous devons redessiner cette image, car c'est ainsi que nous nous en séparerons. La restructuration interne nous demande d'imaginer de façon vivante et détaillée. Nous devons créer des images qui soient assez fortes pour que nous puissions effectuer cette séparation. L'expression de notre profonde tristesse et de notre grande colère constitue la première étape. Nous devons ensuite faire l'expérience de l'empathie et du pardon si nous voulons créer des images neuves et puissantes. La deuxième étape nous amènera donc à démythifier nos images parentales, c'est-à-dire à humaniser les images plus qu'humaines (idéalisées) et moins qu'humaines (dégradées) que nous nous sommes faites de nos parents.

DEUXIÈME ÉTAPE:
COMPATIR AVEC LA SOUFFRANCE
DE SES PARENTS

Premier stade: démythifier ses parents

Les images que nous avons de nos figures source sont presque toujours irréalistes et déshumanisées. Tous les jeunes enfants déifient leurs figures source, car pour eux, c'est une question de survie. Si, par exemple, un enfant était en mesure de comprendre que sa mère souffre d'une grave dépendance au crack, il en serait atterré. S'il était capable de comprendre que sa mère est sérieusement dysfonctionnelle, il se dirait immédiatement ceci: «Je vais sûrement mourir, puisque maman n'est pas en mesure de prendre soin de moi.» L'enfant ne peut pas se permettre de penser cela, aussi entre-t-il peu à peu dans une profonde transe composée d'une hallucination positive et d'une hallucination négative. Il voit sa figure maternelle comme une mère bonne et aimante, et cesse de la voir comme un zombi toxicomane. «Maman est toujours bonne, fantasme l'enfant. C'est moi le mauvais.» Cette image de la mère changera probablement lorsque l'enfant grandira et sera capable de comprendre ce que sont la négligence, les mauvais traitements et l'abandon. À ce moment-là, sa nouvelle image risque de ressembler à «maman, la méchante sorcière malfaisante». L'enfant n'éprouve alors plus que haine et ressentiment pour sa mère. Son image intérieure demeure polarisée.

Le ressentiment est un état chronique qui nous fait éprouver encore et encore nos sentiments négatifs. C'est aussi un moyen de rester attachés à nos parents. Peu importe le degré de haine consciente ainsi engendrée, l'enfant intérieur blessé et mystifié entretient la croyance *magique* selon laquelle une séparation d'avec sa mère équivaudrait à la mort. Ces vagues de haine récurrentes lui permettent, de façon destructrice, de rester attaché. Comme Fritz Perls l'a dit, tant que nous entretenons du ressentiment à l'endroit de nos parents, nous ne *grandissons* pas. Le ressentiment est un exemple typique de problèmes passés non résolus. Il nous garde liés à nos figures de survie autant que l'idéalisation peut le faire. Le ressentiment et l'idéalisation nous empêchent d'en finir avec le passé. L'un ou l'autre extrême maintient l'enfant intérieur blessé dans l'état de paralysie propre à la mystification.

Vous ne pourrez jamais considérer vos parents comme les vrais êtres humains qu'ils sont tant que vous continuerez de les voir à travers les yeux de votre enfant intérieur blessé. Si vous vous accrochez à la relation que vous avez eue lorsque vous n'étiez qu'un enfant, vous resterez toujours un enfant blessé et ils resteront toujours vos parents divinisés ou monstrueux. Nous devons démythifier nos figures source. Le tableau de la page suivante résume le travail que j'ai fait au sujet de mon grand-père. Enfant, j'ai suivi l'exemple de ma famille et je l'ai canonisé (première colonne). Selon un de nos mythes familiaux à propos de sa sainteté, il aurait récité tout un rosaire pour l'âme de Staline lorsque celui-ci est mort. Une fois devenu adulte, plus précisément lorsque j'ai entrepris une démarche visant à me guérir de mon alcoolisme, je l'ai dégradé (troisième colonne). Ce n'est que plus tard, une fois que ma démarche a été plus avancée, que j'ai pu l'humaniser (deuxième colonne).

Les faits contribuent grandement à l'efficacité du processus d'humanisation. Rassemblez tous les *faits* réels que vous connaissez au sujet de vos figures source. Méfiez-vous de la mythologie familiale. Les mythes familiaux sont des histoires que l'on raconte pour détourner l'attention de ce qui se passe réellement. Ils font partie du système de déni familial. Le plus souvent, au début, ils prennent la forme de dénis défensifs, puis ils se transmettent inconsciemment de génération en génération. Les saints familiaux sont presque toujours mythifiés et plus grands que nature. Plus vous pourrez trouver des données biographiques réelles, mieux cela vaudra.

Ce n'est pas toujours facile de se renseigner sur l'enfance de nos figures source. Il peut être utile de consulter des tantes, des oncles et d'autres parents. Par ailleurs, il arrive souvent que l'on obtienne des informations nouvelles et surprenantes en interrogeant nos parents sur leur enfance. Étant jeunes, nous n'aurions jamais pensé à leur demander le genre d'informations dont nous avons besoin ici. Personnellement, j'ai obtenu des tas de renseignements par ma mère.

Image idéalisée	Image réelle	Image dégradée
C'était un saint.	Il aimait sa famille.	Il était enchevêtré.
Il était toujours bon et généreux.	C'était un homme très laborieux et dur à la tâche qui, de simple garçon de bureau, est devenu commissaire aux comptes à la SP Railroad, et ce avec très peu d'instruction. Il a pris soin de moi et de ma famille lorsque mon père nous a quittés.	C'était un obsédé du travail; il était si terrifié qu'il travaillait dix heures par jour et apportait du boulot à la maison les week-ends.
C'était un homme très religieux; «il a récité un rosaire lorsque Staline est mort».	C'était un mari très fidèle. Il avait une foi simple.	Il avait l'esprit borné.
	Il était plutôt mystifié. Il a réalisé beaucoup de choses malgré sa peur.	C'était une poule mouillée.
	Il a économisé et a été prévoyant pour sa retraite.	
	La honte et la peur l'ont rendu égocentrique; sa honte avait le même effet qu'une rage de dents chronique.	Il n'avait pas d'amis.

Si vos parents ou votre parenté immédiate ne peuvent pas vous donner de renseignements, adressez-vous aux amis de votre père ou de votre mère. Regardez les vieilles photos. Soyez attentif aux images que ces photos vous renvoient. Soyez réceptif à ce qui en émane.

Ce tableau montre que la vérité au sujet de mon grand-père se trouve quelque part au milieu. Il était l'un des neuf enfants d'une famille catholique très dévote. Son enfance était contrainte par des limites très strictes. Il avait fait des études de niveau secondaire et lisait très peu; par conséquent, son champ d'intérêts était plutôt limité. C'était un mari très fidèle, un homme engagé vis-à-vis des choses auxquelles il croyait. Il n'a jamais vraiment montré sa vulnérabilité. En grandissant, il avait appris que l'on doit souffrir en silence et que les vrais hommes ne se plaignent jamais. Il avait extrêmement peur du risque. Voilà à quoi se résume l'atmosphère qu'il a respirée dans son enfance. Très jeune, on lui avait inculqué un principe selon lequel la vie est risquée. Il avait donc appris à jouer serré.

Aujourd'hui, je vois mon grand-père à la fois comme un saint et comme un pécheur. Comme tous les êtres humains, il était le produit de sa culture familiale, de sa culture élargie et de ses choix personnels. Je ne suis plus autant porté à le juger.

Je vous recommande de faire une comparaison en trois colonnes à partir de chaque figure de survie qui était importante pour vous. Dans la colonne du milieu, consignez tous les renseignements factuels que vous pourrez trouver. Concentrez-vous particulièrement sur l'enfance de vos parents et notez les problèmes relatifs à la violence familiale.

Deuxième stade: le dialogue entre son enfant intérieur et celui de son parent

Vous souvenez-vous de mon dessin représentant un adulte enfant? De cette grande silhouette avec, à l'intérieur, une silhouette plus petite? Pour en arriver à démythifier vos figures source, vous devez les percevoir comme les enfants blessés qu'ils étaient. Même s'il s'avérait que vos parents ont eu une enfance exceptionnelle, ils ont inévitablement été quelque peu blessés, tant par leur culture patriarcale que par les inéluctables limitations humaines de leurs propres parents. Il est impératif que vous perceviez vos figures source comme des êtres humains, autrement dit comme des êtres qui portent en eux-mêmes certaines blessures.

Exercice: la figure source en tant qu'enfant

(Faites-vous lire l'exercice suivant par votre personne-ressource.)

Choisissez la figure de survie à partir de laquelle vous voulez travailler. J'utiliserai la mère pour cet exemple. En travaillant, écoutez *Going Home* de Daniel Kobialka. Trouvez un endroit tranquille où vous ne serez pas dérangé.

Inspire en comptant jusqu'à huit, retiens ton souffle en comptant jusqu'à quatre et expire en comptant jusqu'à huit. Fais cet exercice de respiration profonde pendant quatre minutes... Maintenant, concentre-toi sur le chiffre 8; vois un 8 noir apparaître sur un fond blanc ou un 8 blanc apparaître sur un fond noir... Si tu as de la difficulté à voir ce chiffre, imagine que tu le peins avec tes doigts... Maintenant, concentre-toi sur le chiffre 7 et détends-toi de plus en plus. Recherche le parfait état d'équilibre entre la retenue et le laisser-aller. Tu sais comment te mettre dans cet état, car tu l'as connu il y a longtemps de cela, lorsque tu as appris à monter à bicyclette..., lorsque tu as appris à escalader une glissoire puis à t'y laisser glisser..., lorsque tu as appris à manger..., à marcher... Maintenant, vois apparaître le chiffre 7 et détends-toi plus profondément... Vois le chiffre 6... Le chiffre 5... Le chiffre 4... Lorsque tu en arriveras au chiffre 1, tu seras complètement détendu... Tu vois maintenant le chiffre 3... Le chiffre 2, et maintenant, le chiffre 1... Tu vois le chiffre 1 se transformer en porte... Tu ouvres la porte, traverses un corridor et te diriges vers une pièce à ta gauche... Tu ouvres la porte de cette pièce et tu vois un écran sur lequel défilent des scènes de tes années d'adolescence... Tu vois ton meilleur ami ou ta meilleure amie... Ton premier amour... La maison où tu habitais... Tu fermes la porte et continues de longer le corridor jusqu'à ce que tu arrives à une autre porte... Tu l'ouvres et vois s'animer sur un écran des scènes de tes premières années d'école... Tu vois ton instituteur ou ton institutrice... Tu entends la cloche annonçant que la leçon est terminée... Tu te mets en route pour rentrer à la maison...

Imagine que tu es de retour à la maison. Fouille tes tout premiers souvenirs pour y retrouver l'image de la maison où tu as grandi... Promène-toi de pièce en pièce jusqu'à ce que ta mère t'apparaisse très nettement. Vois-la de façon aussi détaillée que possible... Ensuite, imagine qu'elle se met à rajeunir progressivement, qu'elle devient de plus en plus jeune... Elle n'est plus maintenant qu'un tout petit enfant... Imagine que tu redeviens toi-même l'enfant que tu étais lorsque tu vivais dans cette maison... Assieds-toi près de ta mère et examine à fond la liste des incidents qui t'ont fait de la peine ou qui ont suscité ta colère. Demande-lui pourquoi elle t'a fait cela... Demande-lui pourquoi elle t'a abandonné ou pourquoi elle n'avait pas de temps à te consacrer... Interroge-la à propos de tout ce qu'elle a fait de blessant à ton endroit...

Prenez tout votre temps pour faire cet exercice. Prêtez une attention particulière aux réponses que votre mère vous fournit. N'essayez pas de répondre à sa place. Ne projetez pas ce que vous *pensez* qu'elle va répondre. Laissez l'image de votre mère-enfant vous répondre. Demandez-lui de vous donner des détails sur ce qui lui est arrivé durant sa propre enfance. Demandez-lui de vous parler des scénarios mortifiants qu'elle a vécus elle-même.

Après avoir parlé à ta mère, sors de la maison. Prends une profonde inspiration. Vois apparaître le chiffre 1, prends une autre profonde inspiration, vois apparaître le chiffre 2, le chiffre 3, le chiffre 4, le chiffre 5, le chiffre 6, le chiffre 7, le chiffre 8, et ouvre les yeux...

Lorsque j'ai fait cet exercice avec mon père en l'imaginant sous les traits d'un petit garçon, je l'ai entendu sangloter et me dire que son propre père l'avait abandonné à l'âge de sept ans et qu'il ne l'avait revu que deux fois par la suite. À mesure que je lui posais mes questions de type «pourquoi...?», la souffrance et la solitude pétries de honte de son enfant intérieur blessé et mystifié ont commencé à remonter à la surface. Je l'ai perçu comme un enfant abandonné, utilisé par sa mère dans une relation enchevêtrée où il jouait le rôle d'Époux Substitut. J'ai compris qu'il m'avait inculqué exactement la même chose que ce qu'on lui avait inculqué. Étant donné que la première étape m'avait permis de me décharger de la colère que j'éprouvais à son égard pour m'avoir fait la même chose que ce qu'on lui avait fait, nous avons pu partager notre souffrance ensemble.

Les expériences que j'ai faites avec mes autres figures de survie ont été similaires. J'ai trouvé le dialogue avec l'enfant intérieur blessé de ma grand-mère particulièrement révélateur. Elle m'a parlé du supplice que son père lui avait fait endurer en abusant sexuellement d'elle. Elle me l'a décrit. Je ne suis toujours pas certain que cet abus ait effectivement eu lieu, mais avant d'entreprendre ce dialogue, l'idée que ma grand-mère ait pu être victime d'inceste *ne m'avait jamais effleuré l'esprit.* Je vous conseille d'être prudent avec ce genre d'expérience. Il se peut, bien sûr, que cette idée soit le produit de mon imagination. Mais je crois que, plongés dans la transe familiale indifférenciée, nous portons en nous-mêmes les problèmes non résolus de nos figures source. Nous portons également leurs ambitions et leurs désirs inexprimés. Cette méditation peut donner lieu à de très fortes révélations. Prenez ce que cette expérience a à vous donner et essayez de voir jusqu'où cela peut vous mener. Vivez avec ces nouvelles images. Examinez d'autres faits concernant l'histoire de votre famille. Personnellement, plusieurs autres faits relatifs à mon histoire familiale m'ont amené à croire que cet abus sexuel s'était bel et bien produit. *Et même si cela n'était pas vraiment le cas, il n'en resterait pas moins que quelque chose de très fort m'est arrivé durant cette conversation entre mon enfant intérieur et celui de ma grand-mère.* J'ai éprouvé pour elle un sentiment de compassion que je n'avais jamais éprouvé auparavant. Cela m'a permis de comprendre sa vie avec empathie. J'ai compris pourquoi elle était comme elle était. J'ai pressenti quelque chose de la véritable histoire de son âme.

L'empathie et la compréhension constituent le but de ce dialogue entre notre enfant intérieur et celui de nos figures source. D'une façon ou d'une autre, nous devons en arriver à prendre conscience des blessures et de l'authentique humanité de nos figures de survie si nous voulons nous séparer d'elles.

Cependant, il faut comprendre clairement que l'empathie et la compréhension n'équivalent pas à *une acceptation des outrages que nos parents nous ont fait subir.* Nous pouvons ressentir de l'empathie à leur égard sans pour autant approuver ce qu'ils nous ont fait. Ce qu'ils nous ont fait nous a vraiment blessés, et nous en avons conçu de la colère et de la tristesse. Heureusement, nous nous sommes déjà déchargés de cette colère et de cette tristesse en faisant les exercices précédents.

À ce stade-ci, ce que nous cherchons à comprendre, c'est que, à l'origine, nos figures de survie n'étaient que des petits enfants vulnérables exactement comme nous l'avons nous-mêmes été. Nous sommes en train de nous séparer de nos parents afin d'être en mesure de vivre notre propre vie et d'être disponibles pour de nouvelles relations. Nous ne sommes pas seulement des personnes blessées, tristes et en colère. Nous sommes aussi des personnes tendres, aimantes, compréhensives et compatissantes. Nous avons besoin de notre colère, car elle nous assure force et protection mais, normalement, la colère n'aurait jamais dû devenir un état chronique. Si nous restons en colère, nous serons contraints de nous accrocher à notre peine et à notre tristesse pour justifier notre état. Et nous courrons le danger de retourner cette colère contre nous-mêmes ou de la diriger contre nos amis, notre partenaire amoureux, notre conjoint, nos enfants et contre quoi que ce soit dans notre environnement.

Nous restons mystifiés aussi longtemps que nous nous accrochons à nos images idéalisées ou à notre ressentiment. Nous demeurons prisonniers d'une très ancienne mine effondrée. Notre moi mystifié se sent fort uniquement lorsqu'il est blessé ou en colère. Notre moi mystifié se sent vivant lorsqu'il blâme, cherche à se venger ou se pose en victime impuissante.

Troisième stade: le pardon

Maintenant, nous devons être prêts à pardonner si nous voulons nous éveiller et donner comme nous donnions auparavant. *Donner comme auparavant,* c'est vivre dans l'état où nous étions avant d'être violentés. Le pardon nous permet de reprendre contact avec l'enfant doué en nous-mêmes, et c'est grâce à ce lien que nous sommes de nouveau en mesure de re-sentir notre véritable force. La force nous vient du contact avec nous-mêmes. Lorsque nous étreignons notre enfant doué, nous nous réconcilions avec nos émotions, nos besoins, nos désirs et notre imagination.

L'empathie et la compréhension nous amènent à éprouver de la compassion et à reconnaître la souffrance de nos figures de survie. Nous avons besoin de nous rendre compte que nos parents ont subi le même genre d'outrages que ceux qu'ils nous ont fait subir. Ils reproduisaient les scénarios gravés dans leur mémoire. Comme ils ne s'étaient pas affranchis de l'esclavage parental, ils le mettaient en acte à nos dépens.

Le pardon découle de la compréhension. Maintenant, nous comprenons ce qui a contraint nos figures de survie à agir comme elles l'ont fait. Nous avons mis en lumière les cycles de la souffrance multigénérationnelle. *Nous voulons sortir de ce cycle!* C'est la raison pour laquelle nous sommes prêts à pardonner. Notre pardon n'a rien à voir avec les sentiments de sympathie ou de pitié que nous pourrions éprouver à leur endroit. Il concerne plutôt la libération de l'esclavage du passé. Il a quelque chose à voir avec la croissance, avec une authentique évolution de notre conscience.

Notre enfant intérieur blessé et mystifié croit à la magie et aux contes de fées. Il croit que, s'il *attend* assez longtemps, un parrain et une marraine féeriques finiront par lui apparaître et qu'il vivra heureux pour le reste de ses jours. Il croit qu'il mourra s'il se sépare vraiment de papa et maman.

L'exercice que nous avons fait avec l'enfant intérieur blessé de nos figures source a montré à notre propre enfant intérieur blessé que ses figures source ne sont pas des *dieux*. Ce sont de simples êtres humains vivant dans la «terrible quotidienneté», tout comme nous. Ils portent leur lot de souffrance, tout comme nous portons le nôtre. Aussi longtemps que nous laisserons notre enfant intérieur blessé et mystifié prendre la vedette, nous nous accrocherons à la magie du conte de fées qui justifie notre interminable attente d'un papa et d'une maman. Ce n'est qu'à partir du moment où nous *comprendrons émotionnellement* le fait que nos parents portent eux aussi un enfant seul et blessé à l'intérieur d'eux-mêmes que nous pourrons nous rendre compte qu'ils ne sont pas des dieux. Il sera encore possible que nous les perdions; il sera encore possible qu'ils nous blessent. Mais, désormais, ils n'exerceront plus un pouvoir de vie ou de mort sur nous.

Exercice: la mort et l'enterrement

Plus la deuxième étape sera intense et émotionnelle, plus elle produira de l'effet sur les images intériorisées qui se sont imprimées dans votre système nerveux. Votre enfant intérieur mystifié a besoin de sentir l'effet spectaculaire que produit la séparation d'avec vos figures de survie. Une des façons d'atteindre un maximum d'intensité consiste à *imaginer* leur mort et leur enterrement. Vous devez faire cette projection mentale, peu importe que vos figures source soient décédées ou encore vivantes. C'est avec nos parents fantasmés, ceux qui sont issus de l'imaginaire de notre enfant intérieur blessé et mystifié, que nous composons ici.

Ces figures de survie fantasmées sont magiques et toutes-puissantes. Le dialogue entre nos enfants intérieurs respectifs ne suffit habituellement pas à entamer le lien fantasmatique. Une mort et un enterrement imaginaires sont nécessaires pour que s'accomplisse la séparation finale. Dans mes ateliers, la méditation que je vous présente ci-après s'est avérée la plus spectaculaire et la plus puissante de toutes.

Il y a de fortes possibilités pour que ceux d'entre vous qui ont perdu une ou plusieurs de leurs figures source durant l'enfance n'aient jamais pleinement vécu leur deuil. Il se peut que vous ayez idéalisé ces figures source. L'exercice suivant vous donnera l'occasion de les démythifier et de vous en séparer. Vous devez leur dire adieu. Vous devez assister à leur mort, leur dire ce que vous avez besoin de leur dire en guise d'adieux et, finalement, les enterrer.

Choisissez la figure de survie à laquelle vous voulez travailler. Dans l'exemple suivant, je continue d'utiliser la mère. Demandez à votre personne-ressource de vous lire l'exercice en mentionnant la figure de votre choix.

Imagine que tu entends sonner le téléphone. Tu réponds et à l'autre bout du fil on t'annonce que ta mère est mourante. Imagine que tu accours à l'hôpital, espérant avoir le temps de faire tes derniers adieux à ta mère. Laisse-toi envahir par les images qui te viennent spontanément lorsque tu entres dans la chambre où repose ta mère. Sa respiration se fait de plus en plus difficile à mesure que la mort fait son œuvre. Tu te penches au-dessus de son lit et tu vois qu'elle te reconnaît. Regarde-la au fond des yeux et vois les yeux de la petite fille que tu as rencontrée précédemment. Écoute-la te dire ceci: «Je regrette tellement de t'avoir fait de la peine et de t'avoir fait souffrir. Pardonne-moi, je t'en prie. Je n'ai jamais voulu que notre relation prenne cette tournure. Je voulais sincèrement t'aimer. Je t'en prie, pardonne-moi!»
Maintenant, c'est à ton tour de lui dire tout ce que tu veux lui dire. Si tu le peux, dis-lui que tu lui pardonnes. Si tu es incapable de lui dire cela, il faut en conclure que tu as encore du travail à faire. Si tu le peux, dis ceci à ta figure de survie: «Je ne suis plus en colère. J'aurais voulu que tu sois la mère dont je rêvais. J'aurais voulu que tu me serres dans tes bras et que tu me dises que tu m'aimais. Je sais que tu as fait de ton mieux.» Remercie-la des choses dont tu lui es reconnaissant. Exprime ta gratitude pour ce qu'elle t'a réellement donné. Dis-lui que tu connais sa souffrance. Dis-lui que tu sais à quel point cela a été difficile pour elle. Dis-lui: «Je te pardonne! Je t'aime et je te pardonne!» Maintenant, prends ses

mains dans les tiennes, serre-la contre toi ou caresse son front. Vois l'expression apaisée que prend son visage. Vois l'imperceptible sourire qui se dessine sur son visage au moment où elle rend son dernier souffle. Sors de la chambre... Laisse-toi transporter en imagination à ses funérailles. Examine la cérémonie funèbre en détail... Laisse-toi envahir par toute la tristesse que tu éprouves. Laisse-la jaillir du plus profond de ton abdomen. Maintenant, vois et entends la fin du service. Continue ton voyage imaginaire jusqu'au cimetière et entends les derniers mots qui sont prononcés pendant que l'on descend la dépouille en terre ou, imagine que tu es debout dans le crématorium pendant que l'on réduit la dépouille en cendres. Fais ton ultime adieu à ta mère.

C'est fini. Vous vous êtes symboliquement séparé de votre mère intériorisée.

Lorsque vous vous sentirez prêt, refaites le processus avec votre père ou d'autres figures de survie. Vous devez vous séparer d'eux si vous voulez vous démystifier. Plus vous pourrez éprouver vos émotions, mieux cela vaudra. Plus les émotions seront intenses, plus elles auront de l'impact sur les images gravées dans votre mémoire.

Le pardon est pour vous. Il vous permet d'en finir avec le passé. Par la suite, vous pourrez prendre du temps et réfléchir au genre de relation que vous êtes prêt à établir dans le présent avec vos figures de survie en chair et en os. Si vos parents sont toujours aussi mortifiants à votre égard, vous devrez délimiter fermement vos frontières. Si l'un de vos parents se comporte en agresseur, peut-être déciderez-vous de ne pas rester engagé dans ce type de relation. C'est tragique et triste, mais si le contexte implique encore que vous subissiez des mauvais traitements, il est nécessaire que vous abandonniez ce parent à son sort.

Le pardon est une façon de *réformer* le passé. Notre souffrance doit absolument avoir une signification. Le pardon nous permet de racheter notre souffrance. Il nous permet de libérer l'énergie que nous dépensions à retenir notre colère et notre ressentiment; ainsi, nous pouvons utiliser cette énergie de façon créatrice pour façonner notre avenir. En renonçant à notre colère défensive, nous accédons à la bonté qu'il y a à l'intérieur de nous.

La colère et la souffrance non résolues que nous portons en nous-mêmes ont un effet paralysant, alors que la résolution de cette colère et de cette souffrance a un effet énergisant. Désormais, nous sommes en mesure d'investir l'ancienne énergie dans nos interactions du moment. Nous pouvons être présents aux faits de notre vie. Nous ne sommes plus figés dans le temps.

TROISIÈME ÉTAPE: DEVENIR SON PROPRE PARENT

La séparation d'avec nos figures de survie intériorisées nous laisse un sentiment de vide. Le conflit interne entre notre enfant blessé et mystifié et nos parents intériorisés exigeait une dépense d'énergie considérable. Ce conflit se manifestait notamment par un dialogue intrapersonnel (le moi avec lui-même). Nous confondions notre propre voix intérieure avec la voix de nos figures source intériorisées. Le lien fantasmatique était maintenu par le biais des images parentales intériorisées. Lorsque nous nous séparons de ces images, il se crée un vide et le sentiment de confusion que nous éprouvions à l'origine refait surface. Il ne faut pas avoir peur de la confusion, bien que ce soit plus facile à dire qu'à faire. Notre culture a supprimé la confusion. En réalité, la confusion est loin d'être un état négatif. Elle précède la création. Dans la mythologie de la Grèce antique, le chaos était la base d'où le cosmos, l'univers, a émergé.

La confusion qui suit la séparation d'avec nos parents intériorisés peut devenir la source d'un nouvel apprentissage au cours duquel nous deviendrons notre propre parent. Chacun de nous est appelé à être lui-même. «C'est moi que je fais: je suis venu pour ça», dit Hopkins, le poète.

Premier stade: prendre la tête de son propre foyer

Devenir votre propre parent: voilà le programme que je vous propose à ce stade-ci. Comment établirez-vous une relation maternelle et paternelle avec vous-même? Comment nourrirez-vous votre corps, vos émotions, votre intellect, votre imagination et votre spiritualité? Où trouverez-vous la sagesse pratique dont vous aurez besoin pour prendre la direction de votre propre maisonnée? Où puiserez-vous la sagesse nécessaire pour reformuler vos valeurs personnelles? Comment imaginerez-vous la création de votre propre vie?

De façon caractéristique, la maturité consiste à trouver des réponses à ces questions et à vivre avec les choix qui en résultent. Personne ne peut répondre à ces questions à votre place. Il se pourrait bien que, dans le vide ressenti à la fin du processus de séparation, vous trouviez l'inspiration nécessaire pour créer votre propre vie. Vous aurez besoin de toutes les informations adultes que vous pourrez obtenir et vous aurez besoin de toute votre imagination.

Ce moment de vide et de confusion peut s'avérer le plus fertile et le plus créatif de votre vie. Maintenant que vous êtes séparé de vos parents, vous avez la possibilité de générer de l'amour. Tant que vous restiez enchevêtré à eux, une illusion de toute-puissance vous empêchait de découvrir votre propre Puissance supérieure et votre propre échelle de valeurs. Le sentiment de vide vous dit que la sécurité humaine n'existe pas; il n'y a ni père ni mère pour vous protéger de la souffrance; il n'y a personne qui soit capable de vous faire échapper à la mort.

En regard de la mort, quel est le sens de votre vie? Cette question remue sans aucun doute quelque chose qui est plein d'âme en vous. Vous êtes appelé à votre moi authentique. La séparation vous a fait cadeau d'une naissance psychologique. Vous devez quitter le foyer familial afin de trouver votre félicité.

À ce stade-ci, il est important que vous profitiez du soutien d'un nouveau genre de famille. Votre enfant intérieur se sent comme tout enfant se sentirait s'il ne croyait plus à la sécurité du «bonheur parfait jusqu'à la fin des temps» tel qu'on le décrit dans les contes de fées. Votre nouvelle famille peut jouer pour vous le même rôle que le groupe de pairs joue auprès d'un adolescent.

Ainsi, je vous conseille de commencer par choisir un groupe de soutien — un groupe susceptible de devenir votre famille d'affiliation. Je vous recommande de tenter l'expérience avec un groupe de Codépendants anonymes ou peut-être avec un groupe d'Enfants d'alcooliques devenus adultes. Vos parents n'étaient peut-être pas alcooliques, mais ils souffraient probablement d'un autre genre d'assuétude. Dans un cas comme dans l'autre, les problèmes sont similaires. Si vous avez survécu à un inceste, vous pouvez vous joindre à un des nombreux groupes de survivants que l'on trouve dans toutes les villes. Vous pourriez également faire partie d'un groupe de thérapie pendant un certain temps.

À partir du moment où vous verrez votre reflet dans le regard des autres, vous saurez que vous êtes en train de naître pour la deuxième fois. Les amis, les partenaires amoureux et les conjoints seront d'une importance décisive dans ce voyage vers votre identité. Vous aurez besoin du soutien des autres pour retrouver votre volonté et vos désirs. Vous aurez besoin de soutien pour prendre la direction de votre propre maisonnée.

Deuxième stade: redessiner votre enfance

En commençant votre voyage, peut-être voudrez-vous renouer avec votre passé d'une façon neuve et rafraîchissante. La plupart d'entre nous avaient une perception déformée du temps à cause de la souffrance inhérente à la mystification. Les blessures qu'on nous a infligées étaient douloureuses et, lorsque nous souffrons, le temps semble passer lentement. Plus la souffrance est grande, plus la distorsion du temps est importante et plus nous semblons ne nous souvenir que des mauvais moments. Nous nous appesantissons sur nos blessures, nous sommes obsédés par ce qui ne va pas dans notre vie. Nous mettons l'accent sur le côté négatif des choses. Lorsque le processus de pardon est terminé, cependant, nous avons l'occasion d'examiner les bonnes choses de notre passé. Nous sommes en mesure de renouer avec toutes les choses agréables que nous avons connues durant l'enfance. Enfant, j'ai vécu des moments extraordinaires à jouer, des heures durant, quelquefois seul, quelquefois avec ma sœur, quelquefois avec un ami. L'enfance est une époque merveilleuse. Elle a une intensité et une durée spectaculaires. Je me souviens de la Noël de mes six ans. On m'avait offert un tricycle et un tourne-disque rouge et beaucoup d'autres jouets. Je me rappelle mon hilarité à l'église, alors que je devais retenir ma respiration pour ne pas me laisser aller à des accès de fou rire qui m'auraient fait exploser et m'auraient empêché de garder le silence. Je me souviens de moments formidables avec ma mère et mes grands-parents. J'ai aussi vécu des moments pleins d'âme avec mon père.

Je pourrais continuer indéfiniment, mais je crois que vous voyez ce que je veux dire. Il est possible de se réapproprier le passé avec ce qu'il comporte de joie et d'émerveillement enfantin. Essayez l'exercice suivant.

Exercice: les souvenirs d'enfance agréables

(Demandez à votre partenaire de vous lire cet exercice.)

Pendant que vous ferez l'exercice qui suit, je vous suggère d'écouter *Lullabies and Sweet Dreams* de Steven Halpern. Demandez à votre partenaire de faire une pause de dix secondes aux points de suspension.

Respire profondément pendant cinq minutes... Prends conscience de l'endroit où tu es assis... Sens le contact de ton dos et de tes fesses avec le plancher, le fauteuil ou quoi que ce soit d'autre... Sens le contact des vêtements sur ton corps... Sens l'air dans la pièce... Écoute les sons qui t'intéressent... Écoute la musique de berceuse et laisse-la te mener jusqu'à un agréable souvenir d'enfance oublié depuis longtemps... (Pause d'une minute)... Rappelle-toi d'autres moments agréables... les vacances avec ta famille... les fêtes... les jeux auxquels tu jouais avec tes amis... tes nouveaux jouets... Rappelle-toi les personnes qui t'emmenaient te divertir... rappelle-toi les balançoires, les glissoires... la piscine... la plage, le lac... le carnaval... le cirque... les festins de crème glacée, de gâteaux et de bonbons... les vacances d'été... Laisse-toi envahir par la douceur de ces moments de ton enfance... le rire... l'exaltation... Rappelle-toi ta mère... Rappelle-toi quelque chose que tu adorais en elle... Rappelle-toi ton père, ton beau-père, ton

grand-père... quelqu'un qui était important pour toi... Ces souvenirs ont, eux aussi, façonné ta vie. Ils font partie de ton destin. Maintenant, respire profondément. Reprends conscience de l'endroit où tu es assis. Sens l'air dans la pièce... Prends une autre inspiration profonde, remue les orteils, et ouvre les yeux.

Si les bons moments sont la source de notre espoir et de notre résilience, les moments pénibles, quant à eux, peuvent être considérés comme des périodes d'affermissement et de préparation. Il m'est pratiquement impossible de nommer un seul événement de mon passé qui ne m'ait pas préparé d'une façon ou d'une autre à vivre ce que je vis présentement. Chaque moment avait sa force et sa valeur. «Notre génie émerge de nos blessures», écrit Robert Bly. Oui, en ce qui me concerne, cela a été bel et bien vrai!

PARABOLE

L'HISTOIRE DE JOE

Milton Erickson était un des hommes remarquables de notre époque. En 1919, à l'âge de dix-sept ans, il subit une crise de poliomyélite qui le laissa complètement paralysé, incapable de faire quoi que ce fût, sauf bouger les yeux. On ne s'attendait pas à ce qu'il survive.

Grâce à sa volonté de vivre acharnée, Erickson mit au point une méthode lui permettant de se concentrer sur les détails les plus infimes qui constituent chaque séquence de mouvement. Il s'entraîna à répéter mentalement ces mouvements à maintes et maintes reprises. C'est ainsi qu'il retrouva progressivement sa force physique. Il profita de toutes les occasions pour faire travailler ses muscles et, peu de temps après, il fut capable de marcher avec des béquilles et réapprit à se tenir en équilibre sur sa bicyclette.

Avant d'entrer à l'université et de commencer ses études en médecine, il fit, en solitaire, une expédition de canot; il partit d'un lac situé près de l'Université du Wisconsin, prit la voie navigable du fleuve Mississippi, continua vers le sud au-delà de St. Louis, puis remonta le fleuve jusqu'à son point de départ.

De façon récurrente tout au long de sa vie, ses muscles et ses articulations le firent cruellement souffrir, ces crises se produisant habituellement à la suite d'un stress physique. Au printemps 1948, il tomba si malade qu'il dut être hospitalisé; c'est à ce moment que son médecin lui recommanda fortement d'aller vivre sous un climat chaud et sec. Il déménagea à Phoenix, en Arizona, où il soigna toutes les catégories de malades mentaux, y compris les «fous dangereux».

Après chaque crise de polio, Erickson se remettait au travail, voyageait beaucoup, faisait de la recherche et écrivait des articles. C'était un expert dans l'utilisation de l'hypnose en psychothérapie.

Entre 1970 et 1980, l'année de sa mort, Erickson perdit progressivement sa force musculaire, y compris le contrôle de la langue et des muscles des joues. Il ne pouvait plus parler clairement et dut, par conséquent, se retirer de la pratique privée.

Entretemps, sa renommée en tant que thérapeute s'était étendue partout. Plusieurs le considéraient comme le plus grand artisan du changement thérapeutique qui ait jamais vécu. Jusqu'à sa mort, des cliniciens vinrent d'un peu partout à travers le monde pour participer aux séminaires pédagogiques qu'il donnait chez lui. Un de mes plus grands regrets, c'est de n'avoir jamais assisté à l'un de ces séminaires.

Erickson avait rompu avec tous les modèles connus en psychothérapie. Il n'avait aucune théorie sur la nature humaine ou la psychothérapie. Il croyait que chaque être humain a sa façon tout à fait unique d'entrer en interaction significative avec le monde extérieur. Il pensait que, pour aider les autres, on devait découvrir leur univers — leur «carte du monde» —, y entrer et en stimuler l'expansion. Aucun thérapeute n'a jamais fait preuve d'une imagination réaliste aussi fertile.

Personnellement, je crois que Milton Erickson était un homme capable d'un amour profond et plein d'âme. L'une de ses plus célèbres leçons de thérapie, l'histoire de Joe, est en fait une histoire d'amour. Je l'ai découverte dans *Phoenix,* un ouvrage de David Jordan et Maribeth Meyers-Anderson. La voici:

À l'âge de douze ans, Joe avait été renvoyé de l'école pour cause de vandalisme, de comportement incorrigible et de brutalité envers les autres enfants. De plus, il avait essayé de mettre le feu tant à la maison qu'à la grange de son père et blessé tous les animaux de la ferme paternelle à coups de fourche.

Ses parents le poursuivirent en justice et l'obligèrent à fréquenter une école technique réservée aux garçons. À quinze ans, Joe bénéficia d'une libération conditionnelle mais, en revenant chez lui, il fit quelques cambriolages et dut aussitôt retourner à l'école technique, où il resta jusqu'à l'âge de vingt et un ans. Son dossier officiel mentionne qu'il était extrêmement violent et se voyait imposer le régime cellulaire la plupart du temps.

À vingt et un ans, après avoir subi un procès et payé une amende de dix dollars, il se dirigea vers Milwaukee. Il fut aussitôt arrêté pour cambriolage et envoyé dans un centre d'éducation surveillée pour jeunes gens à Green Bay. Là encore, son dossier mentionne qu'il était agressif, violent et tenu à l'écart des autres. Les gardiens avaient si peur de lui qu'ils se mettaient à deux pour le surveiller lorsqu'il avait la permission de sortir dans le préau. Une fois libéré, il se rendit dans la ville de Green Bay et commit d'autres vols. La police lui ayant mis la main au collet, il fut incarcéré à la prison d'État.

Son dossier à la prison d'État montre que Joe battait ses compagnons de détention et passait la majeure partie de son temps dans «le trou». Le trou, c'était une cellule complètement insonorisée d'un peu plus de deux mètres carrés où ne filtrait absolument aucune lumière. Au bas de la lourde et épaisse porte de bois, il y avait une petite fente à travers laquelle on lui glissait un plateau de nourriture une fois par jour, habituellement vers 1 h ou 2 h du matin. Joe fit sa sentence jour pour jour, fut relâché, se rendit en ville et, une fois de plus, commit des vols. On l'arrêta de nouveau et on l'incarcéra une deuxième fois à la prison d'État. Il passa chaque jour de sa sentence confiné dans l'isolement ou dans l'obscurité et le silence du trou.

Après sa libération, il revint dans son village du Wisconsin. À cette époque, Milton Erickson avait une dizaine d'années et habitait tout près de là. Joe était dans les parages depuis environ quatre jours lorsqu'on envoya le jeune Milton faire des courses au village. Il rencontra quelques camarades de classe qui lui annoncèrent que le fameux Joe était revenu. En fait, il était déjà soupçonné d'avoir volé de la marchandise. Je laisse maintenant la parole à Erickson.

Or à environ cinq kilomètres du village, vivait un fermier qui possédait trois cents acres de terre agricole. C'était un homme très riche, ses bâtiments étaient superbes mais, pour cultiver trois cents acres de terre, on a absolument besoin de se faire aider par un ouvrier saisonnier. Sa fille Susie [...], qui faisait près d'un mètre quatre-vingts, était capable de partager le travail de n'importe quel homme dans la communauté. Elle pouvait faire les foins, labourer les champs, prêter main-forte à l'abattoir [...], accomplir toutes les tâches qu'on lui confiait. Cependant, la communauté entière se désolait à son sujet. C'était une jolie fille, réputée pour ses talents de ménagère, de couturière et de cuisinière, mais à vingt-trois ans elle était toujours vieille fille. Et cela n'aurait pas dû être ainsi. Tout le monde croyait que c'était parce qu'elle faisait trop la difficile. Ce jour précis où je fis des courses au village, l'ouvrier agricole engagé par le père de Susie apprit qu'il y avait de la mortalité dans sa famille. Il partit en informant son patron qu'il ne reviendrait pas. À la demande de son père, Susie descendit au village pour faire des emplettes. Elle arriva, attacha le cheval et le buggy puis s'engagea dans la rue. Alors Joe apparut et, se plantant devant elle, lui bloqua le chemin. Très minutieusement, très calmement, il l'examina de haut en bas et de bas en haut... et, avec un même sang-froid, Susie le toisa également dans le moindre détail. Au bout du compte, Joe lui dit: «Est-ce que je peux t'emmener à la danse de vendredi prochain?» À cette époque, chaque vendredi soir, on organisait une soirée dansante au village pour tous les jeunes gens. Susie était très demandée à ces soirées auxquelles elle se rendait régulièrement. Et lorsque Joe lui dit «Est-ce que je peux t'emmener à la danse de vendredi prochain?», elle répondit calmement «Tu le peux, si tu es un monsieur bien élevé». Sur ce, Joe lui céda le passage. Susie continua sa route, fit ses courses et rentra à la maison. Le lendemain matin, les commerçants furent tout heureux de trouver devant leur porte des boîtes pleines de marchandise qui leur avait été volée... Et on

vit Joe marchant sur la grand-route qui menait à la ferme
du père de Susie. La rumeur se répandit bientôt qu'il
était allé demander la place d'ouvrier agricole au père de
Susie et que celui-ci l'avait engagé. Il gagnait un mirobo-
lant salaire de quinze dollars par mois et on lui permettait de prendre ses repas dans la cuisine avec la famille.
Le père de Susie lui avait dit: «Nous allons te faire une
chambre dans la grange.» Dans le Wisconsin, quand la
température tombe à quelques degrés sous zéro, si vous
couchez dans une grange, votre chambre doit être vraiment bien isolée. Joe s'avéra le meilleur ouvrier agricole
qu'on avait jamais vu dans la communauté. Il travaillait
depuis le lever du jour jusque bien longtemps après le
coucher du soleil, sept jours par semaine. C'était un très
solide gaillard d'un mètre quatre-vingt-dix et, bien sûr,
le vendredi soir, il se rendait toujours à pied jusqu'au
village pour aller danser. Susie, quant à elle, s'y rendait
en buggy. Et, au grand courroux des autres jeunes hommes, elle ne dansait habituellement qu'avec Joe. Avec la
taille qu'il avait, personne n'aurait osé lui dire qu'il avait
tort de monopoliser Susie. Au bout d'un an à peine, les
commérages allèrent bon train dans la communauté
lorsqu'on sut que Susie et Joe étaient sortis ensemble le
samedi soir pour faire une balade — ou pour «s'allu-
mer», comme on le disait. Les commérages prirent
encore plus d'ampleur le lendemain, lorsque Susie et Joe
se rendirent ensemble à l'église. Au cours des quelques
mois suivants, ils se baladèrent ensemble tous les samedis
soir et se rendirent ensemble à l'église tous les dimanches.
Quelques mois plus tard, ils étaient mariés. Joe déménagea de la grange et s'installa dans la maison. Il était
toujours le meilleur ouvrier agricole que l'on puisse
imaginer et il dirigeait la ferme avec son beau-père,
tandis que Susie continuait de donner un coup de
main. C'était un si bon travailleur que, lorsqu'un voisin tomba malade, il fut le premier à offrir ses services
pour participer aux corvées. On oublia vite tout son
passé d'ex-détenu...

Plus tard, à la mort de ses parents, Susie hérita de la ferme. Elle et Joe n'avaient pas d'enfants, mais celui-ci n'eut aucune difficulté à trouver des ouvriers saisonniers. Il se rendit au centre d'éducation surveillée de l'État et demanda qu'on lui envoie des jeunes ex-détenus prometteurs. Ce centre n'accueillait que des délinquants primaires. Certains d'entre eux restaient à la ferme une journée, une semaine, un mois, voire une partie de l'année. Tant qu'ils travaillaient, Joe les gardait à ses côtés et les traitait bien. C'est ainsi qu'il participa à la réhabilitation d'un grand nombre d'ex-détenus. Lorsque l'État du Wisconsin m'engagea comme psychologue, me donnant le mandat d'examiner tous les détenus incarcérés dans les institutions pénitentiaires et correctionnelles, Joe vint me dire qu'il était très heureux pour moi.

Joe demanda au Dr Erickson de fouiller dans ses dossiers. Il voulait qu'il constate l'incroyable transformation qui avait eu lieu dans sa vie. Erickson retraça effectivement le dossier de Joe. Il y découvrit le portrait d'un homme qui, selon toute apparence, était un criminel invétéré, un incorrigible récidiviste. Alors, qu'est-ce qui avait bien pu le faire changer?
Voici les commentaires d'Erickson à ce sujet:

La seule psychothérapie dont Joe avait bénéficié se résumait à «Tu le peux, si tu es un monsieur bien élevé». Il n'avait pas eu besoin de plusieurs années de psychanalyse. Il n'avait pas eu besoin de la psychothérapie non directive de Carl Rogers, ni de cinq années de thérapie gestaltiste; tout ce dont il avait eu besoin, c'était d'une simple phrase [...] «Tu le peux, si tu es un monsieur bien élevé». La psychothérapie doit se passer à l'intérieur du patient, chaque chose doit être faite par le patient, et le patient doit avoir une motivation. Ainsi, le cas de Joe a-t-il eu une très forte influence sur moi lorsque j'ai commencé à m'intéresser à la psychiatrie.

L'histoire de Joe parle au sentiment de mystère que j'ai face à l'amour. L'amour que nous éprouvons pour quelqu'un peut guérir notre vie brisée. L'amour de Joe a eu cet effet. Et personne ne sait exactement comment ni pourquoi. Pascal nous a dit que «le cœur a ses raisons que la raison ne connaît pas». Lorsque nous aimons vraiment, nous sommes prêts à changer et souvent nous changeons effectivement. Nous perdons du poids, nous commençons à faire de l'exercice, nous pardonnons à nos ennemis, nous acceptons les autres, nous nous aimons nous-mêmes, nous nous sentons vivants, nous nous mettons à croire que la vie vaut la peine d'être vécue. Eric Berne, le créateur d'une forme de thérapie appelée «analyse transactionnelle», a qualifié l'amour de «psychothérapie naturelle». Je crois que l'amour est capable de guérir nos blessures de façon spectaculaire et de changer radicalement notre vie.

Je veux que vous gardiez cela à l'esprit lorsque vous considérerez les multiples modèles et images de l'amour que je vous présenterai dans la troisième partie. Si vous vous embourbez dans mes girations mentales, ou si je succombe à ma propension à moraliser, rappelez-vous simplement l'histoire de Joe. Il se peut que quelque chose de similaire et de très simple soit sur le point de vous arriver. Si vous vous attendiez à quelque chose de trop compliqué, vous risqueriez de passer à côté.

TROISIÈME PARTIE

Générer de l'amour

On a souvent remarqué que la plupart des problèmes, sinon tous les problèmes, soumis aux thérapeutes sont en rapport avec l'amour. Il est donc logique que l'amour en soit la solution.

THOMAS MOORE

Introduction

Dans la troisième partie, je vais faire de mon mieux pour évoquer les symboles et les pouvoirs de l'amour. Je vais vous donner des exemples sur la façon de générer de l'amour. Il se peut qu'ils vous plaisent et que vous les transposiez dans votre vie. Je ne prétends pas cependant être en mesure de vous dire «comment aimer». Personne ne l'est.

Croyez-moi, je *voudrais* vous dire comment aimer car, ce faisant, j'aurais le sentiment de savoir ce qu'est l'amour. Or si je savais ce qu'est l'amour, je serais libéré de sa polarité et de sa profondeur; je pourrais me bercer moi-même et vous bercer dans une fausse sécurité. Vous expliquer comment aimer, ce serait comme prendre un verre de vin: cela me soulagerait immédiatement de mon anxiété face à l'amour ainsi que de mon angoissant besoin de contrôle et de prévisibilité. Cependant, cela ne m'aiderait pas pour autant à trouver l'amour. Comme j'ai passé une grande partie de ma vie à donner des conseils sur la façon de faire ceci ou cela, je ne serais pas étonné que des conseils de ce genre viennent s'immiscer dans mes propos. Mais je sais fort bien que chaque fois que je cède à ce penchant pour le «mode d'emploi», j'ouvre la porte à la mystification. Et je tiens à ce que vous le sachiez, vous aussi.

Il m'arrive parfois de regarder à la télévision les publireportages de fin de soirée — vous savez, ceux où l'on voit des types qui poussent des brouettes remplies de coupures de cent dollars, ou bien des individus comme Fran Tarkington et Tony Robbins qui, revêtus de vestons sport identiques, le col de chemise déboutonné, font la promotion d'une *technologie* du bonheur et du succès (comme si Fran Tarkington avait jamais été un perdant!). Il y en a également où l'on voit Dave Del Gado et tous ces gens qui brandissent un chèque pour montrer les sommes d'argent incroyables qu'ils ont gagnées grâce à la méthode de Del Gado. Je m'en voudrais de ne pas mentionner ce conseiller matrimonial qui connaît tous les secrets de l'amour et des relations amoureuses, car il dépasse vraiment les bornes. Imaginez: il offre le secret de ce qui est essentiel à chaque homme et à chaque femme! Dans ces publireportages, tous les problèmes que la vie nous pose sont réduits à de simples formules. On nous offre *des remèdes* pour les maux de la vie. Moi, j'ai envie de me les procurer tous! Je prends en note le numéro 1 800 *chaque fois*. Par contre, Dieu merci, je n'achète jamais la marchandise!

Les publireportages de fin de soirée touchent une partie de nous-mêmes — notre moi mystifié, en l'occurrence —, celle qui croit que l'amour deviendra réalité seulement si nous le vivons à la manière de quelqu'un d'autre et que nous ne saurions être dignes d'amour si nous restions simplement nous-mêmes. Ils exploitent notre honte et notre peur. Ils concrétisent ce qui est symbolique et donnent une forme matérielle à notre conscience. En bref, ils perpétuent notre mystification.

Nous faire dire comment aimer, c'est nous faire voler notre bien le plus précieux: *notre imagination.* En outre, n'est-ce pas notre imagination qui nous permet de vraiment aider les autres? Un bon auxiliaire *imagine avec* celui ou celle qu'il aide. C'est sur cette mutualité que se fonde notre espoir. Quelquefois, nous nous sentons vraiment bloqués, nous ne voyons aucune issue. Dans ces moments, nous avons besoin d'être aidés et, sitôt que nous recevons une aide véritable, nous sommes en mesure d'entrevoir quelque chose, une solution de rechange à laquelle nous n'avions pas pensé auparavant. Quelqu'un — un parent, un professeur, un thérapeute, un ami, un collègue de travail — *imagine* avec nous et nous aide à découvrir de nouvelles images qui font apparaître un éventail de choix possibles. En fait, nous avons besoin d'énormément d'imagination pour trouver notre chemin dans nos relations.

«La vie n'est pas un problème à résoudre, a dit le grand théologien Kierkegaard, c'est un mystère à vivre.» Je crois à l'enseignement. Je crois à la nécessité de motiver les autres afin de les amener à reconnaître le mystère et la profondeur qui existent en eux-mêmes. Or une partie de cette tâche repose sur l'art de l'emballage, que je définirais ici comme la façon de présenter une matière quelconque. Tout enseignement nous parvient sous une certaine forme d'emballage. Ainsi, par exemple, le dessin que j'ai fait pour représenter la conscience, au chapitre 5 — celui avec l'étoile au milieu — n'est que l'enveloppe d'une matière très profonde et mystérieuse. Dans *Retrouver l'enfant en soi*, j'ai «emballé» les profondes blessures qui résultent de la violence familiale en utilisant l'image de l'enfant intérieur blessé. L'emballage est une façon de rendre plus concrètes et plus compréhensibles des choses qui ne sauraient être entièrement comprises au moyen des mots et des concepts. Il est nécessaire, puisque l'on ne peut épuiser le sens de toute chose, mais au moins doit-il faire allusion à la profondeur et au mystère qu'il ne peut contenir. Offrir des formules secrètes, c'est se livrer à une forme d'escroquerie. C'est voler l'imagination d'autrui. Je reconnais m'être déjà rendu coupable de cela.

Je pense que nous cherchons des recettes et des remèdes parce que, ayant été mystifiés, nous croyons qu'il est possible de satisfaire nos désirs sans avoir à affronter la peur et l'angoisse qu'implique la difficile tâche d'aimer. L'enfant blessé à l'intérieur de chacun de nous ne veut pas renoncer à son imagination fantastique ni aux fantasmes de guérison, de progrès personnels et de vie sans problèmes.

Notre formation spirituelle exige que nous fassions l'expérience des mystérieuses profondeurs de la réalité qui nous entoure. Pour ce faire, nous devons être prêts à transcender la polarisation et à embrasser la polarité et le paradoxe.

L'amour est particulièrement paradoxal. Personne n'est en mesure de vous dire comment aimer. Si vous écoutiez quelqu'un d'autre, si vous suiviez ses conseils, vous vous couperiez de votre propre profondeur et de vos propres possibilités. Chacun des choix que vous faites vous définit et vous limite, mais il n'en reste pas moins que vous avez besoin de faire vos propres choix plutôt que de vous en remettre à ceux de quelqu'un d'autre.

Dans la troisième partie, je me suis donné pour but de décrire quelques-uns des égarements et quelques-unes des possibilités de l'amour plein d'âme. L'amour plein d'âme nous amène au cœur de l'humain. Il se réjouit des vagabondages de chaque jour. Pour lui, la vie suprême, c'est aujourd'hui. Il cherche la richesse de la vie, prenant le temps d'écouter le rire d'un enfant et de voir la joie illuminer le visage des amis réunis après une longue absence. L'amour plein d'âme ressent l'inquiétude et la douleur d'un être cher qui doit subir une intervention chirurgicale; il a peur de la vieillesse; il éprouve la tristesse exceptionnelle des dénouements — nos enfants qui quittent la maison, nos parents qui s'éteignent. L'amour plein d'âme contredit souvent nos attentes et nous révèle une profondeur qui était demeurée insondée jusque-là.

Le facteur qui distribue le courrier dans mon quartier est un extraordinaire modèle d'amour. Beau temps, mauvais temps, jour après jour, il fait sa tournée. Il boite et, par temps froid, sa démarche semble quelque peu douloureuse. Il sourit toujours quand je le vois et il a toujours quelques mots gentils à dire. Si je peux rester en contact avec plusieurs personnes, c'est grâce à lui. Aujourd'hui, il m'a apporté une carte de la Saint-Patrick que mon fils m'a envoyée. Son message très tendre m'a rappelé des souvenirs particuliers qui n'appartiennent qu'à nous deux. Je suis reconnaissant envers mon facteur. Il est un modèle d'amour et de dévouement.

Des années durant, je n'ai pas vu quelques-uns des meilleurs exemples de l'amour. Ils étaient pourtant tout autour de moi, incarnant le dévouement quotidien dans sa plus simple expression. J'ai toujours considéré Albert Schweitzer et mère Teresa comme les ultimes modèles d'amour, et ils en sont certainement des exemples édifiants. Mais mon facteur n'est pas moins dévoué ou engagé dans ce qu'il fait. Je suis sûr qu'il ne reçoit rien d'extraordinaire en guise de récompense. Les joueurs de baseball professionnels, quant à eux, gagnent des millions pour pratiquer leur sport. Leur image est reproduite et conservée religieusement sur les cartes de baseball. Un jour, peut-être, lorsque le monde aura de nouveau une âme, nous verserons des salaires très élevés aux facteurs, nous fabriquerons des cartes de facteurs et nous érigerons un Temple de la renommée consacré aux facteurs. Et pourquoi nous arrêterions-nous là? Un jour, nous pourrions fabriquer des cartes de secrétaires, des cartes de maçons, des cartes de charpentiers, des cartes de femmes au foyer, des cartes de mères monoparentales, etc. Enfin, vous voyez ce que je veux dire...

Nous devons cesser de chercher l'amour dans les images idéalisées que nous avons fabriquées de toutes pièces. Nous devons cesser de chercher des exemples de l'amour chez les quelques êtres hors du commun qui atteignent vraiment des hauteurs transcendantes.

Dans les pages qui suivent, nous allons nous pencher sur notre banale humanité: l'art d'être de simples parents humains, les efforts humains que nous déployons pour aimer Dieu, nous aimer nous-mêmes, aimer les autres et aimer le monde. Je ne crois pas que nous puissions aimer de façon satisfaisante si nos modèles sont inaccessibles.

Bien que personne ne soit jamais tout à fait présent *à la grâce de chaque moment*, il y a quantité de gens hautement opérationnels qui, simplement, tout doucement, et le plus souvent, de façon inaperçue, contribuent à l'amour avec beaucoup de générosité. Ce sont de grands amoureux. Quant à l'individu mystifié, il préfère plutôt les drames déchirants et se rabat sur l'un des extrêmes de la grandiosité en s'efforçant d'être le meilleur des meilleurs ou le pire des pires.

Puisque les mouvements de l'amour sont indéfinissables, nous ne pouvons que pressentir l'amour dans des moments d'extase, d'affection, d'intuition, de révélation. Nous appréhendons l'amour à travers les paraboles, la poésie et les chansons. Le langage naturel de l'amour est métaphorique et symbolique. «Mon amour est comme une rose rouge rouge nouvellement éclose au mois de juin», dit Robert Burns. «L'amour est comme...»: voilà la phrase importante, avec un accent sur le *comme*.

Le J. Alfred Prufrock de T. S. Eliot demande «Oserai-je déranger l'univers?». Tout nouveau poème, toute nouvelle chanson ou œuvre d'art dérange l'univers. Chacune de ces créations est une entité qui n'a jamais existé auparavant. L'amour dérange l'univers, lui aussi. Il crée quelque chose de nouveau, une réalité qui n'a jamais existé auparavant.

Il est possible que plusieurs d'entre vous qui lisez ce livre aient le sentiment de n'avoir pas trouvé l'amour qu'ils désiraient vraiment. Peut-être considérez-vous les modèles mystifiés et inhumains qui nous sont souvent présentés comme les perles du grand amour. Lorsque vous vous comparez à eux, vous vous sentez vides et seuls: vous avez le sentiment de ne pas être à la hauteur.

Ce que j'espère vous faire comprendre dans la troisième partie de ce livre, c'est que *vous possédez déjà ce que vous désirez et ce dont vous avez besoin*. Vous ne pourriez même pas penser à chercher une chose si vous n'étiez pas conscient qu'elle existe ou si elle ne vous était pas familière. Elle vous serait trop étrangère. Vous cherchez parce que *quelque chose en vous* a été touché. Si vous êtes attiré par quelqu'un, *c'est parce que vous possédez déjà en vous-même ce qui vous attire chez l'autre.*

Vous avez un cœur rempli du désir du Bien. Vous avez une âme qui saura trouver votre chemin. Vous avez une imagination avec laquelle vous pourrez créer un amour qui vénère toute chose, particulièrement la profondeur et le sacré de chaque jour. Vous pouvez transformer votre existence banale en une vie pleine d'émerveillement.

Chapitre 8

L'amour entre parents et enfants

Presque toutes les choses que nous faisons sont insignifiantes. Mais il est très important que nous les fassions.

MAHATMA GANDHI

Lorsque j'avais quatorze ans, mes camarades de classe et moi avions dû faire un devoir de composition dont le thème était «soi-même». Le mien commençait par «Le temps me semble très long...». Mes parents étaient vexés parce que, disaient-ils, cela ternissait leur image [...] «Tu ne manques jamais d'activités [...] et cela montre que tu n'as aucune reconnaissance pour tout ce que nous avons fait pour toi.» [...] J'ai donc changé le début pour «Je trouve la vie captivante». Mes parents étaient satisfaits, et j'ai obtenu la mention «très bien».

R. D. LAING

Lorsque j'étais adolescent, je m'étais juré de ne jamais avoir d'enfant. Il s'agit là d'un sentiment courant chez les personnes qui ont beaucoup souffert durant l'enfance. En effet, leur enfant intérieur blessé leur dit: «Ne mets pas un autre enfant au monde. Il risquerait de souffrir autant que moi j'ai souffert.» Ce refus de la maternité ou de la paternité peut également être attribuable au fait que le parent auquel on est le plus lié ne nous désirait pas ou ne veut pas que nous ayons un enfant. Dans le deuxième cas, soit le parent refuse qu'on se sépare de lui et que l'on grandisse, soit il craint qu'on lui fasse compétition en devenant soi-même parent. En ce qui me concerne, je ne voulais pas faire subir à un enfant ce que moi j'avais dû subir autrefois.

Quelque temps après avoir entrepris de me guérir de mon alcoolisme, j'ai eu très envie d'avoir un enfant. Le désir d'enfant est un désir plein d'âme. Notre âme aspire à la vie, et le désir de procréer est un désir de répandre et de perpétuer la vie.

Le désir d'enfant peut aussi être relié au fait que *l'enfant blessé à l'intérieur de nous-mêmes voudrait se donner une deuxième enfance.* Des gens en consultation m'ont dit, au plus fort d'une crise dans leur relation chaotique, qu'ils étaient obsédés par le désir d'avoir un autre enfant. Le plus souvent, ce désir avait quelque chose à voir avec les problèmes non résolus de leur propre enfance. Je crois que mon intense désir d'enfant était un mélange de plénitude spirituelle et d'une envie inconsciente de revivre mon enfance.

Lorsque mon fils est venu au monde, j'étais fou de joie. Il me tardait d'être père. J'avais trente-cinq ans, et j'en savais long sur la psychologie du développement. J'avais étudié le point de vue des experts de l'époque sur la discipline adéquate et les méthodes d'éducation valables. De plus, quantité de gens venaient me voir en consultation et je donnais des conférences sur le mariage, l'intimité et l'éducation des enfants. Je me sentais extrêmement qualifié pour être père.

Malheureusement, durant les douze premières années de la vie de mon fils, j'ai éprouvé énormément de difficultés à aimer de toute mon âme en tant que père. J'ai été le meilleur père que je pouvais être, compte tenu de ce que je savais. Et la plupart d'entre vous ont pris, en tant que parents, les meilleures décisions qu'ils pouvaient prendre au moment où ils les ont prises. Vos parents ont probablement fait la même chose. Mais j'étais mystifié, comme le sont plusieurs d'entre vous et comme l'étaient la plupart de vos parents.

J'étais engagé et sincère en tant que parent. Le problème, c'est que, en tant qu'individu mystifié, j'avais une identité confuse. Quelles que soient nos connaissances sur l'éducation des enfants, nous devons avoir conscience de notre vrai moi si nous voulons établir une saine relation avec nos enfants.

À partir du moment où nous entreprenons un processus de démystification quelconque, nous sommes en mesure d'être de plus en plus présents à nos enfants. Dans les milieux thérapeutiques, nous utilisons souvent l'expression «*rendre* [quelque chose]» pour désigner le processus de démystification en rapport avec notre famille d'origine.

À mon centre de traitement du Ingleside Hospital à Rosemead, en Californie, nous disons souvent ceci: «*Soit vous le rendez, soit vous le transmettez.*» Je ne sais pas qui a été le premier à utiliser cette phrase, mais elle est très juste. Personnellement, j'ai fait l'expérience d'être parent avant de «le rendre» et après «l'avoir rendu».

AVANT QUE JE «LE RENDE»

Avant que j'entreprenne le processus de démystification relatif à ma famille d'origine, ma situation en tant que parent ressemblait plutôt à l'illustration de la page suivante. Ce drôle de dessin me représente, moi, ma femme, ma belle-fille de huit ans et mon fils nouveau-né. En plus de ma belle-fille, j'ai un beau-fils qui vit avec son père. Ma famille est une famille reconstituée. Les relations sont plus complexes dans ce genre de famille. Absolument chacune des relations doit faire l'objet de négociations et de mises au point.

Dans l'illustration, je suis encore un adulte enfant inconscient qui ne s'est pas séparé de ses parents intériorisés. Mon ex-femme serait probablement d'accord avec moi pour dire qu'aucun de nous ne «l'avions rendu». Nous avions encore une besogne inachevée. En clair, cela signifie que, bien souvent, c'étaient nos enfants intérieurs blessés qui élevaient nos enfants en chair et en os. Je puis vous assurer que telle était *ma* situation. Dans le dessin, j'ai fait une corde autour du Petit John (mon enfant intérieur) et de sa mère. Le Petit John est un merveilleux petit garçon. Il aime s'amuser, il est espiègle, curieux, et tout l'intéresse, mais il est ligoté à sa mère, représentée par la grande silhouette au bas de la page. Le Petit John a perdu son père en très bas âge et *il se meurt d'envie* d'être paterné par un homme. Il a des réservoirs de tristesse inexprimée. Il pleure chaque fois qu'il est témoin d'une relation père-fils chaleureuse. (Je

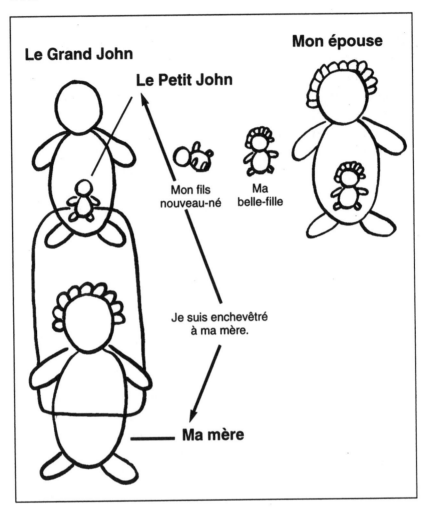

Le Grand John

Mon épouse

Le Petit John

Mon fils
nouveau-né

Ma
belle-fille

Je suis enchevêtré
à ma mère.

Ma mère

me souviens avoir déjà braillé pendant une pub de nourriture pour chiens Alpo, laquelle montrait un père et son fils en train de donner à manger au chien du petit garçon.)

Toute son identité masculine, le Petit John la tient de sa mère. Par conséquent, il a très peur de devenir un homme. D'aussi loin que je m'en souvienne, il a toujours eu peur. Il est également effrayé par ses responsabilités de père, bien qu'il soit transporté de joie d'avoir un fils nouveau-né.

Si vous gardez à l'esprit le fait que je n'étais pas séparé de ma mère, vous pouvez comprendre que ma relation avec moi-même n'était pas à jour, comme toutes mes autres relations, d'ailleurs. Je n'étais pas sorti de ma propre enfance. Peut-être n'en sortons-nous jamais complètement, mais il n'en reste pas moins que j'avais un long chemin à faire.

Avant de commencer à me séparer intérieurement de ma mère, j'étais encore à la recherche d'une marraine et d'un parrain merveilleux qui, comme dans les contes de fées, chasseraient toutes mes peines d'un coup de baguette magique. Dans ma relation conjugale, j'essayais de faire de ma femme une sorte de mère magique pour moi. Avec mon fils nouveau-né et mes beaux-enfants, *il me fallait absolument être le père que je n'avais jamais eu.* Je ne savais ou ne comprenais pas cela à un niveau conscient.

La mystification entretenait en moi les blessures passées. Plutôt que d'interagir avec mon fils et mes beaux-enfants dans le *présent,* je me comportais souvent comme un petit garçon dans un corps d'adulte, les comblant de tout ce que je n'avais jamais eu. Je me suis donné beaucoup de mal pour protéger mes enfants du genre de peine et de souffrance que j'avais endurées parce que mon père m'avait abandonné. Et j'étais si occupé à les protéger (comme s'ils avaient été un prolongement de moi-même) que je n'étais pas souvent là pour eux, en ce sens où j'étais rarement en mesure de me mettre au diapason de leur monde à eux. Je reviendrai sur ce point un peu plus loin.

Mes enfants avaient pour père un enfant de cinq ans qui pesait quatre-vingt-quatre kilos et se montrait souvent aussi puéril qu'eux. Je jouais avec eux, je faisais le tire-au-flanc, je leur passais tout et, lorsque je ne pouvais plus supporter d'être le *gentil* papa, je me déchargeais sur eux de la rage que j'avais refoulée des années durant. Une fois que cette rage habituellement accompagnée de hurlements était passée, je me sentais terriblement mal. Mon petit garçon intérieur blessé était terrifié. Je savais que ce que j'avais fait était inopportun. En réalité, c'est *à mon père et à ma mère intériorisés* que j'aurais dû exprimer mon intense colère. Ainsi, mes enfants ont essuyé la rage que, enfant, j'éprouvais mais que j'avais eu trop peur d'exprimer.

Mes accès de rage bruyants ont particulièrement nui à mes relations avec mes enfants. Il ne leur a fallu que quelques épisodes de ce genre pour cesser de me faire confiance. J'ai décrit précédemment la façon dont les enfants intériorisent leurs parents lorsque ceux-ci traversent leurs pires moments. L'image du parent qui est en train de hurler devient une *scène maîtresse* dans la psyché de l'enfant. Papa se transforme en une figure vraiment menaçante et dangereuse. Le pont interpersonnel se trouve ainsi détruit par le parent furieux. L'enfant choisit alors la transe profonde dont il a besoin et retire sa confiance au parent.

Mystifié, le Petit John de quatre-vingt-quatre kilos voulait créer une relation merveilleuse, nourricière et chaleureuse avec ses enfants, mais en réalité il ne réussissait qu'à les éloigner de lui. Mon comportement de père était chaotique, oscillant entre celui du Bon Père Noël à celui d'Yvan le Terrible. *Je me sens tellement triste en écrivant ces mots.* Tout le cycle multigénérationnel est tragique. Je trouve pénible de constater que je créais exactement le contraire de ce que je désirais plus que tout au monde.

Le changement de premier type

J'ai mentionné précédemment que j'en savais long sur l'éducation des enfants lorsque je me suis marié. J'avais même donné des cours dans ce domaine. Ce que j'ai fini par comprendre, c'est que *l'on peut utiliser les méthodes les plus modernes de façon mystifiée.*

Je me rappelle la soirée où j'ai assisté à une conférence sur le thème du «conseil familial démocratique selon Rudolf Dreikurs». Dreikurs est une autorité célèbre en matière d'éducation des enfants. Voici en quoi consiste son idée de conseil démocratique: une fois par semaine, la famille se réunit pour discuter de diverses questions comme la répartition des tâches ménagères et les sorties familiales. Le leadership alterne chaque semaine. Bien que les enfants de moins de sept ans ne puissent présider la réunion, tous les membres de la famille jouissent du même droit de vote qui leur permet de se prononcer sur toutes les questions.

Cette idée du conseil familial est excellente; une réunion organisée et dirigée par des parents pleins d'âme peut merveilleusement bien favoriser la communication et la participation familiales.

Cependant, en ce qui me concerne, après avoir fait trois tentatives pour réunir tout le monde, je me suis retrouvé debout en haut de l'escalier, hurlant que j'étais le *président* de la famille et que nous allions tenir un conseil familial démocratique, sans quoi nous devrions en subir les conséquences! C'était loin de ce que Dreikurs avait en tête!

J'ai également essayé de me servir de *Parents efficaces* de Thomas Gordon, un excellent ouvrage proposant des lignes directrices flexibles pour aider les parents à être des modèles pleins d'âme et à instaurer une communication respectueuse avec leurs enfants. Pour mon enfant intérieur mystifié, *tout conseil émanant d'une autorité devenait un ordre auquel il fallait obéir.* C'est là le principal danger pour la personne sérieusement mystifiée qui recourt à un manuel du type «mode d'emploi». Elle se conforme avec rigidité aux prescriptions du manuel sans intérioriser les méthodes et n'obtient pour résultat qu'un changement de premier type: en surface, son comportement a l'air différent mais, au-delà des apparences, il reste fondamentalement le même.

Un des plus importants principes de Gordon incite les parents à utiliser des «messages *je*». Les messages *je* sont des énoncés pleinement assumés qui expriment ce que l'on voit et entend, la façon dont on interprète ce que l'on voit et entend, les sentiments que cette interprétation fait naître en soi, et ce que l'on veut. En voici un exemple: «Je t'ai vu prendre le bonbon de ton frère. Je pense que c'est injuste de ta part, je suis fâché que tu aies fait ça, et je veux que tu le lui rendes.» Ce modèle de communication vise à éviter l'humiliation et le jugement.

À quelques reprises, alors que je piquais une colère noire, je me suis entendu dire des choses comme celles-ci: «*Je* crois que tu es très égoïste, et *je* crois que tu ne penses jamais à personne d'autre qu'à toi-même.» Il ne s'agit pas là de messages *je* pleinement assumés. Il s'agit de jugements précédés du mot «je».

En tant qu'individu mystifié, j'étais figé dans le passé. Chaque fois que je traversais une crise, chaque fois que j'étais fatigué ou affamé, l'enfant mystifié à l'intérieur de moi prenait le pouvoir. La crise ravivait habituellement les vieux scénarios de mon enfance. Cela n'a rien d'étonnant, puisque nos enfants réels passent inévitablement par *les mêmes stades que ceux où se sont produits des arrêts dans notre propre développement.* Bien que leurs comportements soient normaux et appropriés à leur âge, ils ravivent souvent des problèmes reliés à nos propres blocages.

Si vous êtes issu d'un des types de famille dysfonctionnelle que j'ai décrits au chapitre 2 et que vous êtes encore mystifié, vos réactions les plus spontanées face à vos enfants ne sont, bien souvent, que l'écho des messages que vous avez reçus de vos figures source. Leurs voix fonctionnent comme les messages posthypnotiques inhérents au phénomène de la transe. Vous avez tendance à humilier vos enfants de la même manière que vous avez été humilié vous-même. Et vous pouvez les humilier en utilisant les méthodes de psychochologie les plus modernes.

Le changement de premier type
versus le changement de deuxième type

Dans mon cas, chaque méthode dont je me servais était filtrée à travers la structure de ma transe infantile. Je changeais, mais ce changement ne touchait que le *contenu* et non le *processus*. J'utilisais les méthodes de Dreikurs et de Gordon (et de plusieurs autres experts) de façon absolutiste. Ma pensée était toujours *polarisée*. Je me servais de nouveaux modèles dans un esprit de type tout-ou-rien. Je me mortifiais lorsque j'oubliais d'utiliser les messages je. Je me passais à tabac lorsque je n'arrivais pas à instaurer un climat démocratique au sein du conseil familial. Je passais d'un *patriarcat rigide à des méthodes d'éducation démocratiques rigides*. Je passais d'un *excès de discipline rigide à un manque de discipline rigide*. La teneur de mon comportement changeait, mais sa structure sous-jacente restait exactement la même. C'était comme si j'avais cessé de manger des pamplemousses et commencé à manger des oranges. J'avais changé mon comportement, mais je n'en continuais pas moins de manger des agrumes.

Le changement de deuxième type, quant à lui, nous donne une possibilité réelle d'élever nos enfants dans la plénitude spirituelle. Ce changement, qui résulte de la démystification, nous libère de la rigidité et de la polarisation. À partir du moment où nous nous séparons de notre système familial intériorisé, nous sommes en mesure de voir plus objectivement les règles éducatives qui prévalaient dans notre famille d'origine et nous pouvons utiliser de nouvelles informations pour changer ces règles. C'est ainsi que, une fois ce travail commencé, j'ai pu me servir des méthodes éducatives de Dreikurs et de Gordon d'une façon beaucoup plus souple. Après avoir résolu mes problèmes avec papa et maman et après avoir fait la paix avec mon passé, j'ai considéré Dreikurs et Gordon comme des ressources qui m'offraient de nouveaux choix pour vivre plus honnêtement et plus humainement avec mes enfants. Les modèles qu'ils proposaient ne m'apparaissaient plus comme de *nouvelles règles* visant à faire de moi un parent *parfait*. Ils représentaient des moyens d'être plus *présent* à mes enfants et d'entrer de plain-pied dans leur monde.

Je ne voudrais pas ici vous laisser croire que le simple fait d'exprimer la souffrance reliée à vos blessures d'enfance vous rendra comme par magie apte à maîtriser de nouvelles méthodes d'éducation. La maîtrise de ces méthodes requiert de l'engagement et de la pratique. Mais, à mesure que vous vous démystifierez, vous serez à même de les utiliser efficacement comme faisant partie de *votre propre style d'éducation.*

En explorant ma souffrance, je suis devenu plus conscient de ce qui se passait autour de moi. J'ai découvert que je pouvais faire la différence *entre mon enfant intérieur blessé et mes enfants en chair et en os.* J'ai appris à refréner mes premières réactions avec mes enfants. Je comptais littéralement jusqu'à dix, je mettais ma réaction en question et je me demandais d'en *imaginer* une autre. La plupart du temps, cette technique s'est avérée efficace et je l'ai utilisée souvent durant les années d'adolescence de mes enfants. Mon premier réflexe consistait à les accuser et à leur dire à quel point j'avais trouvé la vie difficile lorsque j'avais leur âge! J'ai fini par comprendre que ce genre de réaction était totalement inefficace. Si vous étiez en train de perdre votre sang, cela ne vous aiderait nullement si je vous disais que j'ai déjà eu une grave hémorragie autrefois.

Je connais une dame qui portait toujours une bande élastique autour du poignet. Chaque fois que l'un de ses enfants l'irritait, elle faisait claquer l'élastique sur son poignet. Cette méthode — l'adaptation d'une technique appelée «interruption de la pensée» — lui signalait qu'elle avait la possibilité d'*imaginer* une autre réaction.

Au début, il se peut que dans le feu de l'action vous ne soyez pas conscient de réagir de façon mystifiée. Il n'est jamais trop tard, cependant. Vous pouvez faire des excuses à votre enfant. En ce qui me concerne, je l'ai souvent fait durant la période qui a suivi le début de ma séparation d'avec mes parents intériorisés. Cela peut faire beaucoup de bien de dire à un enfant: «La manière dont je viens de réagir avec toi, le ton sévère de ma voix, *cela me concerne, moi,* et *tu n'en es pas du tout responsable.* Je regrette de t'avoir parlé sur ce ton.» En disant ce genre de choses, il vous est possible de reconnaître votre propre honte. Lorsque je suis bouleversé et que je crie après mes enfants ou après qui que ce soit, je leur communique mon bouleversement. En effet, l'enfant qui jusque-là n'était pas bouleversé absorbe maintenant mon bouleversement. C'est ainsi que des parents éhontés ou honteux transfèrent interpersonnellement une grande partie de leur honte à leurs enfants. En reconnaissant votre honte ou toute autre émotion non résolue, vous éviterez que votre enfant n'ait à l'assumer à votre place.

Je ne peux pas reconnaître mes émotions tant que je suis enlisé dans mes défenses cataleptiques. *Ces défenses sont là pour m'empêcher d'éprouver ma souffrance.* Enfant, j'en avais besoin, car je n'avais ni la connaissance ni la maturité nécessaires pour faire face aux adultes (ou aux enfants plus âgés) qui me faisaient du mal. Ce qui a déjà été ma protection est maintenant devenu mon problème. Pour réagir à mes enfants, je dois être présent à eux. Plus j'ai résolu mon passé en en restructurant les scènes clés, plus je suis apte à réagir à mes enfants dans l'ici et le maintenant. Aimer ses enfants de toute son âme, c'est une tâche très exigeante.

Je définirais l'amour parental comme la volonté et le courage de s'engager passionnément à donner son temps et son attention, à apprendre, à faire preuve de transparence et à enseigner, tout cela dans l'intérêt de notre autotranscendance et pour renforcer l'unicité de notre enfant.

PÉNÉTRER DE PLAIN-PIED DANS LE MONDE DE L'ENFANT

Le changement de deuxième type m'a permis de pénétrer de plain-pied dans le monde de mes enfants ou, en d'autres termes, de sympathiser avec eux. Lorsque je sympathise avec une autre personne, je me mets dans sa peau, je vois le monde selon son point de vue. J'essaie de comprendre le sens qu'elle donne aux choses.

Il y a plusieurs manières de sympathiser avec nos enfants, d'entrer dans leur monde. Dans les pages suivantes, je vais m'attacher à en décrire quelques-unes.

Refléter l'enfant

Le genre de sympathie le plus fondamental s'appelle le «reflet primaire de l'attitude corporelle». J'ai appris cette technique dans un atelier dirigé par Leslie Cameron Bandler, qui fait partie des pionniers de la Programmation neurolinguistique (PNL). (Au chapitre 6, j'ai décrit une stratégie de la PNL appelée le «recadrage».) Durant l'atelier, les participants se sont divisés en groupes de trois. Dans chaque groupe, une personne jouait le rôle de facilitateur et avait pour tâche de faire coïncider la posture des deux autres. Comme je devais refléter la personne avec laquelle j'étais couplé, notre facilitateur a placé ma tête exactement dans le même angle que la tête de ma partenaire et m'a demandé de respirer exactement au même rythme qu'elle. Une fois que j'ai pu orienter mon corps dans l'espace exactement de la même façon que ma partenaire et que j'ai pu imiter sa posture ainsi que sa respiration, le facilitateur m'a demandé ceci: «De quoi devez-vous absolument être certain?» Presque instantanément, j'ai répondu: «De ne pas montrer ma peur!» J'ai vraiment ressenti de la peur en disant cela. Ensuite, le facilitateur a vérifié cette affirmation avec ma partenaire, qui a confirmé qu'elle avait très peur et qu'elle essayait de le cacher. J'étais stupéfait! J'avais ressenti et su ce que ma partenaire ressentait et pensait tout simplement en adoptant la même posture qu'elle. Essayez de faire cet exercice avec quelqu'un un de ces jours.

Il est cependant plus difficile pour un adulte de refléter ainsi l'attitude corporelle d'un enfant en raison de leur disparité de taille. Je recommande donc à l'adulte de s'asseoir, de s'accroupir ou de s'agenouiller devant l'enfant afin d'avoir les yeux au même niveau que les siens lorsqu'il lui parle. Cette façon de faire n'est pas toujours possible, mais elle s'avère un moyen de communication valable pour prodiguer des encouragements, résoudre un problème, établir des limites ou faire face à d'autres questions importantes.

On peut sympathiser davantage en reflétant ce que l'enfant dit et la *façon* dont il le dit. Ce que l'enfant dit constitue le contenu de son message, tandis que la façon dont il le dit constitue le processus. S'il est possible de refléter le contenu de son message en répétant ses paroles, il est également possible de refléter le processus en reproduisant l'attitude corporelle de l'enfant et *en étant attentif* aux émotions qui s'inscrivent sur son visage. On peut détecter ces émotions en observant ses muscles faciaux, ses sourcils, ses yeux, ses lèvres et le rythme de sa respiration. Il est quelquefois impossible de savoir avec certitude ce que l'enfant ressent exactement. Dans ce cas, on peut parvenir à sympathiser en rapportant simplement ce que l'on observe. Par exemple, je pourrais vous faire remarquer que «vos mâchoires sont crispées», que «vos dents sont serrées», que «vos yeux sont baissés» ou que «vos lèvres sont pincées».

Apprendre à sympathiser est simple mais difficile. Cela demande de la pratique. Vous devez être prêt à y consacrer du temps. J'ai mentionné précédemment à quel point l'idée de *dur travail* était étrangère à ma notion de l'amour. L'apprentissage de la sympathie constitue un bon exemple du travail d'amour.

Permettez-moi de vous donner un exemple de la sympathie que j'évoque ici. Il n'y a pas très longtemps de cela, je suis allé consulter mon médecin. Dans la salle d'attente, il y avait une jeune mère accompagnée de son enfant, une petite fille d'environ quatre ans qui était visiblement inquiète de se retrouver chez le médecin. Elle ne cessait de transférer une pile de magazines d'une table à l'autre, ce qui semblait agacer sérieusement la réceptionniste, une infirmière du genre «Mère Patriarcat». En fait, l'enfant lui cassait carrément les pieds. Quiconque a été élevé dans la répression patriarcale tolère difficilement les enfants turbulents. Ses voix parentales se font aussitôt entendre, ce qui donne quelque chose comme: «Mon Dieu! Cette enfant est une vraie peste! Elle a sûrement besoin de discipline, etc.» Comme j'ai appris à freiner cette réaction en moi, j'observais la fillette avec une grande curiosité. Au bout du compte, ne pouvant en supporter davantage, l'infirmière s'est levée et est venue mettre un terme au jeu de l'enfant, prenant sur elle de la réprimander publiquement. La petite fille a manifesté de la peur, de la honte puis de la colère (une séquence habituelle). Sa mère l'a reflétée avec son corps et lui a dit: «Il semble que tu t'amusais bien à déplacer les magazines et que maintenant tu es fâchée.» L'enfant a baissé les yeux (un autre éclair de honte) puis a regardé sa mère et lui a dit: «En tout cas, moi, je ne voulais pas venir chez ce stupide docteur.» Sa mère lui a répondu: «Tu voulais rester à la maison et tu es en colère parce que nous sommes ici, n'est-ce pas?» La fillette lui a alors donné un coup de poing craintif et lui a dit: «Je suis fâchée contre toi.» La mère a répondu: «J'entends que tu es fâchée contre moi, et je peux le voir sur ton visage.» La petite fille s'est ensuite mise à jouer avec son soulier puis, peu de temps après, le médecin est venu la chercher.

Cette mère a été superbe. Elle est restée en deçà de ses propres frontières et a rendu un service appréciable à son enfant. Elle a confirmé ses émotions. La fillette s'est sentie assez *en sécurité* pour dire à sa mère qu'elle était fâchée contre elle. Sa mère a reconnu sa colère, rien de plus, rien de moins. Elle n'a pas essayé de l'«acheter» ou de changer sa colère. Elle ne l'a ni réprimandée ni menacée de punition. Il fallait qu'elle emmène la petite chez le médecin. L'enfant n'aimait pas cela; elle avait peur et était en colère. C'était tout simplement une vraie situation *humaine* typique, une des situations désagréables que nous devons affronter en tant que parents responsables.

La scène que je viens de raconter est typique, mais la façon dont la mère y a fait face *n'est pas* typique. Elle s'est mise au niveau de son enfant, elle est entrée dans son monde.

Comparez cette scène avec la scène suivante, que j'ai vue dernièrement dans un magasin à rayons. Un petit garçon d'environ cinq ans s'amusait à plonger dans un amoncellement d'oreillers sur le sol du rayon de la literie. Les oreillers auxquels il s'attaquait avaient fière allure — blancs, imprimés d'un motif de pommes rouges. L'enfant était agité et avait besoin de dépenser de l'énergie. Sa mère, qui parlait avec un vendeur, a mis fin à la conversation pour exhorter son fils à «cesser immédiatement ce jeu». Comme elle était à l'autre bout de l'étage, l'enfant savait qu'il avait encore le temps de faire quelques plongeons avant que cela ne devienne dangereux. Sa mère a continué de regarder dans sa direction tout en proférant des menaces. Au bout du compte, elle est allée le rejoindre, s'est penchée vers lui et lui a murmuré quelque chose à l'oreille. Le petit garçon s'est mis aussitôt à pleurer, et j'ai pu voir qu'elle *le pinçait* à la nuque et à l'omoplate, lui ordonnant de rester tranquille. Elle a ensuite fait mine de s'éloigner mais, comme il sanglotait encore, elle a continué de le menacer jusqu'à ce qu'il soit tout à fait silencieux. Elle est finalement partie, le laissant assis tout seul sur le plancher.

Imaginez l'impact de cette transaction. Maman était ennuyée et embarrassée par le comportement de son petit garçon. Je connais ce sentiment: il s'agit d'une réaction typiquement mystifiée. Le comportement de nos enfants affecte l'*image* que nous nous faisons de nous-mêmes en tant que parents. Comme nous avons presque tous été élevés dans un milieu prônant les valeurs patriarcales, nous avons, pour la plupart, de la difficulté à tolérer l'exubérance des enfants. Souvent, à la maison, nous la tolérons mais, en public, nous devons préserver notre image inhumaine de «bons parents». Dans notre culture, les enfants présumément sages et bien élevés ont subi un véritable lavage de cerveau et agissent comme des automates craintifs. Ils ne sont pas sales, remuants, agités et impatients comme de vrais enfants. La mère dont j'ai parlé a probablement reproduit une scène semblable qui avait eu lieu durant son enfance. Le pincement du cou est une petite transaction particulièrement douloureuse et peu affectueuse. Que diriez-vous si, en public, votre meilleur ami vous murmurait quelque chose à l'oreille tout en vous pinçant, de manière à vous infliger une douleur poignante à l'épaule et au bras?

De plus, le petit garçon a été contraint de réprimer sa tristesse. Les cris et les larmes constituant la réponse spontanée de son système immunitaire psychique naturel, ils auraient pu lui permettre d'intégrer l'incident. Mais, dans notre culture patriarcale, les larmes sont taboues, particulièrement pour les hommes. Les lois de l'«insensibilité» propres aux familles dysfonctionnelles s'avèrent spécialement rigides en ce qui concerne les larmes, car les pleurs de l'enfant touchent le réservoir de tristesse refoulée de l'adulte. Si l'adulte permettait à l'enfant de continuer de pleurer au-delà d'un certain point, cela risquerait d'activer son propre besoin de pleurer et le rendrait vulnérable. La vulnérabilité est vaincue d'avance dans le patriarcat. Eile risque d'être déshonorante.

Le petit garçon avait également besoin d'exprimer et de faire confirmer sa colère. Si sa mère lui avait donné l'exemple en exprimant respectueusement sa propre colère, *il aurait lui-même appris à exprimer respectueusement sa colère. Cela s'avère particulièrement important lorsque l'on perd la face ou que l'on est humilié.*

Faire preuve d'empathie

La deuxième façon d'entrer dans le monde de nos enfants consiste à faire preuve d'*empathie* pour leurs émotions. En ce qui me concerne, par exemple, j'aimais bien m'amuser à taquiner mon fils. Quelquefois, mes taquineries l'amusaient; d'autres fois, il ne faisait que les tolérer et, à certains moments, il les détestait franchement. Ce n'est qu'après m'être démystifié que j'ai pu vraiment être en mesure de décoder ses signaux. Je me souviens de l'avoir taquiné, pensant qu'il y prenait plaisir, et de m'être soudainement rendu compte qu'il pleurait. Après «l'avoir rendu», j'étais assez présent pour *entendre* lorsqu'il me disait qu'il voulait s'arrêter. Il arrive souvent que l'adulte stimule l'enfant à l'excès. Celui-ci commence par avoir du plaisir, puis il se fatigue ou est confondu par l'adulte.

Les enfants ont des niveaux d'intensité émotionnelle différents. Certains ont une nature plus craintive, plus sensible et sont plus sujets à la honte que d'autres. Nous devons leur être présents. Lorsqu'ils disent «Je ne veux pas jouer» ou «J'ai peur», *ils le pensent vraiment. Lorsqu'ils pleurent, ils ont vraiment du chagrin.*

Je me souviens d'un couple en instance de divorce qui était venu me consulter. Les conjoints avaient quatre enfants âgés respectivement de quinze, quatorze, cinq et quatre ans. C'était un divorce à l'amiable. Les deux plus vieux avaient l'air de bien accepter la situation et semblaient stables. Mais les plus jeunes, deux adorables petites filles, étaient complètement bouleversées par ce divorce. À quelques reprises durant la thérapie, j'ai vu les parents et les deux adolescents faire un large sourire et rire bêtement tandis que les petites filles exprimaient, les lèvres tremblantes, à quel point elles étaient tristes. Elles avaient l'air angélique et étaient vêtues de façon ravissante. Les autres membres de la famille les traitaient comme deux jolies petites poupées, ne faisant aucun cas de leur tristesse. Ils les abordaient selon leur propre perception du monde (celle des adolescents/adultes) et non pas selon leur perception à elles. Lorsqu'on rencontre l'enfant sur son propre terrain, on respecte ses émotions.

La sexualité est un autre domaine où il est particulièrement crucial de respecter la perception du monde qu'ont nos enfants. Les parents libérés peuvent ne voir aucun mal à être nus en présence de leurs enfants. Cependant, il est possible d'être aussi rigide en matière de comportement libéré que nos parents l'étaient en matière de pudeur. L'important, c'est de rester attentif aux besoins de l'enfant. S'il est confondu par la nudité de ses parents, il rougit, se sent mal à l'aise et embarrassé. On doit respecter ce signal. À partir de l'âge de trois ans environ, les enfants commencent à être curieux face à la sexualité. Ils veulent savoir ce qu'est le sexe et ils l'apprennent en explorant. L'enfant n'est pas égal à l'adulte en savoir et en pouvoir. Il peut facilement être confondu par la sexualité de ses frères et sœurs aînés ou de ses parents. L'établissement de bonnes frontières sur le plan sexuel s'avère la responsabilité des parents et non pas celle de l'enfant. Les parents doivent respecter le besoin d'intimité de leurs enfants.

Chaque enfant est unique, et il n'y en a pas deux qui comprennent le monde extérieur ou qui y réagissent de la même façon. Si nous ouvrions nos yeux et nos oreilles, nos enfants nous révéleraient la manière dont *eux-mêmes* se représentent le monde.

Parler le langage de l'enfant

La troisième façon d'entrer dans le monde des enfants (ou de qui que ce soit) consiste à parler leur langage. Tous autant que nous sommes, nous aimons les gens qui parlent le même langage que nous. Les vrais bons communicateurs apprennent à s'adapter au langage des autres. Cependant, c'est beaucoup plus difficile qu'il n'y paraît. Milton Erickson a souvent fait remarquer que «personne ne comprend le même mot de la même façon». Faites faire un test d'association d'idées à un groupe de personnes. Demandez-leur d'écrire la première chose qui leur vient à l'esprit lorsqu'ils pensent à un cirque. Vous obtiendrez des réponses aussi variées que «barbe à papa», «éléphants», «clowns», «odeur du fumier des animaux», «musique», etc. Chacun fera des associations basées sur son propre vécu singulier. Vous pourriez également faire cette expérience avec des mots comme «amour», «richesse», «bonheur», «sagesse», et observer à quel point les associations deviennent différentes.

Richard Bandler et John Grinder, les créateurs d'un modèle de changement appelé «Programmation neurolinguistique (PNL)», ont rassemblé des informations détaillées et complètes sur trois thérapeutes qui sont certainement parmi les plus efficaces de notre génération: Fritz Perls, Virginia Satir et Milton Erickson. Ils ont découvert que tous trois étaient passés maîtres dans l'art de refléter autrui. Chacun d'eux comprenait intuitivement que les gens ont tendance à percevoir le monde extérieur à travers l'un des trois principaux systèmes de représentation. Certains individus sont principalement visuels, d'autres sont principalement kinesthésiques alors que d'autres sont principalement auditifs. Chaque système de représentation se reconnaît à ses affirmations typiques. Ainsi, les visuels diront des choses comme «La façon dont je le *vois*...», «l'avenir me *paraît* sombre» et «l'*image* que j'en ai gardé...». Les kinesthésiques diront «J'ai été *remué* par ce que vous disiez», «Ça m'a *touché* lorsque vous avez parlé», «Je suis incapable de *saisir* votre idée» et «J'essaie de *m'agripper* à ce que vous dites». Les auditifs diront «Cela a une *résonance* agréable», «Ça fait *sonner* une cloche», «Quelque chose me *dit* que...» et «Je ne peux pas *entendre* cela». Il y a également des personnes de type olfactif/gustatif qui disent des choses comme «Je trouve que *ça sent mauvais*» ou «Je *savoure* ta présence».

Bandler et Grinder ont découvert que les grands thérapeutes reflétaient le langage des gens en s'adaptant à leur principal système de représentation. Essayez cela un de ces jours. Écoutez attentivement lorsque votre enfant parle. Voyez s'il vous est possible de déceler un schéma quelconque dans sa façon de se représenter la réalité. Si vous en identifiez un, mettez-vous sur la même longueur d'onde. Par exemple, si vous découvrez que votre enfant s'exprime en termes visuels, parlez-lui en termes visuels.

Vous pouvez aussi refléter et adopter les intérêts de quelqu'un. Parlez à vos enfants des choses qui les intéressent. Combinez cette approche avec les autres formes de rapports sympathiques que nous avons examinées jusqu'ici et vous commencerez vraiment à entrer de plain-pied dans leur monde.

Être un guide pour l'enfant

Se mettre au niveau de ses enfants *ne* signifie *pas* que l'on accepte tout bonnement leurs perceptions des choses. L'élargissement de leur vision du monde fait aussi partie de leur développement.

Une fois que vous saurez refléter vos enfants et vous mettre sur la même longueur d'onde qu'eux (d'aucuns appellent cela «marcher de pair»), vous pourrez commencer à les guider vers un mode de connaissance élargi. Les maîtres pleins d'âme le font intuitivement. Et les parents pleins d'âme doivent être de bons maîtres. J'ai observé des mères qui babillaient avec leurs enfants pendant un certain temps puis, avec la plus grande assurance, les initiaient à un mode d'expression plus évolué et plus expansif. De façon semblable, les parents pleins d'âme reflètent le niveau de développement précis de leurs enfants et les initient graduellement à un mode de comportement plus évolué et plus expansif.

Dans son ouvrage intitulé *Uncommon Therapy,* Jay Haley relate une merveilleuse anecdote au sujet de Milton Erickson. Il s'agit d'une brillante illustration de la manière dont un parent sympathise avec son enfant en le reflétant, en marchant de pair avec lui et en le guidant vers une conscience élargie.

À l'âge de trois ans, Robert, le bambin d'Erickson, a fait une chute dans l'escalier; il avait une lèvre fendue et la mâchoire inférieure meurtrie par ses dents du haut. Lorsque ses parents sont accourus pour l'aider, il saignait abondamment et criait très fort de douleur et de peur. Ni la mère ni le père ne s'est empressé de le relever. Erickson lui a dit: «Ça fait affreusement mal, Robert. Un mal terrible.» Voici ce qu'il a expliqué par la suite:

> Tout de suite, sans l'ombre d'un doute, mon fils a compris que je savais de quoi je parlais [...]. Par conséquent, il était en mesure de m'écouter respectueusement, car je venais de lui montrer que je comprenais tout à fait la situation.
>
> J'ai dit ensuite à Robert: «Et ça va continuer de faire mal.» Par cette simple phrase, j'ai nommé sa peur et confirmé son propre jugement de la situation.

Lui et moi avons ensuite franchi une autre étape lorsque, le laissant reprendre son souffle, je lui ai déclaré: «Et tu voudrais bien que ça ne fasse plus mal.» Encore là, nous étions entièrement d'accord, mon fils et moi; il se voyait approuvé et même encouragé dans son souhait [...]. À ce moment-là, je pouvais lui faire une suggestion en étant presque certain qu'il l'accepterait. Cette suggestion, «Peut-être que ça ne fera plus mal très bientôt, dans seulement une minute ou deux», était en accord total avec son besoin et son désir; de plus, parce qu'elle était nuancée d'un «peut-être» et d'un temps futur, elle n'entrait pas en contradiction avec la manière dont mon fils comprenait la situation. Il pouvait donc accepter l'idée et commencer à y répondre.

Après avoir reflété la situation réelle de Robert et s'être mis à son diapason, Erickson a entrepris de l'amener à s'interroger davantage sur la signification de sa blessure. Quiconque subit une blessure physique voit son sentiment d'intégrité psychologiquement rompu. Erickson commente:

Robert savait qu'il avait mal; il pouvait voir son sang répandu sur le pavé et sur ses mains, il pouvait le goûter dans sa bouche. Mais il n'en reste pas moins que, comme tout être humain, il pouvait lui aussi désirer une distinction narcissique dans son malheur.

Erickson a alors capté l'attention narcissique de Robert en lui disant: «Voilà une impressionnante quantité de sang sur le pavé. Est-ce du bon sang, bien rouge et fort? Regarde attentivement, mère, et dis-moi. Je crois que c'en est, mais je voudrais que tu en sois sûre, toi aussi.»

L'affirmation d'Erickson a captivé le besoin qu'avait Robert de savoir que son malheur était vraiment significatif aux yeux des autres. C'était aussi un important moyen de recadrer son attention. Erickson a alors commencé à mettre l'accent sur la bonne qualité et la rougeur du sang. Il a orienté directement Robert en déclarant qu'il valait mieux examiner son sang «en le regardant sur le fond blanc de l'évier de cuisine». Le Dr Erickson et son épouse l'ont examiné et tous deux se sont dits d'avis que c'était du bon sang bien fort.

Tandis que Robert était absorbé par l'importante question de la qualité de son sang, on l'a transporté dans la salle de bain où on a versé de l'eau sur son visage pour voir si son sang prenait la teinte rosée qu'il devait prendre une fois dilué dans l'eau. Erickson a ensuite soulevé la question de l'«enflure» correcte de la bouche. Après une inspection minutieuse, il a rapporté que l'enflure se développait exactement comme elle le devait. Robert s'est senti rassuré de savoir que son sang était rouge et fort et que sa bouche enflait correctement.

La question suivante concernait la suture de la lèvre de Robert. Erickson a déclaré respectueusement que Robert avait besoin qu'on lui fasse des points de suture à la lèvre, mais qu'on ne lui en ferait probablement pas autant qu'il pouvait en compter; il doutait même qu'on lui en fasse dix, ce qui était inférieur aux dix-sept points que sa sœur Betty Alice avait eus et au douze points de son frère Allen. Cependant, il ajouta qu'on lui en ferait probablement plus qu'à ses amis Bert, Lance et Carol.

Erickson a atteint plusieurs buts avec ces affirmations-*guides*. Il a surmonté toute réaction négative face aux points de suture en présentant le problème sous un aspect positif, et la façon dont il en a parlé a ouvert une nouvelle et importante avenue. Haley commente:

> La situation entière s'est transformée en un événement par le biais duquel Robert pouvait partager une expérience commune avec ses frère et sœur aînés tout en éprouvant un sentiment réconfortant d'égalité, voire de supériorité. De cette façon, il lui a été plus facile d'envisager la chirurgie sans éprouver de peur ni d'anxiété, [...] pénétré du désir d'accomplir consciencieusement la tâche qu'on lui avait assignée, c'est-à-dire bien compter les points de suture.

Erickson, quant à lui, fait observer ceci: «À aucun moment on ne lui a dit de fausseté, pas plus qu'il n'a été rassuré d'une manière qui serait entrée en contradiction avec sa compréhension des choses.» Une fois la sympathie fermement établie, Robert a été guidé vers la résolution de la difficulté en tant que participant intéressé.

Quantité de parents auraient essayé de réconforter leur enfant meurtri en minimisant la situation, disant que «ça n'est pas si grave». Ce genre d'affirmation est malhonnête et, au bout du compte, cela ne fait que nier l'expérience de l'enfant.

COMPRENDRE LES BESOINS INHÉRENTS AU DÉVELOPPEMENT DE L'ENFANT

La quatrième principale façon d'entrer dans le monde de vos enfants consiste à connaître autant que possible les stades de leur développement et les besoins qu'ils ont à chacun de ces stades. Même si vous n'êtes pas obligé de devenir des experts dans ce domaine, vous devez cependant connaître quelques principes de base. Les parents pétris de honte vont soit trop vite, soit trop lentement; ils tentent d'accélérer le développement de leurs enfants ou les maintiennent dans un état d'immaturité. L'enfant subit des exigences parentales polarisées, lesquelles sont soit plus qu'humaines (discipline sévère) soit moins qu'humaines (mollesse). L'un ou l'autre de ces extrêmes crée des problèmes.

Par ailleurs, rappelez-vous que même les informations les plus à jour sur le développement peuvent être mal employées. Les enfants ne mûrissent pas tous au même rythme. L'âge n'est pas un critère infaillible pour déterminer si l'enfant a atteint tel ou tel degré de maturité. Tous les enfants de cinq ans n'évoluent pas au même rythme, pas plus qu'ils ne possèdent les mêmes prédispositions innées ou les mêmes aptitudes mentales. C'est la raison pour laquelle il est important de refléter le vécu *réel* de l'enfant. Seul l'enfant en chair et en os, réel, vivant, concret et singulier, fournit les données véritables sur lesquelles on peut se fonder. C'est l'enfant réel qui doit guider notre enseignement.

La plupart des parents que je connais ne savaient pas vraiment dans quoi ils s'engageaient en devenant parents. Je crois que ce serait formidable si les élèves du niveau secondaire pouvaient suivre des cours sur le développement de l'enfant. Ils pourraient avoir des «périodes de laboratoire» durant lesquelles ils passeraient deux après-midi par semaine à donner un coup de main aux jeunes couples ayant des enfants. Ce serait infiniment plus utile que certains cours donnés au secondaire. À l'école, nous avons appris beaucoup de choses qui, bien qu'intéressantes, nous ont bien peu préparés à la vraie vie adulte. Les écoles ont été créées dans le but d'enseigner un savoir-faire vital. Deux après-midi par semaine auprès des enfants ne sauraient préparer complètement les élèves à jouer le rôle de parents, mais cela leur ferait faire un bon bout de chemin dans ce sens.

Les deux plus importantes questions auxquelles les parents pleins d'âme doivent répondre sont les suivantes: Pour devenir entièrement *humain,* de quoi l'enfant a-t-il besoin à chacun des stades de son développement? Qu'est-ce que le parent doit donner à son enfant pour favoriser sa plénitude spirituelle?

En répondant à ces questions, nous devons, je crois, garder à l'esprit deux idées fondamentales:

L'enfant a besoin de se sentir particulier.

Tout enfant est une personne humaine et, en tant que tel, il a une valeur incomparable. D'ailleurs, il naît avec le sentiment fondamental de sa propre valeur. Tout enfant est unique. Chacun suivra un plan de vie biologique d'une manière légèrement différente.

L'amour des parents assure l'épanouissement de la singularité et de l'unicité de l'enfant. La «singularité» que possède chaque enfant, c'est la différence qui fait une différence.

L'enfant est fondamentalement fort.

J'ai été un père surprotecteur et craintif. Mes parents étaient surprotecteurs et dominés par une inquiétude maladive. Par conséquent, mon enfant intérieur mystifié a appris à se méfier de tout, y compris de la vie. Les animaux, pour leur part, ont une confiance innée en la vie. Nous pouvons apprendre d'eux. Ils prennent grand soin de leurs petits lorsque ceux-ci sont démunis mais, par la suite, ils «les laissent aller» aussi sûrement. Ils les poussent en dehors du nid en sachant, d'une façon ou d'une autre, que la vie les a dotés de la force nécessaire à leur développement.

La tâche des parents consiste à prendre, lentement mais sûrement, «leur retraite» en tant que parents.

Le processus de maturation humaine nous demande de passer progressivement du soutien de l'environnement à l'autosuffisance, laquelle commence avec la séparation et l'individuation. Il y a, au cours du développement humain, des moments particuliers de mûrissement, des états où l'on est prêt à apprendre certaines choses. Or la connaissance des stades du développement infantile nous aide à reconnaître ces moments précis. Dans les pages suivantes, je vais donc esquisser les besoins inhérents à ces stades. Rappelez-vous cependant qu'il n'y a pas deux enfants qui les vivent de façon identique.

La sécurité fondamentale

Les nourrissons ont énormément besoin d'être étreints. Ils ont un besoin fondamental de chaleur physique. La plupart des experts croient que l'on ne peut pas gâter un nourrisson. Marcelle Gerber, qu'un comité des Nations Unies avait envoyée en Ouganda pour étudier les effets de la carence protéique sur les enfants, a découvert, à sa grande surprise, que les *nourrissons* ougandais étaient les plus évolués du monde sur le plan du développement. Ce n'est qu'après environ deux ans que les enfants commençaient à subir de graves préjudices causés par les tabous tribaux et les disettes.

Les nourrissons ougandais étaient presque constamment *tenus dans les bras* de leur mère ou d'une mère substitut. Ils allaient partout avec elle. Il semble que le contact physique avec la mère et le mouvement constant soient les facteurs qui poussent ces nourrissons vers une maturité de loin supérieure aux standards occidentaux.

Le nouveau-né a besoin d'entendre la voix de la personne qui le materne et il a besoin que cette voix lui fasse écho et le réconforte. Cela lui permet d'intérioriser graduellement les sons d'une sécurité bienfaisante auxquels il fera appel lorsque sa mère devra le quitter. Ces voix intériorisées constitueront l'essentiel d'un dialogue intérieur autoréconfortant.

Le petit bébé a besoin d'éprouver un sentiment de sécurité accueillante. Ce sentiment lui vient de la *manière* dont on lui parle et dont on le touche. Si la source maternelle ne veut pas vraiment de lui, il éprouvera un sentiment de rejet.

Le nourrisson doit apprendre à compter sur sa source de sécurité, à savoir qu'elle sera là quoi qu'il arrive. Comme aucune source maternelle n'est parfaite, il y aura inévitablement des retards. Mais il doit savoir que le sein ou le biberon *vont* venir, qu'on lui procurera du réconfort et du bien-être.

La prime enfance est le temps où, légitimement, le bébé a besoin d'être admiré et de sentir que son entourage est aux petits soins avec lui. C'est ainsi qu'il en arrive à se sentir particulier. Lorsqu'il sait qu'on ne l'abandonnera pas, qu'on s'occupera de lui et qu'il est particulier, ses besoins narcissiques normaux sont comblés.

Vers l'âge de sept mois environ, poussé par sa curiosité innée, l'enfant commencera à explorer son environnement. Cette exploration consistera surtout en une expérience sensorielle, puisque l'enfant est très occupé à toucher, à sentir et à goûter le monde extérieur. À ce moment-là, il a surtout besoin d'espace, un espace sûr où il peut s'occuper à enrichir tous ses sens. Si je pouvais recommencer à zéro avec mes enfants, je prendrais les choses *plus légèrement* (et je serais plus patient). L'enfant a besoin de tester ses limites, de voir jusqu'où il peut aller, mais il doit également être protégé par certaines limites pour en arriver à embrasser sa propre humanité.

La discipline

Le stade de l'exploration et de la séparation continue en s'intensifiant à mesure que l'enfant commence à trottiner vers son autonomie et son individualité. Vers l'âge de dix-huit mois environ, chaque enfant commence à tester sa volonté; c'est la raison pour laquelle le trottineur se montre obstiné et entêté à rendre fou. Cette expression de la volonté correspond à l'émergence de son vrai moi. Personnellement, je crois que les familles devraient célébrer la première fois où un enfant dit «non» ou «c'est à moi» avec autant d'enthousiasme qu'elles célèbrent son premier mot ou ses premiers pas. Le «non» et le «c'est à moi» marquent le début de sa seconde naissance, ou naissance psychologique. L'enfant est en train de se séparer et de devenir lui-même. Il s'agit d'un important repère en ce qui a trait à son devenir d'être humain.

Cette première manifestation d'autonomie effrénée procède d'une énergie brute, primitive et narcissique, laquelle doit être tempérée par des limites. La première expérience du moi est grisante et enivrante. L'enfant fait l'apprentissage du *pouvoir* lorsqu'il empoigne les choses et lâche prise. Pour lui, c'est fabuleux de pouvoir laisser tomber des objets. Tout ce qu'il trouve sur son passage est bon à jouer! «Regarde ce que *je suis capable de faire,* maman!», semble-t-il dire en agrippant le portrait de famille. L'image naissante du moi se réjouit de son pouvoir de retenir et de laisser aller. C'est palpitant! Ce pouvoir s'étend à des choses fort contrariantes pour les parents, comme le refus de faire son besoin quand maman vous installe sur le petit pot puis la décision de vous soulager au beau milieu d'un magasin à grande surface. Il s'agit de la première expérience du pouvoir.

Si maman et papa sont encore eux-mêmes des enfants, le conflit entre les volontés peut être féroce, et l'enfant perdra inévitablement cette bataille. Tout ce qui a été interdit aux parents continue de vivre en eux-mêmes sous la forme de transactions intrapersonnelles. Ils ne peuvent pas laisser l'enfant exprimer sa *volonté,* sa colère ou sa sexualité parce qu'on le leur a interdit. Ils recréeront la transe dans laquelle ils vivaient autrefois et la transposeront sur leur enfant. Les parents se comporteront comme leurs propres parents se comportaient et ils feront à leur enfant ce qu'on leur a fait dans le passé. Le contraire risque également de se produire. Les parents particulièrement démunis peuvent refuser d'établir des limites et laisser leur enfant leur faire ce que leurs propres parents leur ont fait à l'origine. Si leur passé n'est pas résolu, leur transe basée sur une identité de type bourreau/victime se réactivera. Les scènes de l'enfance déclencheront leur transe.

Au fur et à mesure que l'enfant franchit les stades de son développement, les parents doivent composer avec les problèmes qu'eux-mêmes ont rencontrés à chacun de ces stades. Si leurs problèmes ne sont pas résolus, les parents risquent de «retomber en enfance». Plusieurs transactions parent-enfant ne sont en réalité que des transactions enfant-enfant. Une lutte de pouvoir entre l'enfant intérieur du parent et l'enfant réel s'ensuit fréquemment durant le stade de développement dont il est question ici, cette période difficile donnant lieu à une véritable déclaration de guerre. C'est la volonté de l'enfant contre la volonté des parents. Un enfant de deux ans *ne peut pas* être laissé complètement libre d'agir à sa guise. *Le refus d'établir des limites est abusif* et fait souvent naître en lui une grave insécurité. C'est comme si on lui demandait de marcher pour la première fois sur un fil de fer sans mettre de filet de sécurité en dessous de lui. L'enfant a besoin d'entraînement pour se préparer à la vie. Il a besoin de temps et il doit bénéficier de la protection d'un filet de sécurité. Ce sont des limites fermes qui lui fournissent cette protection. Elles aident et soutiennent ce petit être souvent tyrannique lorsqu'il se met dans le pétrin naturel de la honte et de l'embarras.

Dans la maison, une pièce parfaitement sûre pour les enfants peut être d'une valeur inestimable, tout comme peut l'être un environnement organisé et riche en stimulations sensorielles. (Vous êtes une mère monoparentale, vous avez trois enfants, vous travaillez à l'extérieur et vous vivez dans un petit appartement. En lisant cela, vous vous dites «Ce gars est toqué! En toute logique, puis-je réserver une pièce aux enfants alors que j'ai à peine assez d'espace pour vivre!».) Et, bien sûr, la réponse est «Non, vous ne pouvez pas». Vous faites seulement du mieux que vous pouvez. (Si vous avez de la chance, il y a un parc ou un terrain de jeux près de chez vous.) Je suis simplement en train de vous laisser savoir ce qui se passe chez le bambin. Votre bambin *n'est pas mauvais ou pervers*. Sa volonté ne témoigne pas d'une inclination innée pour le mal. C'est un enfant normal, turbulent et exubérant qui, poussé par des forces vitales déployées depuis quinze millions d'années, lutte pour naître psychologiquement. Si vous le couvrez de honte et le punissez pour tout ce qu'il fait, vous allez entraver sa toute récente pulsion vers l'individualité.

Établir des limites, cela signifie que vous devez contrecarrer *certaines* choses. Ce que je vous presse de faire, c'est de réduire le plus possible les humiliations. Dire à un enfant «Je suis fâché, j'essaie de lire et tu n'arrêtes pas de me déranger. Je veux que tu joues avec tes jouets et que tu restes tranquille» ne fonctionnera évidemment pas toujours. Mais cela réduit les risques d'humiliation et de mystification. Dire à un enfant «Tu es une vraie peste; cesse d'être aussi égoïste. Un son de plus, et je te donne la fessée» peut ne pas être désastreux. Mais cela augmente considérablement les risques d'instaurer la honte chez votre enfant.

Dans le premier exemple, le parent trace une frontière nette: voici ce que je ressens; je suis en colère et voici ce que j'attends de toi. Dans le second exemple, le parent accuse l'être même de l'enfant. Il n'y a pas beaucoup d'âme dans ce genre d'attitude, quoique plusieurs enfants trouvent leur âme en développant du courage face à ces menaces. Ne prenez pas ces exemples au pied de la lettre et n'en exagérez pas les proportions. J'ai brimé mes enfants et je les ai menacés à maintes occasions après ma démystification. Aucune transaction n'équivaut à la fin du *monde.* La chronicité des transactions: voilà ce qui crée la mystification.

Le renforcement émotionnel

Les enfants ont besoin que leurs émotions soient reconnues, nommées et soutenues. En comprenant la primauté des émotions, nous avons accompli l'un des plus remarquables progrès des quarante dernières années. Un psychologue clinicien, Silvan Tomkins, a élaboré toute une nouvelle classification des troubles névrotiques et caractériels basée sur la primauté des émotions.

Plus simplement, je dirais que l'émotion est la première chose que l'on remarque chez un enfant. Celui-ci peut être effrayé, souriant, intéressé, joyeux, curieux, en pleurs ou en colère. La théorie populaire voulant que toutes les émotions soient basées sur des pensées est encore loin de nous révéler la nature des idées déprimantes qu'entretiennent les bébés lorsqu'ils pleurent ou se mettent en colère. Les enfants ne développent pas de pensée logique cohérente avant l'âge de sept ans environ, mais ce sont des êtres émotionnels dès le tout début de leur vie.

La principale tâche de l'enfant au cours de son développement consiste à devenir capable de reconnaître les émotions et à rester en contact avec celles qu'il éprouve. Il a également besoin d'apprendre à différencier une pensée d'une émotion. Les personnes hautement opérationnelles sont capables de réfléchir à leurs émotions et de rester en contact avec les émotions que font naître leurs pensées.

Apprendre à différencier les pensées et les émotions constitue une importante tâche inhérente à la période préscolaire. Les parents doivent identifier leurs propres émotions — «Je suis triste présentement», «Je suis fâché», «Je suis très heureux» — et ils doivent nommer les émotions de leur enfant — «Là, je vois et j'entends que tu es en colère». Plutôt que de punir l'enfant parce qu'il exprime sa colère, nous devrions reconnaître cette colère, car elle est l'expression d'une frontière au même titre que le «non». Quand l'enfant est en colère, il se défend. La colère est l'émotion qui nous fait déployer l'énergie nécessaire pour lutter afin d'obtenir ce que nous voulons.

L'enfant ne peut évidemment pas toujours obtenir ce qu'il veut, mais il n'en reste pas moins que sa colère doit être reconnue. La colère constitue l'essence même des révolutions et de la passion nécessaire pour faire face au mal ainsi qu'à l'injustice. Sans colère, l'enfant devient une chiffe molle, un être conformiste désireux de plaire à tout le monde et souvent incapable de se défendre. C'est ce que tout patriarche souhaite: une personne qui obéit et ne fait pas de vagues.

On confond habituellement les coups, la destruction de biens matériels, les insultes et les jurons avec la colère. Ces comportements destructeurs ne sont pas assimilables à cette émotion que l'on appelle «colère», bien qu'ils l'accompagnent souvent. Nous pouvons apprendre à nos enfants (et à nous-mêmes) à ressentir et à exprimer de la colère sans recourir à des actes destructeurs.

Quantité de parents mystifiés ayant été contraints de refouler leur propre colère essaient d'être de gentilles mamans et de gentils papas jusqu'à ce qu'ils ne puissent en supporter davantage et finissent par exploser de rage. Leur enfant doit alors absorber cette accumulation de petites colères en une seule et énorme dose. Il arrive quelquefois que l'enfant écope également la rage *passée* de ses parents. Lorsque le parent hurle et s'enrage, l'enfant réprime sa propre colère. Plus le parent contrôle l'enfant de cette façon, plus, une fois devenu adulte, l'enfant sera porté à s'enrager contre ses propres enfants.

Si les parents sont capables de composer avec sa colère de façon valorisante, l'enfant aura tout ce qu'il lui faut pour affronter les nombreux événements menaçants de la vie. Sans colère, l'enfant se retrouvera très mal outillé pour faire face à ces menaces.

À l'autre extrême, les enfants qui ont eu la liberté de crier, de hurler et de contrôler leurs parents par le biais de la colère ne réussiront pas très bien leur vie sociale. La société ne tolérera pas ce que maman ou papa étaient prêts à permettre.

Nos règles d'éducation standardisées, rationnelles et patriarcales exigeaient que les émotions soient réprimées. Les enfants sont à ce point pétris de honte sur le plan émotionnel que l'on a appelé la honte l'«émotion maîtresse». Cependant, nos émotions sont nos forces intérieures. Elles constituent le carburant énergétique que nous utilisons pour signaler un danger, une perte, une violation ou un état d'assouvissement. Nos émotions nous envoient des informations sur nos besoins fondamentaux. Elles nous signalent que nous sommes en danger et que nous devons lutter ou prendre la fuite pour préserver notre sécurité.

À partir du moment où nous sommes émotionnellement pétris de honte, nous devons nous engourdir. La transe basée sur l'engourdissement sensoriel nous coupe de nos émotions et fige l'instant ainsi que la souffrance.

Une fois engourdis, nous nous efforçons de trouver des médicaments susceptibles de nous aider à composer avec nos émotions. Plusieurs dépendances, telles que l'alcoolisme et la toxicomanie, nous permettent de ressentir quelque chose, tandis que d'autres mettent fin à nos sentiments de tristesse, de solitude et de peur. Ces dernières, basées sur l'évitement, incluent la dépendance au sexe, au jeu, au travail et, la plus répandue, les troubles de l'alimentation. On apprend aux enfants à manger leurs émotions: on leur met quelque chose dans la bouche lorsqu'ils pleurent, on leur fait manger des bonbons ou de la crème glacée lorsqu'ils sont en colère. C'est ainsi qu'ils apprennent à manger leur tristesse et leur colère.

Cette vertu nommée «prudence»

Si je pouvais tout recommencer à zéro, je m'efforcerais davantage d'aider mes enfants à acquérir plus de prudence. La prudence n'a malheureusement plus la puissante signification qu'elle avait dans l'ancien temps. Pour les modernes, elle signifie plutôt la timidité et la peur du risque, tandis que pour les anciens elle représentait la vie secrète de toutes les vertus. Aristote a défini la prudence comme un juste raisonnement sur ce qui doit être fait. Il la considérait comme *la vertu* des vertus. La justice, le courage et la tempérance découlent de la prudence, car chacune de ces vertus sous-tend un juste raisonnement relatif au domaine de l'action.

Les vertus sont des forces résultant des habitudes qui exaltent la vie. Quant à la prudence, il s'agit d'une vertu de l'intelligence pratique. C'est ce côté en nous qui, travaillant de concert avec notre volonté et nos émotions, porte des jugements et fait des choix concernant nos actes. Pour Aristote, il était très clair que l'aboutissement décisif du développement de la prudence, la vertu des bonnes actions, résidait dans ce qu'il appelait un «juste appétit». Nous développons des goûts pour certaines choses. Or nous pouvons développer des goûts psychiques aussi bien que des goûts physiques. *Les goûts psychiques qui conduisent à la vertu ont trait à la profondeur, à la valeur et au caractère sacré de la vie.* L'âme de l'enfant a une prédisposition naturelle pour ces choses. L'enfant qui est initié aux merveilles de la Création, celui dont les parents aiment et valorisent le caractère précieux et le mystère de la vie, en arrivera à désirer la vie. Lorsque nous goûtons et ressentons que quelque chose est bon, nous en voulons encore. Les maîtres spirituels nous laissent penser que si nous étions confrontés au bien absolu et que nous pouvions comprendre qu'il s'agit du bien, nous serions incapables de nous en détourner.

De nos jours, la plupart des enfants vivent dans des villes, et ce trop souvent dans des conditions misérables. Ils se nourrissent de *junk food* et de violence télévisuelle. Ils peuvent vivre des années durant sans avoir aucun contact véritable avec la nature. Les enfants ont besoin de planter des fleurs et de les regarder pousser. Ils ont besoin de chiots, de chatons et de lapins. Ils ont besoin de faire l'expérience de la vie, d'assister à la naissance et à la mort de leurs animaux. Ils ont besoin de rires, de joie et de célébration. Ils ont besoin de liberté pour développer leur créativité naturelle. Quelqu'un a dit que *la créativité vient à bout de la violence.* La créativité enrichit l'imagination, et l'imagination est la principale activité de l'âme.

L'exemple

Les enfants font l'apprentissage des valeurs à partir de l'exemple que leur donnent leurs parents. Si les parents aiment la vie et démontrent un attachement passionné à leurs valeurs, l'enfant en sera profondément influencé.

Madame B. était exubérante. Lorsque je lui parlais, je sentais sa présence. Elle écoutait attentivement, validait ce que je disais et posait des questions qui témoignaient de son intérêt. La vie la fascinait et elle s'en rapprochait spontanément. Je me souviens de la première fois où je l'ai rencontrée. Nous étions en croisière sur le même bateau et, le temps d'une escale, on m'avait jumelé avec elle. Alors que nous nous promenions ensemble, elle avait vu un jardin rempli de fleurs magnifiques. Elle s'était aussitôt empressée d'aller les regarder de plus près et de les toucher. Un peu plus loin, elle avait entendu chanter des oiseaux dans les arbres et s'était arrêtée jusqu'à ce qu'elle ait pu les apercevoir. Plus tard, au cours du voyage, j'ai rencontré ses deux jeunes enfants respectivement âgés de cinq et six ans. Ils étaient curieux et assurés. Sa petite fille voulait caresser ma barbe. Son fils parlait d'une voix animée, repassant en détail ce que nous avions vu durant les premiers jours de la croisière. La richesse de sa mémoire m'avait stupéfié.

J'ai souvent envié les gens qui semblaient si intimement concernés par les détails de la vie. Des années durant, j'ai été si engourdi sensoriellement, tellement dissocié de mes sens, qu'il semble que je sois passé à côté d'un tas de choses.

Les parents qui aiment la vie enseignent le respect et une sorte de crainte révérentielle à leurs enfants. J'ai croisé Madame B. sur la plage. Elle jouait dans le sable avec ses enfants. Ils écoutaient le rugissement de l'océan dans les coquillages qu'ils ramassaient. Elle leur parlait avec grand soin de l'océan et de son importance dans notre vie. Elle s'exprimait lentement mais avec beaucoup d'enthousiasme, presque au rythme de l'océan même. J'ai pu entendre l'essentiel de ses paroles. «L'océan est notre merveilleuse mère à tous», leur a-t-elle dit. Elle a ensuite expliqué comment l'océan devient la pluie qui nourrit nos plantes et comment, lorsque nous mangeons des haricots verts et de la laitue, il devient une partie de nous et nourrit notre vie. Les enfants étaient fascinés. Moi aussi, d'ailleurs. Elle s'exprimait au moyen d'une imagerie qui était concrète mais qui les faisait accéder un peu plus au sens.

Quelquefois, elle s'arrêtait et leur posait des questions qui stimulaient leur imagination. Elle leur a notamment demandé d'imaginer à quoi cela pouvait ressembler d'être un poisson et de vivre sous l'eau. Les enfants sont restés pensifs quelques minutes. Sa fille lui a ensuite demandé pourquoi les poissons vivaient dans l'eau et les humains sur la terre ferme. Madame B. lui a répondu qu'elle ne le savait pas, que tout cela faisait partie d'un grand mystère.

Un soir, on a demandé aux passagers de présenter des sketches satiriques. Madame B. et ses enfants ont interprété un sketch racontant l'histoire de trois poissons qui partaient en voyage sur la terre ferme et faisaient escale dans des masses d'eau. Plutôt que de gagner le rivage, ils s'arrêtaient aux différents océans et allaient jusqu'à la mer. L'histoire s'est terminée par une chanson et une danse qui ont remporté le premier prix.

Plus tard, j'ai appris que le mari de Madame B. était mort au Viêt-nam trois ans auparavant. Elle m'a parlé de son travail de deuil et m'a dit que ses enfants allaient très bien. Elle m'a aussi appris qu'elle était avocate de profession mais que, n'ayant pas besoin de travailler, elle avait choisi de ne pas le faire pendant que ses enfants étaient jeunes. La plupart des parents n'ont pas ce genre de veine financière, mais je parie que même sans cette chance, Madame B. aurait été un modèle plein d'âme.

L'élaboration des valeurs

En plus d'être un modèle pour son enfant, le parent peut l'aider à faire un apprentissage actif du processus d'élaboration des valeurs. En d'autres mots, *il peut le laisser faire des choix*. Bien sûr, ces choix devront être adaptés à l'âge de l'enfant, particulièrement lorsque celui-ci n'est pas encore apte à en saisir toutes les conséquences. Un enfant de quatre ans qui veut aller à la maternelle en slip ne saurait être libre de faire un tel choix car, à cet âge, il est incapable de comprendre le pouvoir des conséquences sociales. Il pourrait cependant avoir la liberté de choisir les chaussettes et la chemise qu'il veut porter pour aller à l'école. Des petits choix bien définis au début l'amèneront à prendre l'habitude de faire des choix plus importants par la suite. Le simple fait d'avoir le droit de choisir et d'exercer ce droit marque le commencement de la responsabilité et de la liberté.

Les valeurs sont basées sur la liberté. Elles doivent non seulement être mises en pratique sur une base régulière, mais aussi cultivées et proclamées publiquement. Les parents peuvent donner l'exemple de la façon dont on fait des choix en se basant sur ses valeurs et encourager leur enfant à les imiter en soulignant et en gratifiant ce genre de choix lorsqu'il en fait. Quantité de parents mystifiés ne font que reproduire le comportement de leurs propres parents. Plutôt que de faire de véritables choix basés sur leurs valeurs, ils retombent étourdiment dans le vocabulaire de leurs parents et donnent comme modèle à suivre des réactions du genre cataleptique.

Notre échec lamentable en matière d'éducation morale est dû à nos méthodes moralistes, patriarcales et dépourvues d'imagination. Une valeur ne se commande pas. On ne peut pas ordonner aux gens d'aimer la vie. Ce genre d'ordre, fromenté dans le perfectionnisme et le blâme, crée des êtres qui font ce qu'ils font par peur d'être punis ou pour réduire au silence de violentes voix intérieures qui se font les messagères de leur culpabilité. Tout cela est loin de favoriser la plénitude spirituelle.

J'aime bien évoquer ce récit biblique dans lequel Salomon doit porter un jugement sur deux femmes qui se prétendent la mère d'un même enfant. Salomon réfléchit puis ordonne que l'on partage l'enfant en deux! L'une des femmes préfère immédiatement renoncer à l'enfant. Salomon juge alors que c'est elle, la vraie mère. Son jugement plein d'âme se fonde sur la vie. Le pouvoir de la vie est l'essence de l'âme. C'est en vivant avec la joyeuse stimulation de parents qui exaltent la vie que l'on développe une «accoutumance au désir». Nous développons un juste appétit pour la vie en faisant l'expérience des plaisirs de la vie. Pour faire des choix valables, l'enfant a besoin d'éprouver un juste désir. C'est la voie de la prudence.

Mais, s'il y a une chose qui me rassure, c'est bien de me rendre compte que les enfants ont une connaissance fortement intuitive de leurs parents. Personne n'a jamais posé sur ma duplicité un regard plus pénétrant que celui de mes enfants. Par ailleurs, je crois également qu'ils ont choisi d'actualiser des éléments de mon être le plus profond. D'une certaine manière, mon fils actualise des parties de moi que j'avais peur d'exprimer.

Les sources de ravitaillement

Toute leur enfance durant, les jeunes ont aussi besoin de ce que la psychologue du développement Margaret Mahler appelle le «ravitaillement». Même s'ils se séparent de nous, ils ont besoin de revenir à la sécurité du lien parental. L'enfance est un adieu prolongé. Dès leur naissance, les enfants amorcent un long processus qui les amènera à actualiser leur propre identité unique. Leur curiosité naturelle les pousse à explorer et à étendre leur expérience. Tout explorateur a besoin d'un port d'attache où il pourra revenir et trouver des provisions fraîches. Le terme «ravitaillement» évoque le besoin qu'éprouve tout enfant de compter sur une source de sécurité inépuisable. Le bambin s'aventure un petit peu à la fois — seulement à travers une pièce, peut-être — et il garde ses parents (sa source de ravitaillement) à portée de la main. À mesure qu'il grandit, il s'aventure plus loin et éprouve de moins en moins le besoin de se ravitailler. Puis, un beau jour, il quitte physiquement la maison. Habituellement, vers la quarantaine, nous pouvons dire que nous avons aussi quitté psychologiquement la maison. La maturité nous appelle à devenir notre propre source de ravitaillement.

À mesure qu'il grandit, l'enfant a besoin de différentes formes de ravitaillement. L'enfant d'âge scolaire se retrouve dans une sphère sociale élargie. Il a besoin de se faire des amis, d'apprendre à faire des concessions, à jouer et à entrer en compétition avec les autres. Le fait d'apprendre à gagner et à perdre revêt une grande importance sur le plan personnel. L'enfant a besoin du soutien constant de ses parents lorsqu'il va à l'école. Bien que les écoles soient actuellement en transition, plusieurs d'entre elles fonctionnent encore selon un système patriarcal traditionnel où les enfants sont à la merci d'administrateurs et d'enseignants qui sont eux-mêmes sous pression. À l'école, l'enfant apprend vite que notre société possède des critères de jugement rigides. L'école peut s'avérer plus rude qu'une famille dysfonctionnelle! Elle est souvent rigide, perfectionniste, antidémocratique et autoritaire.

Par ailleurs, l'enfant y apprend également très vite que certains de ses pairs sont riches, athlétiques ou physiquement séduisants, ou encore que ce sont des WASP (White Anglo-Saxon Protestant), alors que d'autres sont pauvres, peu sportifs, peu séduisants ou qu'ils appartiennent à une minorité raciale ou ethnique. En bref, l'enfant apprend l'existence de la polarisation. Et que Dieu vienne en aide aux écoliers et aux écolières et aux écolières présumément gays ou lesbiennes!

Ce que vous pouvez faire en tant que parent, c'est de donner du temps et de l'attention à votre enfant d'âge scolaire. Faites de votre foyer un *chez-soi* — un endroit où il peut se ressourcer lorsqu'il se sent surchargé par l'école, les devoirs et sa toute nouvelle conscience des inégalités sociales. Soyez particulièrement prévenant avec l'enfant qui n'est pas physiquement attrayant ou peu porté vers le sport et avec celui qui est différent d'une quelconque façon. Cette différence peut devenir plus tard l'essence de sa plénitude spirituelle, mais l'école et les autres enfants risquent de la refouler profondément si vous n'offrez pas un soutien constant à votre enfant.

CE DONT LES PARENTS ONT BESOIN

J'espère vous avoir très clairement laissé comprendre que vous n'êtes pas obligé d'avoir une famille parfaite pour donner à vos enfants un soutien plein d'âme. Du reste, je ne vois pas le jour où toutes les dysfonctions seront éliminées. Cependant, même si aucune famille ne sera jamais parfaitement opérationnelle, la plupart peuvent être hautement opérationnelles dans le sens humain que j'ai défini. Être opérationnel, cela signifie *composer avec* les problèmes, les crises et les souffrances que la vie et le destin nous apportent. Les parents opérationnels sont aptes à répondre à la vie. Ils ont développé les aptitudes et la solide discipline personnelle qu'il faut pour résoudre la plupart des problèmes ordinaires de la vie. Et ils vont chercher de l'aide lorsqu'ils ne savent pas quoi faire.

Une saine honte

Les parents ont besoin d'éprouver une saine honte. Quelqu'un a déjà dit que les bons parents sont comme des bibliothécaires rattachés au service de la référence. Ils peuvent trouver des choses mais ne prétendent pas connaître toutes les réponses. À l'opposé, il y a beaucoup de gens qui agissent de façon «éhontée»; ils présentent leurs opinions et leurs actes comme s'ils étaient parfaits. Plus d'un client m'a déjà dit: «Ma mère (ou mon père) préférerait mourir plutôt que d'admettre qu'elle (ou il) a commis une erreur.»

Je me souviens d'un été que ma famille et moi avions passé au West Twin Lake dans le Minnesota. Ma femme et moi avions décidé qu'il était temps que notre fils John apprenne à monter à bicyclette. J'attendais depuis longtemps ce moment où je pourrais apprendre à mon fils à aller à bicyclette. C'était l'une des choses que mon père n'avait jamais faites avec moi. J'avais donc entrepris la leçon de bicyclette avec mon fils. Cinq minutes plus tard, il était très vexé et moi, je hurlais! Malgré tout, nous avions continué jusqu'à ce que ma femme intervienne. Le lendemain, nous avions essayé encore mais sans succès. Ma femme suggéra alors que nous engagions un étudiant universitaire, quelqu'un de plus jeune et de plus patient avec qui John pourrait facilement se lier. J'acceptai à contrecœur. Je me sentais humilié et en colère. Je n'oublierai jamais cette expérience, pourtant. La fois suivante où je vis John, il roulait allègrement à bicyclette en me faisant bonjour de la main!

Les parents ont besoin d'aide. Nous ne sommes pas obligés d'avoir réponse à tout et de nous engager dans des «trips» de pouvoir. Nous sommes limités dans nos perceptions. La première vérité de Bouddha, «être humain, c'est souffrir», prend racine dans le fait que notre conscience est limitée. Je suis consterné lorsque je vois des ouvrages portant des titres comme *Pouvoir illimité.* C'est notre finitude qui est la cause de notre ignorance. J'aime écrire ce mot ainsi: *ignore-ance.* Cette orthographe montre clairement que l'être humain *ignore* une grande partie de la réalité. Nous n'y pouvons absolument rien, l'ignorance étant inhérente à la condition humaine. Juste au moment où je suis passionnément concentré sur la réussite d'un de mes enfants — «John a fait un pas tout seul!» — j'ignore ma belle-fille Brenda qui sollicite mon attention.

Dans une famille, on doit laisser énormément de place pour l'erreur. Les erreurs sont nos grands maîtres. Nous devons être capables de demander pardon pour nos grosses erreurs et capables de rire de nos petites. Le rire, la joie et le plaisir dans une famille sont peut-être les meilleurs remèdes de tous. L'humour est l'un de nos traits de caractère particulièrement *humains.* Quand les membres d'une famille peuvent rire les uns avec les autres et sont aussi capables de rire d'eux-mêmes, on a un signe certain que la famille est bien ancrée dans une saine honte.

Des attentes réalistes

En tant que parent, l'aspect le plus subtil de mon approche mystifiée résidait peut-être dans ma croyance voulant que, si je trouvais les meilleures méthodes éducatives et que je les appliquais au pied de la lettre, mes enfants deviendraient exactement comme je l'avais imaginé. Cependant, j'ai appliqué quantité de méthodes éducatives au pied de la lettre et mes enfants n'ont pas été à la hauteur de toutes mes attentes. Le fait est que mes enfants sont uniques et incomparables tout comme les vôtres. Ils marchent au rythme de leur propre tambour. Leur âme a son propre voyage particulier et décisif à faire.

L'éducation mystifiée n'est pas seulement le résultat de notre *manière* d'élever nos enfants; elle s'enracine également dans la façon dont nous *voyons* nos enfants, dans nos attentes à leur égard. Lorsque, obéissant à leurs propres destinées intérieures, mes enfants s'éloignaient de mes attentes, j'entrais habituellement dans une spirale de honte, croyant que leur comportement était dû à des lacunes dans l'éducation que je leur donnais ou que l'on me punissait pour mes péchés d'autrefois. J'imaginais souvent que mes enfants m'aimaient d'une certaine façon et, quand ils ne le faisaient pas, soit je les tenais pour mauvais, soit je me croyais affligé de tares génétiques.

Peu importe ce que nous faisons ou ce que nous attendons de nos enfants, il y aura toujours certains aspects de leur comportement qui n'appartiendront qu'à eux. La reconnaissance de ce fait nous aide à nourrir des attentes réalistes à leur égard.

LE PARENT

IDÉALISÉ	PLEIN D'ÂME	DÉGRADÉ
Ses relations conjugales sont parfaites, sans conflit, comme dans *Ozzie and Harriet*.	Il compose avec les conflits conjugaux.	Ses relations conjugales sont chaotiques, corrompues.
Il sait toujours ce qu'il y a de mieux à faire.	Il est quelquefois embrouillé. Il demande de l'aide.	Il ne sait jamais quoi faire.

IDÉALISÉ	PLEIN D'ÂME	DÉGRADÉ
Il est personnellement comblé et heureux.	Il est heureux le plus souvent. Il éprouve un sentiment de vide humain et normal. Il est quelquefois en crise.	Il est refoulé et misérable.
Il est toujours patient et se maîtrise toujours.	Il sort parfois de ses gonds et fait preuve d'impatience.	Il est violent, enragé, incapable de se dominer.
Il est conscient de toutes ses émotions et est un modèle quant à la façon de les exprimer.	Il fait de son mieux pour être conscient de ses émotions et être un modèle quant à la façon de les exprimer.	Il est insensible et n'a aucune conscience de ses émotions.
Il discipline toujours de façon juste et en conséquence avec l'offense.	Il s'efforce d'être constant dans sa façon de discipliner son enfant.	Il punit de façon arbitraire. Il utilise la correction physique.
C'est un professeur superbe.	Il s'efforce d'apprendre et de se développer.	Il n'enseigne rien.
Il est hyper-responsable.	Il est apte à réagir.	Il est irresponsable.
Il laisse son enfant se séparer de lui sans lutter.	Il est en lutte face au besoin de séparation de son enfant.	Il ne laissera pas son enfant se séparer de lui.

L'ENFANT

IDÉALISÉ	PLEIN D'ÂME	DÉGRADÉ
Il est parfaitement obéissant.	Il se rebelle souvent entre un an et demi et trois ans. Il obéit graduellement de plus en plus jusqu'à l'adolescence.	Il se rebelle contre tout.
Il ne crée jamais de problèmes.	Il s'attire des ennuis à l'occasion.	Il est toujours dans le pétrin.
Il ne parle que lorsqu'on lui adresse la parole.	Il parle pour exprimer sa curiosité. Il interrompt souvent les gens, surtout durant les années préscolaires.	Il coupe toujours la parole aux gens. Il a besoin d'être le centre d'intérêt.

IDÉALISÉ	PLEIN D'ÂME	DÉGRADÉ
Il fait les petites corvées qu'on lui demande sans dire un mot.	Il se rebelle quelquefois contre les corvées et se plaint d'avoir à en faire.	Il se cabre contre toute corvée. Il est destructeur.
Il a rarement besoin de discipline ou de punition.	Il a besoin de limites. Il n'a pas besoin d'être corrigé.	Il a fréquemment besoin de discipline et de fessées.
Il ne manifeste aucun besoin.	Il a des besoins de dépendance.	Il pleurniche constamment et est démuni.

Exercice sur la polarité

C'est la pensée polarisée, un produit de l'imagination fantastique, qui engendre nos attentes irréalistes. La pensée basée sur la polarité, quant à elle, provient de l'imagination réaliste et engendre des attentes réalistes.

Les deux tableaux précédents constituent des exercices de pensée polaire. Pour tirer le meilleur profit possible de cet exercice, vous voudrez peut-être essayer de schématiser vos propres attentes en utilisant une présentation semblable. Pour déterminer ce qui est humainement réaliste, il est bon également de parler avec d'autres parents et d'observer d'autres enfants que les vôtres.

Les frontières parentales

Si le mariage est favorable au développement des deux conjoints, chacun comble ses propres besoins à travers sa relation affectueuse avec l'autre. L'enfant n'est alors pas obligé de faire constamment plaisir à ses parents ni de dépenser son énergie à répondre à leurs besoins.

J'ai souvent souligné que *le fossé entre les générations* est nécessaire dans les familles opérationnelles. Ce fossé est créé par une bonne et solide intimité entre les parents. Les enfants ont besoin de voir que maman est la personne la plus importante pour papa, et vice versa. Maman et papa doivent avoir une vie séparée de celle de leurs enfants.

S'il y a un manque d'amour entre les parents, ou s'ils mettent fin à leur mariage, l'un des deux (ou les deux) peut se tourner vers ses enfants pour combler son besoin d'intimité. J'ai évoqué les dangers de ce genre d'enchevêtrement dans la première partie.

Maman et papa sont également pour leurs enfants les principaux modèles en matière d'intimité. C'est en observant nos parents qu'à l'origine nous avons appris ce qu'est l'amour intime. Trop souvent, cependant, nous avons eu sous les yeux une forme d'amour mystifié. En donnant l'exemple d'une intimité fonctionnelle, les parents créent un environnement propice à l'éclosion d'un amour plein d'âme.

Cela *ne signifie pas* que le parent unique soit condamné à s'enchevêtrer à ses enfants. Dans maintes familles monoparentales, le parent continue de mener une vie adulte forte et distincte, ce qui permet à ses enfants d'être des enfants. Et plusieurs parents uniques donnent, eux aussi, l'exemple de relations affectueuses à travers leur cercle d'amis ou une famille élargie.

La cohérence et la souplesse

Bien que l'incohérence soit parfois tout simplement humaine, la cohérence est très importante pour l'enfant car elle lui donne un sentiment de sécurité. L'enfant doit faire face à beaucoup de choses. Or l'incohérence des parents provoque un manque de prévisibilité et ajoute à la confusion de l'enfant.

La cohérence n'est cependant pas synonyme de rigidité. En tant que parents mystifiés, nous sommes enlisés dans des réactions rigides. Si nous mettons fin à ce genre de comportements et si nous en imaginons de nouveaux, nous pouvons découvrir des solutions de rechange à nos vieilles attitudes mystifiées.

L'imagination est la principale faculté de l'amour plein d'âme, et les parents ont besoin d'en avoir beaucoup. Le patriarcat, avec l'accent qu'il met sur l'obéissance aveugle, s'avère totalement dénué d'imagination. L'individu élevé selon les principes du patriarcat ignore qu'il a le droit de choisir. Sa liberté est anéantie, puisque la liberté repose sur la capacité de *voir* des solutions de rechange. Avant d'être en mesure de changer un comportement, on doit caresser mentalement une nouvelle image. Les images nouvelles sont le fruit de l'imagination réaliste.

La souplesse contribue grandement au développement de l'imagination. N'oublions pas qu'il y a plus d'une façon de faire. Les parents peuvent stimuler leurs enfants à trouver de nouveaux comportements. En faisant preuve de souplesse, ils sont en mesure de montrer comment on fait des choix imaginatifs.

La souplesse et la cohérence peuvent coexister. Voyons un exemple de cette coexistence. Supposons qu'une famille se soit donné pour règle que les corvées de vaisselle incombent aux enfants. Supposons maintenant que les enfants font d'autres menus travaux et gagnent assez d'argent pour *engager un plongeur* durant le week-end. La règle serait entièrement respectée. Un de mes jeunes voisins a fait cela avec les travaux d'entretien du jardin, qu'il abhorrait. Il travaillait dans une épicerie durant les week-ends et engageait quelqu'un pour les faire à sa place.

Il peut être bon que les parents trouvent ou créent un groupe de soutien composé d'autres parents afin de discuter des méthodes et des interactions qui s'avèrent les plus efficaces avec leurs enfants. Le fait de partager leurs expériences peut les amener à trouver des solutions de rechange neuves et imaginatives. Je connais un groupe de parents qui, ensemble, défrayaient les séances que leur donnait périodiquement une psychologue pour enfants. Celle-ci leur a proposé d'excellentes solutions de rechange. Aucune méthode ne fonctionne à tout coup avec tous les enfants. Plus on a de choix à sa disposition, plus on peut faire preuve de souplesse. La souplesse est une composante de la santé mentale et de la plénitude spirituelle.

Le lâcher prise

En tant que parents, notre plus importante tâche consiste à laisser nos enfants se séparer. Si nous ne les poussons pas et ne les aidons pas doucement à se séparer, ils seront incapables de se bâtir un moi distinct.

Les garçons qui ne rompent pas le lien avec leur mère deviennent des hommes terrifiés par l'engagement. Personnellement, j'ai perpétué mon attachement à ma mère en allant au séminaire afin de devenir un prêtre catholique, donc obligatoirement voué au célibat. C'était pour moi une façon de rester lié à ma mère. J'ai épousé la

Sainte mère l'Église et reproduit le rôle que je jouais à l'origine dans ma famille mystifiée. Mon célibat n'était qu'une forme d'anorexie sexuelle, pour ainsi dire.

L'abandon de mon père m'a prédisposé à soigner la souffrance et la solitude de ma mère. La prêtrise, cet état honorable, voire héroïque, qui recevait l'entière approbation de ma famille, représentait pour moi un moyen de rester fidèle à ma mère et de ne pas courir le risque d'être «avalé» par une autre femme. Par la suite, le schéma de mes relations avec les femmes n'a été qu'une longue mise en acte dysfonctionnelle de mon incapacité à me séparer de ma mère.

Comme il n'a jamais réussi à éprouver la permanence de l'objet durant son enfance, l'homme trop fortement lié à sa mère tend à se comporter en suivant un schéma de type tout-ou-rien. Au début d'une relation, il voit l'élue de son cœur comme une déesse incarnée puis, après l'avoir fréquentée un peu et après avoir découvert en elle des faiblesses humaines normales, il la voit comme la putain de Babylone. Il commence par la couvrir de baisers, puis il la cloue au pilori avec ses imprécations rageuses. Dès que l'humanité de sa partenaire commence à transparaître, dès qu'elle ne comble pas ses besoins comme le ferait une marraine fée, ou sitôt qu'elle exprime des besoins qui lui sont propres, elle cesse dorénavant d'être la «bonne mère» pour lui. L'humanité de sa partenaire touche son besoin infantile d'avoir une mère qui ne le déçoit *jamais.* Elle devient alors la «mauvaise mère» et écope la rage primitive que, petit garçon, il n'a pas pu exprimer à sa vraie mère. J'ai agi de cette manière durant mes années de mariage. Mon ex-femme me disait souvent «Quoi que je fasse, tu seras toujours en colère contre moi». Et c'était souvent la pure vérité.

La femme qui n'a pas pu se séparer de sa mère devient souvent la victime d'un homme abusif. Elle s'accroche physiquement, sexuellement ou émotionnellement à une relation destructrice parce qu'elle vit dans la terreur de la séparation ou de l'abandon. Ce genre de femme couve souvent une profonde dépression due au fait que sa mère l'a rejetée systématiquement toutes les fois où elle tentait de s'en séparer, comme il est normal de le faire au cours de son développement. Elle a mis en place de fortes défensives cataleptiques pour se protéger de sa dépression. Ces défenses peuvent impliquer une transe basée sur deux identités opposées: l'une d'elles amène la personne à se sentir faible et démunie, tandis que l'autre l'amène à se sentir sûre d'elle mais extrêmement *coupable* d'être ainsi. Soulignons que les hommes peuvent également vivre cette polarité.

En abandonnant physiquement ou émotionnellement leur femme, certains pères prédisposent leurs enfants à se lier trop fortement à leur mère.

À l'autre extrême, on retrouve le père surprotecteur qui refuse de donner à ses enfants la permission d'échouer ou encore d'exprimer leur vulnérabilité. En ce qui me concerne, si je pouvais tout recommencer, j'aimerais davantage mes enfants en les laissant développer les forces qui résultent d'une acceptation de sa vulnérabilité.

Croyant rendre service à leurs enfants, certains pères recourent fréquemment à l'argent et à l'influence pour les protéger. Le plus souvent, cependant, le fait de les arracher à leur souffrance les prédispose à souffrir encore davantage. Il y a *indéniablement* une place pour la protection affectueuse. Dans ce domaine, il nous faut établir une nuance très subtile. Nous devons connaître les capacités et les limites de nos enfants, de telle sorte que nous puissions les laisser prendre des risques tout en leur évitant d'être accablés ou trop stimulés.

Pour *naître psychologiquement,* l'enfant doit nécessairement passer par la séparation et l'individuation. Lorsque les parents agissent sous la domination de leur enfant intérieur mystifié et indifférencié, soit ils pressent leur enfant de se séparer d'eux, soit ils sont incapables de le lui permettre.

Être parent exige plus que de simplement satisfaire les besoins immédiats de ses enfants. Les parents sages et pleins d'âme laissent leurs enfants prendre des risques. Ils ont également conscience du pouvoir du destin. Ils savent que dans toute vie humaine, il y a des facteurs échappant au contrôle de qui que ce soit.

LES MOMENTS KAÏROS

Au chapitre 5, j'ai fait une distinction entre le temps de l'horloge (chronos) et le temps qui revêt une signification majeure dans notre vie entière (kaïros). J'ai défini le temps kaïros comme le moment où nous changeons une croyance limitative. D'autres moments kaïros peuvent survenir lorsque:

- nous avons des révélations et accédons à un autre niveau de conscience;

- nous décidons de prendre un risque;

- nous rencontrons quelqu'un qui exerce une influence positive sur notre vie;

- nous avons le sentiment de notre propre unicité;

- nous nous sentons particulièrement aimés et valorisés par quelqu'un;

- nous faisons l'expérience d'un amour profond et d'une grande intimité avec une personne.

Les parents et les enfants vivent également des moments kaïros. Enfant, j'ai vécu plusieurs moments de ce genre lorsque:

- allant à l'encontre des conseils des spécialistes, ma mère et mes tantes ont refusé de me nourrir selon un horaire fixe. Elles se faufilaient dans ma chambre, me prenaient dans leurs bras et me donnaient le biberon;

- ma mère lisait à voix haute un roman intitulé *The Robe* pour mon frère, ma sœur et moi;

- je suis allé à un pique-nique organisé par la compagnie où mon père travaillait et, en jouant au baseball, j'ai frappé si fort sur la balle que tous les amis de mon père en ont été impressionnés. Il était fier de moi;

- je suis parti à bicyclette pour aller m'entraîner au baseball et j'ai pleuré tout le long du trajet, le jour où mes parents ont divorcé;

- j'attendais l'autobus au coin de Fairview Street un Vendredi saint et j'ai su que plus tard je ferais quelques-unes des choses que je fais aujourd'hui.

En tant que parent, j'ai vécu des moments kaïros avec mes enfants lorsque:

- j'ai assisté à la naissance de mon fils;

- j'ai écouté ma belle-fille Brenda, toute jeune et frêle, m'expliquer ce que devait être son argent de poche;

- j'ai entendu mon fils s'écrier «C'est un miracle! C'est un miracle!» en découvrant son nouveau tambour rouge un matin de Noël;

- ma belle-fille a défié ma rage et, d'une voix tremblante, m'a dit qu'elle n'aurait plus peur de moi désormais;

- mon fils avait le premier rôle dans une pièce de théâtre montée par son école, et je l'ai entendu chanter pour la première fois.

LA GRÂCE

Mon fils avait quatre ans le jour où, posté en haut de l'escalier menant à l'étage, il m'a demandé de lui apporter son petit déjeuner sur un plateau! Ma première réaction a été typiquement patriarcale. «Mais pour qui te prends-tu?» me suis-je entendu dire en moi-même. Puis, une pensée fulgurante m'a traversé l'esprit: ce serait une merveilleuse occasion de lui faire faire l'expérience de la grâce. La grâce est un cadeau sans conditions, qui n'engage à rien. *Il n'y a rien que l'on doive faire pour la mériter.* La grâce nous dit que l'on est digne d'amour tout simplement parce que l'on est soi. Les écritures saintes de toutes les religions professent ce genre de grâce. Comment des enfants qu'on a meurtris en leur imposant les règles standardisées et rigides de l'abnégation et du devoir pourront-ils jamais comprendre que la grâce existe en ce monde? Les parents ont plusieurs occasions de faire vivre ce genre d'expérience à leurs enfants. *Essayez cela un de ces jours.* Donnez à vos enfants quelque chose de merveilleux! Surprenez-les avec un cadeau inattendu qu'ils n'auront pas été obligés de mériter ou qu'ils ne percevront pas comme une dette à votre égard. Vous prendrez plaisir à faire cette expérience. Du même coup, vous vous ferez un cadeau à vous-même.

Aussi difficile que cela puisse être d'élever des enfants, permettez-moi de vous faire remarquer qu'ils seront partis en un clin d'œil, si vite que vous ne le croirez peut-être pas. Vivez cet implacable instant avec eux. Ce que vos enfants désirent plus que tout, c'est de compter pour maman et papa. Les «moments privilégiés» — ces deux heures que Julie passe avec son papa, le dimanche — peuvent grandement aider à compenser les absences que le travail et les pressions de la vie nous imposent. Vos enfants veulent que vous leur consacriez du temps. Leur âme sait que vous consacrez du temps à ce que vous aimez. En ce qui me concerne, si je pouvais recommencer à zéro, je passerais plus de temps avec mes enfants.

Chapitre 9

L'amour de Dieu

Qui suis-je? D'où vins-je? Où vais-je? Ce ne sont pas des questions qui appellent une réponse mais des questions qui ouvrent notre esprit à de nouvelles questions, lesquelles nous font entrer plus profondément dans l'indicible mystère de l'existence.

HENRI NOUWEN

Quand je parlerais en langues, celle des hommes et celle des anges, s'il me manque l'amour, je suis un métal qui résonne, une cymbale retentissante. Quand j'aurais le don de prophétie, la science de tous les mystères et de toute la connaissance, quand j'aurais la foi la plus totale, celle qui transporte les montagnes, s'il me manque l'amour, je ne suis rien.

1 CORINTHIENS 13, 1-2

Lorsque j'avais vingt-deux ans, je croyais m'être tout à fait rapproché de Dieu. C'était la fin de ma première année au séminaire; ma mère ainsi que ma tante, mon oncle et leurs deux enfants étaient venus à Rochester, dans l'État de New York, pour célébrer ce jour où j'allais prononcer mes premiers vœux en préparation à la prêtrise catholique. J'ai fait vœu de pauvreté, de chasteté et d'obéissance, les vœux que l'on prononce traditionnellement dans la plupart des ordres catholiques. Avec le vœu de pauvreté, j'ai promis de vivre sans m'attacher aux biens matériels et de renoncer à toute possession privée. La chasteté exigeait que je renonce à toute forme de sexualité, même aux pensées de nature sexuelle. Et l'obéissance me demandait de renoncer à ma volonté afin de la soumettre à la volonté de mon supérieur désigné et d'obéir aux règles de ma communauté religieuse.

Ces vœux exigeaient beaucoup mais, en guise de compensation spirituelle, ils rendaient à mon âme sa pureté absolue, la lavant de tous mes péchés antérieurs. On m'avait dit qu'ils feraient de moi un être blanc comme neige et prêt à monter immédiatement au ciel.

L'AMOUR DE DIEU MYSTIFIÉ

J'ai eu une adolescence très libidineuse, passée à me débaucher, à boire et à risquer les feux de l'enfer, les verrues et la cécité du fait d'une masturbation chronique. Mais le matin où j'ai prononcé mes vœux, il y avait trois cent soixante-quinze jours que je n'avais eu aucune pensée consciente de nature sexuelle. J'avais entretenu quelquefois l'espoir coupable d'avoir une «pollution nocturne» (laquelle était excusable, pour peu que l'on ne se soit pas mis au lit en priant pour qu'elle survienne ou que l'on ne se soit pas fait d'autosuggestions durant le jour afin d'alimenter ses rêves). Mais je n'en avais eu que deux au cours de cette longue, très longue année.

J'étais prêt à aller au ciel. Ce monde-ci n'était qu'une vallée de larmes et une montagne de chagrin. Toute ma souffrance d'enfant m'était fort utile, puisque plus on souffrait, avais-je appris, plus on était récompensé au ciel pour peu que l'on «offre» sa souffrance. Or non seulement j'avais offert ma souffrance, mais j'avais reçu la sainte communion des neuf premiers vendredis, ce qui, conformément aux promesses faites à sainte Marguerite Marie lors d'une vision, signifiait que je ne mourrais pas sans avoir une dernière chance de me repentir. Cela me rassurait énormément car, des années auparavant, sœur Mary Grace m'avait terrifié en affirmant que l'on pouvait mener une vie presque parfaite jusqu'à la dernière minute mais que, juste avant de mourir, on pouvait commettre un péché mortel et *aller tout droit en enfer!*

Après avoir prononcé mes vœux, je devais me rendre à Toronto avec ma famille pour y terminer ma scolarité universitaire.

Lorsque je les ai rencontrés, les membres de ma famille n'ont pas semblé percevoir la profondeur de ma sainteté. Ils continuaient de me parler et de me traiter exactement comme avant mon entrée au séminaire. Enfin! Je ne devais pas m'attendre à être récompensé dans cette vie-ci.

Alors que nous roulions vers Toronto, je priai pour que nous ayons un accident et que je meure. «Ce serait pour moi la plus belle occasion d'aller directement au ciel», me disais-je en moi-même. Je n'avais pas tellement réfléchi à ce qui arriverait à ma mère, à ma tante, à mon oncle et à leurs deux enfants, mais je savais que Dieu prendrait soin d'eux. À un moment donné, mon oncle m'a offert de me laisser conduire. Je n'avais pas de permis et je n'avais jamais vraiment appris à conduire. En prenant le volant, je me suis dit «Ça y est, Dieu va venir me chercher. Je vais monter au ciel».

Bien que je me sente incrédule en écrivant ces lignes, je vous assure que chaque mot est rigoureusement vrai. Ce moment de foi et de pureté suprêmes marquait le point culminant de vingt-deux années de mystification religieuse grave. C'est ainsi que je le vois aujourd'hui.

J'aborde toute la question de Dieu et de la Puissance supérieure avec une vive inquiétude. Lorsque je me réfère à Dieu, le lecteur devrait toujours garder à l'esprit que je sous-entends «Dieu, tel que vous Le concevez».

La majorité des gens croient qu'il y a une Puissance supérieure au cœur de la vie. La plupart appellent cette Puissance supérieure «Dieu».

Le fait que la majorité entretient cette croyance témoigne d'une préoccupation humaine constante face à la question du sens ultime de la vie. Le célèbre théologien luthérien Paul Tillich croyait que l'on peut se faire une bonne idée de l'amour qu'une personne porte à Dieu en observant ce qui la préoccupe le plus dans la vie.

Beaucoup de gens qui prétendent croire en Dieu ne manifestent pas cette croyance. Leur vie n'est pas un témoignage vivant du Dieu qu'ils professent. Que l'on soit chrétien, juif, musulman ou hindou, si notre vie n'est qu'une illustration perpétuelle de la luxure et de l'avarice, on peut difficilement prétendre que l'on croit au Dieu propre à notre religion. «Vous les reconnaîtrez à leurs fruits»: cette phrase me semble particulièrement significative.

La foi est un engagement d'amour que l'on ne saurait prendre en se basant seulement sur son intellect. La foi sans le doute n'est pas la foi mais un savoir. Pour que la foi soit la foi, elle *ne peut pas* prendre sa source dans une quelconque certitude allant de soi. Autrement, quelle valeur y aurait-il à croire? C'est l'engagement dans le doute qui fait de la croyance un acte moralement courageux.

Comment une famille mystifiée conduit à une religion mystifiée

Les individus qui sont mystifiés glissent facilement dans la mystification religieuse. Personnellement, je suis passé d'une éducation patriarcale à un système religieux patriarcal presque pur. Les membres de la famille de ma mère étaient de pieux catholiques. J'ai fréquenté des écoles catholiques et j'ai été endoctriné par des sœurs et des prêtres catholiques. Avant même que j'aie terminé ma cinquième année à l'école primaire, on m'a dit que j'avais la vocation religieuse, ce qui signifiait que j'étais appelé tout spécialement par Dieu pour devenir prêtre et travailler à son œuvre.

J'ai mentionné précédemment que j'avais souffert de l'absence de mon père et que j'étais enchevêtré à ma mère. Être prêtre célibataire, c'était pour moi le moyen parfait de «mettre en acte» le rôle d'Époux Substitut que je jouais autrefois avec ma mère. La transe religieuse approfondit la transe parentale. Les enfants déifient leurs parents et, par la suite, lorsqu'ils demeurent intérieurement liés à eux, le Dieu qu'ils vénèrent *devient comme un parent* pour eux. Le séminaire représentait l'accomplissement saint et sacré de tous les principes patriarcaux qui avaient guidé mon éducation: l'obéissance aveugle, le renoncement à mes émotions ainsi qu'à mes besoins et la répression totale de ma volonté. Les éléments sectaires de ma famille étaient tous incarnés dans l'ordre religieux auquel j'avais adhéré.

L'amour que j'avais pour Dieu était un amour mystifié fervent et passionné. Je le vivais avec une grande intensité et un sens du sacrifice remarquable, tout comme beaucoup de gens qui aiment Dieu d'un amour mystifié. Je ne cherche pas ici à dénigrer l'engagement subjectif que moi-même et d'autres personnes ont pris. J'étais un jeune homme noble prêt à renoncer à sa vie aussi bien qu'à sa sexualité pour Dieu, et je l'ai fait pendant un bon bout de temps. Mon âme était là, brûlant du même feu que celui que je ressens maintenant que j'aime Dieu d'un amour réformé, lequel amour a pour but de retrouver mon propre enfant intérieur blessé et d'aider les autres à retrouver le leur. Je fais ce que je fais maintenant avec la même intensité que lorsque j'ai prononcé mes premiers vœux. Cependant, mes fins sont complètement différentes.

LE POUVOIR DESTRUCTEUR
DE L'AMOUR DIVIN MYSTIFIÉ

Je crois maintenant que, aussi bien intentionné et engagé soit-il, l'amour divin mystifié finit par détruire tant l'humain que le divin. Je pourrais écrire des pages et des pages sur les guerres saintes et l'endoctrinement religieux, lesquels ont provoqué d'indicibles souffrances à travers l'histoire. Et tout cela au nom de Dieu.

La menace particulière que représente l'amour divin mystifié découle du fait qu'il traite de la «source ultime» et du «bien suprême» de toute réalité. Il est beaucoup plus difficile de saisir les aspects destructeurs d'un amour cataleptique et illusoire lorsque l'on croit que l'objet de cet amour est l'Être suprême ou le Bien supérieur.

Quantité de recherches cliniques mettent en évidence le pouvoir destructeur de l'amour divin mystifié. Si vous le permettez, je vais parler brièvement de trois d'entre elles dans les pages suivantes.

La religion intrinsèque et la religion extrinsèque

L'une des plus importantes recherches empiriques sur la différence entre l'amour divin plein d'âme et l'amour divin mystifié a été effectuée par Gordon Allport, un psychologue de Harvard.

Allport a étudié la nature du comportement religieux et ses relations avec la bigoterie et le préjugé. Il a découvert qu'une majorité de pratiquants — de toutes religions confondues — sont ce qu'il en est arrivé à appeler des individus *extrinsèquement* religieux. Le croyant extrinsèque *utilise* la religion. Fréquenter l'église, c'est pour lui un moyen utile de rehausser son prestige, d'affermir son estime de soi, d'élargir son cercle d'amis, d'exercer plus de pouvoir et d'étendre son influence. Allport a découvert que certains se servent de leur croyance religieuse pour se protéger de la réalité. Le plus souvent, leur croyance donne une sanction suprême à leur façon de vivre. Ce genre d'amour religieux leur garantit que Dieu voit les choses comme eux, que leur rectitude morale est conforme à celle de Dieu. Selon Allport, le croyant extrinsèque *se tourne vers Dieu mais ne se détourne pas de son moi.* Par conséquent, la religion est principalement un bouclier pour son égocentrisme, et elle sert son profond besoin de sécurité, de prestige et d'estime.

Les tests empiriques d'Allport ont révélé que, toutes religions confondues, le croyant extrinsèque a tendance à être fanatique et rempli de préjugés.

Allport a également découvert des individus qui sont *intrinsèquement* religieux. Ils constituaient cependant un groupe beaucoup plus restreint dans l'échantillonnage qu'il a étudié. Selon Allport, ces individus ont profondément intériorisé leur foi religieuse et sont totalement engagés par rapport à elle. Leur amour de Dieu est intégral et englobant. Leur foi est ouverte, laissant place aux faits scientifiques et émotionnels. L'amour religieux intrinsèque sous-tend non seulement un ardent désir de ne faire qu'un avec Dieu et avec les autres, mais aussi un engagement à réaliser cette unité. Le croyant intrinsèque n'est pas porté vers le fanatisme et a très peu de préjugés. Il met en pratique ce qu'il prêche et témoigne d'une humilité frappante.

La vie religieuse intrinsèque décrite par Allport comprend de nombreux éléments de ce que j'appelle l'amour divin plein d'âme.

Les différentes formes que revêtent l'amour divin plein d'âme et l'amour divin mystifié transcendent les religions et les confessions. Les musulmans, les bouddhistes, les chrétiens, les hindous et les juifs peuvent aussi bien être pleins d'âme que mystifiés. Il en va de même pour ceux qui croient en Dieu mais ne s'identifient à aucune foi religieuse.

La religion extrinsèque et l'obéissance aveugle

L'une des principales conséquences de l'éducation patriarcale, c'est qu'elle nous fait perdre notre capacité à nous diriger nous-mêmes par le biais de notre volonté. Les enfants élevés dans un régime patriarcal strict *n'ont pas* le droit d'exprimer leur volonté de quelque manière que ce soit. L'enfant résolu, la forte tête, est considéré comme particulièrement dangereux. Les bons enfants, ce sont ceux qui apprennent à obéir et à se soumettre à la volonté des figures d'autorité. Dans bien des cas, l'autorité s'étend à *toute* figure adulte. Personnellement, c'est ce qu'on m'a enseigné. Je devais obéir à tous les adultes simplement parce qu'ils étaient des adultes.

Cette règle a prédisposé de nombreux enfants à être victimes de brutalité. Je me rappelle que, au cours d'une entrevue, un récidiviste ayant molesté plusieurs enfants avait déclaré que lorsqu'il allait les traquer sur un terrain de jeux, il recherchait toujours ceux qui avait l'air le plus respectueux et le plus obéissant. Il observait le visage et les yeux des enfants pour y trouver des indices. Ceux qui semblaient soumis et pétris de honte devenaient ses proies.

LE CROYANT EXTRINSÈQUE

- Se tourne vers Dieu mais ne se détourne pas de son moi.
- Utilise la religion comme un gros comprimé d'aspirine.
- Se sert de la religion pour: rehausser son prestige,
  affirmer son estime de soi,
  se faire des amis,
  avoir plus de pouvoir.
- Utilise la religion comme une défense.
- A tendance à être bigot et rempli de préjugés.
- Se sert de la religion pour sanctionner son propre style de vie.
- Développe une pensée totaliste.

On appelle parfois l'obéissance aveugle «l'obéissance sans objet», signifiant ainsi qu'il est vertueux d'obéir, peu importe ce qu'on nous demande de faire. Au procès de Nuremberg, quelques criminels de guerre nazis ont plaidé l'innocence en s'appuyant sur le fait qu'ils avaient obéi à leurs commandants légitimes. Ils ont assassiné un nombre incalculable de Juifs et d'autres personnes à cause de leur croyance cataleptique selon laquelle ils faisaient partie d'une «race supérieure» et parce qu'ils se sentaient bons et vertueux en obéissant aux ordres.

Les questions soulevées à Nuremberg ont souligné de façon dramatique les effets contre nature du patriarcat. L'obéissance aveugle détruit la vie intérieure de l'individu. Elle est incompatible avec la véritable conscience.

La véritable conscience ne peut se former qu'à l'intérieur de soi. Elle s'élabore à même les forces intérieures et les bonnes habitudes. L'obéissance aveugle et le châtiment nous obligent à vivre en nous soumettant à des règles qui sont extérieures à nous-mêmes. Ces règles finissent par être intériorisées et fonctionnent ensuite comme des voix posthypnotiques qui nous maintiennent en état de transe. Pour former notre conscience, nous devons tremper au feu de notre expérience les règles apprises dans notre prime jeunesse. Ultimement, c'est nous-mêmes qui devons choisir ou rejeter ces règles que nous avons intériorisées. Elles deviennent nôtres à partir du moment où nous les choisissons.

LE CROYANT INTRINSÈQUE

- Se tourne vers Dieu et se détourne de son moi.
- A profondément intériorisé sa foi.
- Met en pratique ce qu'il prêche.
- Fait preuve de tolérance à l'égard des autres croyances.
- Garde l'esprit ouvert aux faits scientifiques et émotionnels.
- Témoigne d'une humilité frappante.
- Est peu bigot et n'a que peu de préjugés.
- Développe une pensée polaire.

L'obéissance et la responsabilité

La deuxième recherche classique illustrant le comportement religieux mystifié a été menée par un psychologue de Yale du nom de Stanley Milgram. Milgram a conçu une expérience visant à mesurer jusqu'à quel point des gens ordinaires pouvaient infléchir leurs valeurs morales personnelles lorsqu'on les sommait d'obéir à une autorité reconnue.

Milgram a demandé à des volontaires de la communauté de l'aider à faire une expérience scientifique. Lorsque les volontaires sont arrivés, on leur a demandé de s'asseoir du même côté d'une table, face à un partenaire. On leur a expliqué qu'un instructeur allait poser une série de questions à leur partenaire. Chaque fois que leur partenaire donnerait une mauvaise réponse, ils devaient enfoncer un bouton qui lui envoyait une décharge électrique. On leur a également dit que l'intensité de la décharge électrique allait augmenter à chaque mauvaise réponse et que l'intensité maximale provoquerait une douleur atroce.

Pour bien comprendre toute l'expérience, il faut savoir que le partenaire était un *acteur,* lequel devait faire semblant de grimacer de douleur lorsqu'il était «électrocuté». Les volontaires ignoraient cela. *Ils croyaient qu'ils envoyaient réellement une décharge électrique à leur partenaire.* Il s'est avéré que les volontaires constituaient un échantillonnage tout à fait représentatif du citoyen américain moyen. La plupart de ces gens affirmaient avoir une très grande moralité.

Le résultat surprenant de l'étude de Milgram, c'est que la majorité des volontaires ont continué d'envoyer des décharges électriques à leur partenaire même lorsque l'intensité augmentait. Même si leur partenaire se tordait et hurlait de douleur, ils continuaient de peser sur le bouton. Ils pouvaient clairement voir et entendre la souffrance qu'ils lui infligeaient.

Plus tard, lorsqu'on leur a demandé s'ils avaient eu conscience de l'intensité de la douleur qu'ils infligeaient à leur partenaire, la plupart ont déclaré qu'ils n'en assumaient aucunement la responsabilité.

Quelques-uns ont désigné comme responsable la personne qui avait organisé l'expérience. Ils ont affirmé qu'ils ne faisaient qu'exécuter les ordres, comme ils s'étaient engagés à le faire en se portant volontaires pour ce projet. Ils se conformaient simplement aux instructions.

Certains ont déclaré qu'ils trouvaient l'expérience effrayante mais n'avaient pas cherché à la comprendre; elle avait, pensaient-ils, des visées scientifiques et ils ne connaissaient pas grand-chose à la science. Même s'ils avaient vu et entendu les effets du supplice qu'ils infligeaient à leur partenaire, ils avaient supposé que l'expérimentateur poursuivait des objectifs supérieurs. Le *fait* qu'ils avaient conscience d'infliger des souffrances à un autre être humain n'avait pas supplanté leur sens du devoir et de l'obligation. Une fois qu'ils avaient accepté d'être les sujets d'une expérience scientifique, *ils avaient refusé de réfléchir aux informations que leur donnaient leurs sens.* Ils avaient renoncé à assumer toute responsabilité quant à leur comportement. Ici, le pouvoir et l'autorité résidaient dans la science vue comme une sorte de dieu.

L'obéissance aveugle et le châtiment nous prédisposent à renoncer à notre propre volonté et à laisser quelqu'un d'autre penser à notre place. Ils nous prédisposent à vivre notre religion de façon extrinsèque et à éprouver un amour de Dieu mystifié.

La religion sectaire

Pour élaborer ma description des familles sectaires au chapitre 2, je me suis inspiré d'une recherche intitulée *Thought Reform & the Psychology of Totalism* de Robert J. Lifton. Au tableau qui suit, j'énumère de nouveau les caractéristiques de la secte. Les sectes constituent la forme la plus extrême de l'amour de Dieu mystifié.

La recherche de Lifton examine la façon dont le lavage de cerveau a été utilisé sur des prisonniers américains durant la guerre de Corée. Ce lavage de cerveau relevait d'une entreprise très minutieuse. Après un certain temps de réclusion, on donnait aux prisonniers des informations extrêmement sélectives. On renforçait continuellement leurs pensées négatives à propos d'eux-mêmes, de ceux qu'ils aimaient et de leur pays. De plus, on les affamait et, simultanément, on les torturait au hasard. L'inanition provoquait des modifications de l'humeur et la torture à l'aveuglette, avec son manque de prévisibilité, renforçait leur sentiment d'impuissance et de confusion. Par ailleurs, on les récompensait et on leur accordait certains plaisirs lorsqu'ils mouchardaient leurs camarades ou confessaient leurs défauts personnels. À un moment donné, certains prisonniers «snappaient» et entraient dans un état de mystification cataleptique. Leurs tortionnaires renforçaient leur conditionnement en leur répétant maintes et maintes fois des mots et des phrases simplistes. Lorsque le snapping se produisait, ces mots et ces phrases fonctionnaient comme des suggestions posthypnotiques et les faisaient entrer automatiquement en transe.

LES CARACTÉRISTIQUES DE LA SECTE

- Une doctrine sacrée
- L'obéissance absolue
- La confession obsessive
- Un système fermé, un environnement sous contrôle
- Une pensée totaliste
- Un langage de la non-pensée

Comme Lifton l'écrit: «Le langage totaliste est répétitivement centré sur un jargon englobant, prématurément abstrait, extrêmement catégorique, implacablement sentencieux et, pour tout le monde sauf pour ses plus fervents défenseurs, "mortellement ennuyeux".» Chaque problème humain complexe et d'une portée considérable est réduit à un cliché qui coupe court à la pensée — une phrase brève facile à mémoriser et facile à exprimer.

La compréhension des Saintes Écritures de quelque religion que ce soit exige des années d'étude et un haut niveau de scolarité. Le fait de réduire le mystère de Dieu à des formules simplistes est grandiose et tient carrément de l'idolâtrie. Ce genre de réduction détruit l'âme même.

La parole divine présentée sous une forme totaliste est l'antithèse exacte de la religion pleine d'âme. La pensée totaliste est une pensée mystifiée. Tout ce qu'on a à faire, si l'on en croit cette forme de pensée, c'est de répéter à satiété un petit boniment pour que notre vie se remplisse de joie et soit dénuée de tristesse. C'est le tout-ou-rien, la scission oppositionnelle engendrée par la honte toxique. Un pôle doit être bon et l'autre mauvais. Ce genre de pensée nous conduit à mettre en pratique une vertu simpliste et à essayer de nier la complexité ainsi que la souffrance inhérentes à la recherche de la vérité. À partir du moment où l'on nie cette souffrance légitime, on détruit l'humain. Qu'advient-il du tremblement de peur et de la coupe purifiée seulement à l'extérieur auxquels nous renvoient les Saintes Écritures?

De toute évidence, le nazisme était une secte et il illustre parfaitement la manière dont un système politique peut se transformer en un «système rédempteur». La création d'une «race supérieure» était le but suprême du nazisme. Certains individus étaient sauvés et d'autres pas. Ceux dont le sang était indigne devait être exterminés.

Les systèmes familiaux rigides et patriarcaux, tout comme les familles sectaires que j'ai décrites au chapitre 2, préparent les enfants à devenir les proies des systèmes sectaires tant laïques que religieux. Et bien que nous voyions rarement des sectes laïques ou religieuses aussi horrifiantes que celle des nazis ou de Jim Jones et ses adeptes, on retrouve des éléments sectaires dans toutes les formes mystifiées que revêt l'amour de Dieu.

LES TYPES D'AMOUR DIVIN MYSTIFIÉ

J'aime bien diviser l'amour divin mystifié en deux grands types: l'apollinien et le dionysiaque. À l'origine, les écrivains du siècle dernier utilisaient ces termes pour évoquer les deux éléments clés de toute production créatrice.

L'*apollinien* renvoie à la structure formelle d'une œuvre. Apollon était le dieu grec de la forme, celui qui donnait une définition aux choses et en déterminait les limites.

Le *dionysiaque* renvoie à l'énergie indifférenciée qui est au centre créateur de l'œuvre. Dionysos était le dieu grec de l'extase, du vin et de l'ivresse.

En regardant le tableau de la page suivante, vous serez à même de voir comment on peut utiliser ces deux types pour décrire la foi mystifiée. Chaque type représente une extrémité polarisée du spectre. Cependant, ils n'en ont pas moins la caractéristique commune d'être *tous deux* extrinsèques. Tous deux sont enracinés dans la honte toxique. Et les individus qui adhèrent à l'un ou l'autre de ces types de foi se sentent «particuliers», se considérant comme les élus de Dieu.

LA FOI MYSTIFIÉE

APOLLINIENNE	DIONYSIAQUE
• Autoritaire	• Enthousiaste
• Répressive	• Expressive
• Ferme l'esprit	• Modifie l'humeur
• Sectaire	• Crée une dépendance
• Légaliste	• Exclusive
• Se pose en juge	• Se pose en juge

L'amour divin mystifié de type apollinien

Les formes de religion apolliniennes sont autoritaires. Elles se caractérisent par l'obéissance aveugle à une doctrine ou à des écritures sacrées, lesquelles sont expliquées en détails concrets et simplistes. Elles recourent à un jargon totaliste et opèrent une fermeture cognitive en s'exprimant sous forme de clichés que l'on répète inlassablement et qui coupent court à toute réflexion.

En ce qui me concerne, par exemple, étant jeune, on m'a répété maintes et maintes fois que mon Église était «la véritable Église». Plus tard, au séminaire, je me souviens d'avoir discuté chaudement avec un père dominicain qui essayait de me prouver que tous les protestants iraient en enfer.

Par ailleurs, j'ai vu à la télévision des évangélistes qui prenaient les problèmes humains les plus complexes et les réduisaient à un texte des Écritures ou à une formule répétitive telle que «Jésus est la réponse». Ces phrases simples finissent par avoir le même effet qu'un lavage de cerveau et par induire une transe. Elles peuvent polariser notre pensée en *nous* et *eux.*

Les membres des groupes apolliniens doivent continuellement rechercher la perfection et surveiller la rectitude morale des autres membres. Ils confessent leurs défauts et signalent ceux des autres. La répression émotionnelle constitue la norme. La spontanéité et l'exubérance sont tenues pour dangereuses, car elles conduisent à une perte de contrôle. Un environnement terne favorise l'engourdissement sensoriel. On glorifie le *statu quo* et on considère les idées originales comme indésirables, les tenant à distance au moyen de frontières rigides. Les membres du groupe se croient sauvés et sont convaincus que tous ceux qui ne partagent pas leurs croyances ne le sont pas.

Le système de croyances apollinien est inhumain et antivie; il broie les âmes mêmes qu'il prétend sauver. Puisque le contrôle constitue leur principale priorité, les groupes religieux de type apollinien sont enclins au sadisme et au masochisme. On confond l'amour avec les mauvais traitements et la cruauté. Le père religieux qui bat ses enfants pour l'amour de Dieu et pour leur propre bien est une image familière dans les systèmes de type apollinien.

L'assujettissement constant de la volonté personnelle à la volonté de l'autorité crée une sorte de fermeture personnelle. On ne peut tout simplement pas savoir qu'on a le choix si l'on n'a pas de volonté propre. Si l'on n'a plus de volonté et qu'en plus on se livre à des pratiques telles que le jeûne, le sacrifice de soi et la mortification de la chair, on commence à avoir des sortes de montées d'adrénaline qui modifient nos humeurs et dont on devient fortement dépendant. En ce qui me concerne, par exemple, je restais agenouillé pendant des heures d'affilée, au point où j'en avais les genoux couverts de callosités. Je commençais à trouver une certaine douceur à la souffrance physique provoquée par ces longues périodes d'agenouillement. Je ressentais le même genre de modification de l'humeur lorsque je jeûnais. Des années plus tard, en travaillant avec des patients souffrant d'anorexie, j'ai finalement compris que cette maladie avait, tout comme mes expériences de jeûne, la propriété de créer une accoutumance.

On peut aussi devenir dépendant de son sentiment de rectitude morale. Durant les premières années de ma formation sacerdotale, je priais souvent pour le monde et pour les incrédules. Certains aspects de ce comportement étaient pleins d'âme, mais trop souvent, le sentiment d'être quelqu'un de particulier et d'exclusivement bon finissait par me submerger. À l'époque ce sentiment d'unicité et de singularité était surtout inconscient, mais il me poussait à me sacrifier encore davantage par devoir.

L'amour mystifié de type apollinien comprend plusieurs sous-catégories, allant d'un puritanisme sévère et autopunitif jusqu'à une religion autoritaire plus bienveillante. Quoi qu'il en soit, l'expérience apollinienne instaure un état cataleptique et figé. Elle ne laisse aucune place à de nouvelles expériences ou à l'imagination.

L'amour divin mystifié de type dionysiaque

Les formes de mystification dionysiaque sont plus difficiles à déceler parce qu'extérieurement elles semblent moins rigides. Se présentant sous un aspect très différent de la mystification apollinienne, elles sont plus émotionnelles et plus expressives. Les groupes dionysiaques paraissent jouir d'une plus grande liberté du fait qu'ils permettent l'expression extatique. Il arrive que les fidèles se mettent à parler en langues, soient foudroyés par l'esprit et vivent une seconde naissance. Ils se targuent parfois d'appartenir à une Église qui est animée par le souffle de l'Esprit et qui transcende toute confessionnalité.

Il n'en reste pas moins que les formes de religion dionysiaques sont souvent plus rigides et autoritaires que leurs mornes et sombres contreparties apolliniennes. Elles exigent l'obéissance aux Saintes Écritures, auxquelles elles donnent une interprétation rigide. Elles sont souvent fondamentalistes et tiennent chaque mot de leur livre saint pour une vérité divine. Un individu charismatique est habituellement investi de l'autorité et a le dernier mot en tout. Il n'y a de place pour aucune individualité ou différence réelles.

La sainteté est standardisée et les membres sont considérés comme les élus. Cela séduit les individus mystifiés, lesquels se sentent souvent profondément dépourvus de valeur personnelle.

Le rituel religieux extatique peut opérer une conversion soudaine. En *un seul acte* de foi, un sujet peut être libéré des chaînes du péché. Prenez simplement le risque, dit-on, levez-vous, laissez le frère Machin Chouette vous toucher le front et vous serez guéri de toute une vie de honte!

Qu'il est enivrant de se gaver de Dieu! Un nouveau moi vient au monde, et il est habituellement aussi faux et mystifié que l'ancien. On pourrait même dire que la mystification religieuse représente le niveau de mystification le plus élevé. Sans aucun doute, aucune accoutumance n'est aussi difficile à traiter que l'accoutumance religieuse, car aucune autre ne comporte un système de *déni* aussi fort. Le moi, qui est déjà en extase, se trouve sous l'effet d'une double extase à cause du snapping inhérent à la conversion religieuse. Ce double niveau de mystification est également observable chez les individus qui ont grandi dans la mystification et qui ont vu leur mystification renforcée par le système religieux familial. La mystification du vertueux, du sauvé, de l'élu et de la seule véritable Église constitue une mystification à deux tranchants. Ni la cocaïne, ni l'héroïne, ni aucune autre drogue ne produisent un effet pouvant rivaliser avec *la poussée d'adrénaline qui accompagne le sentiment de vertu.*

Dans cet état, on *connaît* Dieu, Dieu nous parle, Dieu nous fait des cadeaux particuliers, on est possédé par Dieu, on sait qui est sauvé et qui ne l'est pas, on connaît la volonté de Dieu et on s'y conforme de façon stricte.

Je connais ce sentiment. Je suis passé par là. Je l'ai éprouvé le jour où j'ai prononcé mes premiers vœux de pauvreté, de chasteté et d'obéissance.

Avec ce genre de foi, la prière elle-même devient magique. De nombreux types de prière peuvent sortir les gens du purgatoire (le lieu où l'on séjourne avant d'être admis au ciel). On baigne dans le miraculeux, on le recherche, on y croit. Les émissions de télévision regorgent de ministres du culte qui imposent les mains, guérissent les maladies les plus terribles et baptisent dans l'Esprit.

Pour ma part, je crois que les êtres humains ont été guéris par le pouvoir de Dieu. J'ai personnellement vécu des expériences que je tiens pour de véritables expériences spirituelles. J'ai lu des études sur la glossolalie (parler en langues), le baptême dans l'Esprit et d'autres phénomènes du genre, et elles indiquent que de profonds changements personnels sont survenus chez les gens qui ont vécu ces expériences. Je crois en outre que l'expérience religieuse charismatique de la «seconde naissance» peut être très forte pour l'individu qui la vit. J'ignore si elle vient de Dieu ou non. Je suis porté à en douter. Mais je ne conteste pas le fait que les gens qui la vivent croient vraiment qu'elle leur est envoyée par Dieu.

Le problème, c'est que la plupart de ces expériences sont purement subjectives. Leur signification est entièrement personnelle. On ne saurait en faire la norme de toute une communauté.

L'ASSUÉTUDE EN TANT QUE RELIGION MYSTIFIÉE

J'ai évoqué précédemment le fait que les gens souffrant d'une accoutumance adoptent des formes mystifiées de comportement religieux. J'entends par là que les «intoxiqués» de toutes sortes sont souvent des individus spirituellement en faillite qui cherchent à combler leur vide intérieur en se donnant le moyen de parvenir à l'extase ou au dépassement de soi.

L'individu souffrant d'une accoutumance est un être humain qui a un moi pétri de honte toxique. Il se peut aussi qu'il ait des prédispositions héréditaires envers l'objet de son accoutumance. J'ai déjà mentionné que, sous l'effet de la mystification, notre âme est gâtée par la violence et par les transes défensives qu'elle a mises en place afin de survivre. Or notre âme est gâtée mais pas perdue. Rappelez-vous l'illustration du chapitre 5 représentant une étoile au milieu d'un cercle. L'étoile, notre âme, aspire à la croissance spirituelle. Lorsque cette croissance est entravée par le faux moi, notre âme s'exprime de façon indirecte — à travers nos rêves, par exemple, ou par le biais de symptômes inquiétants. Nos symptômes peuvent consister en une mise en acte des blessures de l'être que nous avons subies à l'origine. Il se peut que nous reproduisions ces blessures sur nous-mêmes, sur les autres, ou que nous poussions les autres à nous les infliger. *Le symptôme constitue une métaphore de l'âme.* En observant la métaphore, nous pouvons comprendre certains aspects de la violence originale. Le comportement métaphorique est une révélation singulière de l'âme. C'est par le biais du symptôme que l'âme nous rappelle son existence et ce qui lui est arrivé.

L'âme recourt à une sorte de spiritualité perverse pour se faire entendre. En recherchant l'extase, l'individu souffrant d'une accoutumance répond à un besoin pressant de son âme, de sa nature spirituelle. Durant l'enfance, il a été blessé par quelqu'un qui se comportait de façon éhontée avec lui et se prenait pour Dieu, se faisant passer pour un être vertueux et parfait. La victime de cet abus, qui se languit de Dieu mais n'a cependant connu que des faux dieux, est confuse. Elle trouve une substance (l'alcool ou la drogue), une expérience (le moi d'emprunt), une activité (le sexe), une personne (un amant) ou une chose (l'argent) qui lui permet de se dépasser et devient son idole, son dieu.

Le cycle de l'accoutumance débute avec l'assiduité que l'«intoxiqué» témoigne à son dieu. Dans un ouvrage intitulé *Out of the Shadows,* le docteur Patrick Carnes décrit ce cycle. La figure de la page 333 présente mon adaptation personnelle de sa description.

Comme on peut le voir dans la première case, la Doctrine sacrée de l'individu souffrant d'une dépendance est dictée par la honte toxique et le moi mystifié. «Je suis digne d'amour uniquement lorsque je ne suis pas moi-même. Je suis anormal et imparfait», croit-il. Il commence par être dépendant de son moi d'emprunt.

La deuxième case représente sa pensée déformée. Son monologue posthypnotique devient une sorte de prière toute faite. Il confond l'abus avec l'amour et choisit un faux dieu, ou une idole — le principal objet de son accoutumance. Ce dieu peut être l'alcool, la drogue, le sexe, la nourriture, l'argent, le travail ou une personne. L'intoxiqué peut également avoir des dieux de moindre importance ou, en d'autres termes, souffrir d'une dépendance secondaire. «Si je n'ai pas de drogue (de sexe, d'alcool, d'argent, etc.), je ne vais pas bien» croit-il. Aucun adepte d'une secte religieuse n'est aussi fidèle à sa foi.

La troisième case représente le cycle de la mise en acte. La pensée obsessionnelle est le premier élément de ce cycle. Plongé dans une transe intrapersonnelle, l'intoxiqué est obsédé par son dieu. Un cocaïnomane peut passer des heures, voire des jours, à ressasser des images et des scénarios reliés à la recherche ou à l'usage de la cocaïne. Son obsession fonctionne comme une méditation, un mantra ou une prière.

Le deuxième élément du cycle consiste en des *rituels* reliés à la mise à acte de la dépendance. Le fanatique dépendant d'une activité quelconque (le sexe, le travail ou les jeux de hasard, par exemple) passe des heures à accomplir un rituel qui précède et accompagne la mise en acte. De la même façon, il y a des procédés établis pour l'usage du crack, de «l'herbe», etc.

Vient ensuite le moment de l'extase, c'est-à-dire la «défonce», le gros score, l'orgasme (sexe), le gros gain (gambling), la grosse commission (travail). Au moment de l'extase, l'obsessif-compulsif a le sentiment d'avoir réussi. Il a un profond sentiment d'unité et de plénitude. *Il est possédé par son dieu.*

Dans le cas d'une expérience religieuse authentique, ce sentiment de plénitude subsiste mais avec moins d'intensité, peut-être. Cependant, avec la religion avortée que constitue la dépendance, l'extase est inévitablement suivie par la *métahonte,* la perte de la

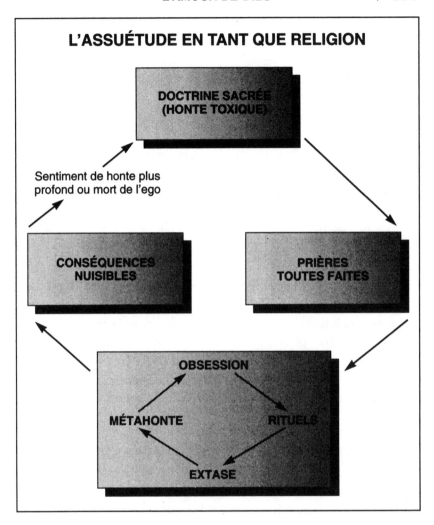

grâce. À partir de ce moment, l'individu dépendant se sent minable. «Il n'y avait pas de quoi en faire tout un plat. Ce n'était pas satisfaisant», se dit-il. Et l'envie dévorante se fait sentir de nouveau. La métahonte est la honte que lui inspirent les conséquences de sa mise en acte. Il ne s'agit pas de la honte toxique fondamentale qui prend sa source dans la dépendance. En fait, la métahonte dissimule la honte toxique.

La quatrième case représente les conséquences nuisibles de la dépendance, la pire d'entre elles étant l'intensification de la honte et de la mystification. Cette honte ramène l'individu à sa Doctrine sacrée ou, si l'on veut, à son sentiment d'être anormal, imparfait et indigne d'amour. À ce stade, il se remet à la recherche de l'idole (dieu) dont il dépend afin de ressentir du bien-être. Le cycle est complété. Il se perpétue de lui-même.

La dépendance est une façon extrinsèque et mystifiée de rechercher Dieu. L'individu dépendant se tourne vers un sauveur compréhensif mais ne se détourne jamais vraiment de lui-même. Le profond noyau de honte de son moi mystifié n'est jamais guéri ni transformé. Sa vraie idole, c'est sa volonté inébranlable, laquelle s'est tournée vers elle-même.

L'âme continue d'être à l'œuvre au cours du cycle de la dépendance, et il y a *un moment où l'obsessif-compulsif a l'occasion de faire un choix démystificateur.* Entre la quatrième et la première case, il touche le fond, bien que brièvement. Le faux moi s'écroule. Il y a des conséquences, de la souffrance et du chagrin. Cependant, cette pathologie débouche sur une possibilité de briser la transe. C'est le moment de grâce. Je bénis ce moment, bien que mon âme ait mis dix-sept ans à retenir mon attention. Je le considère comme le principal moment *kaïros* de ma vie d'adulte. Permettez-moi de relater les événements qui m'ont conduit jusque-là.

LA CHUTE ÉCRASANTE DU PERFECTIONNISME

Mon désir d'une mort sainte et immédiate m'a quitté lorsque j'ai commencé mes études en philosophie et en psychologie à l'Université de Toronto. Peu à peu, avec les années, je me suis mis à négliger mes dévotions religieuses rigoureuses. J'ai cessé de prier et de passer mon temps libre à la chapelle. «Mes prières, ce sont mes études», raisonnais-je. Puis, un beau jour, j'ai recommencé à fumer après dix-huit mois d'abstinence. Cela a ravivé ma honte toxique et donné le coup d'envoi aux schémas de pensée propres à la dépendance. Comme j'étais incapable d'être parfait, j'ai repris subrepticement ma résolution de mener une vie parfaitement chaste. Je commençais à glisser vers les autres extrêmes polarisés. Ma religion mystifiée ne pouvait tout simplement pas supporter mon humanité imparfaite.

L'abstinence sexuelle peut modifier l'état d'esprit. Je la soup-
çonne d'avoir certaines affinités avec le jeûne. Et à partir du
moment où elle s'accompagne de sentiments vertueux, elle peut
modifier l'humeur de façon particulièrement intense. Lorsque mes
sentiments vertueux ont été atténués par la honte, j'ai commencé à
être tiraillé par le désir sexuel. J'avais vingt-trois ans. À cet âge, on
ne peut que refouler sa sexualité pendant un certain temps.

Un jour, dans ma cellule (c'était le nom libérateur que l'on
donnait à notre chambre au séminaire), je me suis rendu compte
que le coussin de ma chaise de bureau était déchiré et laissait voir le
rembourrage. J'ai jugé qu'il ne pouvait être réparé et que ce serait
bon pour moi de m'asseoir sur une chaise dure pour étudier. Je
pourrais ainsi offrir à Dieu la petite mortification que représentait
mon inconfort. J'ai donc enlevé le rembourrage, un morceau de
caoutchouc mousse d'environ cinq centimètres d'épaisseur, je l'ai
rangé sans plus de réflexion et je me suis replongé dans mes études.

Plus tard dans la soirée, au moment d'aller au lit, j'ai commencé à penser à une femme que j'avais vue la veille. En parcourant
derrière elle une distance équivalente à au moins trois coins de rue,
je n'avais pas pu m'empêcher de remarquer les contours de son slip
à travers son pantalon très serré. Couché dans mon lit, je revoyais
ses fesses et, pour la première fois depuis un an et demi, j'étais
excité physiquement. En fait, j'étais excité et effrayé. Je me suis
levé, me suis approché de la fenêtre et j'ai prié. Mon émoi sexuel est
alors retombé, pour ainsi dire.

Durant toute la journée du lendemain, l'image de cette femme
est revenue me hanter. Je suis allé à la bibliothèque pour y chercher
un livre que je me rappelais avoir lu au cours de ma première année
de séminaire. Il s'agissait de la biographie d'un saint qui avait subi
de terribles tentations sexuelles et qui en avait triomphé. Ce soir-là,
en me couchant, j'ai commencé à lire son histoire. Pendant que je
lisais, l'image affriolante des fesses de la femme émergeait constamment des pages de mon livre. J'avais l'impression que le Prince des
ténèbres me harcelait. J'ai essayé de prier mais, cette fois-là, ce fut
peine perdue. J'en étais rendu au point où je *voulais* être obsédé par
la femme. Je voulais m'abandonner à mon excitation sexuelle. J'ai
levé les yeux et j'ai aperçu le coussin de caoutchouc mousse sur ma
table de chevet. Je l'ai saisi. Il était spongieux et souple au toucher,

comme de la peau. Je l'ai placé sur mes organes génitaux. J'ai aussitôt été emporté par des vagues de plaisir. C'était merveilleux.

Toute la journée du lendemain, je me suis senti coupable et obsédé par ce que j'avais fait. Pour la première fois en dix-huit mois, je n'ai pas reçu la sainte communion. Je suis finalement allé voir mon directeur spirituel et je lui ai demandé de me confesser. Il s'est montré bienveillant mais ferme, me prévenant que je ne pourrais pas être ordonné si je me masturbais.

J'étais terrifié! Cependant, au cours des mois suivants, je me suis masturbé de plus en plus souvent. Plus j'avais honte, plus je me masturbais. Je me suis également remis à boire. Chaque fois que cela m'était possible, je me portais volontaire pour ranger le linge des autels à la fin des messes du matin. Les prêtres laissaient toujours un peu de vin dans la burette de chaque autel. Or il y avait vingt autels. Comme je buvais ce qui restait dans chacune des burettes tout en rangeant les choses, je m'envoyais une assez bonne quantité de vin chaque matin. Le soir, je me faufilais dans le cellier et je consommais encore du vin. Mon ivrognerie a progressé jusqu'au point où je me suis mis à glisser en douce des flacons de scotch dans ma chambre.

Plus tard, j'ai ajouté des tranquillisants et des somnifères à ma médication. Je suis devenu dur et méprisant. J'étais trop profondément mystifié pour quitter mon ordre religieux et je m'illusionnais moi-même en croyant que je voulais vraiment rester. Je m'enrageais contre les autorités du séminaire, projetant ma haine de moi-même sur elles.

En y réfléchissant aujourd'hui, je trouve qu'il y a quelque chose de tragique dans tout cela. J'étais seul. Seul à en mourir. J'ai connu plusieurs prêtres basiliens qui, je crois, sont morts de solitude, mais ni la congrégation ni les autres croyants ne voudront jamais l'admettre, et je ne peux évidemment pas le prouver. Un de mes mentors, le prêtre qui m'a initié à la philosophie et qui était pour moi une grande source d'inspiration, a fini sa vie dans un isolement et une solitude extrêmes. On aurait dit qu'il ne voulait plus vivre seul et ne savait pas comment quitter cette prêtrise qui l'obligeait au célibat. J'en connais d'autres qui semblent être morts de la même façon.

Un soir, mon alcoolisme et mon onanisme ont atteint leur apogée. Ivre, j'ai hurlé dans les couloirs du séminaire en maudissant les autorités et en criant ma douleur.

On m'a exilé à l'Université de Saint-Thomas pour y enseigner. Mes jours étaient comptés. On m'a chargé d'enseigner la théologie à trois cents étudiants de deuxième année, l'anglais à une autre classe et la philosophie avancée à un petit groupe. Le matériel que j'avais choisi comme contenu de cours reflétait mon obscurité intérieure: Faulkner, Hemingway, Dostoïevski, Nietzsche, Kafka et Kierkegaard. Je cherchais à faire de la lumière dans ma propre obscurité. À Noël, j'ai craqué complètement. J'ai demandé à voir un psychiatre. Après quatre mois de tranquillisants, d'antidépresseurs et de somnifères, j'ai décidé de partir. Étrangement, c'était une des décisions les plus difficiles que j'aie jamais prises. Je venais de passer neuf ans et demi dans l'Ordre de saint Basile. J'y ai tissé des liens que je n'oublierai jamais. Ils représentent toute une décennie de ma vie.

Après avoir laissé mes études en prêtrise, je me sentais complètement désorienté. Je croyais avoir perdu la foi. J'avais trente ans. Je ne savais pas conduire une voiture. De toute façon, je n'avais même pas de voiture. Le père Caird, mon supérieur immédiat, m'a abruptement tendu quatre cents dollars en me disant de partir le jour même. Ces quatre cents dollars devaient servir à m'acheter des vêtements, à trouver un logement et à me faire une place dans le monde. *Pas un seul membre de ma famille religieuse n'est venu me dire au revoir.* J'avais vécu à leurs côtés pendant près de dix ans. J'aimais plusieurs d'entre eux comme des frères. C'était étrangement inhumain. L'inhumanité est l'élément clé de l'amour de Dieu mystifié.

LA NUIT NOIRE DE L'ÂME

Sans m'en rendre compte, j'entrais dans une période que je considère maintenant comme la nuit noire de mon âme. Les maîtres spirituels nous apprennent que la nuit noire de l'âme équivaut à la mort de l'ego. Pour moi, la mort de l'ego est une période de démystification qui survient lorsque le faux moi s'écroule et que l'individu se retrouve plongé dans la confusion qui a précédé la formation de son faux moi.

Le patriarcat nous apprend à redouter et à éviter la confusion. Cependant, nous ne pouvons pas éviter la confusion durant la «nuit noire de l'âme». Comme Francis Thompson le dit en parlant de Dieu dans son poème intitulé *The Hound of Heaven*, «Je l'ai fui, par des voies labyrinthiques». Mais, au bout du compte, je n'aurais pu me sauver nulle part ailleurs. Mon ivrognerie m'avait coûté les deux premiers emplois que j'avais obtenus. J'ai essayé de résoudre le problème en entreprenant un Programme en 12 étapes avec les Alcooliques Anonymes, mais je n'arrivais à rester sobre que pendant des périodes limitées. Chaque échec m'enfonçait encore davantage dans la honte. J'ai alors renoncé à contrôler mon alcoolisme et, caché dans mon appartement, je me suis retrouvé en pleine cuite dix-sept jours durant. Je ne me souviens que d'une partie de cette période. Je me rappelle que j'allais souvent devant le miroir et que je me regardais fixement. Dans l'horreur de mon cauchemar d'ivrogne, je n'avais qu'une seule façon de m'assurer que j'étais vivant: me dévisager dans le miroir.

Cet épisode a pris fin le jour où un ami alcoolique m'a conduit au Austin State Hospital. Ma bringue de dix-sept jours l'avait tellement terrifié qu'il n'avait aucune idée de ce qu'il fallait faire avec moi. Un an auparavant, je l'avais fait hospitaliser dans ce même hôpital d'État et cela l'avait temporairement aidé à cesser de boire, c'est pourquoi il avait décidé de m'emmener là. J'étais si perdu que je croyais vivre une aventure passionnante. Lorsque je suis revenu à moi, enfermé à clé dans cet hôpital pour désespérés, ma virée était terminée. Le pavillon 8 était terriblement sérieux. Il abritait des patients dont les troubles variaient de la maladie mentale à la folie meurtrière. Les malades étaient traités aux électrochocs et avec des doses massives de drogues psychotoniques.

Revêtu des vêtements de l'hôpital, j'ai été amené devant un groupe d'employés composé d'environ quarante médecins et infirmières. On m'a demandé comment je me sentais et ce que je voulais faire. J'étais en internement volontaire, ce qui signifiait que, après dix jours, on ne pouvait plus me retenir contre mon gré. J'étais terrifié mais parfaitement lucide. J'avais touché le fond. Je n'étais plus mystifié. *Je savais que je ne savais pas qui j'étais.* Je savais que j'avais besoin d'aide. J'étais vide. Mon faux moi s'était effondré et je voulais *vivre.* C'était un «jour de l'âme», un moment kaïros. «Je veux aller à Houston et travailler mon Programme en 12 étapes contre l'alcoolisme», ai-je dit au médecin qui m'interrogeait. Ma

sincérité et ma détermination ont dû percer à travers ma dégradation et ma confusion. Le lendemain, j'étais à bord d'un autocar pour
Houston. Encore aujourd'hui, que ce soit en pensée ou par écrit, je
ne peux pas évoquer ce souvenir sans que les larmes me montent
aux yeux.

Le jour même où j'ai cru que tout était perdu, en plein cœur
de l'obscurité et du chaos, j'étais sauvé. Quelle ironie! Quel
contraste avec le jour où j'ai prononcé mes premiers vœux au
Noviciat de Saint-Basile, à Rochester dans l'État de New York!

Rétrospectivement, je crois que ma pratique religieuse mystifiée ne résidait ni dans la prière, ni dans le jeûne, ni dans mes dévotions à la Sainte Vierge. Elle résidait plutôt dans mon comportement polarisé de type plus qu'humain — ce comportement qui
découlait de mon moi pétri de honte, ancré dans le tout-ou-rien.

Il est possible d'aimer Dieu de toute son âme dans un monas-
tère. Mais, si vous êtes profondément mystifié, gardez-vous d'entrer
dans ce genre d'endroit. Il y a beaucoup trop de récompenses. C'est
trop facile d'étouffer sa honte avec d'enivrants sentiments de rectitude morale. Ce sont les récompenses et l'extrémisme qui, souvent,
rendent cette forme d'amour de Dieu si mystifiée. Les formes de
religion rigides, autoritaires et basées sur l'abnégation ainsi que le
devoir ne font habituellement que reproduire la dysfonction sectaire
dans laquelle on a été élevé. Ces structures religieuses sont parfaites
pour quiconque a besoin de projeter sur Dieu son enfant intérieur
prisonnier du lien fantasmatique.

L'AMOUR DIVIN PLEIN D'ÂME

La religion pleine d'âme est une recherche qui n'a pas de
réponses, et cette quête s'avère souvent exaspérante, fréquemment
douloureuse et quelquefois atroce. L'amour de Dieu plein d'âme est
la quête d'un amour toujours plus profond et d'une conscience plus
complète. Dieu représente le plus grand mystère de la vie. La
recherche de Dieu ne peut être qu'un voyage débouchant sur
l'approfondissement et non pas sur des explications. Lorsque nous
nions le fait que cette quête est ardue, voire douloureuse, nous nions
notre humanité et nous tuons notre âme. Lorsque nous réduisons le

paradoxe entourant l'amour de Dieu à des formules toutes faites, lorsque nous utilisons nos livres saints comme des béliers mécaniques, lorsque nous pontifions comme si la Bible était un mode d'emploi présentant des solutions simples pour chaque problème humain, nous détruisons le temple du sacré.

Dans l'évangile selon saint Matthieu, Jésus raconte plusieurs histoires mystérieuses concernant la fin du monde et le jugement dernier. Dans l'une d'elles, le roi appelle à lui ceux qui sont sauvés et les bénit parce qu'ils lui ont rendu visite lorsqu'il était en prison, soigné lorsqu'il était malade, nourri lorsqu'il avait faim, habillé lorsqu'il était nu et accueilli chez eux alors qu'il n'était qu'un étranger. Les justes sont étonnés et intrigués. Quand avons-nous fait cela? demandent-ils. Et le roi leur répond: «Je vous le déclare, c'est la vérité: toutes les fois que vous l'avez fait à l'un de ces plus petits de mes frères, c'est à moi que vous l'avez fait.»

Les justes ne savaient pas que, en témoignant d'une profonde bienveillance pour les humains, ils aimaient Dieu. Voilà le paradoxe de l'amour plein d'âme! Je crois qu'il s'agit là d'une des significations de ce passage. Ceux qui aiment Dieu de toute leur âme ne s'inquiètent pas de savoir s'ils sont sauvés. Les êtres pleins d'âme sont occupés à vivre. Ils vivent leur vie à fond et aiment de tout leur cœur. Leur amour est expansif et se tend vers les autres. Parce qu'il englobe l'ampleur et la profondeur de la vie, cet amour s'exprime tout naturellement.

Les simplement nés et les doublement nés

Dans son célèbre ouvrage intitulé *The Varieties of Religious Experience,* William James considère la mort de l'ego ainsi que l'expérience adulte du vide et de la confusion comme le domaine des croyants «doublement nés». Les doublement nés sont souvent des réformateurs et de grands prophètes religieux — Augustin et Luther, par exemple — qui ont fait l'expérience d'une conversion complète. Ils avaient pris une certaine direction, mais une rupture soudaine dans leur vie les a amenés à changer complètement de direction. Cette rupture brutale a marqué la mort de leur façon habituelle d'être et de se comporter, la mort de leur faux moi. La mort de l'ego est une démystification, un moment kaïros.

James parle également des «simplement nés», désignant ainsi les croyants qui n'ont pas lutté ou souffert indûment dans leur quête de Dieu. Les simplement nés ont eu plus de facilité à rechercher et à aimer Dieu. Quant aux doublement nés, ils ont, selon le modèle de James, vécu une vie tumultueuse et pénible qui ultimement les a privés de toute sécurité et les a précipités dans la nuit noire de l'âme. Il semble que les simplement nés aient eu une enfance plus équilibrée et qu'ils aient atteint une grande stabilité émotionnelle. Je considère Billy Graham comme un simplement né. Il est aussi constant et inébranlable que l'étoile polaire.

La vie des simplement nés semble moins dramatique. À mon sens, les simplement nés sont ceux qui, dès le début, ont été honorés d'un amour plein d'âme. Ils se sont développés conformément à leur vrai moi. Ils semblent rarement douter de leur amour.

Les doublement nés sont le produit de la mystification. Enfants, ils n'ont jamais réussi à naître psychologiquement et ont dû attendre un moment de grâce kaïros. Je m'identifie aux doublement nés. Ma renaissance est survenue au Austin State Hospital.

Les simplement nés et les doublement nés ne sont cependant pas en compétition! Ils jouissent tous, chacun à sa façon, d'une certaine plénitude spirituelle. Les doublement nés font ressortir le pouvoir de l'âme émergeant de sa coquille de honte et de dégradation. «L'âme, comme le souligne Thomas Moore, se manifeste souvent dans les domaines où l'on se sent le plus inférieur ou là où on s'y attendait le moins.» En ce qui me concerne, cela a certainement été le cas.

«Où as-tu tremblé?»

Il est difficile d'en arriver à ressentir des besoins et des désirs lorsque l'on est resté attaché à la religion autoritaire de son enfance. Personnellement, on m'a donné beaucoup trop de réponses avant même que je connaisse les questions. Søren Kierkegaard, le grand théologien danois, a posé la question suivante: «Comment peut-on devenir chrétien quand on l'est déjà?» On pourrait poser cette question fondamentale à un membre de n'importe quel groupe religieux. Elle sous-tend qu'il est très difficile de faire face au vide et de chercher lorsqu'on a grandi avec une figure d'autorité qui nous a contraints de mémoriser des réponses à des questions que l'on n'avait pas posées et auxquelles on n'avait même pas encore songé. Chez l'enfant, les dispositions religieuses suivent les stades du développement cognitif. Les questions surgissent à mesure qu'il développe les structures cognitives qui leur servent de support.

La religion sectaire et autoritaire engendre une sorte de fermeture cognitive. Son langage est si préconçu, si clair et si rigide qu'il entraîne la fermeture de certains domaines que l'esprit serait normalement porté à investiguer.

Le langage naturel de la religion est l'analogie, le symbole et le récit. Plus de la moitié des Écritures judéo-chrétiennes sont constituées de mythes, de paraboles, de psaumes, de rêves et de visions prophétiques. Ultimement, ce sont tous des formes de symbole. Dans son enseignement, Paul Tillich soutenait que tous les langages religieux sont symboliques. Dieu ne peut pas être contenu dans des formes de pensée linéaires. C'est pourquoi nous avons besoin de l'imagination.

J'ai souvent trouvé Dieu là où je m'y attendais le moins. Les réponses ont toujours conduit à des questions plus vastes, et je ne me suis jamais senti tout à fait assuré en ce qui a trait à l'expression de mon amour de Dieu.

Quelquefois, dans notre misère, tout comme Job, nous nous écrions: «Périsse le jour où j'allais être enfanté [...].» Puis, des consolateurs apparaissent sur notre écran de télévision et, du haut de la chaire des sauvés, nous disent que tout est bien. «C'est simple, affirment-ils; vous n'avez qu'à lire les Saintes Écritures, à accepter Jésus et à fréquenter l'église.» À ces défenseurs de Dieu qui, en réalité, ne défendent que leur propre terreur impie et leur manque d'amour, comme Job, nous devons répondre: «J'en ai entendu beaucoup sur ce ton, en fait de consolateurs, vous êtes tous désolants.»

L'amour divin plein d'âme nous évite de tomber dans le piège consistant à devenir le défenseur de Dieu. Nous avons besoin de nous asseoir ensemble face au mystère.

LES SIGNES DE L'AMOUR DIVIN PLEIN D'ÂME

L'amour divin plein d'âme exige la mutualité, le sacrifice de soi, une patience à toute épreuve et la solitude. Mais, fidèle à sa propre nature passionnée, l'amour plein d'âme s'incarne également dans l'individualité, l'estime de soi, la spontanéité et l'action sociale. Au chapitre premier, j'ai dit que le sens du devoir et de l'obligation, la patience à toute épreuve, l'abnégation et la mutualité codépendante caractérisaient l'amour mystifié. Exprimées isolément, ces qualités sont mystifiées. Elles proviennent d'une suridentification avec l'un des extrêmes contraires. L'amour de Dieu plein d'âme embrasse *les deux* pôles opposés et en fait une synthèse équilibrée. Cette synthèse débouche sur une nouvelle profondeur, nous révélant souvent quelque chose qui accroît notre imagination et nous ouvre de nouvelles possibilités.

«Synthèse» ne veut pas dire *compromis*. Le compromis implique que l'on mette les opposés côte à côte et que l'on renonce à une partie de chacun. Le compromis n'est rien d'autre qu'un conflit voilé qui diminue la force unique de chaque pôle. L'amour de Dieu plein d'âme n'est pas un compromis. Permettez-moi d'illustrer cette affirmation en examinant les quatre principaux fruits d'une synthèse pleine d'âme: la communauté, le pouvoir, la créativité et la compassion.

La communauté

La communauté est une synthèse de la mutualité et de l'individualité. Plus la communauté est authentique, plus les individus qui en font partie sont solides. En d'autres termes, on élabore mieux son individualité au sein d'une véritable communauté et l'on crée une véritable communauté seulement lorsqu'on a réussi à élaborer son individualité.

Les communautés religieuses mystifiées sont fondées sur la honte toxique, la solitude, la peur et l'insécurité. Ayant été incapables d'élaborer leur identité, leurs membres sont enchevêtrés les uns aux autres. Ils renoncent à leur volonté et à leur esprit pour jouir d'une sécurité absolue, laquelle comprend l'assurance d'avoir une place au ciel après la mort. Les communautés religieuses mysti-fiées sont des collectivités et non pas de véritables communautés.

Les communautés religieuses mystifiées pratiquent le *monologue*. C'est la figure d'autorité qui parle. Il n'y a ni dialogue réel, ni intérêt pour les nouvelles idées ou les nouvelles façons de faire. Les sujets de fond ne sont jamais discutés ouvertement. Tout cela écrase l'individualité, rend la croissance et le développement personnels pratiquement impossibles.

Les communautés religieuses pleines d'âme, quant à elles, sont fondées sur le choix individuel. Elles pratiquent le *dialogue* et sont prêtes à discuter différents points de vue. La croissance passe par un approfondissement des idées et de la compréhension.

La communauté véritable n'est pas une entité statique. C'est un organisme vivant qui lutte, se trompe et est disposé à changer.

Nous avons besoin de la communauté parce que nous sommes des êtres sociaux par nature. Notre vie a commencé par une rela-tion, lorsque nous avons été reflétés par autrui. Nous avons intério-risé cette scène primale et, pour peu que nous soyons parvenus à nous séparer normalement, elle est devenue un modèle quant à l'établissement de tous les autres ponts interpersonnels subsé-quents.

Lorsque, enfant, on est dans l'incapacité de se séparer, on génère une transe intrapersonnelle basée sur le lien fantasmatique. L'individu mystifié cherche à se donner une sécurité infantile. Il est incapable d'éprouver un réel sentiment de communauté humaine parce qu'il ne s'est pas vraiment séparé et n'a pas vraiment établi son identité.

Le grand avantage de la communauté religieuse pleine d'âme, c'est qu'elle sauvegarde notre démystification. La communauté crée un contexte propice au feed-back. L'expérience subjective est sou-mise à la conscience de la communauté. La communauté exige notre *présence* et nous fait bénéficier de contacts interpersonnels réels. À mesure que nous connaissons et aimons les autres membres du groupe, nous entrons dans leur univers singulier et, chaque fois que nous découvrons un nouveau monde intérieur, nous devenons davantage que ce que nous étions. Le fait d'appartenir à une com-munauté religieuse nous donne un sentiment de solidarité et de force. Nous nous sentons à notre place, en quelque sorte, et nous surmontons le sentiment de solitude inhérent au processus de séparation et d'élaboration de notre identité.

C'est principalement au sein d'un groupement religieux que nous pouvons prendre part aux rituels qui relient le présent au passé. Comme les rituels religieux constituent un moyen de nous souvenir, ils nous permettent de voir que les puissantes œuvres de Dieu qui se sont accomplies dans le passé sont présentes dans l'ici et le maintenant. L'observance des rituels religieux est l'affaire de la communauté entière. Les rituels religieux nous font sentir la continuité qui existe entre nous et nos ancêtres spirituels, nous aidant à ne pas perdre de vue la cohérence ainsi que la profondeur spirituelle de notre tradition religieuse. Ils nous donnent un ancrage, prolongent le pont interpersonnel jusque dans le passé et l'avenir.

Le pouvoir

Le pouvoir est la synthèse de la modestie et de l'orgueil. Les êtres pleins d'âme renforcent et embrassent leur pouvoir, leurs dons physiques et intellectuels, leur individualité, leur originalité, leur créativité et leur passion.

Les croyants mystifiés, au contraire, prétendent souvent qu'ils renoncent au pouvoir et cherchent à se détacher des biens de ce monde. Cependant, si nous refusons de reconnaître notre pouvoir, nous risquons d'en devenir les victimes. Nous faisons un fétiche de notre corps, de notre intellect, de notre belle apparence physique ou de notre habileté au sport. Nos émotions nous possèdent, et nous souffrons à cause d'elles plutôt que d'utiliser leur énergie comme un carburant pour nourrir et protéger nos besoins les plus fondamentaux.

Les vrais saints ont énormément de pouvoir. On se souvient d'eux autant que des héros militaires. Être véritablement humble n'équivaut pas à se poser en victime.

Reconnaître le pouvoir de notre âme signifie également embrasser notre «ombre», pour reprendre l'expression par laquelle Carl Jung désignait les parties réprimées et dissociées de nous-mêmes. Dans mon enfance, par exemple, on m'a enseigné que la colère était un des sept péchés capitaux. Par conséquent, j'ai réprimé ma colère et je me suis suridentifié à son contraire, la gentillesse excessive. J'arborais un sourire figé et je *justifiais* continuellement les outrages qu'on me faisait subir. J'étais presque toujours *gentil.* Lorsque j'ai commencé à boire, ma colère s'est exprimée par le biais d'une rage primitive. Je perdais toute maîtrise de moi-même lorsque je m'enrageais. Comme l'affirme Virginia Satir, «La colère réprimée est semblable à un chien affamé que l'on garde prisonnier dans une cave». Elle a un pouvoir irrationnel. Dans mon moi polarisé de gentil garçon voulant plaire à tout le monde, je n'éprouvais *jamais* de colère. J'étais *innocent* et bon. La colère était mauvaise et représentait le mal.

Les croyants mystifiés se présentent eux-mêmes comme des êtres bons et innocents, déclarant qu'ils rejettent les biens matériels et l'amour du pouvoir. Cependant, leur prétendu rejet du pouvoir masque habituellement une fascination pour le pouvoir. Souvent, ceux qui adoptent un point de vue polarisé rejettent complètement le côté refoulé de leur moi qui «veut ce qu'il veut» ou s'identifient complètement à lui en se considérant comme des pécheurs. En s'identifiant totalement à leur ombre ou en la rejetant catégoriquement, ils s'empêchent d'actualiser leur véritable pouvoir. Le rejet de leur côté obscur, ou de leur ombre, les conduit à la violence. Thomas Moore écrit que «La violence est étroitement reliée à l'ombre, particulièrement à l'*ombre du pouvoir*».

La neutralité n'est pas du ressort de l'âme, puisque la force vitale elle-même n'est jamais neutre. Le pouvoir de l'âme ne ressemble en rien au pouvoir que nous obtenons en élaborant des stratégies et des projets. Il est naturel, plutôt, comme un immense océan ayant des profondeurs mystérieuses encore insondées. Nul ne comprend pleinement la profondeur de l'humain, et notre âme a des buts et des motifs que nous ne pouvons appréhender qu'en partie.

Pour jouir du pouvoir d'aimer Dieu de toute notre âme, il est utile d'embrasser la confusion et le vide. Lorsque j'étais mystifié, j'essayais toujours de modifier instantanément tous mes sentiments de vide ou de confusion.

Les Saintes Écritures et les textes religieux regorgent d'incitations à embrasser le vide. Ils nous demandent d'être indulgents pour notre faiblesse. Le fait d'utiliser sa force pour *dissimuler* sa faiblesse conduit à l'impudence du perfectionnisme, du contrôle et du pseudo-pouvoir. Les religions autoritaires sont des spécialistes de la dissimulation; cependant, leur pouvoir n'est toujours qu'un pseudo-pouvoir.

Si l'on réprime le pouvoir, il resurgit sous des formes monstrueuses. Si l'on étouffe la force vitale, elle réapparaît sous forme de violence. Comme je l'ai déjà mentionné, l'une des réactions les plus étonnantes à ma série télévisée sur la famille a été les centaines de lettres que m'ont écrites des gens qui purgeaient une peine d'emprisonnement. Un thème dominait leurs lettres. Ils me remerciaient de les avoir aidés à comprendre les racines de leur comportement violent. Lettre après lettre, ils décrivaient ce qu'ils avaient vécu dans l'enfance: inceste, raclées, abandon émotionnel, sévices de toutes sortes. Leur spontanéité et leur exubérance naturelles avaient été étouffées des façons les plus malveillantes. Leur force vitale avait été réprimée et avait resurgi plus tard sous forme de comportements violents. La répression conduit à la compulsion de répétition. Dans presque tous les cas, les prisonniers qui m'écrivaient avaient reproduit sur d'innocents membres de la société les blessures qu'on leur avait infligées autrefois.

La répression du pouvoir de notre âme conduit au sadomasochisme. Avec le véritable pouvoir, il n'y a ni victimes ni bourreaux. Les religions mystifiées, qui rejettent le pouvoir et le considèrent comme indésirable, comportent en réalité un fort élément de sadomasochisme. Il y a une violente figure d'autorité de type agresseur qui exerce le contrôle et une victime qui se soumet. Derrière la profession d'innocence de ces croyants se cache la violence. Le portrait que l'on brosse des fidèles implique la faiblesse et la soumission. Mais le pouvoir est là, s'exprimant dans une tentative de contrôler par le biais de l'autorité ou de la soumission.

Bon nombre de gens ayant un fort sentiment de rectitude morale et se percevant comme des victimes sont venus me voir en consultation. Plusieurs d'entre eux violaient les droits d'autrui. Ils essayaient toujours de *contrôler* ce que je faisais avec eux. Ils s'attendaient à ce que je trouve le moyen de remettre leur conjoint, leur patron, leurs enfants dans le droit chemin. Plus ils s'étaient fortement identifiés à la victime, plus ils essayaient de contrôler tout le monde autour d'eux.

La vertu n'est jamais authentique lorsqu'elle devient la polarisation du vice. Comme Thomas Moore l'écrit, «Si nous n'admettons pas la place que la violence occupe dans notre propre cœur, nous ne faisons que l'entretenir dans notre monde».

La créativité

La créativité résulte de la synthèse d'une discipline très patiente et de l'intuition spontanée.

C'est lorsque nous créons que nous ressemblons le plus au Créateur et, puisque la plupart des religions tiennent Dieu pour le Créateur et la source de vie, la créativité constitue un des signes fiables de l'amour de Dieu plein d'âme.

Cet exemple de l'amour divin plein d'âme incarné par le Créateur est totalement absent du modèle mystifié auquel se conforme le pratiquant qui obéit aveuglément. Les autorités religieuses mystifiées trouvent blasphématoire cet exemple du Créateur.

Selon le philosophe thomiste Jacques Maritain, toute grande œuvre d'art comporte deux éléments: la *poesis,* l'intuition créatrice, et la *teknê,* l'art ou le savoir-faire formel. Cette division correspond à la division entre l'apollinien et le dionysiaque. Le pôle apollinien est le dur labeur et le savoir-faire nécessaires pour donner forme à une œuvre d'art créatrice. Le pôle dionysiaque est l'énergie créatrice qui se trouve au cœur de l'œuvre. Une grande œuvre d'art est le résultat d'un parfait équilibre entre ces deux pôles. Cette vérité s'applique également à l'amour créateur. L'amour de Dieu plein d'âme requiert à la fois un dur labeur et une énergie créatrice. L'amour de Dieu mystifié, comme nous l'avons vu, s'appuie à l'extrême sur l'un ou l'autre de ces pôles et se suridentifie à lui.

La compassion

La compassion est sans doute le signe le plus clair de l'amour divin plein d'âme. La compassion synthétise l'engagement personnel et l'ouverture au point de vue d'autrui. Tout en tirant son origine de la solitude inhérente à l'estime de soi et à la contemplation du divin, elle implique des gestes concrets d'altruisme.

L'amour divin mystifié pose en principe que tout individu étranger à sa foi est totalement dans l'erreur. L'amour divin plein d'âme accepte le fait que personne ne détient toute la vérité et que nul n'est parfait. Dans la recherche de Allport, les croyants intrinsèques étaient ouverts au point de vue et au mode de vie des autres.

L'amour divin plein d'âme tire son origine d'une honte saine qui, une fois développée, devient la vertu de l'humilité. La honte saine nous laisse la liberté de faire des erreurs et d'apprendre de nos erreurs. Elle nous fait considérer ceux qui ne sont pas d'accord avec nous comme des maîtres potentiels qui nous permettent de développer notre vision et notre amour de Dieu.

Avec l'amour divin plein d'âme, nous nous tendons vers les autres, particulièrement vers les moins favorisés. La compassion est enracinée dans l'humilité et l'attention aux autres; à mon sens, cette forme d'altruisme se rapproche autant de la pleine expression de notre humanité que tout ce à quoi je peux penser.

La compassion nous appelle au service. Elle nous demande d'aider vraiment nos compagnons humains et nous fait mettre en pratique ce que nous prêchons. La véritable compassion n'est jamais trop publique, comme celle des pharisiens opposés à Jésus. Les pharisiens se prétendaient croyants en public afin de faire bonne impression. Pour Jésus, c'était de l'hypocrisie. Le *désir d'impressionner* est la marque de la religion extrinsèque, mystifiée. La véritable compassion est une vertu intrinsèque; ceux qui la possèdent sont très peu portés à l'afficher.

On dit souvent que les grands modèles de compassion religieux ont reçu un appel particulier de Dieu. En ce qui me concerne, on m'a déclaré que j'avais reçu ce genre d'appel alors que je n'étais qu'en sixième année, et le résultat a été sérieusement mystifiant. Aujourd'hui, je suis beaucoup moins intéressé par cette notion d'«appel».

J'en suis cependant arrivé à croire que ma vie entière a constitué une préparation pour ce que je fais maintenant. Je considère mon travail comme un travail sacerdotal. Je m'occupe de l'âme des autres en donnant des ateliers et en écrivant des livres qui ont pour but d'aider les gens à restaurer leurs forces intérieures et leur plénitude. Je suis très redevable aux pères basiliens de la formation catholique et de l'instruction qu'ils m'ont données. J'ai également *réformé* mes racines catholiques dans les feux de mon expérience de vie. Je pense que ce *changement de conduite* m'a été nécessaire pour en arriver à aimer Dieu de toute mon âme. Ma réforme personnelle est un changement de deuxième type.

Maintenant, je suis plus intéressé par les «saints sans nom» — ces gens ordinaires qui ne feront jamais la «une» des journaux ou que l'on n'envisagera jamais de canoniser. Nous avons appris à chercher les saints et les héros dans une sorte de «Bottin mondain des plus qu'humains». Les saints anonymes, quant à eux, trébuchent et tombent et vivent dans le désordre banal de la vie humaine. Si nous pouvions cesser de créer des images fantastiques de la sainteté, je crois que nous serions tous capables de trouver en nous-mêmes un sentiment de sainteté. La plupart d'entre nous se sont occupés de quelqu'un d'autre d'une façon particulière. Nous sommes tous appelés au sacerdoce de l'altruisme.

Je n'oublierai jamais un homme, appelons-le Sam, qui est mort du sida. Cela se passait au tout début de l'épidémie et, à l'époque, je n'avais encore jamais entendu parler de cette maladie. Maxime, un des amis de Sam, était venu me voir en consultation alors que celui-ci se mourait. Il m'avait parlé de Sam, de son amour de la vie, de son humour et de sa spontanéité.

Sam est mort moins d'une semaine après la visite de Maxime. Celui-ci m'a appelé en me disant qu'il n'arrivait pas à trouver quelqu'un pour diriger les funérailles de Sam. Il m'a demandé si je voulais accomplir le rituel du service et faire son éloge funèbre. Ma première réaction a été de refuser, principalement parce que je n'ai jamais été ordonné prêtre ni ministre du culte.

Maxime m'a rappelé le lendemain et, en pleurant, m'a dit qu'il avait obtenu la permission de faire les funérailles dans une église catholique, mais que le prêtre refusait d'y participer parce que Sam n'était pas catholique. C'est alors que j'ai acquiescé à sa demande.

Le lendemain matin, à l'église, j'ai fait installer le cercueil de Sam en face de la première rangée de bancs. Neuf hommes et une femme, une cliente de Maxime, étaient assis là. Le père et la mère de Sam étaient assis tout seuls, dans la rangée du fond. C'était d'une tristesse! J'étais là, dans la chaire, avec, devant moi, la dépouille mortelle d'un jeune homme de vingt-six ans et douze personnes qui assistaient aux funérailles. J'avais un sermon tout préparé mais, en regardant cette église austère et vide, je me suis mis à parler spontanément. J'ai mentionné à quel point nous sommes tous fragiles et à quel point notre vie est fatale et précaire. Je leur ai dit que je n'avais aucune idée de la manière dont le sida s'inscrivait dans le thème dominant de la grâce de Dieu. Que nous pouvions avoir quelques certitudes au sujet de la vie mais aucune au sujet de la mort.

J'ai comparé ces douze personnes aux douze apôtres et j'ai comparé Sam à Jésus-Christ, qui est mort seul et abandonné. Je crois que, souvent, nous trouvons le Christ là où nous l'attendions le moins. Je suis heureux d'avoir été là pour Sam ce jour-là.

Chapitre 10

L'amour de soi

Vous vous aliénez de vous-même et des autres dans la mesure précise où vous cachez vos sentiments. Et votre solitude est proportionnelle.

DOROTHY BRIGGS

Il faut plus qu'un bond soudain pour changer une vie. Il faut faire un acte conscient, décider de prendre sa vie en main.

MILDRED NEWMAN ET BERNARD BERKOWITZ

«Ne penses-tu jamais à personne d'autre qu'à toi-même? Cesse d'être aussi égoïste!» J'ai entendu ces paroles à maintes et maintes reprises durant ma jeunesse. Et comme cela se produit avec les messages parentaux fréquemment répétés, j'ai intériorisé celui-là au point où il est devenu une de mes voix intimes. Jusqu'à ce que j'entreprenne ma réforme personnelle, cette voix fonctionnait comme une suggestion posthypnotique. Je l'entendais habituellement lorsque je savourais pleinement quelque chose d'agréable ou tout simplement lorsque je flânais et que j'avais du plaisir. C'était difficile de m'aimer et de m'estimer avec cette voix qui se faisait entendre en arrière-plan.

L'autre message que j'ai entendu très souvent était «Pour qui te prends-tu, Monsieur? Ne sais-tu pas que péché d'orgueil ne va pas sans danger?» Je n'ai jamais été certain de ce que cela signifiait.

Tout ce que je savais, c'est que ce message visait à m'empêcher de trop m'aimer. En fait, j'avais appris que l'on ne devait pas s'aimer du tout. Ma famille était experte en matière d'abnégation. Toute forme d'intérêt que je pouvais avoir à mon propre égard était taxée d'«orgueil». L'orgueil était un des sept péchés capitaux. Le père Walsh, l'aumônier férocement respecté de l'église et de l'école Sainte-Anne, disait que l'orgueil était le péché le plus mortel de tous. C'était l'orgueil qui avait causé la chute de Lucifer, l'ange le plus intelligent dans la hiérarchie des êtres purement spirituels. Si l'orgueil pouvait faire déchoir l'un des anges supérieurs, imaginez ce qu'il pouvait nous faire à nous! Le moindre soupçon d'amour ou d'estime de soi activait la voix qui me disait «Pour qui te prends-tu?».

Cette voix est graduellement devenue la voix centrale de ma symphonie de honte. Chaque fois que j'avais du succès ou que je recevais des honneurs, elle attisait mon sentiment d'être un imposteur. Ce sentiment est un signe révélateur de la mystification.

LE FAUX MOI

L'estime de soi se bâtit dans le contexte d'une relation inter-personnelle, à mesure qu'une figure de survie nous renvoie notre image. Lorsque ce visage-miroir crache des mises en accusation comme celles que j'ai mentionnées, la blessure contraignante de la honte toxique pénètre jusque dans les profondeurs de notre être et détruit le pont interpersonnel. Nous *détournons* le regard de ce visage-miroir, lequel est normalement le garde-fou de notre amour et de notre estime de soi. Nous nous créons un moi qui est accep-table aux yeux de notre figure source. Nous cachons notre visage sous des kilos de maquillage afin que personne ne puisse plus nous voir vraiment. Nous créons l'image que nous voulons donner à voir aux autres. Notre fausse image de nous-mêmes peut avoir l'air satis-faite de soi, puissante, formidable, heureuse ou joyeuse, mais elle est érigée sur la base très précaire de la confusion. Elle n'a aucune consistance; elle est fantastique (idéalisée ou dégradée) plutôt que réelle. Plus qu'humaine ou moins qu'humaine, notre fausse image de soi est *inhumaine.* Une fois que nous avons créé ce moi inhumain, nous le protégeons avec hypervigilance. Nous en devenons *dépendants.*

Nous essayons de combler nos besoins fondamentaux par son entremise. Nous nous attachons à lui et croyons illusoirement que ce faux moi représente vraiment ce que nous sommes.

Au début de mon adolescence, j'étais attaché à mon faux moi de «bon garçon désireux de plaire à tout le monde». De plus, j'attisais secrètement le sentiment grandiose d'avoir vécu un supplice et de porter en moi-même une souffrance singulière. Regardez ce que j'ai dû subir! C'était là un des avantages que je retirais de mon supplice. J'avais grandi en m'habituant au visage horrible de la honte toxique et j'avais peur de tout ce qui était nouveau. En protégeant mon malheur, j'évitais de prendre des risques.

J'ai également survécu à une bonne partie de ma solitude, de ma tristesse et de ma confusion en me réfugiant dans ma tête, en analysant, en expliquant et en intellectualisant tout. À l'époque de mon alcoolisme actif, je rendais les gens fous à force de discourir sur des philosophes dont personne n'avait jamais entendu parler. (Essayez Alcer de Clairvaux, le pseudo-augustinien, ou Siger de Brabant!) L'intellectualisme constitue un moyen formidable de se défendre, outre que les gens sont toujours pris au dépourvu lorsque vous les matraquez avec une analyse étourdissante de l'étiologie de *votre propre grandiosité.* Les intellectuels mystifiés croient faire partie d'une espèce particulière. J'en étais un.

Mon faux moi m'a certes fait souffrir. Être constamment sur ses gardes et essayer de contrôler tout le monde équivaut à occuper un emploi à plein temps, un emploi excessivement épuisant et très solitaire, même. En fait, j'étais trop dissocié de moi-même pour sentir à quel point j'étais seul. J'adorais m'isoler *physiquement.* Une fois que j'avais fermé et verrouillé la porte, je pouvais relâcher ma vigilance, je pouvais me détendre. Quand on a l'habitude de toujours jouer la comédie et que, soudainement, on n'y est plus contraint, on a une poussée d'adrénaline. Je pouvais être spontané, laisser tomber mon caleçon sur le plancher, être débraillé, éructer, agir de manière complètement irréfléchie. Mon moi cataleptique oppositionnel de type «Je veux ce que je veux, et je ferai tout ce que je veux» avait le champ libre. Il me semblait plus réel que mon faux moi. L'excitation que je ressentais à être physiquement isolé m'empêchait de prendre conscience de la très grande solitude que je vivais en réalité.

Il y a cinq ans, alors que j'étais au téléphone avec un ami, je me souviens d'avoir presque crié parce que j'éprouvais un vif *sentiment de solitude*. J'étais là, tout agité, disant à mon ami: «Je suis seul! Je suis vraiment seul! Je le sens!» Mon ami soutenait énergiquement cette effusion de sentiments! Si une téléphoniste m'avait entendu, Dieu sait ce qu'elle en aurait pensé! Aussi étrange que cela puisse paraître, j'ai vécu là un des moments les plus importants de mon voyage vers l'amour et l'acceptation de moi-même.

L'AMOUR DE SOI PLEIN D'ÂME

Aujourd'hui, je comprends beaucoup moins bien l'envergure de mon identité qu'il y a quinze ans. Le faux moi est défini et limité, mais pas le vrai moi. Je sais qu'il y a en moi-même des parties inarticulées qui sommeillent encore. Je ne crois pas que nous avons des pouvoirs illimités. Ce serait inhumain. Je crois cependant que nous avons des *possibilités* illimitées. Il y a dix ans, si quelqu'un m'avait dit que j'écrirais des livres qui se vendraient à trois millions d'exemplaires, je l'aurais traité de fou. Si on s'était borné à me dire que je parviendrais à terminer un livre, j'aurais eu de sérieux doutes. Depuis l'année 1972, je jonglais avec certaines idées, affirmant que j'écrirais un livre. Mon entourage avait fini par se lasser d'en entendre parler. Vers le début de 1980, j'avais à toutes fins utiles abandonné l'idée. *Mais* il y avait *quelque chose* en *moi* qui parlait d'écrire un livre. Et, fasciné par la liste des best-sellers du *New York Times,* j'y revenais continuellement. Ce genre d'énergie a habituellement quelque chose à voir avec *l'âme,* même si je ne le savais évidemment pas à l'époque. Cela n'avait jamais pénétré ma pensée consciente, mais l'âme se tient plus souvent en marge de la conscience.

Plus je suis en contact avec mon âme, plus je pressens ce que j'ai encore en réserve pour moi-même. Plusieurs parties de moi qui étaient actives durant mon enfance et sont restées latentes pendant mon combat contre la bouteille ont refait surface au cours des vingt dernières années. Et je crois que l'avenir me réserve encore d'autres surprises.

Vous pouvez en attendre autant de votre côté. Il y a des parties de vous-même qui sommeillent encore et qui pourraient vous étonner prochainement.

LE POUVOIR CURATIF DE LA HONTE

Mon étude de la honte a constitué un véritable tournant décisif dans mon histoire. J'ai écrit un ouvrage sur la honte et je vous le recommande. La deuxième moitié du livre présente tous les moyens que j'ai pu trouver pour vous aider à vous affranchir de la honte qui vous paralyse. Ces exercices sont susceptibles d'ouvrir votre esprit à d'étonnantes révélations sur vous-même. La plus grande partie de notre honte est alimentée par des voix posthypnotiques qui nous blâment, nous comparent aux autres et nous répriment, faisant écho à celles que nous avons entendues dans l'enfance. Nous sommes capables d'apprendre à mettre en place de nouvelles voix et à modifier nos scénarios dominants.

Ma compréhension de la honte s'est approfondie et, maintenant, j'ai le sentiment que ce dont j'ai parlé à la fin de *S'affranchir de la honte* mérite d'être développé davantage. Dans ce livre, je soutiens que pour *extérioriser* sa honte il faut l'embrasser, et que le seul moyen de se sortir de la honte, c'est d'y plonger. Puisque la honte est au cœur de la mystification, c'est en faisant corps avec elle que l'on s'engage sur la voie royale de l'autodémystification. Notre âme nous conduit dans les profondeurs d'une forêt obscure. Pour peu que nous soyons bien disposés, il se produit, lors de ce voyage, quelque chose qui est à la fois *révolutionnaire* et *révélateur*.

La honte en tant que sentiment révolutionnaire

La honte est révolutionnaire parce qu'en l'embrassant, nous sortons de notre cachette et de notre isolement. À lui seul, ce geste déclenche un processus de changement.

J'ai embrassé ma honte le jour où je me suis rendu à mon premier meeting d'un Programme en 12 étapes. Mon faux moi craignait plus que tout d'être exposé. Je savais que la confusion était tapie sous la surface. Je détestais aller quelque part où je serais incapable de garder le contrôle. Je ne savais pas à quoi m'attendre en me rendant à ce premier meeting. Je me sentais vulnérable et exposé. Assister pour la première fois à une réunion de ce genre, me sentir inexpérimenté et sans défense, voilà ce que j'appelle «embrasser ma honte». Commencer un traitement ou une thérapie, confier en toute honnêteté vos comportements secrets, dire la vérité à votre sujet — en bref, dévoiler votre visage — tout cela constitue une façon d'embrasser votre honte.

Si vous n'aviez pas l'espoir, vous seriez incapable d'embrasser votre honte. Sans espoir, vous ne pourriez pas lever le petit doigt. Être prêt à embrasser votre honte, cela signifie que vous voulez changer et qu'au plus profond de votre âme vous espérez en être capable, sinon, vous n'essaieriez même pas. Être prêt à embrasser votre honte, cela signifie également que vous êtes fatigué de votre façon de vivre. J'étais malade et fatigué d'être malade et fatigué. Un jour, ma souffrance est devenue trop grande; je n'y trouvais tout simplement plus aucun avantage. J'étais tout simplement trop seul dans ma solitude. *C'est ainsi que notre âme nous éveille. Elle agit par le biais de la solitude, de l'ennui, de la souffrance et de la confusion.*

Si vous vous identifiez à l'être mystifié, j'espère que votre âme vous mettra sur la voie de l'impuissance et de la confusion. À ce point-là, vous devrez abdiquer et tendre les bras. Demander de l'aide, ne serait-ce qu'à vous-même, est un geste véritablement humain. Vous ne pourrez pas recevoir tant que vous ne demanderez rien. Sitôt que vous demanderez, vous aurez déjà commencé à recevoir de l'aide. La honte est synonyme de dissimulation et d'isolement. Demander de l'aide, c'est sortir de la dissimulation.

Dans *Here All Dwell Free*, un merveilleux ouvrage plein d'âme, Gertrud Mueller Nelson parle d'une femme qui s'était cassé les deux bras en trébuchant sur un chien. Cette femme avait toujours vécu derrière une façade d'indépendance et d'autosuffisance. Il s'agit là d'une façon courante de dissimuler sa vulnérabilité et sa honte. C'est aussi un moyen de tout contrôler, de ne jamais être pris au dépourvu. Dans la citation suivante, la dame décrit à quel point elle se sentait humiliée:

> Pouvez-vous imaginer ce que cela me fait d'avoir besoin que mon mari et ma fille me fassent manger mes céréales du matin à la petite cuillère? Pouvez-vous imaginer ce que cela me fait d'avoir besoin que mon mari me mette tous mes vêtements, mes sous-vêtements — qu'il attache mes lacets de souliers [...] qu'il essuie mes fesses? C'est une

réduction totale. Et, cependant, j'en ai appris quelque chose
[j'ai appris] à quel point j'étais dominatrice dans mon indépendance. Mais ce que j'ai appris de plus important, c'est à
rester calme. Et à demander vulnérablement [...].

Ma révolution a commencé le jour où j'ai demandé de l'aide.
La tradition des Programmes en 12 étapes veut que ce jour soit
valorisé et honoré. Le 11 décembre 1965 est ma date de sobriété, le
jour où j'ai demandé à Norris de m'aider. C'est ce jour-là qu'il m'a
emmené à l'hôpital d'État. J'ai admis que j'étais impuissant et ma
vie a changé radicalement. J'ai appris le langage paradoxal de la formation de l'âme. En admettant que j'étais impuissant, j'ai instantanément commencé à retrouver ma force. Je suis passé à travers plusieurs cycles de croissance depuis mon premier grand éveil à l'hôpital d'État, mais plus rien n'a été pareil depuis ce jour-là.

Les jours de l'âme

Je crois que nous devrions tous honorer nos moments particuliers de type kaïros: le jour où nous avons touché le fond, le jour où
nous avons mis fin à notre dépendance, le jour où nous avons quitté
un emploi étouffant, le jour où nous avons divorcé, le jour où nous
nous sommes mariés, le jour où nous avons fini d'écrire un livre, le
jour où nous avons rencontré une certaine personne.

Nous honorons et célébrons des victoires nationales comme le
4 juillet, Jour de l'indépendance américaine. Je crois que nous
devrions tous avoir un jour personnel consacré à nous honorer nous-
mêmes. Il pourrait s'appeler le «Jour de l'âme». Ce jour correspon-
drait au moment où, dans le drame de notre vie, nous avons vraiment commencé à nous aimer nous-mêmes, lorsque notre âme a
émergé et s'est fait connaître.

La honte en tant que sentiment révélateur

Le fait d'embrasser notre honte toxique peut nous apporter la
révélation et l'amour de soi. Mais la confrontation avec nos démons

est une perspective terrifiante. Nous avons besoin de courage pour prendre ce risque. Les mythes grecs dépeignent souvent la confrontation avec soi-même comme un voyage aux enfers. Ils présentent également des moments où le héros est révélé à lui-même dans un contexte qui a quelque chose à voir avec ses frontières personnelles: des situations où il se retrouve aux limites de sa souveraineté, où il est complètement mis à nu. Le héros ou l'héroïne doit vraiment faire face à la question de Job, «Qu'est-ce que l'homme?», ou à celle de Lear, «L'homme n'est-il pas plus que cela?».

Ma famille et le père Walsh considéraient tout geste d'autovalorisation comme de l'orgueil. Leur point de vue était polarisé. Tous les gestes d'autovalorisation ne sont pas nécessairement de l'orgueil. Certains sont des manifestations de l'amour et de l'estime de soi. Nos actes sont orgueilleux lorsqu'ils sont dictés par la grandiosité et l'enflure de la vanité, lorsqu'ils sont basés sur le perfectionnisme, la vertu, la critique, la manipulation et le blâme. Il s'agit alors d'orgueil dans le sens coupable du terme, car il y a un refus manifeste d'accepter les limites humaines.

Les Grecs de l'Antiquité appelaient ce problème l'*hubrys*. Il s'agit également du thème principal de l'histoire biblique d'Adam et Ève. Leur chute est survenue parce qu'ils refusaient d'accepter leurs limites.

Dans sa tragédie intitulée *Œdipe roi*, Sophocle nous a donné une image inoubliable de l'*hubrys,* qu'il considérait comme la marque de l'être humain qui défie la nature même de son humanité. Au début de la pièce, Œdipe, puissant et vénéré de tous, règne sur Thèbes. Mais la cité est ravagée par la peste, et les prophètes soutiennent que c'est Œdipe lui-même qui en est la cause. De prime abord, il nie furieusement sa responsabilité. Mais par la suite, dans une terreur croissante, il doit peu à peu faire face au secret de son identité. Il s'écrie:

> Eh! qu'éclatent donc tous les malheurs qui voudront!
> Mais mon origine, si humble soit-elle, j'entends, moi, la
> saisir. [...] et n'en éprouve aucune honte. [...] Voilà mon
> origine, rien ne peut la changer: pourquoi renoncerais-je
> à savoir de qui je suis né?

Comme chacun de nous, Œdipe doit remonter à ses origines pour mettre au jour sa mystification. Ce qu'il découvre a plus tard été rendu célèbre par Freud et sa théorie du complexe d'Œdipe: le fait est que, *dans son ignorance,* il a tué son père et épousé sa mère, la reine Jocaste.

Et pourtant, un signe était là depuis le début. Œdipe signifie «pied enflé». Il avait été nommé ainsi à cause de sa blessure — une blessure que lui avait infligée ses parents. Ceux-ci, Laïos et Jocaste, le roi et la reine de Thèbes, avaient été avertis par un oracle que, un jour, leur fils nouveau-né tuerait son père et épouserait sa mère. Afin de circonvenir cette prophétie, Laïos perça les chevilles du bébé avec une aiguille pour l'empêcher de ramper et le confia secrètement à un berger en lui ordonnant de l'abandonner dans les montagnes, où il mourrait d'être exposé. Œdipe échappa à la mort, car il fut recueilli et élevé par un couple de bergers, mais il ne put échapper à son destin.

Œdipe devait accepter les limites de son humanité, laquelle était symbolisée par sa blessure aux pieds. Cette leçon s'adresse à nous tous. Lorsque nous essayons d'être parfaits ou trop puissants, nous nous prenons pour Dieu et nous oublions que nous sommes des créatures limitées et reliées à la terre par nos deux pieds.

Un autre mythe grec nous fait comprendre que nous devons être prêts à embrasser certains paradoxes douloureux afin de nous aimer nous-mêmes. Dans son ouvrage intitulé *She,* le psychologue jungien Robert Johnson raconte l'histoire d'Éros et de Psyché. Cette histoire illustre la manière dont Psyché s'initie à une pleine féminité en apprenant à accepter ses *limites.*

«Psyché» signifie *âme,* et dans ce mythe, la femme qui porte ce nom est l'incarnation de la vie intérieure. Elle était si belle qu'elle constituait une menace pour Aphrodite, la déesse de l'amour et de la beauté; Aphrodite en devint si jalouse qu'elle la condamna à épouser la Mort, la créature la plus laide et la plus horrible qui soit.

Afin de s'assurer de la mort de Psyché, Aphrodite demanda l'assistance de son fils Éros, le dieu de l'amour. Alors qu'Éros s'apprêtait à faire ce que sa mère lui avait ordonné, il se piqua accidentellement un doigt avec une de ses propres flèches et, par conséquent, tomba amoureux de Psyché. Il la prit pour épouse mais lui imposa une restriction: chaque nuit, lorsqu'il viendrait à elle, elle ne devrait pas le regarder ni l'interroger sur ce qu'il avait en tête! Psyché accepta, et tout fut merveilleux jusqu'au jour où ses deux sœurs envieuses tentèrent de saboter son mariage en insinuant que son mari était en réalité un serpent répugnant qui allait la dévorer. Elles lui conseillèrent d'emporter une lampe et de le regarder pendant son sommeil. Psyché suivit leurs conseils et, à sa grande stupéfaction, elle découvrit la créature la plus magnifique qu'elle avait jamais vue. Elle en fut tellement émue qu'elle laissa échapper la lampe et qu'une goutte d'huile tomba sur Éros, qui s'éveilla aussitôt. Outré, il la transporta hors de leur paradis, la déposa sur la montagne de la Mort, puis s'envola.

Psyché alla voir sa belle-mère, Aphrodite, et implora sa pitié. Après un sermon tyrannique, cette dernière lui imposa quatre pénibles travaux qui, une fois menés à bien, devaient lui sauver la vie. En accomplissant chacun de ces travaux, elle risquait sa vie, mais si elle les réussissait tous, elle jouirait d'une pleine féminité et d'une conscience élargie.

Psyché était une Protectrice type. Elle devait apprendre, comme je l'ai appris moi-même, que s'occuper des autres peut être un geste rempli d'orgueil et une façon de dissimuler sa honte toxique.

Ses travaux sont comme les quatre étapes d'un voyage vers l'individualité et la complétude. Le quatrième, le plus difficile et le plus dangereux, exige que Psyché séjourne aux Enfers et se fasse offrir par Perséphone, la déesse de ces lieux, un petit tonneau de sa crème de beauté. Elle doit emporter avec elle deux pièces de monnaie et deux petits gâteaux.

Au cours de son voyage, elle doit tout d'abord opposer son *refus* à un ânier qui lui demande de lui tendre quelques petits bâtons qui s'échappent de son fagot. Elle doit payer le passeur du Styx avec une pièce de monnaie et, en traversant le fleuve, elle doit *refuser* de saisir les mains pourries d'un vieillard mort qui y nage et l'implore de l'aider à monter dans la barque. Elle doit *refuser* de prêter son assistance aux trois vieilles femmes qui tissent le fil du Destin. Elle doit ensuite lancer un gâteau au Cerbère, le chien à trois têtes qui garde la porte des Enfers, et ainsi, pendant que les trois têtes se disputent la nourriture, entrer à son insu. Elle doit *refuser* de manger ce que Perséphone lui offre. Au bout du compte, la crème l'éveillera à sa conscience de la beauté, à son «Je suis» et à l'amour de soi.

Les quatre refus de Psyché peuvent être vus comme différents aspects du «non». *Le non créateur donne une limitation formatrice à notre vie.* En refusant d'aider l'ânier et le vieillard mort, elle va à l'encontre de son instinct protecteur qui lui permet de s'aimer et de s'estimer. En tissant le fil du Destin, les trois femmes essaient de contrôler le sort de leurs enfants. Elles n'acceptent pas leur impuissance face à leurs enfants. Elles refusent de les laisser partir.

La mère nourricière et pleine d'âme qui existe en chacun de nous doit apprendre que l'on aime et que l'on sert mieux ses enfants ainsi que son partenaire amoureux en s'occupant de son propre sort, en guérissant son propre passé non résolu — l'époque où l'on a soi-même vécu dans l'ensorcellement et la mystification. Ce n'est qu'en affrontant ce passé que l'on peut lui donner une réalité et le transformer.

L'obscurité des régions secrètes de notre âme nous fait peur parce que nous sommes extrêmement polarisés. Nous polarisons notre monde intérieur exactement de la même façon que nous polarisons le monde extérieur. Nous avons le sentiment qu'il nous faut être toute lumière sans aucune ombre, qu'il nous faut être parfaitement clairs sans aucune confusion. Ce dont nous avons vraiment besoin, plutôt, c'est de conciliation. Cette conciliation peut se produire à la seule condition que nous embrassions la honte dont nous avons si peur. Tant que nous n'entrons pas dans notre honte et notre mystification, nous n'avons aucune chance.

Paradoxalement, si nous craignons de reconnaître notre vie secrète, c'est que nous avons peur d'y découvrir non seulement nos défauts et nos imperfections, mais aussi notre authenticité et notre unicité. Dans son excellent ouvrage intitulé *Owning Your Shadow*, Robert Johnson écrit ceci:

> Il est relativement facile de révéler ses secrets de famille honteux, mais il est terrifiant de reconnaître l'or dans son ombre. Il est plus bouleversant de découvrir que l'on a une profonde noblesse de caractère que de découvrir que l'on est un voyou.

J'estime que mon voyage depuis la honte toxique jusqu'à l'amour et l'estime de moi-même s'est fait en trois stades: le rétablissement, le dévoilement et la découverte. Peut-être ne franchirez-vous pas ces stades dans la séquence linéaire que je vais décrire au fil des pages suivantes. Il se peut également que votre expérience s'avère très différente de la mienne. L'âme ne saurait être définie ou contenue dans des stades de ce genre. Ils m'ont cependant aidé à mettre de l'ordre dans ma propre expérience. Chacun m'a mis en contact avec moi-même, et chacun a accru mon amour de soi et ma plénitude spirituelle.

PREMIER STADE: LE RÉTABLISSEMENT DE LA VOLONTÉ

J'appelle ce premier stade le «rétablissement» parce qu'il commence par le rétablissement de notre volonté. Dans la première partie, j'ai mentionné que notre faux moi est une identité hypnotique et que la transe hypnotique est caractérisée par un rétrécissement ou une fixation de la conscience, un sentiment de perte de maîtrise et des phénomènes de transe profonde. J'ai été un alcoolique actif pendant dix-sept ans. Ma dépendance renforçait chacun de ces éléments. J'étais obsédé par l'alcool; c'était mon besoin le plus important. L'idée de boire était envahissante. Mes horizons étaient rétrécis.

J'ai parlé précédemment du caractère extatique de la transe propre à la dépendance. Les alcooliques parlent également de la compulsion de boire, et je l'ai vécue sans aucun doute. Mais ce qui m'intéresse davantage maintenant, c'est la manière dont j'ai stoppé mes fortes envies de boire — et, par extension, comment on peut mettre fin à une dépendance quelconque. J'ai fumé pendant vingt-six ans. Un jour, j'ai décidé d'arrêter et je l'ai fait. Comment est-il possible de stopper un comportement compulsif?

Le lecteur se rappellera que, en parlant de l'hypnose et de la transe, j'ai insisté sur le fait que l'induction hypnotique ne peut se produire *sans que l'on accepte d'être hypnotisé.* J'ai également mentionné la thèse de Stephen Wolinsky selon laquelle *nous choisissons la transe profonde particulière qui assure le mieux notre survie.* Nous avons créé notre transe profonde. Parce qu'elle s'est avérée particulièrement efficace, elle est devenue automatique et s'est étendue à notre environnement en général. Ces choix précoces se sont combinés pour former nos symptômes ou problèmes.

Dans mon cas, la partie émotionnelle de mon alcoolisme — ma compulsion et ma forte envie de boire — était toujours déclenchée par la présence d'une menace quelconque qui activait un scénario ancien, de concert avec ma transe défensive originale. Par exemple, lorsque j'ai quitté le séminaire à l'âge de trente ans, la perspective d'avoir à me trouver un emploi me faisait très peur et m'angoissait énormément. Il y avait dix ans que j'étais absent du marché du travail, et mes expériences précédentes se résumaient à un emploi de commis de bureau et à un emploi de caissier dans un supermarché. C'est durant l'année et demie de transition, allant de mon départ du séminaire jusqu'à mon accession à un emploi permanent, que j'ai vécu mes pires épisodes d'ivrognerie. Je me sentais inexpérimenté et exposé. Cela ravivait mes sentiments de honte et d'impuissance ainsi que mes souvenirs d'enfance impliquant la peur et la confusion. Le souvenir positif de la manière dont l'alcool soulageait ma peur — ajouté à une dissociation des nombreux désastres que mon ivrognerie avait provoqués autrefois — suscitait en moi une forte envie de boire.

Se réapproprier son pouvoir de choisir

La clé du stade de rétablissement, c'est de constater que l'on a le *choix*. Je m'induis moi-même en transe. Or si j'apprends comment je le fais, je peux cesser de le faire. En ce qui me concerne, ce constat m'est venu de mes face-à-face avec un groupe d'alcooliques en voie de rétablissement, lesquels mettaient en pratique les 12 étapes. Le fait de raconter mon histoire honteuse et de me voir accepté dans le visage-miroir des autres a rétabli le pont interpersonnel. C'est la seule façon d'échapper à la mort psychologique de la honte toxique. On aura beau lire des livres pratiques axés sur l'estime de soi jusqu'à ce que les poules aient des dents, rien ne changera tant que l'on n'aura pas rétabli le pont interpersonnel. J'ai essayé d'y arriver *seul*. La plupart de ceux qui sont piégés dans une transe intrapersonnelle essaient de s'en sortir seuls. La rupture originale du pont interpersonnel crée une profonde méfiance. On commence d'abord par croire que l'on ne peut dépendre de personne d'autre que soi-même. Par la suite, on jette son dévolu sur une drogue susceptible de modifier son humeur et on en devient dépendant. On s'y accoutume jusqu'à ce qu'elle commence à nous faire sérieusement souffrir. L'âme nous parle à travers la souffrance. Elle attire notre attention.

En écoutant les autres membres du groupe parler de leurs schémas de dépendance, j'ai pu comprendre les miens plus objectivement. Le fait d'écouter l'histoire des autres et de recevoir d'eux quantité d'encouragements et de soutien m'a aidé à sortir de ma transe. Cela a court-circuité mes schémas. Le Programme fonctionnait sur la base d'un simple engagement à passer une journée sans boire. On nous enseignait également que c'est la première idée de boire qui nous enivre et que nous devions stopper cette première pensée. Pour ce faire, nous remplacions immédiatement l'idée de boire par une autre pensée ou, encore, nous nous répétions un des slogans — «Par la grâce de Dieu», «Vivre et laisser vivre» ou «Un jour à la fois» — qui couvraient les murs de la salle où se tenaient les rencontres. Ces slogans sont devenus mes nouvelles suggestions posthypnotiques.

On peut utiliser ce genre d'affirmations pour court-circuiter les schémas de tout problème découlant de l'état mystifié. Cette remarque vaut pour les 12 étapes. Celles-ci s'avèrent efficaces pour toute forme de mystification.

La rupture du schéma *apparemment* automatique de la dépendance équivaut à un puissant bond en avant. On commence graduellement à communiquer avec ce que Wolinsky appelle «le moi derrière la transe». Comme il le souligne, c'est le moi qui est capable de changer la transe et, par voie de conséquence, l'ensemble de symptômes qui provoquent l'alcoolisme ou une autre dépendance. C'est ce «moi derrière la transe» que j'appelle «l'âme». L'âme crée les transes protectrices durant l'enfance, et l'âme nous conduit à la crise qui nous rappelle à elle-même.

Sortir de transe est simple mais difficile. Le rétablissement est le stade où se produit une percée hors de la transe, une démystification. Habituellement, les choses se précipitent parce qu'on a touché le fond d'une quelconque manière à cause d'une crise ou d'un traumatisme. Mais ce n'est pas toujours le cas. Au chapitre 6, j'ai décrit plusieurs autres façons dont se produit la démystification. Une prise de conscience peut la provoquer. On peut faire cette prise de conscience en parlant avec un ami, en lisant un livre, en étant confronté à un être cher ou à un thérapeute, ou encore en participant à un atelier. Elle peut aussi nous venir d'une intervention ou d'une conversion religieuse.

Le rétablissement commence par la décision de mettre fin à tout comportement autodestructeur. C'est à ce moment que l'on décide d'accepter son impuissance.

Décider d'accepter son impuissance équivaut à choisir de prendre sa vie en main. Paradoxalement, en acceptant son impuissance, on se réapproprie son pouvoir. On recouvre sa liberté et on active sa volonté.

Le fait d'accepter notre impuissance nous amène à demander de l'aide. Dans mon cas, demander de l'aide signifiait adhérer à un groupe pratiquant un Programme en 12 étapes. Pour vous, cela pourrait signifier vous tourner vers un ami, chercher un groupe de soutien, parler à votre pasteur, votre ministre du culte ou votre rabbin, aller consulter un thérapeute ou choisir un centre de traitement ou un programme. Pour vous aussi, cela pourrait signifier vous joindre à un groupe pratiquant les 12 étapes.

Si les groupes ont l'énorme pouvoir de nous faire sortir de transe, c'est précisément parce qu'ils restaurent le pont interpersonnel. Le fait de voir une acceptation affectueuse de soi-même dans *les yeux d'autrui* rétablit le processus de reflet. En partageant nos sentiments honteux et en nous sentant aimés et acceptés malgré nos échecs, nous en arrivons à nous accepter nous-mêmes. L'ami, le thérapeute, le groupe ou la communauté peut nous donner le soutien que nous n'avons pas eu dans l'enfance. La psychologue du développement Margaret Mahler appelle ce genre de soutien le «ravitaillement». Le lecteur se souviendra que j'en ai parlé au chapitre 8. Les enfants ont besoin d'être généreusement ravitaillés lorsque leur tout nouveau moi psychologique commence à émerger. Mais si, enfants, nous n'avons pas eu accès à ce type de ressourcement, nous pouvons encore le trouver à l'âge adulte. Il n'est jamais trop tard pour développer les forces que nous n'avons pas développées durant l'enfance.

Après avoir renoncé à la mystification, nous faisons face à notre première souffrance. La nouvelle relation de reflet avec le groupe permet à notre moi d'émerger progressivement. Mais il est fragile et a besoin de beaucoup de soutien. Le groupe est alors une *source de ravitaillement.*

Le groupe sert également de test de réalité. Il est très facile de retomber dans notre transe défensive. En effet, tout élément menaçant peut provoquer une rechute. Et, puisque nous avons abandonné notre enveloppe protectrice, nous sommes même plus vulnérables.

Avec le temps, à force d'être aimés et acceptés, nous en arrivons à pouvoir nous accepter affectueusement nous-mêmes. Si le groupe me voit dans toute ma honte secrète et continue de m'accepter, je peux m'accepter moi-même. À l'origine, l'estime de soi a commencé et a fini avec notre relation source. La mystification est un état de mort psychique. Pour naître psychologiquement, nous avons besoin de quelqu'un — un visage-miroir dans lequel nous pouvons voir notre reflet.

Tout au long de notre développement ultérieur, nous devons bénéficier d'une certaine forme de soutien social. Ce soutien peut venir du groupe ou des individus, mais il n'en reste pas moins que nous continuons de vivre dans un contexte social. Au prochain chapitre, je vais parler de l'importance des amis dans le développement de notre sentiment d'identité. L'enjeu important du stade de rétablissement consiste à passer de la transe intrapersonnelle dont nous nous nourrissons à une vie sociale véritablement nourrissante. Il nous est impossible de commencer à vraiment aimer les autres tant que nous ne parvenons pas à nous aimer nous-mêmes. Pour l'individu qui cherche à se démystifier, l'amour de soi commence par *l'acceptation de l'acceptation d'autrui.* Cela l'amène à s'accepter, à s'estimer et à s'aimer lui-même.

Au fur et à mesure que je suis devenu un membre reconnu du groupe, j'ai éprouvé un sentiment croissant d'appartenance et de sécurité. J'ai commencé à faire confiance aux membres du groupe. Ils racontaient leur histoire et partageaient leurs secrets honteux. Je savais qu'ils connaissaient le comportement indigne de l'ivrogne. L'intérêt qu'il y a à se joindre à un groupe partageant les mêmes problèmes que soi vient du fait que l'on peut s'identifier à chacun des membres. Cette identification crée le fondement de la confiance. Lorsque j'ai pris la décision de faire confiance, j'ai, par le fait même, pris la *décision* de partager mes propres secrets honteux. En les révélant, j'ai exposé mon moi le plus vulnérable aux autres. C'était une zone obscure de moi-même que je n'avais jamais laissé voir à quiconque auparavant.

Quelquefois, les membres les plus proches de moi et en qui j'avais le plus confiance m'ont mis face à certaines choses. J'en ai appris très long sur moi-même grâce à ces affrontements. On ne peut pas connaître quelque chose dont on ignore l'existence. Or nous ignorons que nous sommes dans une transe défensive, car elle est devenue automatique et inconsciente.

C'est là que réside le pouvoir de la transe. Elle est vraiment à l'œuvre. Les autres peuvent percevoir notre manque de présence, nos régressions spontanées, nos hallucinations positives et négatives ainsi que nos distorsions temporelles. S'ils nous mettent face à ces comportements, nous pouvons en devenir conscients. Nous pouvons devenir conscients de notre propre expérience. Nous pouvons commencer à nous mettre en contact avec notre moi derrière la transe et à grandir en plénitude spirituelle.

Les dangers du premier stade

Chaque stade peut nous faire tomber dans une sorte de suffisance. En tant qu'individu mystifié, je suis sensible à ce qui peut modifier mon humeur et créer une accoutumance. Le stade du rétablissement est très attrayant. Je n'ai jamais vécu d'année plus excitante que ma première année de rétablissement. C'est exaltant de sortir de l'ombre, de faire partie d'une communauté où l'on se sent bienvenu, de ne plus se comporter en faux jeton et de ne plus jouer la comédie. Au début, il m'arrivait souvent de participer à plus d'un meeting par jour. Quelquefois, c'était nécessaire; d'autres fois, je prenais simplement plaisir à la camaraderie et au sentiment de sécurité et d'appartenance. Il y a des gens qui restent bloqués à ce stade ou qui en deviennent même dépendants. Aller aux rencontres de leur Programme en 12 étapes, à leur thérapie de groupe, à leur église ou à leurs ateliers thérapeutiques devient un mode de vie pour eux. Toutes leurs autres relations et intérêts personnels sont absorbés par leur rétablissement. Plutôt que de trouver un équilibre dans leur programme, ils le polarisent et en font une fin en soi. Leur démarche de rétablissement devient une planche de salut. Je connais plusieurs personnes qui ont été endoctrinées par leur parrain dans un Programme en 12 étapes, par leur ministre du culte, leur thérapeute ou leur gourou en atelier. Soudainement, il semble n'y avoir pour eux qu'une seule façon de se guérir. Le Programme en 12 étapes ou une thérapie particulière deviennent rigides et autoritaires.

Par contraste, les fondateurs du Programme en 12 étapes original — Bill W. et le Dr Bob, qui ont eu le génie de comprendre comment faire face à la honte toxique et à la polarisation — enseignaient aux gens à trouver la méthode qui leur réussissait le mieux et à l'appliquer. Ils refusaient de standardiser une quelconque technique officielle.

À notre centre de traitement de Rosemead, en Californie, nous enseignons aux thérapeutes à utiliser la même approche flexible. Leur formation comprend plusieurs types de techniques thérapeutiques. Nous avons appris que lorsque nous nous attachons trop à une théorie, à une technique ou à une thérapie, nous finissons par la standardiser et que, si elle ne fonctionne pas avec un patient, celui-ci risque d'en concevoir de la honte. Lorsque les clients sensibles déçoivent leur thérapeute, ils le savent. Ils ont honte de ne pas être à la hauteur. Si tel est le cas, c'est que, en substance, le thérapeute a obligé son client à entrer dans son propre monde intérieur plutôt que d'ajuster son approche de manière à entrer dans le monde intérieur de son client.

DEUXIÈME STADE: LE DÉVOILEMENT

Le deuxième stade sous-tend une compréhension de la manière dont nous en sommes arrivés à une vie stagnante. Nous devons comprendre ce qui nous est réellement arrivé, comprendre la vérité de notre enfance. Nous devons comprendre la violence de l'éducation patriarcale et l'impact singulier qu'elle a eu sur notre vie.

Par-dessus tout, nous devons faire un lien entre les symptômes de la violence et la violence elle-même. L'hypervigilance, le contrôle excessif, les troubles somatiques, le catastrophisme, les troubles du sommeil, la prédisposition aux accidents, la mise en actes, la compulsion/dépendance et la codépendance comptent au nombre de ces symptômes. En développant notre faux moi cataleptique, nous avons perdu de vue le lien entre ces symptômes (l'ensemble des phénomènes de transe profonde) et l'outrage originel. À partir du moment où nous faisons un lien entre les symptômes et la violence — autrement dit, que nous comprenons que les symptômes résultent directement de la violence — nous commençons à *lever le voile* sur notre mystification. Nous nous rendons compte que nos symptômes ne sont pas des traits de caractère particuliers mais bien des conséquences naturelles de la violence.

En ce qui me concerne, cette prise de conscience a eu pour effet d'atténuer immédiatement la honte que je portais en moi. Je suis effectivement devenu plus conscient que je n'étais pas un être anormal et imparfait. La plupart d'entre nous sont victimes d'une violence multigénérationnelle fatale. En tant que survivants d'un certain type de violence psychique, nous pouvons nous aimer nous-mêmes pour la souffrance et le chagrin que nous avons endurés.

La souffrance légitime

Après avoir levé le voile sur les outrages que nous avons subis, nous devons éprouver la douleur reliée à nos blessures. Cette démarche d'affliction nous amène à terminer des parties de notre besogne inachevée. Tant que nous n'avons pas retrouvé et ressenti la peine que nous avons complètement évitée autrefois, nous ne pouvons pas nous mettre en contact avec les régions plus profondes de notre âme. L'affliction est une souffrance et, comme Jung l'a dit, «il s'agit d'une souffrance légitime». Les symptômes de notre transe constituent une défense contre la souffrance légitime que nous devons éprouver afin d'intégrer nos anciens traumatismes.

De plus, l'affliction nous révèle à nous-mêmes. Au chapitre 7, j'ai décrit une façon de vivre notre souffrance. Il existe cependant plusieurs chemins susceptibles de nous faire franchir cette montagne. En soi, la vie est une vallée où l'âme grandit, comme Keats l'a fait observer.

L'affliction peut être déclenchée par un décès qui nous replonge dans notre chagrin. Cela se produit souvent lors du décès d'un parent. Personnellement, la mort de mon père m'a fait accéder à de nouvelles profondeurs de démystification et de plénitude spirituelle. Deux semaines après sa mort, j'ai cessé de fumer — et c'est l'un des plus beaux cadeaux qu'il m'ait faits! Après avoir laissé tomber mon masque, je me suis senti de nouveau comme un petit garçon. J'ai dû composer avec ce petit garçon dont l'âme désirait ardemment un père. La mort de mon père m'a amené à éprouver la souffrance légitime que j'avais évitée toute ma vie durant.

Bien que différentes thérapies puissent également nous aider à faire une démarche d'affliction, il n'y a pas de bonne méthode. *Il n'y a certainement pas de méthode John Bradshaw.* Plusieurs personnes ont commencé à en demander une, mais l'ennui c'est que les méthodes finissent par être standardisées. Quelquefois, une méthode standardisée peut être utile pour stabiliser quelqu'un en crise. Il est bon de pouvoir nommer quelque chose qui nous aide à nous concentrer sur un problème et qui déclenche le processus. Et je crois fermement que la souffrance originale doit être dévoilée et soignée. Mais il n'y a pas une seule et unique façon de le faire.

Les retrouvailles avec l'enfant intérieur

Ce que j'appelle «la découverte de son enfant intérieur» est un moyen qui a fonctionné pour moi et pour plusieurs personnes.

Pour moi, le fait d'étreindre en imagination mon enfant intérieur m'a permis, entre autres conséquences particulièrement significatives, d'être compatissant avec moi-même. Lorsque je me regarde dans un miroir, même maintenant, les anciennes voix du blâme, de la comparaison et du mépris de soi se déclenchent aussitôt. Même si j'entends depuis des années les nouvelles voix de mes amis et des camarades de la communauté des AA, il m'arrive encore d'entendre ces vieux enregistrements posthypnotiques. Pendant des années, j'ai lu des livres qui offraient des techniques censées m'aider à m'aimer. Je regardais fixement mon image dans le miroir et je me répétais «Je t'aime, John». Cela m'aidait quelques minutes mais ensuite les voix n'en étaient que pires.

Toute technique est foncièrement inutile tant que l'on n'a pas rétabli le contact social et recommencé à s'accepter soi-même. Il faut être soutenu socialement et embrasser *émotionnellement* les parties de soi-même que l'on a rejetées et dont on s'est dissocié. L'image de soi-même enfant est le moyen le plus rapide et le plus sûr que j'aie trouvé pour les accepter pleinement.

L'idée d'un enfant vivant en moi m'est venue de Eric Berne, le créateur de l'analyse transactionnelle. En lisant l'œuvre de Berne, je me suis rendu compte que j'avais fait l'expérience spontanée de la régression temporelle, comme lorsque je boudais et que je faisais des crises de rage à ma femme et à mes enfants. Un jour, j'ai fermé les yeux et j'ai vu un petit garçon. Son portrait se trouve maintenant dans *Retrouver l'enfant en soi*. J'ai immédiatement éprouvé de l'amour pour lui. Il était debout sous le porche avant d'une maison de la rue Fannin à Houston, au Texas — la maison où je suis né. Il avait le menton appuyé dans ses mains en coupe et contemplait le monde d'un air songeur. J'ai éprouvé tellement d'amour que je me suis mis à pleurer doucement. Mon émotion était d'une profondeur incroyable. Mon âme était encore à l'œuvre! En embrassant cette image de moi-même, petit garçon, je me suis *étreint* moi-même. C'était puissant et transformateur. Je me suis aimé moi-même dans cette image de petit garçon. À travers lui, je pouvais m'accepter inconditionnellement.

À propos du narcissisme

On qualifie parfois le travail avec l'enfant intérieur d'égocentrique et de narcissique. Dans la plupart des cas, il s'agit d'une façon psychologiquement plus chic de dire ce que mes voix parentales intériorisées me disaient: «Cesse d'être aussi égoïste!»

Le mot «narcissisme» nous vient d'une autre figure de la mythologie grecque, Narcisse, qui, voyant sa propre image se refléter dans le bassin d'une fontaine, en tomba amoureux et mourut en voulant s'unir à elle. Ce mythe illustre parfaitement la transe intrapersonnelle mystifiée à laquelle le travail avec l'enfant intérieur est censé mettre fin.

Durant notre prime enfance, nous avions des besoins narcissiques normaux. Nous avions besoin d'être admirés, pris en charge et aimés inconditionnellement dans tous nos aspects. Si ces besoins sont demeurés insatisfaits, nous avons continué d'essayer de les satisfaire d'autres façons. Cependant, à partir du moment où l'on tente de les combler par soi-même, ils deviennent déformés et toxiques.

Le narcissisme toxique est la forme plus qu'humaine de l'amour de soi mystifié. Il est basé sur un pouvoir défensif. Les interactions avec autrui s'avèrent trop dangereuses pour le moi fragile et intoxiqué par la honte. L'amour de soi extérieurement pompeux du narcissique est un indice que le sujet ne s'aime ni ne s'accepte véritablement.

Fritz Perls, le créateur de la thérapie gestaltiste, a déjà dit que le narcissisme, c'est d'être assis dans une pièce qui ne comporte rien d'autre que des fenêtres et de regarder dehors, ne voyant rien sauf *soi-même*.

Le narcissique qui s'aime d'un amour mystifié croit qu'il peut fabriquer et contrôler son amour et son acceptation de soi. Il tente de les provoquer. J'ai essayé de le faire des années durant en lisant des livres sur l'amour de soi. Mais l'amour de soi plein d'âme ne peut être ni fabriqué ni contrôlé. Au début, on doit le découvrir lentement en voyant l'amour dans les yeux d'autrui.

Le travail avec l'enfant intérieur conduit à un changement de deuxième type. Je trouve vraiment malheureux qu'il soit confondu avec le narcissisme. L'amour et l'acceptation de soi constituent l'appel de l'âme le plus profond. L'amour de soi et l'autoconservation sont le fondement de notre humanité. Si nous n'avons pas de relation intérieure d'amour de soi-même, l'amour que nous extériorisons devient une recherche obsessionnelle d'autoconfirmation. Les maîtres spirituels nous enseignent cela depuis le début des temps. C'est la base de l'enseignement de Jésus.

Le travail avec l'enfant intérieur m'a aidé à découvrir une version de moi-même plus profonde, moins contaminée. L'image de mon enfant intérieur m'a apporté à la fois une émotion inattendue et une nouvelle estime de moi-même. L'image de nous-mêmes enfants est de loin beaucoup plus numineuse que notre faux moi figé. En contemplant mon image dans le miroir, je vois la dureté et les limitations de mon faux moi mystifié. Cette image a été fabriquée pour répondre à mon besoin de survie. Elle est défensive et figée.

L'image de l'enfant intérieur, quant à elle, est ouverte au changement et à la croissance. En méditant, j'entame le dialogue avec mon enfant intérieur et je reprends contact avec des états anciens qui remontent à l'époque où les possibilités constituaient ma destinée. C'est une étreinte qui guérit. Le dialogue avec mon enfant intérieur me fait ressentir la confusion, les émotions et les besoins que j'ai mis de côté autrefois. C'est une rencontre fructueuse au cours de laquelle je touche une profondeur de moi-même que je ne connaissais qu'inconsciemment auparavant.

La défense et le soutien de l'enfant intérieur

Se faire le défenseur de son enfant intérieur est une métaphore que j'ai utilisée dans *Retrouver l'enfant en soi* pour exprimer l'engagement que l'on prend vis-à-vis de soi-même: se développer et grandir. Une fois que j'ai dévoilé et retrouvé les parties de moi-même que j'avais rejetées, je dois élever l'enfant que j'ai découvert. Or comme on a tendance à élever son enfant intérieur de la même façon que l'on a été élevé, on doit, pour devenir son champion, travailler fort afin d'apprendre à être un meilleur parent pour soi-même. Tout comme un bon parent aide son enfant à devenir adulte, je dois m'aider à terminer les tâches inhérentes à mon développement que j'ai échouées dans l'enfance.

Retrouver l'enfant en soi propose quantité d'expériences susceptibles de nous aider à faire les apprentissages inhérents au développement que, enfants, nous n'avons pu faire. En prenant la défense de mon enfant intérieur, j'effectue une sorte d'expérience corrective; je développe les aptitudes qui me donnent de meilleurs outils pour aimer.

Cette démarche comporte plusieurs facettes, l'une des plus importantes étant la clarification des valeurs. Cette tâche commence par une mise en question des vieilles règles familiales. On peut changer en conscience de soi et en honnêteté rigoureuse la règle du déni que l'on a héritée de son système familial. On peut, en apprenant à découvrir la véritable nature des émotions et la manière de définir nos propres frontières émotionnelles, changer la règle qui nous impose l'insensibilité. On peut transformer la communication triangulaire en une communication ouverte et honnête. Tout cela implique un dur travail. Comme pour tout ce qui touche à l'acquisition de compétences, cela exige du temps et de la pratique. La découverte de ses propres valeurs vient récompenser ce travail.

À mesure que j'ai découvert de nouvelles façons d'être et de faire preuve de compassion, je suis devenu un peu plus la personne que je voulais être, un peu plus le genre de personne que je pouvais vraiment aimer. J'ai découvert que ce que je tenais pour de l'amour n'était pas du tout de l'amour. Que mes relations étaient basées sur des notions mystifiées de l'amour.

Cette découverte s'est avérée extrêmement libératrice, me soulageant des violents passages à tabac que je m'infligeais. Plutôt que de dépenser toute mon énergie à me mortifier, je me suis mis à l'utiliser pour apprendre notamment à m'affirmer, à dire non, à demander ce que je voulais vraiment et à exprimer mes émotions ainsi que mes besoins. Je me suis senti très souvent comme un enfant qui vient tout juste d'apprendre à marcher. Au début, je m'exprimais de façon maladroite, comme si j'apprenais un nouveau langage. J'ai dû m'exercer énormément. Mais, au cours du processus, j'ai découvert quelque chose sur moi-même: j'ai découvert que j'étais disposé à changer et à croître, que j'étais prêt à supporter la gêne et l'embarras que provoquait ma gaucherie. J'ai découvert que je m'aimais assez pour embrasser ma honte, que j'étais prêt à investir en moi-même et en mon développement.

Le processus consistant à *imaginer* et à essayer de nouvelles façons de se comporter peut donner lieu à d'incroyables aventures inédites. À ce stade, c'est mon rôle de Monsieur le Gentil Garçon dicté par mon faux moi que j'ai mis en question. C'était une partie de moi dont j'étais vraiment dépendant. Mais la gentillesse factice est une gentillesse extrêmement superficielle. John Friel, un pionnier du profond travail de dévoilement que j'ai décrit, m'a récemment envoyé son nouveau livre, *The Grown-Up Man*. Il y cite Garrison Keillor, l'auteur du célèbre poème intitulé *Lake Woebegone Days*:

Vous m'avez si bien appris à être gentil que, maintenant, je déborde tellement de gentillesse que je n'ai nulle conscience du bien ou du mal, nulle indignation, nulle passion.

Dites donc! Ce que cela peut me parler! Il n'y a peut-être rien de plus dépourvu d'âme que de se comporter en faux gentil. J'en suis graduellement arrivé à un accord avec ma gentillesse. J'ai fini par comprendre que je *suis* gentil et que c'est bien comme ça. Mais qu'être gentil ne signifie pas être du même avis que tout le monde au point où il n'y a jamais aucune confrontation, aucune divergence d'opinions.

Au début, j'ai dû apprendre à m'affirmer. Je couchais sur papier ce que je voulais dire à quelqu'un et je m'exerçais à le dire avec une personne en qui j'avais confiance. Les premières fois que j'ai vraiment dit «non» ou exprimé de la colère, j'étais plutôt mal assuré. Avec de la pratique, cela devient plus facile.

Dernièrement, j'ai eu l'occasion de me confronter au personnel de deux lignes aériennes concernant des services que j'avais payés mais dont je n'avais pas bénéficié. J'ai bien fait comprendre que je ne tenais pas les agents de bord pour responsables, mais que je voulais qu'on transmette mon message à quelqu'un. Il y a dix ans, je n'aurais rien dit et, dans mon dialogue intérieur, je me serais contenté d'excuser les compagnies aériennes. Maintenant, par contre, j'ai découvert que je suis capable d'exprimer une solide assurance tout en respectant la personne à qui je m'adresse. Mon comportement polarisé de type «tout gentil» ou «tout enragé» a fait place à une polarité qui me permet d'être gentil mais ne m'empêche pas d'exprimer adéquatement de la colère ni de me défendre.

Les dangers du deuxième stade

Le travail des émotions est très puissant. Il est sage de l'aborder avec prudence. Lorsque, pendant des années et des années, on a subi l'engourdissement sensoriel propre à la transe, le simple fait d'éprouver ses émotions peut s'avérer extatique. Le flot des émotions est comme la rupture d'un barrage.

Toute émotion peut faire l'objet d'une obsession. Les individus mystifiés sont, jusqu'à un certain point, dépendants des émotions telles que la peur et la honte. Si le deuxième stade nous permet d'éprouver notre colère et notre tristesse, on risque cependant de rester «accroché» à l'une ou l'autre de ces émotions. Certaines personnes ont participé à mes ateliers d'exercices pratiques et en sont reparties déçues. «Ce n'était pas aussi *intense* que vos autres ateliers», m'ont-ils dit, par écrit ou de vive voix. On peut devenir dépendant des ateliers ou des thérapies où l'on apprend à éprouver et à exprimer ses émotions.

Le travail avec l'enfant intérieur risque également de créer une dépendance. On peut faire du sentiment et devenir larmoyant lorsqu'il est question de son enfant intérieur. On peut découvrir une nouvelle image de soi et s'accrocher à sa propre innocence et à sa propre pureté, oubliant que l'on doit grandir, que c'était là le but premier de sa démarche. J'ai vu des gens qui se mettaient à blâmer leurs parents et se vautraient complaisamment dans un rôle de martyr et de victime. On peut s'agripper à sa misère et ne pas embrasser sa peine. Embrasser sa peine, c'est faire un travail d'affliction, et arriver au terme de cette affliction, c'est revenir à la vie et poursuivre sa route.

Le travail d'affliction nous amène non seulement à terminer notre besogne inachevée, mais aussi à pardonner. En pardonnant, nous nous arrachons aux enchevêtrements et aux liens fantasmatiques que nous avons créés dans le passé. Il se peut que nous choisissions d'établir des frontières fermes entre nous-mêmes et nos figures source ou toute personne à qui nous pardonnons. Il se peut que nous ayons à choisir d'abandonner un parent délinquant à son sort. L'important, c'est de tendre vers l'amour de soi et l'accomplissement. Le cadeau du pardon, nous le destinons aux autres mais aussi à nous-mêmes.

Nombreux sont ceux qui restent bloqués à l'une des étapes de l'affliction. Peut-être s'en tiennent-ils à la minimisation et au déni, refusant de faire le douloureux travail que nécessite l'affliction. Dans les Programmes en 12 étapes, j'ai vu beaucoup de gens s'enliser à ce stade. Certains s'accrochent à la tristesse et à la peine, d'autres à la colère et au remords. Tous ces blocages les empêchent de se révéler davantage à eux-mêmes et de s'aimer plus profondément de toute leur âme.

À ce stade-ci, un choix s'impose. Ici, je peux atteindre un certain bien-être. Je peux savoir à quoi m'attendre et trouver une certaine sécurité. Mais je peux aussi aller plus en profondeur. Je peux m'aimer plus pleinement si je le veux. Si je choisis d'avancer, je passe au troisième stade.

TROISIÈME STADE: LA DÉCOUVERTE

Une fois que nous avons levé le voile sur notre mystification et fait la paix avec notre famille intérieure et extérieure, nous sommes prêts à aller plus loin dans la découverte et l'amour de soi. Il ne faudrait cependant pas croire que cela se passe selon un horaire précis. L'âme est un vaste réservoir de signification. Nous pouvons avoir des pressentiments éloquents à tout instant et en tout lieu. Et la plénitude spirituelle échappe à tout contrôle. Cela revient donc à dire que ce que je décris peut se produire n'importe quand, bien que, pour plus de clarté, je l'appelle le «troisième stade». Il s'agit d'un stade d'éveil spirituel, lequel nous apporte une plus grande sagesse et nous fait approfondir notre compréhension de nous-mêmes.

Certaines disciplines spirituelles tant profanes que religieuses nous permettent d'approfondir notre relation à nous-mêmes. Les disciplines profanes incluent la restructuration intérieure, l'étude des rêves, l'imagination active, la méditation et l'imagerie mentale. Les disciplines religieuses incluent la méditation, la contemplation, la prière et l'action compatissante.

La pratique d'un Programme en 12 étapes m'a amené à renouer avec plusieurs disciplines spirituelles dont j'avais déjà fait l'expérience quelques années plus tôt. Au séminaire, nous pratiquions les «monitions», une méthode d'autoconfrontation qui exigeait que nous fassions des examens de conscience quotidiens. De plus, nous priions tous les jours et commencions notre journée par une période de méditation. Étant donné que j'avais toujours perçu les monitions comme des jugements catégoriques, j'ai abandonné cette pratique très rapidement après mon départ du séminaire. J'ai essayé de continuer à méditer, mais je n'avais jamais vraiment appris à le faire. Ma vie de prière était très importante pour moi, et je n'ai jamais vraiment perdu le contact avec elle. Mon Programme en 12 étapes incluait l'écoute de soi, la méditation et la prière.

Le programme mettait également l'accent sur la pratique d'un altruisme compatissant auprès des autres personnes qui souffraient

d'alcoolisme. Au cours des dix premières années de mon rétablissement, je me suis voué à transmettre le message des Alcooliques
Anonymes. Plus tard, j'en suis arrivé à comprendre que j'avais
besoin d'élargir le champ de mon action compatissante.

L'inventaire personnel

La dixième étape de mon programme me pressait de *poursuivre
mon inventaire personnel et d'admettre promptement mes torts dès que je m'en
apercevais.* Il s'agissait en fait, sous une nouvelle forme, de l'ancienne
pratique des monitions que j'avais connue au séminaire. Elle est
primordiale en ce qui a trait à l'approfondissement de soi.

La discipline du programme nous demandait de faire preuve
d'une honnêteté rigoureuse, de retarder les gratifications, d'être responsables et prudents, et de vivre dans le présent.

L'honnêteté rigoureuse demande que l'on surmonte son besoin
compulsif de dissimuler ses erreurs et de toujours avoir raison.
Avoir toujours raison est un des problèmes majeurs parmi les faux-
semblants plus qu'humains propres à la mystification. Il en va de
même pour la polarité contraire consistant à avoir toujours tort.
Quelqu'un a déjà dit que s'éclairer spirituellement, c'est s'alléger.
L'habitude d'être à l'écoute de soi nous aide à accepter notre responsabilité, mais elle nous aide également à nous montrer plus cou-
lants.

Pour retarder les gratifications, il faut surmonter nos sentiments de pénurie et exercer la pensée positive. Bon nombre de nos
besoins de gratification immédiate proviennent d'un sentiment de
pénurie. Une voix répétant qu'il n'y en aura pas assez joue comme
un disque rayé presque audible. Cette voix nous dit de profiter de la
manne pendant qu'elle passe, car elle pourrait ne jamais revenir.

L'autodiscipline est une habitude consistant à mettre en place
un nouveau dialogue intérieur. Le simple fait de me dire «Il y en
aura assez» est utile. Me poser des questions comme «Combien de
fois ai-je souffert de la faim ou n'ai-je pu satisfaire mes besoins de
base au cours des dernières années?» m'aide encore davantage. Je
peux même rire en me posant ce genre de question. Lorsque j'y
réponds, je constate à quel point la peur déforme ma pensée.

L'écoute de soi-même nous demande de développer de bonnes habitudes, autrement dit d'être vertueux.

Les vertus sont des forces qui deviennent comme une seconde nature pour nous. Une fois qu'elles sont formées, une fois que l'on a franchi un certain seuil, elles fonctionnent automatiquement et inconsciemment.

Le troisième stade m'a aidé à accepter mes faiblesses humaines. J'ai cessé de fantasmer sur la perfection et j'ai cessé de l'espérer. Si mon introspection me révèle que je suis réellement fautif en certains domaines, je peux agir et faire quelque chose pour changer. Il est humain de faire des erreurs et correct de l'admettre. À partir du moment où j'humanise mes attentes, je me donne beaucoup plus de bon temps.

La prière

La onzième étape de mon programme me demandait de *chercher par la prière et la méditation à améliorer mon contact conscient avec Dieu tel que je Le conçois*. Il s'agissait en fait d'une autre partie de la démarche de croissance spirituelle que j'ai effectuée au troisième stade.

Dans la prière, je reconnais qu'il y a une Puissance supérieure, quelque chose ou quelqu'un de plus grand que moi-même. Les traditions religieuses du monde entier considèrent toute forme de prière comme une façon d'exprimer sa gratitude et son adoration à une Puissance supérieure. La plupart des traditions religieuses lui ont aussi longtemps attribué des vertus curatives.

Pour moi, la prière est un moyen de rester en contact avec une honte saine. La prière est quelque chose d'éminemment personnel. Je ne prierais pas si je ne croyais pas que l'esprit infini est personnel. J'ai toujours été convaincu que si Dieu existe, Il ne peut être rien de moins que personnel, comme l'affirme Paul Tillich. La vie interpersonnelle est le couronnement de l'accomplissement humain. Il serait étrange que la *source ultime* de la vie interpersonnelle ne soit pas personnelle. Je trouve plus facile d'interagir avec l'*humanité* concrète de Jésus, lequel nous révèle Dieu. Mes cours de philosophie m'ont donné plusieurs représentations abstraites de

Dieu, mais je n'ai jamais pu entrer en relation avec aucune d'elles. Par ailleurs, les Saintes Écritures nous disent que Jésus nous ressemblait en tous points à ceci près qu'il ne péchait pas. Je peux être proche d'une personne qui est comme moi. Je ne crois même pas que Jésus n'a jamais péché. Selon moi, il s'agit là d'une mystification *inhumaine*.

En tant que frère et ami, je peux avoir une relation intime avec Jésus et je trouve une grande consolation à Le prier et à prier avec Lui. Le genre d'amour qu'Il considère comme l'expression de Son Père (Dieu) est un amour inconditionnel, compatissant, qui pardonne et ne juge pas. C'est le seul Dieu qui parle à mon âme.

À mon avis, la prière doit répondre à un critère rigoureux: engendre-t-elle de l'amour? ou, autrement dit, me conduit-elle à me soucier de moi-même et des autres?

La prière conduit à l'action. Je me rappelle avoir lu une anecdote à propos d'un grand théologien, le rabbin Heschel, qui participait à une manifestation pour les droits civils à Selma. Quelqu'un lui a demandé si sa vraie place n'était pas plutôt chez lui, à prier. «Mes pieds prient en ce moment même», a-t-il répliqué. Mon sens de la prière me conduit à agir. Lorsque je suis devenu membre d'un groupe pratiquant un Programme en 12 étapes, j'ai trouvé une petite carte verte sur laquelle on suggérait des actions quotidiennes découlant de la prière. Aujourd'hui seulement, proposait le message, je vais faire deux choses que je ne veux pas faire. Et, seulement aujourd'hui, je vais aider quelqu'un sans que personne ne le sache. Cette carte m'a servi de guide pendant plusieurs années. Je faisais des choses simples qu'il me fallait faire mais que je mettais souvent de côté jusqu'à la dernière minute. Lorsque je suis responsable de moi-même, je m'aime davantage. J'avais également besoin d'apprendre à aider avec discrétion. Mon faux moi grandiose adorait se vanter et faire savoir aux gens tout ce que je faisais pour les aider ou aider les autres. Honnêtement, je ne prétends pas avoir complètement cessé d'agir ainsi, mais il n'en reste pas moins que j'ai changé radicalement. Je me déplais lorsque je me glorifie et que je cherche compulsivement une confirmation extérieure de ma valeur personnelle. Je m'aime lorsque je fais discrètement des gestes de bonté et d'amour.

Il m'est impossible de m'aimer lorsque je déforme mes limites. Dans la prière, je reconnais mes limites et j'exprime ma gratitude à ma Puissance supérieure, la source de mon être. Plus je connais mes limites, plus je m'accepte comme je suis vraiment. Je ne peux m'aimer qu'à condition de savoir qui je suis réellement.

Avant que j'éprouve ma souffrance et que mon ego se dégonfle, ma prière était empreinte d'une sorte de satisfaction de soi. Je sais maintenant que, dans une large part, la prière, comme tout ce que je faisais à l'époque, représentait pour moi un moyen de modifier mon humeur. Sitôt que j'ai commencé à comprendre mes limitations humaines et que j'ai senti mon *vide intérieur*, j'ai pu commencer à prier vraiment. Ces petits moments où je goûte la plénitude de quelque chose existant au-delà de moi-même suffisent à m'en faire désirer davantage.

La méditation

Au cours de ma formation au séminaire, je n'ai appris aucune technique de méditation. J'ai médité pendant neuf ans et demi sans jamais vraiment savoir ce que je faisais. Puis, je n'ai pensé à aucune méditation formelle pendant les douze premières années de mon processus de réforme personnelle. Mais en approfondissant ma démarche, je me suis rendu compte qu'il existait plusieurs façons de méditer. Daniel Goleman, un psychologue de Harvard, a étudié les techniques de méditation les plus répandues à travers le monde. Il a découvert que la technique la plus simple et la plus universelle consistait simplement à être attentif à sa respiration. J'ai acheté une de ses audiocassettes et j'ai senti qu'elle m'amenait dans un espace intérieur extrêmement agréable. J'ai utilisé ensuite l'audiocassette de Steven Halpern intitulée *Spectrum Suite,* qui m'a aidé à approfondir ma méditation. Quelque temps après, Steven et moi avons fait ensemble une audiocassette pour aider d'autres gens à s'initier à la méditation.

J'ai également expérimenté l'usage de mots et essayé de me concentrer sur un mantra. Je n'ai jamais obtenu les résultats spectaculaires que mon imagination fantastique avait envisagés, mais je continue cette pratique tous les jours. Lorsque j'ai commencé à méditer, je m'attendais à avoir des visions, peut-être même à entendre la voix de Dieu! J'ai dû apprendre.

La méditation m'a principalement servi à développer une relation plus profonde et plus aimante avec moi-même. La technique que l'on utilise pour méditer n'est pas la méditation en soi. Je définis la méditation comme un état modifié de conscience qui se situe entre la veille complète et le sommeil profond. Comme tout état modifié, la méditation est une transe consciente que je choisis comme moyen de me connaître et de m'aimer plus profondément. Pour être franc, je dois dire que rien ne m'intéresse autant que ma propre identité. Cela n'a pas toujours été le cas. Pendant toutes mes années de grandiosité, mon moi ne m'a jamais vraiment intéressé. J'étais trop occupé à le dissimuler.

Le faux moi mystifié se livre à ce que le philosophe Heidegger appelle le *Gerede* qui, en gros, signifie «bavardage». Le bavardage est le bruit incessant des paroles vides qu'échangent deux ou plusieurs personnes mystifiées. Les bouddhistes nous disent que c'est aussi l'interminable monologue intérieur qui se poursuit dans notre tête. Avec le bavardage, nous nous entourons de bruit et de solitude. Le bavardage est le langage de la rupture avec soi-même. Pour connaître notre âme, nous devons être en contact avec le *silence*.

Le silence est la retraite naturelle de l'âme. Le silence n'est ni utile ni productif et, dans notre monde moderne peuplé de «faires humains», on ne lui accorde généralement aucune valeur. Mais il a un grand pouvoir de guérison. Les bons thérapeutes connaissent ce genre de silence.

Toutes les méthodes ou les techniques de méditation visent à nous faire entrer dans une brèche de silence. Mais ce n'est pas la technique qui crée le silence. Il est déjà là, tout comme il l'était au commencement de toutes choses.

Pour entrer dans le silence, il faut de la discipline, mais il s'agit davantage ici d'apprendre à s'écarter du chemin que d'apprendre à *faire* quelque chose. Je ne dois pas essayer de contrôler ou de guider le processus final de quelque façon que ce soit. Je me prépare au moyen de la discipline, je demande et j'attends de recevoir.

Les maîtres spirituels disent que lorsque nous sommes dans le silence, nous jouissons d'une faculté que nous n'avons pas habituellement. Cette faculté est une sorte d'intuition ou de connaissance empreinte d'un sentiment de certitude immédiate. Cette connaissance vient de l'intérieur; nous ne pouvons y accéder par aucun autre moyen, ni la trouver à l'extérieur de nous-mêmes.

En méditant, j'ai vécu des expériences ayant trait à l'acceptation de moi-même et au sentiment de ma propre continuité que je ne saurais exprimer adéquatement avec des mots. J'ai vécu une expérience qui m'a démontré que, d'une certaine manière, *j'avais toujours pressenti* les choses qui m'arrivent maintenant. Dans *Retrouver l'enfant en soi,* j'ai parlé de la nécessité de redécouvrir les souvenirs d'enfance qui sont encore porteurs d'énergie. Or en ce qui me concerne, ces souvenirs étaient pour ainsi dire reliés à des périodes ultérieures d'intense créativité. L'expérience que j'ai vécue m'a appris que, d'une certaine manière, j'avais pressenti longtemps auparavant ce qui allait se produire. Certaines théories au sujet de l'âme soutiennent que, enfants, nous avons de plus grandes visions de nous-mêmes qu'à l'âge adulte. Carl Jung affirmait que «l'enfance brosse un tableau plus complet du moi, ou de l'homme entier dans sa pure individualité, que l'âge adulte».

J'ai également eu la conviction intime que ce dont j'avais besoin me serait donné. En bouquinant, je tombe par hasard sur les passages dont j'ai justement besoin, j'assiste à une conférence où l'on traite exactement des idées qu'il me fallait pour faire avancer mon travail, et je fais l'expérience d'innombrables autres coïncidences apparentes. Ma conviction s'est approfondie avec le temps.

Par-dessus tout, le travail intérieur de la méditation m'a fortement fait prendre conscience de ce que Erik Erikson appelait l'«intégrité de l'ego». Cela revient à dire que j'accepte inconditionnellement ma vie comme quelque chose qui devait être. La méditation me transmet un message clair selon lequel tout ce que j'ai fait dans ma vie avait un but plus vaste que celui que j'entrevoyais à l'époque. J'accepte toute ma vie avec ses blessures, ses défenses, ses échecs, ses circonstances et éléments décisifs ainsi que tous les choix que j'ai faits. Lorsque, à la lumière de ce que je sais maintenant, je réfléchis à ma vie passée, je trouve que chacune de ses parties (excepté mon célibat de neuf ans et demi!) est valable et significative. Du point de vue de mon âme, tout était parfait. Cette acceptation demeure vraie à mes yeux la plupart du temps. Je vis des moments de regret, mais ils ne durent pas trop longtemps.

La méditation m'a également donné une conscience claire de l'unicité de ma propre vie. Mes ancêtres sont sans aucun doute importants pour moi. Je suis redevable à mon grand-père, Joseph

Eliott, des choses qu'il m'a apprises: l'engagement, l'endurance, l'honnêteté. Je crois aussi que je réalise les rêves les plus chers de ma mère et de mon père. J'en suis heureux, et je leur suis reconnaissant d'avoir caressé ces rêves. Il n'en demeure pas moins que les parties les plus créatives de ma vie sont le produit de ma propre et unique plénitude spirituelle.

La conscience de la polarité

La méditation m'aide aussi à élargir ma conscience de la polarité. Elle m'aide à voir les choses de façon «à la fois/et» plutôt que «soit/ou». En faisant taire ses voix intérieures hypnotiques, on apaise son ego. Pris dans ce sens, l'ego est notre conscience rétrécie, le domaine de notre faux moi. L'ego est toujours sur ses gardes, se protégeant des nombreuses menaces que l'enfant blessé voit constamment. À mesure que l'on guérit nos blessures du passé et que l'on démystifie peu à peu notre ego, celui-ci peut relâcher sa vigilance. On a plus ou moins terminé la besogne inachevée, et la compulsion de répétition s'est apaisée. À ce stade, la méditation peut nous aider à lâcher prise un peu plus.

Lorsque nous renonçons au contrôle, notre vision s'élargit et nous nous employons à inventer l'avenir plutôt qu'à nous défendre contre les peurs du passé. Nous nous ouvrons au monde et commençons à donner notre maximum.

De plus, nous devenons capables d'entrer dans le monde des autres. Nous approfondissons notre amour des autres et nous nous identifions émotionnellement à eux. Ce faisant, nous développons notre être. Nous commençons à voir notre unité et notre lien avec chaque chose. Grâce à cette conscience, nous approfondissons notre amour de soi. Toutes les parties de notre être sont acceptables. Nous sommes dorénavant en mesure de comprendre la façon dont notre mystification polarisée nous a amenés à nous idéaliser ou à nous dégrader. Le fait d'embrasser notre polarité nous conduit à une acceptation de soi équilibrée.

À la page suivante, il y a un exercice que j'ai fait plusieurs fois en travaillant à m'aimer et à m'accepter. Les réponses qui y figurent sont des réponses récentes touchant à plusieurs sphères importantes de ma vie. La colonne «réelle», ou colonne de polarité, représente ce que je considère comme l'expression d'un amour de soi plein d'âme.

EXERCICE D'ACCEPTATION DE SOI

IDÉALISÉ	PLEIN D'ÂME	DÉGRADÉ
	L'HONNÊTETÉ	
Je suis vertueux. Je vois la paille dans l'œil du voisin, pas la poutre dans le mien.	J'ai besoin qu'on me donne du feed-back parce que mon point de vue est limité.	Je suis un menteur.
	L'ÉCHEC	
Je blâme les autres: tout était de leur faute.	Je peux apprendre de mes erreurs. J'accepte que certaines choses échappent à mon contrôle.	Je me blâme moi-même: je suis un raté.
	LE SUCCÈS	
J'ai tout fait. Je suis supérieur.	Je me suis servi de mes talents et j'ai trouvé un contexte favorable.	J'ai simplement eu de la chance. En réalité, je suis un imposteur.
	L'IMAGE DE SOI	
Je passe la majeure partie de mon temps à soigner ma petite personne. Je suis obsédé par mon apparence.	J'accepte mon corps tel qu'il est et j'en prends soin en m'alimentant bien, en dormant bien et en faisant de l'exercice.	Je suis laid. Je suis un plouc. À quoi bon essayer de bien paraître?
	LA VOLONTÉ	
J'exerce un contrôle excessif sur moi-même et je tente de contrôler les autres. Je suis rigide et je fais preuve d'abnégation.	Je peux me retenir et me laisser aller de façon appropriée au contexte. Je vis avec passion et désir.	Je n'ai aucune emprise sur moi-même. Je suis impulsif et je ne me refuse rien.
	LES BESOINS	
Je n'ai pas besoin de recevoir quoi que ce soit.	Je reconnais et j'exprime mes besoins.	Je suis démuni et insatiable.
	LES FRONTIÈRES	
J'érige un mur autour de moi. Je ne laisse personne le franchir.	Mes frontières sont semi-perméables. Je peux laisser entrer l'autre ou le laisser à l'extérieur.	Je suis complètement enchevêtré. N'importe qui peut entrer.

L'amour à l'œuvre: se tourner de nouveau vers l'extérieur

La douzième étape de mon voyage vers l'amour de soi plein d'âme m'a incité à faire de bonnes actions: *Ayant connu un réveil spirituel comme résultat de ces étapes, nous avons essayé de transmettre ce mes-*

sage à d'autres alcooliques et de mettre en pratique ces principes dans tous les domaines de notre vie. Quiconque atteint la douzième étape est déjà en train de passer à l'action. Le sentiment d'amour de soi et de bonté est intrinsèquement porté à se répandre. On ne peut s'aimer vraiment soi-même sans désirer communiquer cet amour et le partager avec autrui. Les 12 étapes accentuent le réveil spirituel provoqué par la mort de l'ego, lequel a touché le fond. Une partie du réveil spirituel consistait à guérir le passé mystifié et sa paralysie. Désormais, en vivant dans le présent, nous pouvons agir sur les choses réelles qui se produisent.

Durant les premières années de mon rétablissement, j'ai travaillé avec des alcooliques et d'autres toxicomanes. Au cours de ma période de dévoilement, j'ai travaillé avec des adolescents toxicomanes et leurs parents. J'ai aussi commencé à travailler avec des clients en consultation privée. J'en ai appris long sur la mystification en aidant les autres. J'en suis progressivement arrivé à comprendre que l'adulte enfant incarnait un enfant intérieur blessé. J'ai découvert ma propre honte toxique et compris qu'elle était à l'origine de la mystification et de la dépendance.

Plus tard, je me suis clairement rendu compte que la dépendance comportait beaucoup plus qu'une simple accoutumance à une substance quelconque. Cette découverte m'a amené à considérer les outrages inhérents aux familles dysfonctionnelles comme *les préalables de toute forme de dépendance.* J'ai compris à quel point tous les enfants étaient gravement opprimés par les règles d'éducation patriarcale. J'ai compris que ces règles découlaient elles-mêmes de l'oppression infantile. Qu'elles étaient le produit d'adultes enfants pétris de honte qui cachaient leur peur derrière le pouvoir et le contrôle.

J'ai ensuite commencé à me rendre compte que les problèmes de pouvoir et de contrôle du patriarcat faisaient partie de problèmes plus grands et plus complexes touchant notre système politique et économique. Tous ces problèmes sont enracinés dans les suppositions implicites de notre cosmologie occidentale, de notre vision du monde.

Le pouvoir et le contrôle dominent notre réflexion économique concernant la terre. Tout comme nous ne considérons pas les enfants comme des êtres sacrés ayant leur propre dignité, nous ne considérons pas la terre comme un organisme vivant et sacré ayant sa propre dignité. Nous l'utilisons comme un objet, exactement comme nous le faisons avec les enfants. C'est au niveau des gouvernements que les systèmes de pouvoir et de contrôle sont le plus dangereux. Les systèmes politiques tiennent les commandes du vaisseau spatial Terre. Ils devront mettre en pratique une *nouvelle vision* de la planète, laquelle est née de la conscience que le système de guidage interne de la terre n'est plus en position automatique. Nos scientifiques ont mis au jour le processus même de la vie. Ils ont opéré la fission de l'atome et décodé l'ADN. Ces grandes révélations ont placé le système de pilotage de la planète en position *manuelle*, c'est-à-dire entre nos mains.

Cela me ramène carrément à la question des enfants maltraités et mystifiés. La tâche qui est devant nous est une tâche qui sous-tend que nous générions de l'amour. Même si nous avions une terre peuplée de gens pleinement opérationnels, cette tâche n'en représenterait pas moins un défi monumental. *Nous n'avons pas cela.*

J'ai décidé de m'engager à éveiller les gens à la vérité de l'enfance et de les aider à se démystifier puis à commencer à s'aimer eux-mêmes. Il est impossible d'aimer les autres et de se lier à eux si on vit caché dans l'isolement d'une transe intrapersonnelle.

J'ai choisi la bannière de Maria Montessori et d'Alice Miller, des pionnières qui ont consacré leurs efforts à sortir les gens de leur transe mystifiée et de leur compulsion à protéger leurs parents.

Erik Erikson a fait remarquer que le principal héritage de Freud réside dans une conscience plus aiguisée de notre nouvelle responsabilité éthique envers les enfants: l'enfant que nous portons en nous-mêmes, nos enfants réels et les enfants des autres. Voilà en clair ma responsabilité éthique telle que je la conçois. À l'instar de Maria Montessori, je crois que «aucun problème social n'est aussi universel que l'oppression de l'enfant». Elle a écrit cela au début des années vingt, et l'oppression des enfants demeure notre principal problème alors même que nous nous préparons à faire face à des problèmes planétaires plus grands. La violation des droits de l'enfant par nos règles d'éducation patriarcale *normales* est scandaleuse, particulièrement dans un pays où les citoyens ont lutté et donné leur vie pour la démocratie. Les problèmes des sans-abri, des gangs juvéniles, de la toxicomanie, de l'alcoolisme, de la criminalité et du fanatisme sexuel sont tous partiellement causés par les outrages subis durant l'enfance. Nous devons changer nos méthodes de socialisation, transformer les relations parents-enfants, en l'occurrence si nous voulons changer notre culture à l'échelle mondiale. Il y a plusieurs problèmes sociaux urgents, mais aucun n'est aussi urgent que celui-là.

Le mouvement des adultes-enfants, avec sa découverte de la mystification infantile, est devenu l'une des plus grandes sources de nouvelle conscience de notre époque. Je suis engagé dans ce mouvement de toutes mes forces. L'amour que j'ai pour moi-même exige que je continue d'unir ma voix aux nombreuses nouvelles voix et que je continue d'agir pour éveiller les gens à la tragédie de la mystification.

Chapitre 11

L'amour entre amis

Aux yeux des anciens, l'amitié était la forme d'amour la plus heureuse et la plus pleinement humaine; elle était le couronnement de la vie et une école de vertu. En comparaison, le monde moderne n'en tient aucunement compte.

C. S. LEWIS

Nous sommes ici parce que, au bout du compte, nous ne pouvons échapper à nous-mêmes. L'individu fuit tant qu'il n'a pas fait face au regard et au cœur des autres [...]. Où pourrions-nous trouver ce genre de reflet, si ce n'est dans nos points communs? [...] *ensemble*, nous sommes capables de prendre racine et de croître [...] non pas comme les géants de nos rêves ou les nains de nos peurs, mais comme des hommes et des femmes [...] comme les parties d'un tout qui contribuent à la réalisation des objectifs de ce tout.

DAYTOP VILLAGE INC.
(Un centre de réadaptation pour toxicomanes)

Il y a quelque temps, ma mère m'a donné de vieilles photos de mon enfance et l'une d'elles a particulièrement parlé à mon imagination. On y voit quatre jeunes garçons, debout les uns à côté des autres, chacun posant son bras droit sur l'épaule du suivant, entrelacés comme les trois mousquetaires. Je suis l'avant-dernier du groupe, le crâne rasé de près et l'air très jeune. Les autres gamins étaient Joe Danna, Dick Stephens et Bobby Hallett. Je sais où sont

Joe et Dick, mais j'ai perdu toute trace de Bobby. Aujourd'hui, ce ne sont plus mes amis et, quand je regarde cette photo, je le regrette. Former une bande de trois mousquetaires nous donnait un merveilleux sentiment de sécurité. Et, durant cette période, mon enfance était empreinte d'une véritable joie. C'était à l'époque où ma famille et moi vivions dans notre propre maison et n'étions pas obligés d'habiter chez des parents. J'avais environ onze ans. Freud appelle cette période «la période de latence», signifiant que la pulsion sexuelle est latente à ce moment-là. Les garçons n'avaient aucune envie de frayer avec les filles, sauf lorsqu'il s'agissait de les taquiner. Mes copains et moi (les trois mousquetaires) étions considérés comme extrêmement stupides et immatures par les filles du voisinage et par nos sœurs, plus particulièrement. Mais nous nous en balancions: nous étions des garçons et elles étaient des filles. Que pouvions-nous espérer de ces bonnes âmes délicates?

Les filles nous tenaient pour des rustauds et s'occupaient de leurs propres amitiés. Elles se regroupaient en bande, chuchotaient, riaient et organisaient ce que j'appelais leurs idiotes et endormantes surprises-parties.

L'amitié occupe une place importante durant l'enfance. Aux yeux de mes amis, tout ce qui faisait partie de moi était acceptable. Cela m'a permis de faire l'expérience de mon être, d'avoir une conscience unique de mon moi. Mes amitiés d'enfance ont été un terrain propice à l'émergence de mon âme.

Plusieurs psychologues du développement croient que l'amitié d'un groupe de pairs est, pour l'enfant, aussi essentielle à la croissance qu'une bonne relation avec ses parents. Certains soutiennent que c'est la qualité de l'amitié du groupe de pairs qui détermine plus que toute autre chose la santé psychologique de l'enfant.

LES AMITIÉS D'ENFANCE MYSTIFIÉES

Il ne fait aucun doute que, enfants, c'est principalement à travers nos relations avec nos parents et avec nos pairs que nous pouvons faire l'expérience de notre être. De même, les parents et le groupe de pairs peuvent constituer des *obstacles* majeurs quant à l'établissement d'amitiés enfantines pleines d'âme.

Le lien avec les parents

Le lien parental peut représenter une importante source de perturbation dans les amitiés entre pairs. L'enchevêtrement dyadique donne fréquemment lieu au rôle du Meilleur Copain de papa. L'enfant qui s'est installé dans ce rôle risque de tarder à établir ses propres relations d'amitié.

À l'université, j'avais un compagnon de beuverie — appelons-le Xavier — qui se faisait constamment répéter ceci par son père: «C'est toi et moi contre le monde; tu ne peux faire confiance à personne.» Xavier affirmait qu'il n'avait eu aucun ami lorsqu'il était enfant. Son père avait un arsenal d'armes dont il lui apprenait à se servir. Chaque semaine, ils simulaient des jeux de guerre, faisant semblant d'être attaqués par des ennemis. Le père était alcoolique et souvent, lorsqu'il était ivre, il éveillait Xavier au milieu de la nuit et le terrorisait en lui disant qu'on venait de tirer sur lui ou que la maison était cernée par des gangsters venus pour les tuer.

Lorsque j'ai fait sa connaissance, Xavier était déjà alcoolique. Il était incapable d'entretenir quelque genre de relation adulte que ce soit. Il a fini par se suicider, et sa mort avait quelque chose à voir avec la drogue. Il a laissé une longue lettre décousue et paranoïde insinuant que la mort était la seule issue pour lui.

L'amitié de Xavier avec son père a été beaucoup plus chèrement payée que la plupart des amitiés parents-enfants. Mais l'essentiel, dans tout cela, c'est que les enfants ont besoin de se lier d'amitié avec leur propre groupe de pairs.

Les mêmes problèmes peuvent survenir lorsque les mères créent une amitié exclusive avec leurs filles, un phénomène que j'appelle le syndrome des «copines d'université». Je connais une femme qui, dans sa jeunesse, était la confidente et la meilleure amie de sa mère. Celle-ci haïssait son mari, le père de sa fille, en l'occurrence. Ne négligeant aucun détail, elle s'employait à démontrer à sa fille que son père était un amant lamentable. Elle dénigrait les hommes et disait à sa fille que le sexe était une chose affreuse. Maintenant qu'elle est devenue adulte, cette femme n'a aucune amie et, en ayant des liaisons avec des hommes mariés qu'elle finit par rejeter dans la colère et le mépris, elle reproduit constamment la haine des hommes que sa mère éprouvait. Elle ne peut atteindre l'orgasme qu'en imaginant qu'elle est dans la peau de sa mère!

Des amitiés entre parents et enfants de sexe opposé peuvent également se nouer. Elles ont souvent une composante romantique ou sexuelle.

Les parents doivent avoir des amis du même âge qu'eux. S'ils ont besoin de faire en sorte que leur enfant devienne leur meilleur ami, c'est qu'il y a un déséquilibre quelconque dans leur vie. Leur âme essaie de leur dire quelque chose.

Une fois que les enfants sont grands, l'amitié entre eux et leurs parents devient possible. Elle requiert le même travail assidu que toute autre relation d'amour.

Les mortifications infligées par le groupe de pairs

Les bandes d'amies, ces bonnes âmes délicates dont j'ai parlé précédemment, étaient souvent des foyers où, entre pairs, les filles se faisaient subir des pressions et des humiliations passablement abusives. Plusieurs femmes ont été profondément et douloureusement marquées par les jeux d'*inclusion* et d'*exclusion* qui se jouaient autrefois dans leur groupe de pairs. Les jeunes filles peuvent se montrer cruelles dans leurs jeux de loyauté et de trahison. Chez les préadolescentes et les jeunes adolescentes, le pouvoir de l'amitié fait l'objet d'un marchandage quotidien.

Le groupe de pairs masculins est tout aussi méchant. J'ai peine à croire que mes confrères de classe, en dixième année, aient pu être aussi cruels avec un garçon prénommé Bob. J'avais été son compagnon durant l'année précédente. Au début de notre deuxième année au Saint Thomas High School, quelque chose changea. Le groupe de durs à cuire n'aimait pas Bob. Il possédait une moto Cushman, et cela suscitait énormément de jalousie. Il avait également une très jolie petite amie qui fréquentait l'école Saint Agnes. D'une façon ou d'une autre, il est devenu le bouc émissaire du groupe. Quant à moi, je ne pouvais tout simplement plus prendre le risque de continuer à le fréquenter. Le groupe de pairs représentait la vie ou la mort, la différence entre l'humiliation quotidienne et l'appartenance. J'ai laissé tomber Bob.

Je n'oublierai jamais tout ce que Bob a subi au cours de cette année-là. Il a fini par déménager à Saint Louis. Je souhaite de tout cœur qu'il ait connu un nouveau regain de vie. Chaque jour, quand il passait sur sa Cushman, on lui lançait des bombes à eau. À maintes reprises, après l'école, on l'encerclait et on lui enlevait son pantalon. Il essayait habituellement de se défendre, mais les plus costauds du groupe le maîtrisaient aussitôt. J'ai souvent réfléchi à la raison d'être d'une telle cruauté. Je crois qu'elle a quelque chose à voir avec le fait que les jeunes adolescents sont particulièrement sensibles à toute forme de mortification. La puberté est une période d'extrême vulnérabilité. Toute la honte que l'on a intériorisée est mise à nu chaque fois que l'on repasse par des étapes de vie que l'on a franchies antérieurement. La honte craint d'être mise au jour. Si quelqu'un d'autre peut être pris comme bouc émissaire, on ne risque pas d'attirer l'attention. C'est ainsi qu'une douzaine d'adolescents boutonneux et effrayés choisissent un membre du groupe et en font leur bouc émissaire. C'est sur Bob que chacun de nous a projeté son ombre.

À l'heure actuelle, je préfère contempler la photo des «trois mousquetaires». Elle est plus joyeuse. Jamais *de toute ma vie* je n'ai retrouvé l'esprit de camaraderie et le sens de l'amitié que j'ai connus à cette époque.

LES PROBLÈMES DE L'AMITIÉ ENTRE ADULTES

«Les gens sont si occupés qu'ils font passer leur profession avant leurs relations d'amitié.» C'est ce qu'a soutenu Jim Spillane, une des personnes que nous avons interviewées dans le cadre de ma série télévisée sur l'amour. Jim a ajouté que l'on se préoccupe d'abord de ses relations d'affaires et de ses relations amoureuses, puis de ses relations d'amitié. La plupart des autres personnes interviewées partageaient cette opinion. Un homme a avancé que l'idée de l'amitié était «irréaliste, une perte de temps». J'ai été un peu choqué par son rejet catégorique de la notion de l'amitié, et ce, jusqu'à ce que je me souvienne qu'un changement majeur avait commencé à s'opérer dans ma vie le jour où je m'étais rendu compte que je n'entretenais aucune amitié profonde. J'avais quantité de connaissances, mais aucun ami véritable.

Ce constat, que je n'ai fait qu'au début de la quarantaine, faisait partie de mon processus de rétablissement. Je me suis rendu compte que mon enfant intérieur mystifié s'attendait à ce que des liens d'amitié se nouent sans que j'aie à faire quoi que ce soit.

À cette époque, ma situation ressemblait à ceci: j'avais des compagnons, et Dieu sait que mon ami Mike Falls, un pasteur épiscopalien, avait travaillé pour se lier d'amitié avec moi. Mais j'étais trop occupé pour penser à l'amitié. J'avais une femme, une belle-fille, un fils, et les échelons de la réussite à gravir. Je jouais encore mes rôles de Protecteur et de Star, et je travaillais de façon compulsive, m'efforçant d'accomplir des performances et de prouver que je n'étais pas un «imposteur». J'avais oublié Joe Danna, Dick Stephens et Bobby Hallett. De toute manière, l'amitié convenait aux jeunes garçons, mais elle était de moindre importance dans un monde d'adultes où l'on s'entredévore.

La mort de mon père

C'est la mort de mon père qui m'a fait prendre conscience de mon besoin d'avoir de vrais amis et de l'importance que l'amitié revêtait à mes yeux. Une chose pleine d'âme et démystificatrice se produit habituellement lorsque l'on perd un de ses parents. Du moins, une foule de gens ont décrit la mort d'un de leurs parents ou des deux comme une expérience de type kaïros. Peu importe ce qu'était notre relation réelle, le caractère définitif du décès d'un parent nous change pour toujours.

Cela a été pour moi une question de maturité. Ce moment a eu quelque chose à voir avec ma peur d'être *le père,* le mien étant parti. Je m'étais réconcilié ouvertement avec lui. Je l'avais emmené à son premier meeting des AA. Il avait complètement cessé de boire trente-six jours après moi. Nous avons eu du plaisir ensemble à vaincre notre habitude de boire et à participer aux meetings. Il n'y avait pas d'intimité profonde dans notre relation, puisque nous ne savions ni l'un ni l'autre comment exprimer nos sentiments, mais il y avait de l'âme. Elle perçait nos silences de ses petits cris aigus, filtrait à travers nos regards fuyants et intimidés. Avant qu'il meure, je lui ai dit que je l'aimais. Je lui ai parlé de la mort. Je lui ai demandé s'il avait peur. Moi, j'avais peur. Il m'a dit qu'il n'avait pas peur. J'ai eu l'impression que j'en avais fini avec lui. Mais ce n'était pas vraiment le cas. Ce ne le sera probablement jamais.

Le sentiment de vide que j'ai éprouvé après sa mort m'a conduit à travailler sur les images de lui que j'avais intériorisées. Je véhiculais encore de vieilles images dégradées. Elles ont surgi durant ses funérailles, puis ont réapparu quelques mois plus tard. Il fallait que je travaille intérieurement sur le père que je m'étais créé autrefois. Il fallait que je renonce à mes fantasmes de petit garçon concernant mon désir d'avoir un père puissant qui me protégerait de tout danger. Il fallait que je grandisse. J'avais besoin de devenir le père de mon propre foyer, le géniteur de ma propre vie. Lorsque je me suis mis à travailler ces questions, je suis entré en contact avec la peur et l'angoisse profondes que m'inspiraient la solitude et la mort. En affrontant cette solitude et cette peur de la mort, je me suis rendu compte que je n'avais aucun véritable ami. J'ai décidé d'examiner cela de plus près.

Mon manque d'identité masculine avait suscité en moi un profond sentiment de peur et d'insécurité vis-à-vis de moi-même en tant qu'homme. Il est très difficile d'établir de véritables relations d'amitié quand on n'a aucune conscience de son identité. C'est cela que la mort de mon père m'a contraint d'affronter.

Les hommes mystifiés qui n'ont pas d'identité réelle et éprouvent, avec une intensité infantile, un grand besoin d'être aimés *ne font pas de bons amis.* Leurs relations sont unilatérales, superficielles et irresponsables, et ce, aussi bien avec les femmes qu'avec les hommes. Ils s'avèrent d'excellents compagnons et réussissent bien dans les organisations masculines comme les clubs de golf, de tennis et de tir. Dans ce genre de clubs, la camaraderie est superficielle et dénuée d'intimité. C'était exactement dans cette fâcheuse situation que je me trouvais.

L'homophobie

Pour les gens de ma génération, une fois atteint l'âge de la puberté, toute relation d'amitié suivie entre mâles adultes était éminemment suspecte. Cette suspicion découlait d'une profonde homophobie, d'une peur de l'homosexualité qui s'était transmise de génération en génération par le biais de comportements patriarcaux. Des hommes entrelacés comme les trois mousquetaires de ma photo auraient semblé plutôt suspects durant mon adolescence. Cette homophobie a diminué quelque peu à mesure que nous prenions davantage conscience du patriarcat et de l'influence des facteurs génétiques dans l'orientation sexuelle.

Un de mes amis dont le frère se mourait du sida m'a récemment raconté une histoire tragique. Il était au chevet de son frère agonisant. Leur père, un croyant mystifié, bigot et homophobe (je dis cela en toute charité), faisait une visite de politesse à son fils mourant en même temps qu'un groupe d'amis du malade. Lorsqu'ils sont partis, le père a hoché la tête et s'est fait claquer la langue: «Mon Dieu, je ne comprendrai jamais de quoi il est question!», a-t-il dit. «Essaie l'amour et l'amitié», lui a répondu mon ami indigné.

LES TYPES D'AMITIÉ MYSTIFIÉE

Étant donné que la mystification est une transe défensive qui nous retranche dans l'isolement, il est impossible de se lier vraiment d'amitié tant et aussi longtemps que l'on n'a pas entamé un processus de démystification. L'individu mystifié crée de faux liens d'amitié qui ne sont en fait qu'une reproduction de ses relations source ou une tentative de combler son propre vide en fusionnant avec une autre personne ou un groupe. Je distingue plusieurs types d'amitié mystifiée.

Les groupes élitistes

Les individus mystifiés ont tendance à se joindre à des groupes qui leur donnent le sentiment d'être particuliers. Ces groupes, fondés sur des intérêts économiques, sociaux, religieux ou ésotériques, sont de nature sectaire. Les membres des groupes élitistes considèrent les «étrangers» comme indignes d'eux et évitent habituellement de se mêler aux gens prétendument ordinaires. Ce genre de groupes n'a pas grand-chose à voir avec l'amitié, bien que leurs membres se disent liés par une grande amitié. Le but des groupes élitistes ne réside pas dans la recherche du bien commun ou dans le partage d'intérêts collectifs. Il réside dans l'autoglorification.

La recherche d'«amis influents» est une autre forme d'élitisme. Nous connaissons tous quelqu'un dont la conversation est truffée de noms de gens en vue de sa connaissance et qui a bâti sa carrière en se faisant un certain type d'amis. En s'associant à des célébrités, à des gens qui sont riches, influents ou puissants, il trouve un sentiment de force et d'identité.

Les amitiés mystifiées dans le système patriarcal

En règle générale, le patriarcat est opposé à l'amitié véritable. Le système a une plus grande valeur que l'individu, le roi a préséance sur ses sujets. L'amitié fait peur à cause du pouvoir qu'elle engendre. Deux personnes ou un groupe de personnes sont plus puissants qu'un seul individu. Le roi veut un gentil pays uniforme où personne ne fait de vagues.

Il y avait, parmi les règles de mon ancienne communauté religieuse, un passage qui nous mettait en garde contre les «amitiés particulières». Cette interdiction était basée sur la doctrine spirituelle qui exigeait que nous menions une «vie commune» et que nous nous aimions tous également les uns les autres. On croyait que l'amitié avait nécessairement un caractère exclusif. Si tel individu est votre ami, cela signifie automatiquement que tel autre ne l'est pas: c'est la raison officielle que l'on nous donnait.

Cependant, le patriarcat encourage certains types d'amitié mystifiée. Les écoles patriarcales, avec leurs règles autoritaires, exploitent le besoin d'amitié et de communauté qu'éprouvent tout naturellement leurs élèves. Dans certains cas, l'école se distingue des autres en tant qu'école d'élite. Elle inculque aux élèves une doctrine centrée sur l'«esprit particulier de l'école» et la «loyauté envers l'école». La chanson de l'école devient un hymne sacré de loyauté plutôt qu'un rappel vibrant d'une expérience et d'une étape de vie importantes. On s'attend à ce que chacun devienne un membre de l'équipe et qu'il renonce à toute véritable individualité. On considère toute divergence par rapport aux traditions ou aux anciennes politiques de l'école comme un sérieux outrage. L'uniforme ou le code d'habillement de l'école détruisent un peu plus l'individualité.

Les écoles confessionnelles utilisent souvent ces tactiques pour inculquer aux enfants une doctrine religieuse particulière. Les codes de comportement sont clairement décrits, et lorsque les élèves se conduisent de la «bonne façon», on leur dit que c'est ainsi que les bons musulmans, les bons chrétiens, les bons juifs, etc., se conduisent.

Pour beaucoup de gens, le service militaire a été la source de très grandes amitiés, ce qui démontre que l'amitié véritable est possible même lorsque l'on est soumis à certaines conditions du patriarcat. La coopération et le courage que requiert la survie peuvent donner lieu à d'extraordinaires liens d'amour. Mais, à cause de sa structure patriarcale, l'armée a la possibilité d'induire une sérieuse mystification. Les atrocités militaires telles que l'incident de My Lai durant la guerre du Viêt-nam sont monnaie courante dans l'histoire de l'humanité. Le grand nombre de vétérans du Viêt-nam qui se retrouvent aujourd'hui dans la situation tragique des sans-abri infirme la thèse voulant que l'armée soit propice à la création d'amitiés vibrantes et durables. J'ai récemment entendu dire que le suicide avait fait presque deux fois plus de morts chez les vétérans du Viêt-nam que la guerre elle-même n'en avait fait chez les soldats américains.

Les amitiés en tant qu'écoles du vice

Les amitiés mystifiées jouent un rôle majeur dans les groupes basés sur le vice, la criminalité, le sexe, le sectarisme, les cultes sataniques, etc. L'histoire de la mafia comporte plusieurs exemples étranges et paradoxaux de ce genre d'amitiés dénaturées. Dans les groupes de ce type, on a l'illusion d'un attachement et d'une loyauté véritables.

Certains gangs ont en soi un élément de profonde plénitude spirituelle, mais leur posture polarisée du «nous-contre-eux» dénature cet élément. Pour plusieurs enfants maltraités et abandonnés, devenir membre d'un gang équivaut à créer un lien familial anti-identitaire. Par ailleurs, certains gangs affichent également un credo révolutionnaire et prétendent lutter contre l'oppression sociale. Mais, souvent, ce genre de gangs exige de ses membres qu'ils prouvent de façon extrêmement violente — jusqu'au péril de leur vie — qu'ils sont loyaux et totalement soumis au groupe.

Les copains liés par l'alcool ou la drogue

L'amitié engendrée autour de l'alcool ou de la drogue constitue un autre type d'amitié mystifiée. J'ai fait partie de plusieurs groupes de copains de beuverie au fil des ans. Le garçon que j'ai désigné comme celui qui avait été mon meilleur ami à l'école secondaire n'était pas du tout un ami, en fait. Une fois adulte, je me suis rendu compte que notre lien était basé sur notre condition commune d'enfants abandonnés par leur père et sur notre alcoolisme précoce. J'ai même dû reconnaître que *je ne l'aimais pas beaucoup.*

Après mon départ du séminaire, je me suis lié à plusieurs groupes de buveurs. L'un d'entre eux était composé de compagnons de beuverie célibataires, tandis qu'un autre était composé de couples dont toute la vie sociale reposait sur les soûleries et les surprises-parties.

Lorsque j'ai commencé à dégriser, j'ai découvert qu'il m'était pénible de fréquenter ces groupes. Tout en m'abstenant de boire, j'ai essayé à plusieurs reprises de participer aux surboums de week-end organisées par les couples. Je me souviens d'une fête qui avait commencé à 18 h le samedi soir et qui battait encore son plein lorsque je suis parti, à 11 h le lendemain matin. C'était vraiment difficile de s'abstenir complètement de boire dans un tel contexte. Quelques heures après le début de la soirée, plus personne n'était cohérent. Les fascinantes discussions intellectuelles dont je me réjouissais d'avance en me rendant à ces fêtes se sont avérées des monologues solipsistes présentant un degré de cohérence variable. Lorsque j'ai cessé de rechercher la présence de ces gens que j'avais appelés «mes meilleurs amis», ils ont coupé tout contact avec moi. Ce n'était pas l'amitié qui nous liait, moi et mes copains de beuverie, mais la bouteille.

Les amitiés codépendantes

Les individus mystifiés se sentent vides et insatisfaits. Ils cherchent quelqu'un qui saura combler leur vide. Les relations fondées sur la soif et le vide émotionnels sont ce qu'on appelle des amitiés codépendantes. Les amis s'utilisent mutuellement pour combler leur vide.

Les amis codépendants se mettent souvent d'accord pour ne jamais être en désaccord. Il s'agit là d'une pure mystification basée sur les attentes irréalistes de leur imagination fantastique. Pour moi, ce genre d'amitié équivaut à une amitié magique entre deux enfants. Chacun des amis *s'attend* à ce que l'autre comble ses désirs infantiles d'amour inconditionnel et de soutien absolu. Les individus qui ont des frontières médiocres s'engagent dans ce genre d'amitié mystifiée. Ils ont de la difficulté à dire non. Dans plusieurs cas, étant jeunes, ils ont été abandonnés pour avoir exprimé de la colère, et ils abhorrent la colère. Quelquefois, l'un des amis contrôle la relation avec sa colère.

L'incapacité de délimiter ses frontières en disant non ou en exprimant de la colère donne lieu à une relation sans limites. Il n'y a aucun moyen de résoudre les conflits ou d'harmoniser les différences. Cette incapacité de faire face aux différences de manière respectueuse exclut tout contact et toute intimité véritables. Il en résulte énormément de simulacres et une fausse intimité. J'ai eu plusieurs relations de ce genre. Si elles sont laborieuses, c'est que, souvent, une sorte de communication en duplex s'installe à demeure. Vous dites une chose (ce que votre ami veut entendre) et vous en pensez une autre (ce que vous ressentez réellement). En voici un exemple: Joseph me décrit les conditions de travail pourries qu'il doit endurer. Il dépeint son patron comme un sale con intégral. Presque toutes les fois où je passe un moment avec lui, il me raconte, avec maints détails ennuyeux, les faits et gestes de son patron. C'est toujours la même rengaine, en quatre-vingt-dix-neuf couplets! Pendant qu'il parle, je souris continuellement et hoche la tête pour exprimer ma sympathie. J'émets de brèves exclamations du genre «Oh là là!» ou «C'est épouvantable!» ou «Quel sale con!». Ce que je voudrais dire en réalité c'est «Pourquoi ne démissionnes-tu pas et ne trouves-tu pas un autre emploi? Ça me rend malade d'écouter tes jérémiades!». Pourquoi ne puis-je le dire? Parce que j'ai peur de l'offenser. Je redoute sa colère et la mienne. Je donne ma représentation de «gentil garçon». J'ai peur que, si l'un de nous éclate, cela ne mette fin à notre relation (peur de l'abandon). Je suis un gentil garçon, et les gentils garçons ne se mettent pas en colère.

Un jour, cela va se produire. L'un de nous va éclater, et cela n'est habituellement pas très beau à voir. Toute la colère que j'ai refoulée en l'écoutant pendant ces longues et pénibles heures va s'échapper dans un rugissement. Enragé et énergisé, je vais dire à mon pseudo-ami d'aller au diable et jamais plus je ne le reverrai ou ne lui parlerai. Cela m'est arrivé quelques fois. On se sent mal fichu.

Moi et mes amis actuels, Michael et mon frère Richard, nous avons convenu de nous donner un signal lorsque l'un de nous se lance de nouveau dans une histoire maintes et maintes fois ressassée. Nous regardons notre interlocuteur droit dans les yeux et nous nous mettons à hocher vigoureusement la tête de haut en bas. Cela me rend fou quand l'un d'eux agit ainsi, mais il n'en reste pas moins que c'est un très bon accord. Nous nous sommes aussi mutuellement engagés à nous dire la vérité.

Les amitiés codépendantes n'ont rien à voir avec le partage d'intérêts ou la réalisation de projets communs. Elles ont pour but de combler une soif et un vide émotionnels.

Les amitiés professionnelles fondées sur la codépendance

Le milieu de travail peut faire naître une véritable amitié mais, le plus souvent, il favorise l'éclosion d'une sorte de fausse amitié basée sur la codépendance et où l'on s'entredévore allègrement.

Au travail, il arrive fréquemment que les hommes forment des petits groupes de «victimes», particulièrement dans les grandes entreprises bureaucratiques, ou rigides et patriarcales. Outre ce noyau de victimes, il y a un groupe *extérieur* (les patrons) et des boucs émissaires (souvent les gens qui se tiennent en marge du noyau). Ceux qui font partie du noyau semblent liés par une certaine camaraderie, mais ce n'est vraiment qu'une illusion. Derrière cette camaraderie se cachent des critiques et des sarcasmes constants. Ces prétendus amis sont liés par la colère, la honte et un sentiment d'injustice. De plus, ils se montrent extrêmement compétitifs *les uns avec les autres.*

Parlant de ce phénomène, une des personnes interviewées pour ma série télévisée sur l'amour a dit ceci: «Si vous abandonnez la petite clique, c'en est fini de la camaraderie et de la loyauté [...] certains groupes se mettent à parler de vous et d'autres groupes se rangent dans leur camp. Je pense que cela va complètement à l'encontre de toute loyauté.» Très souvent, le milieu de travail n'est pas un endroit amical. Si, à cause d'une promotion, vous quittez votre groupe de pairs codépendants, il se peut très bien que *vous* deveniez le bouc émissaire.

Beaucoup de femmes forment elles aussi, mais d'une façon légèrement différente, des groupes de victimes liées par l'amitié. Elles n'entrent pas ouvertement en compétition les unes avec les autres et nient souvent à quel point elles rivalisent entre elles. Elles ont énormément de discussions passives-agressives à propos des autres femmes du bureau.

Les épouses de professionnels forment quelquefois leurs propres groupes d'amies-victimes. Elles peuvent passer des heures au téléphone à discuter des problèmes de leur mari, de leur situation financière ou de leur vie en général, mais leurs problèmes personnels demeurent un sujet tabou. Toute femme qui décide de changer et commence à améliorer sa situation est peu à peu exclue du groupe.

De façon caractéristique, dans l'amitié entre femmes *mystifiées,* le partage de la peine et des secrets tient lieu d'action. Plusieurs femmes mariées parlent beaucoup de leur mari avec leurs amies, mais ne font pas face au principal intéressé.

De leur côté, les hommes qui sont liés par une amitié mystifiée font beaucoup de choses ensemble (golf, tennis, pêche, etc.), mais ils partagent rarement quoi que ce soit d'intime. Lorsqu'ils interagissent à un niveau personnel, c'est souvent sur le mode de l'humiliation et du sarcasme. Les hommes engagés entre eux dans des amitiés mystifiées passent des heures à jouer à marquer des points sur les autres. Ils sont envieux et compétitifs jusqu'à l'obsession.

L'AMITIÉ PLEINE D'ÂME

De toutes les formes d'amour, l'amitié est *la plus pleinement humaine,* parce qu'elle est basée non pas sur les hormones ou les liens du sang, mais sur le libre choix, et le libre choix est ce qui nous rend le plus humains. Nous avons besoin d'amitié parce que nous sommes des êtres sociaux par nature. Le groupe humain, la tribu, a été essentiel au cours de l'évolution. Les liens qui unissaient la tribu avaient une grande valeur de survie. Nous aurions sûrement été dévorés par les mammouths velus si nous avions été incapables de nous regrouper.

Cependant, nous ne nous regroupons pas seulement pour des raisons de survie: nous avons soif d'une véritable communauté humaine. Notre besoin fondamental d'interactions sociales est l'expression de notre besoin fondamental d'amour. L'amitié nous appelle à notre humanité et à notre plénitude spirituelle. Ceux qui disent que l'amitié n'est pas importante et que l'amour entre les amis n'est pas plein d'âme et substantiel n'ont jamais eu d'ami.

Un ami peut aider notre âme à se trouver et à s'exprimer. Mes amis m'ont inspiré et m'ont poussé à déployer mes ailes. Ils m'ont aidé à grandir.

Pour créer une amitié pleine d'âme, il faut travailler dur. On doit être prêt à faire de son mieux pour son ami, à lui donner du temps et de l'attention. Il faut aussi que l'on ait une attirance mutuelle, des intérêts communs et la possibilité de négocier; on doit également passer des moments privilégiés ensemble et être ouvert à la croissance.

La dynamique de l'amitié

Les amitiés intimes prennent du temps à se former. On peut aimer quelqu'un instantanément et désirer impatiemment sa présence. On peut être instantanément attiré par quelqu'un et le désirer sexuellement. On peut tomber amoureux du jour au lendemain. Mais l'amitié prend du temps.

Le plus souvent, l'amitié naît lorsque deux personnes réunies pour une raison quelconque commencent à s'apprécier mutuellement.

Elles peuvent travailler ensemble, faire partie du même club de pêche ou fréquenter la même école ou la même église. Au début, l'ami potentiel est une simple *connaissance*. Avec une connaissance, on échange des formalités, mais ça ne va généralement pas plus loin. Souvent, un concours de circonstances amène deux ou quelques personnes d'un même groupe à coopérer. La coopération est la matrice de l'amitié. C. S. Lewis soutient que si on valorisait beaucoup plus l'amitié autrefois, c'est que la vie était liée au besoin de coopérer. La survie dépendait de la coopération.

Une fois placées dans une situation qui leur demande de coopérer, deux simples connaissances deviennent habituellement des *compagnons*. Terry Gorski décrit la camaraderie comme une relation où l'on partage des activités et où ce sont les activités mêmes qui nous réunissent. En d'autres termes, dans la camaraderie, les activités prennent le pas sur la personne. Vous pouvez avoir plusieurs compagnons dans votre club de pêche. Lorsque l'envie vous prend d'aller pêcher en compagnie de quelqu'un, tout amateur de pêche fait l'affaire.

Avec le temps, un intérêt réel pour l'un ou l'autre de vos compagnons peut se développer. Vous pouvez découvrir que untel aime cuisiner des repas gastronomiques ou qu'il est, lui aussi, activement engagé dans la défense de l'environnement. Vous finissez par vous rendre compte que vous avez tous deux des choses très particulières en commun. Vous commencez alors à rechercher de plus en plus sa présence. Vous passez plus de temps ensemble, vous apprenez à vous connaître davantage. À un certain stade, une réelle affection commence à naître. Lentement, cette affection mène au sentiment que partagent ceux qui s'aiment d'amitié.

Vous en êtes alors rendu au stade où la *personne* est plus importante que l'activité. La personne est votre *amie,* et vous choisissez d'être avec elle. Vous désirez réellement être en sa compagnie plutôt que simplement partager une activité avec elle. La présence de cette personne vous fait apprécier encore davantage l'activité.

Personnellement, je suis un golfeur intéressé et je me résous à jouer avec d'autres compagnons que mes compagnons habituels seulement lorsque j'ai désespérément envie de jouer. Mais cela ne se produit presque jamais. J'adore jouer au golf avec quatre de mes amis: mon frère Richard, en particulier, Michael, un pasteur épiscopalien, ainsi que George et Johnny. Nous avons de merveilleuses parties de golf, car nous nous défoulons, nous rions beaucoup et nous jouons en mettant l'accent sur le plaisir. Nous nous entendons également pour respecter certaines de nos propres règles. J'aime bien cette activité de base qu'est le golf, mais ce sont mes amis qui la rendent vraiment désirable à mes yeux.

Les amitiés nées d'un conflit

Mes amitiés ne se sont pas toujours formées selon la description que je viens de faire. Notre âme a son mot à dire dans nos amitiés. L'amour plein d'âme est mystérieux, et l'initiation à l'amour amical peut être tout à fait imprévisible. Par exemple, une de mes meilleures relations d'amitié a commencé au beau milieu d'un conflit. Mike Falls et moi avons eu un sérieux débat théologique la première fois où ce dernier est venu à la Palmer Episcopal Church. Il était inexpérimenté, frais émoulu du séminaire et prêt à faire savoir au monde entier qu'un puissant jeune théologien était en scène. Mike avait l'habitude de se retrouver sous les feux de la rampe. À l'Université du Minnesota, il avait fait partie de l'équipe de football des All-American puis, plus tard, il avait joué avec les Green Bay Packers sous la direction de Vince Lombardi. Au sommet de sa carrière de footballeur, il était garde sortant pour les Cowboys de Dallas sous la direction de Tom Landry.

À l'époque où Mike est entré en scène, je donnais des conférences sur la théologie à la Palmer Church et je recevais des centaines de marques d'approbation pour mes exposés. J'étais complètement mystifié, bouffi d'orgueil et grandiloquent. Lorsque Mike, le nouveau venu, s'est mis à me défier, moi, l'autorité, il a mis le feu aux poudres. Je n'aurais pas parié un vieux cinq sous qu'une amitié durable allait se créer entre nous, et certainement pas une amitié de vingt ans.

Je n'ai pas eu beaucoup de contacts avec Mike durant ses deux premières années à l'Église. Pendant une certaine période, je n'ai éprouvé pour lui qu'une franche animosité — vous savez, ce genre d'animosité qui vous pousse à changer de trottoir pour éviter de tomber sur quelqu'un et d'être obligé de lui parler.

Avec le recul, je pense que Mike représentait une partie de mon *ombre*. Il était très intègre. Si un fidèle trop zélé ou trop moraliste faisait un commentaire avec lequel il n'était pas d'accord, il l'affrontait. Je me souviens d'un incident qui avait provoqué un scandale au sein de l'église. L'une des plus importantes bienfaitrices de l'église jouait à «n'est-ce pas épouvantable!» en parlant de la sexualité hors mariage. Mike lui avait dit qu'il croyait également nécessaire de réfléchir à l'immoralité sexuelle à l'intérieur du mariage. Eh bien jusque-là, tout le monde, et je dis bien tout le monde, s'était toujours contenté de faire écho à cette bonne vieille madame Pleine-aux-As. Pendant les hourras qui ont suivi, j'ai fait semblant d'être choqué par son manque de diplomatie. Mais, dans mon for intérieur, je savais qu'il était rigoureusement honnête et que c'était une partie de mon ombre que je devais reconnaître. En me suridentifiant à mon moi polarisé de gentil garçon désireux de plaire à tout le monde, j'avais laissé la poussière recouvrir ma rigoureuse honnêteté. Il est arrivé plusieurs fois que Mike ne soit pas d'accord avec moi. Quelquefois, il se livrait à un jeu de pouvoir mais, la plupart du temps, nous faisions face à un véritable désaccord.

Je me souviens d'avoir eu des discussions très critiques au sujet de Mike avec plusieurs membres du personnel. Durant ces discussions, mon âme me poussait du coude comme pour me dire «Allons donc, John, cesse de faire autant le poseur!». Notre âme nous pousse toujours du coude lorsque nous nous comportons en faux jetons.

De son côté aussi, Mike projetait sur moi quelque chose appartenant à son ombre. Je suis un travailleur énergique et infatigable, tandis que Mike aime trop le plaisir pour travailler aussi dur que moi. Peut-être est-ce là une partie de son ombre qu'il ne veut pas reconnaître.

Les habiletés diplomatiques de Mike se sont raffinées avec le temps, à mesure qu'il a vieilli et est devenu plus sage. Quant à moi, j'ai été plus souvent disposé à dire la vérité, même quand cela signifiait être impopulaire ou, Dieu me protège, n'être pas aimé. Mike et moi avons tiré profit de nos disputes; si, jusqu'ici, nous avons tous les deux évolué, c'est que nous sommes prêts à résoudre les conflits qui surgissent encore parfois entre nous.

Une partie de notre conflit initial avait quelque chose à voir avec le fait que Mike et moi sommes très semblables. Nous avons les mêmes types de blessures et le même genre de plénitude spirituelle. Lorsque nous nous sommes connus, ni l'un ni l'autre n'avait travaillé sa première souffrance. Depuis que nous sommes liés par l'amitié, notre amour a grandi. Personne ne pourrait soutenir ma réussite avec plus d'énergie que Mike, et je joue le même rôle auprès de lui. Il a été mon plus fervent admirateur et, de mon côté, je l'ai poussé à donner son maximum. Je l'ai incité à œuvrer comme chef d'atelier thérapeutique à plein temps. Actuellement, je le presse d'écrire un livre.

Faire face aux conflits

Lorsque nos amitiés *grandissent,* elles nous amènent à de plus hauts niveaux d'intimité. Les amis ont le choix d'accroître ou non l'intensité et l'intimité de leur relation. S'ils font ce choix, ils doivent être prêts à faire face aux conflits. Je trouve que les conflits constituent la principale pierre d'achoppement dans les relations. Durant la période qui a précédé mon rétablissement, mes prétendues amitiés n'étaient fondamentalement que des accords selon lesquels on ne devait jamais être en désaccord. Dans bien des cas, lorsque je sentais venir un conflit, je me bornais à me replier sur moi-même, trouvant des prétextes pour expliquer mon manque de disponibilité. Petit à petit, mon repliement me conduisait à une réelle séparation et à une coupure tant émotionnelle que physique. Les amitiés mystifiées sont basées sur l'évitement des conflits.

Je me réjouis du fait que mon frère et ma sœur soient engagés dans un programme de croissance personnelle. Après avoir passé des années à nous balancer entre l'intimité et le repliement, ma sœur et moi sommes maintenant en train de développer des liens d'amitié. Suivant le schéma qui prévalait dans notre famille, nous accumulions de la colère jusqu'à ce que nous ne puissions faire autrement que d'exploser, puis nous finissions par étaler nos griefs au grand jour et par nous replier sur nous-mêmes. Depuis que nous étions devenus adultes, nous replier signifiait ne pas nous parler, quelquefois des mois durant. Ce que nous apprenons actuellement, c'est que nous pouvons être en colère l'un contre l'autre sans pour autant laisser tomber notre relation. Je suis en train d'apprendre à faire face aux conflits avec mon frère et ma sœur.

Indépendamment de tout ce que deux amis peuvent avoir en commun, chacun est unique et voit le monde selon sa propre perspective. Par conséquent, tous deux doivent s'engager à composer avec les différences. Nous pouvons grandir en étant réceptifs au point de vue d'une autre personne. L'amitié peut devenir une formidable arène pour ce genre de croissance. C'est *en étant en contact avec ce qui, chez mes amis, est différent de moi que j'accrois mon humanité.* Par exemple, j'avais besoin de mon ami Marc pour dépasser les stéréotypes sur les juifs qui faisaient partie de mon éducation. L'amitié véritable déjoue la polarisation due à la mystification. C'est pour moi une expérience spirituelle que d'être capable de pénétrer de plain-pied dans le monde intérieur de Marc.

L'engagement

Si on veut que nos amitiés grandissent, il faut être prêt à s'engager. C'est précisément cela que je n'étais jamais prêt à faire autrefois. Maintenant, je choisis de travailler mes amitiés.

«Travailler» mes amitiés, cela signifie investir de l'énergie dans mes relations. Ce travail peut prendre différentes formes. Mike et moi, par exemple, nous sortons nos calendriers et nous nous réservons du temps pour aller jouer au golf et, chaque fois que c'est possible, nous planifions nos vacances d'été de façon à en passer une partie ensemble.

Comme je l'ai mentionné précédemment, nous utilisons un certain hochement de la tête pour signaler que l'un de nous est en train de débiter une histoire trop souvent racontée. De plus, nous nous écoutons mutuellement. D'ailleurs, je me suis engagé à écouter tous mes amis. Il m'arrive quelquefois de ne pas avoir envie d'écouter; parfois, ce que mes amis disent m'ennuie légèrement, surtout lorsqu'ils me parlent de leurs enfants, de leur belle-famille ou de leur famille d'origine. Cependant, je sais qu'il y a des moments où j'ai besoin d'écouter, exactement comme il y a des moments où j'ai besoin qu'on m'*écoute*. Écouter est un art, et lorsqu'on ne nous écoute pas vraiment, nous le savons. Les habiletés requises pour écouter les enfants dont j'ai parlé au chapitre 8 s'appliquent également ici. Il peut tous nous arriver à l'occasion d'avoir simplement envie de nous défouler et, pour ce faire, nous avons besoin d'un ami qui ne nous juge pas, ne nous mortifie pas et *ne nous interrompt pas.* Quelquefois, nous avons besoin d'être écoutés d'une façon qui nous permette de nous voir et de nous entendre plus objectivement. Tel problème qui, dans notre transe interpersonnelle, nous semble lourd et accablant peut nous apparaître beaucoup plus facile à affronter sitôt que nous avons la chance de l'exprimer librement à quelqu'un. Quelquefois, le problème en question peut même s'avérer franchement ridicule! D'autres fois, nous avons besoin de «faire face à la musique»!

Nous ne pouvons écouter correctement tant que nous n'avons pas pris le ferme engagement de travailler nos relations d'amitié. Après tout, nous avons, pour la plupart, appris à maîtriser des techniques de «fuite rapide» que nous utilisons lorsque nous ne voulons pas écouter quelqu'un.

Nous avons également besoin de prendre le temps de révéler nos sentiments à nos amis, ce qui s'avère particulièrement difficile lorsque ces sentiments se situent à l'une ou l'autre des extrémités du spectre émotionnel — la colère ou la tendresse et l'affection, par exemple.

L'affection grandissante

À mesure que le temps passe et que les amis se voient l'un l'autre dans toutes sortes de situations, certaines caractéristiques et certains traits de caractère qui au début ne semblaient peut-être pas attirants deviennent familiers et très précieux. Les amis peuvent se taquiner mutuellement à propos de leurs particularités, mais ces blagues sont l'expression de leur affection.

C. S. Lewis écrit ceci: «L'affection s'immisce ou s'infiltre presque dans notre existence. Elle vit avec [...] les objets intimes, les douces pantoufles, les vieux vêtements, les vieilles blagues [...].» On aime de plus en plus la démarche de notre ami, son style vestimentaire impeccable ou débraillé, ses chapeaux amusants, ses tics nerveux. C'est à partir de ces choses que l'affection s'approfondit.

Mon copain George a une douceur en lui que je n'avais pas perçue au début. George est un avocat très talentueux et puissant; dans une salle de tribunal, il peut être dévastateur. Mais c'est un homme très bon. Je l'ai observé, jouant patiemment aux échecs avec mon fils ou emmenant une petite fille en promenade. Il m'a donné beaucoup de soutien sur le plan juridique. J'étais vraiment effrayé par tout ce qui pouvait mener à un procès. George m'a «paterné» dans ce domaine.

Mon ami Johnny est très agité et nerveux. Il ne peut rester en place une minute. Je me suis attaché à son impatience et à sa nervosité. Lui et moi avons énormément de blessures en commun. À certains moments, Johnny a l'air bourru mais, lorsqu'il exprime ses émotions dans notre groupe de partage, il se révèle être l'homme le plus vulnérable que j'aie jamais connu.

Mon ami Kip et moi partageons des intérêts d'ordre intellectuel et thérapeutique. Nous avons passé des heures à discuter de la nature de la honte. À l'université, nous nous sommes tous les deux spécialisés en philosophie, et nous adorons parler des liens existant entre les théories de Kant ou de Whitehead et le travail clinique que nous faisons à mon centre de Rosemead, en Californie. À l'époque où nous étions tous deux activement dépendants de l'alcool, nous avons fait beaucoup de philosophie folle. Je pense, par exemple, à cette fois où je me suis retrouvé impliqué dans une querelle de bar ayant pour origine une discussion sur les preuves philosophiques de l'existence de Dieu. Et oui! Je me suis battu! Kip pouvait captiver toute la clientèle d'un bar avec ses interprétations des théories de Whitehead sur la réalité en tant que processus. Récemment, il m'a donné son exemplaire tout usé de l'une des œuvres classiques de Whitehead. Je vais le conserver précieusement. Kip et moi savons que, la plupart du temps, ceux qui n'ont pas fait d'études avancées en philosophie ne comprennent pas ce dont nous parlons et s'en moquent éperdument. Nous le faisons pour nous-mêmes et pour personne d'autre.

Kip et moi partageons également au niveau émotionnel le plus profond. Nous avons été extrêmement sensibles l'un à l'autre. Au cours des dix dernières années, j'ai observé chez lui le miracle du changement de deuxième type qu'il a accompli.

LE CÔTÉ SOMBRE DE L'AMITIÉ

Il nous est impossible d'échapper au côté sombre de l'amitié. La jalousie, l'envie et la trahison font partie de sa polarité.

Lorsque l'amitié est profonde et pleine d'âme, elle comporte moins de jalousie qu'à peu près toute autre forme d'amour. Mais, précisément parce que nous chérissons quelqu'un, la jalousie reste toujours en coulisses. Personnellement, j'ai été jaloux de l'amour et de l'affection qu'un de mes amis portait à quelqu'un d'autre. La jalousie exprimait ma peur qu'une autre personne me prenne ce que j'avais; en fait, c'est la Loi de la pénurie qui s'appliquait à mon ami. Cette jalousie s'est atténuée depuis que je me suis engagé dans un processus de démystification. Je crois que plus une amitié est saine, moins la jalousie est susceptible d'y apparaître. Et plus une amitié est saine, plus l'addition de nouveaux amis est susceptible de la renforcer plutôt que de l'affaiblir. Je parlerai plus longuement de la jalousie au chapitre 12.

L'envie est plus susceptible d'empoisonner nos amitiés que la jalousie. L'envie, ce désir de posséder ce que l'autre possède, risque davantage de surgir dans une relation d'amitié ou dans les relations filiales que dans une relation amoureuse. Il est humain d'éprouver de l'envie, même pour un ami, lorsque, par exemple, on s'aperçoit qu'il a des qualités que l'on désirerait vraiment avoir. Mais quand l'envie devient chronique et obsessionnelle, elle peut contaminer sérieusement notre vie. L'envie chronique est causée par la mystification.

Cependant, si on la voit comme un symptôme, l'envie peut nous faire accéder à une plus grande plénitude spirituelle. Voici ce qu'en dit Thomas Moore: «La souffrance que provoque l'envie est semblable à la souffrance physique: elle nous oblige à nous arrêter et à nous rendre compte que quelque chose ne va pas et réclame notre attention.» Pour changer l'envie en plénitude spirituelle, nous devons utiliser notre imagination. La tâche de l'imagination consistera alors à demander à notre envie de nous dire ce qu'elle veut.

On peut facilement s'attacher à l'envie. Je me rappelle l'apitoiement sur moi-même qu'avait engendré mon envie. Lorsque je suis sorti du séminaire, j'avais trente et un ans. Je regardais autour de moi et je constatais que mes amis d'école avaient une famille, une maison et un bon emploi. Moi, j'avais été commis de bureau et caissier d'épicerie. À trente et un ans, c'était là toute mon expérience de travail!

Je me rappelle à quel point mon envie était dévorante. Comme un missionnaire religieux qui cherche à convertir les païens, j'essayais d'amener les gens à soutenir mon envie.

Un jour, un de mes compagnons des AA en a eu assez de mes lamentations et de mes comparaisons. Il m'a dit que mon histoire devenait lassante. Il a souligné que j'étais sorti du séminaire depuis trois mois et que je n'avais toujours pas de travail. J'avais dépensé une grande partie de mon énergie à souhaiter posséder ce que mes amis possédaient. Je rêvais également que quelqu'un vienne à moi et m'offre un emploi. J'avais le sentiment grandiose que cela m'était dû. Les fantasmes de l'envie sont puissants et brûlants.

Selon mon compagnon, Mike S., toute l'énergie que je mettais à envier les autres me permettait d'échapper au chagrin et au sentiment de vide qu'avait fait naître mon départ du séminaire. De plus, il croyait que l'envie était pour moi un moyen de fuir la colère que j'éprouvais d'avoir passé presque dix ans au séminaire sans rien réaliser. Il m'a incité à faire face à mon sentiment d'échec et à ma peur de commencer une nouvelle vie.

Ses paroles ont fait vibrer mes cordes sensibles. Mike avait raison. J'avais terriblement peur. Je n'avais pas vraiment pleuré sur toutes ces années consacrées à mes études de prêtrise. Mike S. m'a appris quelque chose sur les bienfaits de l'amitié. Lui et moi sommes devenus de bons amis. Il est mort voilà quelques années. Je l'aimerai et me souviendrai toujours de lui.

Après avoir été confronté à Mike, j'ai commencé à examiner honnêtement mon envie. J'ai cessé de rechercher la sympathie et j'ai commencé à agir concrètement. Lorsque nous sommes envieux, notre âme nous demande de regarder *plus profondément en nous-mêmes.* À partir du moment où l'envie surgit dans nos relations d'amitié, nous pouvons apprendre à la considérer comme une invitation.

La trahison demeure toujours possible quand on aime d'amitié. J'ai trahi mon ami Bob au cours de notre deuxième année à l'école secondaire. J'ai été trahi par un ami qui m'a volé ma petite amie. C'est précisément la profondeur de la relation qui rend la trahison possible. Si je me moque éperdument de vous et que vous me quittez, je ne me sentirai pas trahi. Je peux me sentir trahi seulement lorsque j'aime profondément.

L'AMITIÉ EN TANT QUE RELATION DÉMYSTIFICATRICE

Dans son ouvrage intitulé *The Fantasy Bond,* Robert Firestone écrit ceci:

> Les amitiés intimes s'opposent aux chaînes. Elles offrent une camaraderie qui est non importune et non obligatoire, deux qualités qui amènent l'individu à prendre conscience de lui-même et l'encouragent à quitter sa position de repli et d'isolement.

L'amitié est démystificatrice parce qu'elle nous éloigne de nos liens fantasmatiques. Elle a une valeur thérapeutique. L'interaction quotidienne avec un ami nous maintient dans une relation interpersonnelle (entre soi et l'autre) nourricière. Il s'agit d'un facteur décisif pour qui affronte ses voix posthypnotiques destructrices. Mes amis me renvoient fréquemment à mes ressources intérieures et à ma valeur personnelle.

Les groupes voués au rétablissement

Mes amitiés les plus durables ont commencé dans un groupe pratiquant un Programme en 12 étapes. Je crois que si le mouvement de rétablissement a apporté tant de choses, c'est précisément parce qu'il favorise l'amitié. La promesse de recevoir du soutien face à un problème commun (l'alcoolisme chez les AA, les troubles de l'alimentation chez les OA, la toxicomanie chez les NA, etc.) a permis à un nombre incalculable de personnes de sortir de leur cachette. Leur transe mystifiée les avait maintenues dans des transactions intrapersonnelles, créant une solitude grave et

pathologique. Avant de se joindre à un groupe d'un Programme en
12 étapes, ces personnes étaient souvent des inadaptées sociales. Le
processus de rétablissement, avec le soutien du groupe et la réinté-
gration sociale qu'il implique, a aidé à toutes fins utiles des millions de gens, qui vivaient auparavant dans l'isolement, à devenir
des membres actifs de la société.

J'ai mentionné Mike S., cet homme qui m'a renvoyé à mon
envie lorsque j'ai quitté le séminaire. Il m'a accompagné à ma première rencontre des AA et a passé un temps considérable avec moi.
Au début, je n'acceptais pas le fait qu'il était un peu plus jeune que
moi, mais il était extrêmement sensé et je l'écoutais sans perdre un
seul mot. Comme je l'ai déjà mentionné, mon parrain, un homme
appelé Fran, était plus âgé que moi et enseignait à l'université.
Dans ma mystification, je n'aurais pas fait confiance à quiconque
ayant un standing inférieur au sien! Fran était un maître remarquable. Il m'a donné une base solide sur laquelle j'ai pu m'appuyer
pour rester sobre. Je l'aime comme j'aime mes bons professeurs et
mes bons entraîneurs. Les hommes comme lui sont des mentors
spirituels, et j'en parlerai plus longuement à la fin du présent
chapitre. Cependant, bien que profondes, mes relations avec eux ne
sont pas vraiment intimes. Mike S. était un véritable ami. Grâce à
lui, je suis resté honnête. Je l'ai vu de plus en plus souvent pendant
la période où je m'acheminais vers une abstinence totale. Nous
avons eu de longues conversations et des échanges profonds. Il m'a
aidé à sortir de ma transe mystifiée.

Les groupes de soutien

J'ai connu George il y a vingt-huit ans de cela. Il assistait à sa
première réunion. Une sorte de contact instantané s'est fait entre
nous deux. C'était avant que j'entre à l'hôpital d'État. Il m'a fallu
boire encore davantage avant d'accepter mon impuissance vis-à-vis
de l'alcool. Lorsqu'au bout du compte j'ai décidé de recouvrer ma
volonté et de changer ma vie, George a été là pour moi.

Pendant environ quinze ans, George et moi nous considérions
mutuellement comme des meilleurs amis, mais nous étions tous
deux assez peu en contact avec nos émotions. Nous ne dépassions

jamais un certain niveau d'intimité. Après la mort de mon père, nous nous sommes liés plus étroitement. George avait entrepris un profond travail sur ses émotions. Un jour, nous sommes allés jouer au tennis ensemble et j'ai su qu'il avait changé. Alors qu'il me parlait de sa démarche, il était animé et ému. Je ne l'avais jamais senti si ouvert et spontané.

En 1982, lorsque j'ai entrepris à mon tour un travail sur les émotions, George et moi avons décidé de mettre sur pied un groupe de soutien. Nous avons opté pour la formule des rencontres «fermées», n'invitant dans le groupe que des personnes ayant reçu l'assentiment de tous les autres membres.

Au début, notre groupe comptait six membres. C'est à ce moment-là que mon ami Johnny est entré en force dans ma vie. Nous avons convenu, d'une part, d'éviter de jouer aux thérapeutes et d'intellectualiser nos échanges et, d'autre part, de rester concentrés sur l'expression de nos émotions et de nous en donner un feed-back objectif, basé sur notre perception sensorielle. Nous avons passé un contrat verbal pour nous conformer à ces simples règles.

Pour donner un feed-back basé sur sa perception sensorielle, on doit s'en tenir aux informations que l'on voit et entend. Par exemple, plutôt que de dire «Tu avais l'air inquiet» nous disions «Tu agitais beaucoup les mains en parlant, ta voix était haut perchée, tu respirais vite, tes muscles faciaux étaient tendus, tu avais une expression effrayée». Ce genre de feed-back nous aide à éviter *l'interprétation,* ce qui s'avère particulièrement important lorsque l'on émerge d'un état de mystification. Cela nous aide à nous prémunir contre les hallucinations positives et négatives tant sur le plan visuel qu'auditif. Chez les individus mystifiés, les interprétations sont continuellement contaminées par les souvenirs relatifs à la transe profonde du passé. Dans nos familles patriarcales, nous n'avions pas la permission, enfants, d'être réellement présents. («Les enfants doivent se faire voir et non pas se faire entendre.») Nos perceptions étaient gravement mortifiées la plupart du temps. La plupart d'entre nous étaient également bombardés par les hallucinations mystifiées et affolantes de leurs parents. En me traitant continuellement d'égoïste, mes figures source ne faisaient en réalité qu'exprimer la frustration qu'engendrait mon comportement lorsque celui-ci ne leur permettait pas d'exercer le degré de *contrôle* qu'ils jugeaient rassurant. Nous réagissons tous de cette manière à l'occasion. Cela s'appelle «refiler ses angoisses» aux autres.

Dans mon groupe de soutien, nous nous efforçons de rester concentrés sur notre expérience et de valider mutuellement nos émotions.

Ce groupe n'a pas été qu'harmonie et lumière. Dès le début, je me suis fâché contre George. Nous nous étions en quelque sorte mal compris au sujet de l'intégration des nouveaux membres. Je croyais que nous nous étions entendus pour n'amener aucun nouveau membre sans avoir d'abord obtenu le consentement de tous les autres. Mais George en a amené sans consulter le reste du groupe. J'ai cessé de participer aux réunions et j'ai été capable de dire à George à quel point j'étais en colère. Cet événement a constitué un tournant décisif dans notre amitié. Nous avons trouvé un autre lieu de réunion et avons reformé un nouveau groupe.

Nous avons admis au sein du groupe plusieurs personnes qui ne s'intégraient pas bien. Nous nous sommes dispersés deux fois et avons recommencé à neuf. À nous trois, George, Johnny et moi cumulons quatre-vingt-deux années de travail dans un Programme en 12 étapes mais, nous aussi, nous avons eu nos difficultés. Un groupe de trois personnes risque toujours de devenir un triangle, et cela s'est produit à quelques reprises.

Il y a quelques années, j'étais en colère contre George et je l'ai puni avec ma bouderie mystifiée et régressive. Je refusais de l'appeler ou de lui dire pourquoi j'étais fâché. C'était un vieux comportement et, bien que notre mésentente ait duré neuf mois et qu'elle ait presque détruit le groupe, nous l'avons finalement résolue. J'avais «snappé» de nouveau dans ma stratégie de défense mystifiée et infantile. George m'a écrit une lettre très touchante et sensible qui m'a fait sortir de mon état de transe.

L'expression de la tendresse

À mesure que j'apprends à faire face à la colère et aux conflits, je me rends compte également qu'il m'est extrêmement difficile d'exprimer des sentiments d'amour et d'affection. L'amour quel qu'il soit doit être entretenu au moyen de véritables «caresses».

Une caresse, c'est toute forme de stimulation physique ou émotionnelle. Les enfants peuvent mourir d'un manque de caresses physiques, et nous avons tous été blessés durant l'enfance lorsque nous ne recevions pas suffisamment de véritables caresses émotionnelles.

Nous pouvons prodiguer de vraies caresses émotionnelles en disant des choses comme «Je te remercie de te préoccuper de moi»; «Ça me fait plaisir que tu te souviennes toujours de la date de mon anniversaire ou de mon "Jour de sobriété"»; «Je t'aime»; «Merci de m'écouter»; ou «J'apprécie ta façon de t'affirmer, comme lorsque tu demandes gentiment au serveur de rapporter le poisson et de le faire cuire comme tu l'avais demandé». Cette liste pourrait s'allonger indéfiniment.

Dans notre société patriarcale, les hommes n'ont droit à l'étreinte physique que lorsqu'ils célèbrent une victoire sportive, quand ils aiment une femme et quand ils jouent avec leurs enfants. Cette situation est en train de changer. Maintenant, je serre mes amis dans mes bras chaque fois que je les vois et nous allons parfois jusqu'à nous embrasser sur les joues. Le tabou qui pèse sur l'échange de baiser entre hommes est culturel. Nous avons tous déjà vu des films sur la mafia dans lesquels les criminels les plus endurcis et les plus insensibles s'embrassent les uns les autres. Il faudra du temps pour que notre regard culturel s'habitue à voir des hommes s'embrasser, mais cela viendra un jour.

En se révélant leurs tendres sentiments d'amour, les amis se rapprochent émotionnellement l'un l'autre. Prenez l'habitude d'exprimer votre tendresse avec vos amis. Pour ce faire, je vous suggère d'essayer l'exercice suivant.

Assoyez-vous périodiquement avec votre ami. À tour de rôle, dites-vous mutuellement au moins *trois* choses que vous appréciez chez l'autre. Ne prenez pas plus de cinq minutes chacun et exprimez-vous de façon concrète et précise. Ensuite, prenez quelques minutes pour vous dire mutuellement quelque chose que vous auriez *souhaité* entendre mentionner par votre ami. Cet exercice vise à révéler un aspect de vous-même pour lequel vous aimeriez recevoir des «caresses», chose dont votre ami ne s'est peut-être pas rendu compte. En ce qui me concerne, par exemple, la plupart du temps je préside non officiellement à l'organisation de nos sorties entre amis. Ce rôle me plaît, et je suis conscient que d'autres pourraient le jouer plus souvent si je m'y consacrais avec moins d'énergie. J'aimerais tout de même qu'on me caresse davantage pour mes créations bien planifiées!

Pour vous aider à garder vos amitiés à jour, je vous suggère également l'exercice suivant. Vous et votre ami, révélez-vous mutuellement trois choses qui vous *déplaisent* dans votre relation. Encore ici, exprimez-vous de façon concrète et précise. Ne faites pas cet exercice dans un moment d'irritation et utilisez les «messages je» démontrant que vous êtes responsable de vous-même. Ceux d'entre vous qui ont de la difficulté à composer avec les conflits devraient faire cet exercice régulièrement pendant une certaine période.

La croissance spirituelle

Il y a plusieurs avantages à faire partie d'un groupe de soutien durable. Les hommes et les femmes qui n'ont jamais été aimés avec âme par leur père ou par leur mère peuvent combler leur profond besoin d'être aimés par une personne du même sexe qu'eux dans un groupe de soutien essentiellement composé d'hommes ou de femmes. Pour moi, c'est l'un des plus grands avantages. J'ai acquis une conscience plus profonde de mon identité masculine en me montrant vulnérable avec d'autres hommes que j'aimais et en qui j'avais confiance. J'ai découvert que je ne flirtais plus avec les femmes par simple besoin de me revaloriser en me rendant intéressant à leurs yeux. Toute mon attitude vis-à-vis du sexe a changé. Je suis beaucoup plus spontané et beaucoup moins dominé par un sentiment de manque. Le sexe n'est pas quelque chose qui doit *absolument* se produire lorsque je passe du temps avec ma bien-aimée. Je n'ai pas besoin de prouver ma masculinité.

L'autre avantage découle du simple fait de savoir que plusieurs êtres humains *me connaissent* aussi bien et parfois mieux que je ne me connais moi-même. Je sais que je peux compter sur eux pour recevoir un feed-back fidèle. J'ai des compagnons qui me disent ce que je veux entendre. Les membres de mon groupe de soutien, quant à eux, me disent ce que j'ai *besoin* d'entendre.

Il est en outre extrêmement valable de connaître *d'autres* êtres humains aussi complètement et pleinement que possible. Le psychologue Carl Rogers a déjà dit que «Ce qui est le plus personnel est aussi le plus universel». Pour moi, cela signifie que lorsque j'écoute les amis de mon groupe de soutien et que j'en arrive à les connaître intimement, je me rends compte à quel point nous, les humains, sommes semblables, et je m'aperçois qu'une grande partie de ce que je tenais pour bizarre en moi était en réalité très commun. Du même coup, j'en arrive également à comprendre que chacun de nous est façonné de manière exceptionnelle par sa destinée ainsi que par son être propre et unique.

Les gens de mon groupe de soutien sont mes «frères spirituels». Ils sont aussi près de moi que mon frère de sang, Richard, avec qui je partage un demi-siècle d'expériences.

Toutes mes amitiés m'ont fait grandir. Si l'amour a une mesure, c'est la croissance spirituelle qui se rapproche le plus de cette mesure. George a fait ressortir des forces en moi qui ne s'étaient jamais épanouies avec personne d'autre — il est mon frère spirituel, mais je lui ai aussi souvent demandé de jouer un rôle de père auprès de moi. Johnny m'a appris ce que la vulnérabilité signifie pour un homme. Grâce à lui, je suis maintenant plus capable de montrer ma vulnérabilité. Michael a donné à mon enfant intérieur la permission de jouer et de goûter pleinement la vie. Avec Richard, Kip et Marc, j'ai également accru ma capacité de jouer un rôle de père. Chacun d'eux est mon frère, mais chacun m'a aussi permis de l'aider à devenir plus fort.

LES CRISES ET LES MOMENTS KAÏROS

Lorsque mes amis vivent un moment de crise ou un moment kaïros, je ne manque pas de faire particulièrement attention à eux. La mère de Johnny est morte voilà quelques années. Quand nous avons de la peine, nous avons davantage besoin d'aide qu'à tout autre moment dans notre vie. Quand nous avons de la peine, nous sommes incapables de penser. Nous régressons dans le temps jusqu'aux premiers stades de l'enfance. Nous sommes, comme Tennyson l'a si bien dit, «des nouveau-nés qui pleurent dans la nuit sans autre langage que celui des cris».

Johnny avait un grand besoin de parler de la mort de sa mère. Il commençait à jongler avec l'idée de sa propre mort d'une façon inédite et effrayante. Cela exigeait que je l'écoute énormément. Écouter est un acte d'amour qui demande de la patience et du savoir-faire. Je suis heureux d'avoir pu l'écouter et d'avoir été là pour lui.

Mes amis ont été merveilleux durant mon divorce, un divorce qui, bien que mûrement réfléchi et très amical, a été tout de même pénible.

Récemment, le fils de George a remporté les plus grands honneurs nationaux en sports équestres. Je connais toute l'histoire de ce garçon. Son succès est un véritable monument élevé à la nature paradoxale de la plénitude spirituelle. C'était le seul enfant qui, dans une famille passionnée de sport, ne manifestait en grandissant aucun intérêt pour ce genre d'activité. J'ai célébré avec mon ami George et sa femme Claudine. Ce sont des moments pleins d'âme où nous voulons et avons besoin que nos amis soient là.

DES ATTENTES RÉALISTES

Il est crucial d'avoir des attentes réalistes face à nos amis. L'imagination fantastique est fortement susceptible de saboter les choses à ce niveau; elle est à la base de la règle de l'«accord absolu». Il est irréaliste de penser que des amis intimes ne sont jamais en désaccord. Il est également irréaliste de penser que nos amis ne nous laisseront jamais tomber. Il s'agit là d'une attente inhumaine. Nous pouvons espérer que cela ne se produira pas, mais nous devons nous attendre à ce que nos amis soient humains.

Faites l'exercice suivant pour établir des attentes réalistes dans vos relations d'amitié.

Exercice: Les images de l'amitié

1. (a) Imaginez que vous entretenez la meilleure relation d'amitié que vous ayez jamais eue! Vous êtes lié avec l'ami de vos rêves.
De quoi a-t-il l'air?
Que dit-il et que fait-il?
Que trouvez-vous de particulier à cet ami? Donnez deux exemples.

(b) Imaginez que vous entretenez la pire relation d'amitié qui soit.
Répondez à nouveau aux questions précédentes.

2. (a) Avez-vous déjà été témoin ou avez-vous déjà eu connaissance d'une amitié semblable à l'une ou l'autre de ces amitiés-là? Vous est-il déjà arrivé de vivre quelque chose de semblable?

(b) D'où tenez-vous les idées et les images que vous avez à propos de la meilleure amitié et de la pire amitié possibles? Des films que vous avez vus? De la télévision? Des livres que vous avez lus?

3. Décrivez sommairement les deux meilleures expériences que vous avez *réellement* vécues avec un ami. Décrivez sommairement les qualités du meilleur ami que vous ayez jamais eu.

4. Avez-vous déjà été le meilleur ami, le bon ami ou tout simplement l'ami de quelqu'un? Si oui, qu'est-ce que cette personne disait de vous en tant qu'ami? Votre ami se comportait-il comme l'ami de vos rêves? En quoi était-il pareil à l'ami de vos rêves? En quoi était-il différent?

5. Interrogez cinq personnes au sujet de leurs amitiés. Dressez une liste composite de toutes les qualités qu'elles évoquent. Notez ce qu'elles vivent réellement de meilleur et de pire dans leurs amitiés.

6. (a) Maintenant, reprenez la question 1 en changeant les images ainsi que les attentes *inhumaines* et *fantastiques* que vous avez créées.
Faites un portrait réaliste de votre ami.

(b) Quels comportements devez-vous changer pour en arriver à ce type d'amitié?
Quelles mesures pouvez-vous prendre pour générer de l'amour dans vos amitiés *maintenant?*

LES MENTORS SPIRITUELS

Jusqu'à maintenant, j'ai soutenu que les vraies amitiés sont intimes et basées sur l'égalité. Il existe cependant une autre forme de relation qui n'est pas basée sur l'intimité ou l'égalité, bien qu'elle soit toujours profonde et pleine d'âme. Nous n'avons pas vraiment de mots pour l'exprimer. Il s'agit de l'amour que nous avons reçu d'une personne qui nous a aidés à croître d'une façon unique. Cette personne a peut-être été un enseignant ou un entraîneur à l'école secondaire, un professeur à l'université, un patron, un thérapeute ou un parrain dans un Programme en 12 étapes. Elle a contribué à notre formation, nous a aidés à découvrir le pouvoir de notre âme. La relation était surtout unilatérale et limitée, parfois de courte durée, mais elle était profonde, aussi. Le temps que nous avons passé avec cette personne était un temps de type kaïros.

À la fin du mois de janvier, je me suis rendu à Dallas pour participer à un événement de quatre jours. J'y ai rencontré deux personnes qui m'ont aidé à faire le point sur ce genre de relation.

«Un vieil ami»

Quand je suis rentré à ma chambre d'hôtel, le premier soir, le réceptionniste m'a remis un message me demandant d'appeler Karl Vogel. Le petit mot comportait un numéro de téléphone et était signé «Un vieil ami». En le lisant, j'ai littéralement senti une montée d'énergie, même si je n'avais pas vu Karl et ne lui avais pas parlé une seule fois en vingt-cinq ans. Lorsque je séjourne dans une ville quelconque pour y donner des ateliers, je reçois souvent des appels ou des mots de gens qui prétendent être des amis ou des parents éloignés. Je n'ai presque jamais envie de leur téléphoner. L'énergie que j'ai ressentie en lisant le mot de Karl m'a étonné. Je n'avais pas pensé à lui depuis une quinzaine d'années.

Je voulais l'appeler immédiatement, mais je devais donner une interview à la radio et je n'avais pas beaucoup de temps. J'ai aussi éprouvé quelque chose d'autre qu'il m'est difficile d'exprimer. J'ai senti que ce ne serait pas opportun de le rappeler impulsivement. J'ai eu l'impression que ce serait irrévérencieux, en quelque sorte.

J'ai plutôt parlé de Karl à Winston Lazslo, mon ami, mon administrateur et mon associé de longue date. L'enthousiasme et la vivacité avec laquelle je me suis rappelé les détails de ma relation avec Karl m'ont étonné moi-même. Jusque-là, j'avais à peu près tout oublié.

En revenant de la station de radio, je me réjouissais d'avance d'avoir à rappeler Karl. Je lui ai donc téléphoné. J'étais excité. Nous avons parlé de collègues que nous avions tous deux connus autrefois. J'ai parlé à sa femme, que je n'avais jamais vraiment eu l'occasion de connaître, et je l'ai aimée tout de suite. Karl n'a cessé de me répéter qu'il était extrêmement *fier* de moi. Il m'a dit qu'il avait suivi ma carrière. Je pouvais entendre la fierté dans sa voix.

Il m'a parlé de sa vie et de la terrible tragédie qui s'était abattue sur lui quinze ans plus tôt, alors que deux de ses enfants étaient morts en l'espace de quelques semaines. L'un d'eux avait le même âge que mon fils actuellement. J'ai dit à Karl qu'il m'était pratiquement impossible d'imaginer ce genre de souffrance. Il m'a confié que, plus tard, lui et sa femme avaient adopté un enfant, et il m'a donné des détails enthousiastes sur ce fils, alors âgé de treize ans. J'ai parlé longtemps avec Karl.

Lorsque j'ai raccroché le téléphone, j'ai été submergé par une vague de tristesse. Je me suis mis à pleurer. Ma réaction m'a surpris. Je ne sais comment exprimer cette émotion. Voilà que cet homme bon et merveilleux resurgissait de mon passé. Vingt-sept ans auparavant, il m'avait engagé alors que ma vie était au point mort. Mon alcoolisme m'avait fait perdre le premier emploi que j'avais obtenu après mon départ du séminaire. Karl était directeur régional des ventes pour le compte d'une entreprise de produits pharmaceutiques qui s'appelait alors Lakeside Laboratories. C'est lui qui m'a offert mon deuxième emploi.

À l'époque, je venais d'entreprendre mon programme de rétablissement en 12 étapes et je niais encore beaucoup de choses. Mais pendant quelque temps, j'ai bien réussi dans mon travail. Après avoir travaillé dur et être resté sobre pendant huit mois, j'ai décidé, dans un moment de folle mystification, de boire de nouveau. Je participais à un stage de perfectionnement pour les représentants, et je suis sorti avec un collègue qui m'avait arrangé un rendez-vous galant. Les femmes me terrifiaient! J'ai commencé à boire pour soulager mon anxiété. Le premier soir, j'ai tenu le coup, puis je me suis levé le lendemain matin et j'ai passé à travers la première journée de formation. Toute la journée, cependant, j'ai pensé à boire. Et le soir venu, cette idée m'obsédait. Ensuite, tout devient flou. Je sors pour aller boire encore. Il est 3 h du matin et je suis dans l'appartement d'une fille. J'entends des voix dans ma chambre d'hôtel, mais je ne me lève pas. Il y a du bruit tout autour de moi. Je ne sors pas du lit.

Le stage de formation a continué sans moi. Le téléphone m'a réveillé. C'était Karl qui me disait qu'il allait venir me prendre, m'annonçant qu'il avait dû me congédier et que nous devions nous rendre à Houston pour chercher la voiture que la compagnie m'avait assignée. Nous avons pris l'avion pour Houston. Je me suis apitoyé amèrement sur mon sort, évoquant ma souffrance et ma solitude.

Karl m'a fait face. Il a été doux mais ferme. Il m'a dit que la solitude, c'était de ne pas pouvoir être avec ceux qui nous sont chers. De toute évidence, Karl aimait sa famille. Un de ses fils avait de graves difficultés d'apprentissage et, lorsqu'il était à la maison, Karl passait des heures à jouer avec lui. Ses fréquents voyages d'affaires lui pesaient.

Karl a été pour moi une source d'inspiration lorsque nous avons travaillé ensemble. Il était ce que j'appellerais un homme véritablement bon, ni pieux ni condescendant, mais solide comme le roc. C'était un mentor. Le travail que je faisais était, mis à part l'enseignement, mon premier vrai emploi. Karl m'a patiemment initié aux affaires, me donnant l'exemple du sens du détail, du travail acharné et d'une honnêteté rigoureuse. Si quelqu'un a jamais été véritablement moral, c'est bien Karl. Aristote a dit ceci: «Si vous voulez savoir ce qu'est un honnête homme, trouvez-en un.» Karl était cet homme. Je ne parle pas ici du feu de l'enfer et d'un genre de moralité qui sent le soufre. Je parle d'un noble et sincère engagement à aimer, à assumer ses responsabilités et à respecter certains principes.

J'ai alors compris pourquoi je pleurais. Karl avait été *mon ami* et il avait eu de l'influence sur ma vie. C'est ce que font les amis. Nous nous étions aimés, lui et moi. Nous avions travaillé ensemble comme des partenaires, nous réjouissant de nos victoires lorsque nous faisions des ventes et nous soutenant mutuellement lorsque nous devions panser nos blessures. Personne n'était plus fier de mes progrès au travail que Karl. Il était mon frère, pas mon patron. À un certain moment, j'étais le sixième meilleur vendeur au pays. Karl se réjouissait sincèrement pour moi. Je savais qu'il se préoccupait vraiment de mon sort.

Lorsqu'il a dû me congédier, il en a été profondément peiné et je l'ai su. Le fait de le savoir a exacerbé mon chagrin et ma honte.

Pourquoi ne l'avais-je jamais appelé? Au téléphone, je me suis entendu lui dire «J'ai songé à t'appeler à peu près cinq cents fois, mais j'avais perdu ton numéro, blablabla!» Mes mots sonnaient creux. *Ce n'était pas la vraie raison.* La vraie raison, c'est que j'avais trop honte pour l'appeler. Être congédié, c'est humiliant, et je méritais ce congédiement. Par la suite, les années passant, ma survie et mon développement personnel m'ont tellement absorbé que j'en ai oublié Karl. Nous, les humains, nous nous faisons cela trop souvent les uns aux autres. Nous nous abîmons tellement dans notre vie mystifiée, dans notre transe défensive, que nous en oublions d'aimer nos amis!

Les larmes sont un moyen pour l'âme d'exprimer quelque chose qui ne peut être exprimé par des mots. Les miennes me parlaient du temps perdu sans Karl. Elles me transpercent, maintenant, lorsque je pense à l'affreuse tragédie que mon ami a vécue et à quel point j'aurais voulu être à ses côtés.

Je pleurais de joie, aussi! J'avais parlé à ce bon vieux Karl! Je voyais un écran divisé en deux. Sur un côté, il y avait un gars tout penaud qui, en ce douloureux soir d'été, se précipitait pour aller chercher les fournitures et les échantillons entassés dans la voiture de la compagnie afin de les rendre à Karl. Sur l'autre côté, il y avait ma photo dans le *Dallas Morning News* accompagnée d'un long article sur mon succès.

Puis, j'ai jeté un coup d'œil au livre, *Terre des hommes,* d'Antoine de Saint-Exupéry, qui reposait sur ma table de chevet. Je ne savais pas exactement pourquoi je l'avais emporté à Dallas. Soudainement, j'ai compris pourquoi. Je me suis souvenu de la description que fait Saint-Exupéry d'un de ses amis, Mermoz.

Cet ouvrage raconte les tout débuts de l'aviation et parle des pilotes qui effectuaient la liaison postale aérienne entre la France et l'Amérique du Sud. Mermoz a été un des pionniers de cette ligne. Il devait piloter un avion qui, à cette époque, plafonnait à 5 000 mètres, alors que les crêtes de la Cordillère des Andes s'élèvent à plus de 6 000 mètres. Son travail consistait à chercher des trouées à travers la Cordillère. Au cours de sa carrière, Mermoz s'était écrasé à plusieurs reprises, que ce soit dans le désert, dans la mer ou dans les montagnes. Puis, une nuit, il signala par un bref message radio qu'il coupait le moteur arrière droit de son avion. Ensuite, le silence se fit. Saint-Exupéry écrit ceci:

> Nous espérions, puis les heures se sont écoulées et, peu à peu, il s'est fait tard. Il nous a bien fallu comprendre que nos camarades ne rentreraient plus [...]. Les camarades, la vie peut-être nous en écarte, nous empêche d'y beaucoup penser, mais ils sont quelque part, on ne sait trop où, silencieux et oubliés, mais tellement fidèles! [...] Rien ne vaut le trésor de tant de souvenirs communs, de tant de mauvaises heures vécues ensemble, de tant de brouilles, de réconciliations, de mouvements du cœur.

Je ressens la même chose pour Karl Vogel et je veux lui rendre hommage.

Le garçon de table du Palm Restaurant

La seconde personne, je l'ai rencontrée à Dallas le troisième soir après les ateliers thérapeutiques. Je me trouvais dans un restaurant plutôt guindé avec deux de mes associés. Lorsque le serveur est venu à notre table, il m'a jeté un coup d'œil et s'est exclamé abruptement: «Voilà vingt-cinq ans que j'attendais de pouvoir vous dire à quel point je suis en colère contre vous!»

J'ai été saisi et, sur le moment, j'ai cru qu'il s'agissait d'une blague, mais il a continué: «Vous m'avez enseigné l'anglais durant ma première année au Strake Jesuit College Preparatory. Jour après jour, toute ma classe était excitée d'aller à l'école. Jamais de ma vie je n'avais attendu l'école avec impatience! Puis, vous êtes parti, vous avez disparu et vous nous avez laissés en plan.» Après m'avoir dit cela, il s'est radouci. J'ai murmuré quelque chose au sujet des problèmes d'alcoolisme dont je souffrais à l'époque. (Cet emploi au Strake Jesuit était l'un de ceux que j'avais perdus à cause de mon ivrognerie.) Il m'a répondu que tout le monde savait que je buvais et que mon alcoolisme n'atténuait pas ce que je leur avais apporté. Il s'est ensuite remis au travail et nous a servi notre repas!

J'ai réfléchi à ses paroles plusieurs jours durant. Je trouvais qu'il y avait beaucoup d'âme dans le fait de tomber pile sur ces deux hommes que je n'avais pas vus depuis vingt-cinq ans. Le premier, un mentor qui nourrissait des sentiments profonds et pleins d'âme à mon égard, et le second, un étudiant auprès de qui j'avais failli dans mon rôle de mentor. Sa colère était d'ordre spirituel. J'avais éveillé son âme, puis je l'avais laissée se flétrir. C'était là une profonde blessure. Je me suis rappelé cette mystérieuse citation de Paul Claudel: «Nous représentons les uns pour les autres les conditions de notre salut.» Il croyait que nous seuls pouvions offrir un *moment kaïros* à nos frères et nos sœurs, sans quoi ce quelque chose de puissant qui pouvait surgir en eux était ignoré. Je pense que c'est cela que mon ancien élève était en train de me dire. J'avais été là précisément au bon moment dans sa vie. J'avais touché quelque chose de profond en lui. Son âme était en train de s'ouvrir à de nouvelles dimensions et, juste à ce moment-là, je l'avais quitté. Quelque chose en lui avait été négligé de façon *irréparable*. Dire qu'il avait subi une perte de confiance serait trop superficiel. Je dirais plutôt qu'une partie somnolente de son âme était restée endormie.

Je n'avais jamais compris cette conséquence de mon alcoolisme. En étant confronté à mon ancien étudiant, j'ai compris comme jamais auparavant que le rôle de mentor spirituel est une vocation évolutionnaire et que chacun de nous y est appelé. Nous sommes mystérieusement reliés les uns aux autres et, si nous n'assumons pas nos responsabilités dans un temps et dans un lieu donnés, chacun en est blessé car ces moments particuliers sont perdus à jamais.

En recevant des nouvelles de Karl et en étant confronté à mon ancien élève, j'ai appris quelque chose sur les mystérieuses profondeurs pleines d'âme de l'amour que se portent les amis.

Chapitre 12

L'amour conjugal

Le mariage est une relation faite de «oui», de «non» et de «peut-
être»: c'est une relation de confiance façonnée à même l'ambivalence
primale de l'amour et de la haine.

SAM KEEN

Nous aurions rompu, n'eut été des enfants. Quels enfants? Eh bien,
elle et moi.

MORT SAHL

Si, au début, je pensais que l'amour était quelque chose de
naturel et facile, le mariage a rapidement dissipé cette croyance.
Rétrospectivement, il me semble évident que ma décision de me
marier découlait de ma mystification. Le fait d'être amoureux m'a
rendu sensible au rôle de Protecteur inhérent à mon faux moi et au
besoin de plaire qui l'accompagnait. Plus je sortais longtemps avec
une femme, plus je me sentais contraint de me marier. La possibilité d'aimer une femme de manière érotique, dans le cadre d'un
engagement à long terme, et, par choix, de ne pas l'épouser ne faisait pas partie de mon système de croyances.

Lorsque je me suis marié, je pensais en savoir long sur l'amour
et l'intimité. Je donnais des cours sur la communication dans le
couple et j'enseignais des méthodes visant à accroître l'intimité
entre les partenaires. De prime abord, je m'étais réfugié dans ma

tête afin d'échapper à ma souffrance non résolue. Ma connaissance approfondie de l'amour et de l'intimité me faisait illusoirement croire que je pouvais *être* intime avec quelqu'un.

Mais j'ignorais complètement que mon enfant intérieur mystifié devait résoudre ses relations source originelles. Et j'étais à des lieues de me rendre compte que je voyais mon épouse comme une mère nourricière qui prendrait en charge mes besoins infantiles sans m'engouffrer.

Vers la fin de ma première année de mariage, j'ai commencé à ressentir une sorte de neutralité sexuelle. Je suis passé du désir sexuel passionné qui caractérisait ma cour à une sorte de sensualité asexuée, me sentant à l'aise d'embrasser ma femme ou de la serrer dans mes bras, mais effrayé lorsque les choses allaient plus loin. C'était déroutant pour moi et mon épouse. Je me suis concentré sur notre amitié, notre rôle commun de parents et notre relation de travail, considérant tout cela comme des signes plus éloquents de notre intimité conjugale. Au fil des ans, j'ai peu à peu balayé tous mes désirs sexuels sous le tapis. J'ai vécu dans l'illusion, qui constitue, comme on le sait, une véritable forme de dénégation.

Plus tard, j'ai découvert qu'il y avait un nom pour désigner ce que je vivais et que certains cliniciens considéraient ce phénomène comme le problème sexuel le plus répandu dans le couple. En fait, ce problème, «la panne de désir», résulte d'une dysfonction familiale.

La panne de désir n'est pas une dysfonction de la performance sexuelle. Elle n'a rien à voir non plus avec les attraits sexuels de notre partenaire ou avec l'amour qu'on lui porte. Il s'agit d'une sorte d'apathie érotique qui survient lorsqu'on a grandi dans une famille où l'expression de la sexualité a été sérieusement inhibée ou encore lorsque l'on s'est attaché à une figure source n'ayant pas résolu ses problèmes sexuels.

Quand deux êtres se marient, ils recréent les sentiments et les comportements que leurs figures source leur ont donnés en exemple. Si, dans leur famille d'origine, personne n'exprimait jamais sa sexualité, ils se sentiront peu familiers (ou peu *familiaux,* pour ainsi dire) avec ce mode d'expression une fois qu'ils seront mariés et auront fondé leur propre famille. Il s'agit là d'un facteur courant dans la panne de désir.

En ce qui me concerne, le fait d'avoir été l'Époux Substitut de ma mère a instauré une dynamique plus inconsciente. Pour l'enfant que j'étais, ce rôle d'adulte que je jouais en étant le compagnon de ma mère était trop stimulant et effrayant, aussi ai-je réprimé ma propre sexualité. Lorsque je me suis marié, *ma transe basée sur la dissociation et la répression sexuelle était déjà induite.* Cette transe s'est réactivée durant la grossesse de ma femme et s'est intensifiée après que notre fils est venu au monde. Sa naissance ayant fait une mère de mon épouse et une famille de notre couple, je me suis coupé de ma propre sexualité exactement comme je l'avais fait autrefois dans ma famille d'origine.

La tragédie, c'est qu'une grande partie de tout cela se passe au niveau inconscient. Une analyse de sang constitue une préparation bien inadéquate pour comprendre ces scènes d'ensorcellement recyclées.

Nos modèles culturels de l'amour conjugal sont extrêmement polarisés du côté de l'idéalisation. De *Ozzie and Harriet* jusqu'aux groupements stylisés de familles politiques, nous sommes inondés d'images fantastiques de l'amour conjugal.

Je crois bien qu'une grande partie de cette idéalisation n'est en fait qu'une tentative mystifiée de dissimuler les nombreuses déceptions occasionnées par des attentes irréalistes et, chez ceux qui en font l'expérience, une tentative de dissimuler la panne de désir sexuel.

La violence conjugale dont on fait mention quotidiennement aux nouvelles nous montre la vitesse à laquelle le pôle idéalisé de l'amour mystifié peut se déplacer vers le pôle opposé de la dégradation. Cet avertissement nous signale l'énorme pouvoir de l'amour conjugal, pouvoir que l'on peut utiliser soit pour générer un amour plein d'âme, soit pour s'enfoncer dans les profondeurs de la mystification.

L'ENGAGEMENT ENTRE LES CONJOINTS

Puisque l'amour entre conjoints s'inscrit le plus souvent dans le mariage, c'est surtout de cette institution que je parlerai dans les pages suivantes. Cependant, le lecteur devra se rappeler que mon propos s'applique tout aussi bien aux gays, aux lesbiennes ou aux hétérosexuels qui sont conjoints de fait ou qui sont engagés dans une relation à long terme.

Il est important de considérer l'amour entre conjoints comme un engagement à long terme qui implique une volonté d'apprendre à être vulnérable et à reconnaître cette vulnérabilité; un travail acharné; du courage; l'acceptation du mystère et de l'unicité de son partenaire; et la capacité de faire face à ce que le destin peut nous apporter. L'engagement des conjoints inclut quelques-unes ou l'ensemble des décisions suivantes:

- S'engager à se développer continuellement sur le plan personnel et à soutenir la croissance personnelle de son partenaire;
- Confirmer les forces de son partenaire et être prêt à faire preuve de patience, à pardonner et à composer avec les conflits ainsi qu'avec les différences;
- S'entendre sur les règles et les rôles impliqués dans la relation et respecter ces ententes;
- Être au côté de son partenaire dans la maladie ou la santé, dans les mauvais moments aussi bien que dans les bons;
- Être prêt à négocier la fin de la relation si l'un des partenaires, ou les deux, ne se développe plus spirituellement et que de réels efforts ont été faits pour harmoniser les différences, ces efforts incluant une thérapie avec un professionnel;
- Concevoir ou adopter des enfants;
- Investir tout le temps et les efforts nécessaires pour résoudre ses conflits pendant la période où l'on doit combler les besoins de dépendance inhérents au développement de ses enfants et divorcer seulement s'il s'avère qu'en restant ensemble on met en péril le bien-être des enfants.

Personne ne s'engage ainsi en n'effectuant qu'un seul choix global. On commence plutôt par de petites décisions, puis nos choix suivent l'évolution de la relation. Le couple passe par des stades clairement prévisibles et marqués par une sorte de crise. Ces crises sont des moments de plus grande vulnérabilité et de croissance potentielle, chacune d'elles exigeant que nous prenions de nouvelles décisions et que nous renouvelions notre engagement.

L'évolution de l'amour conjugal implique également la synthèse de plusieurs polarités, comme le montre le tableau ci-dessous.

L'EXTASE	LA DURÉE
• Connaître des instants suprêmes d'unité et vivre des expériences sexuelles de type kaïros. Partager des moments merveilleux.	• Prendre le temps d'établir un véritable climat de confiance mutuelle et de mieux se connaître l'un l'autre. Vivre une «histoire» ensemble.
LA CHALEUR AFFECTIVE	LA RÉSOLUTION DES CONFLITS
• Nourrir des sentiments positifs envers l'être aimé. Prendre plaisir à la sensualité, à la sexualité. Échanger des caresses émotionnelles.	• Avoir la confiance et l'honnêteté nécessaires pour exprimer sa colère et son ressentiment.
LA TRANSPARENCE	L'INTIMITÉ
• Se laisser connaître tel que l'on est vraiment. Exprimer ses sentiments, ses besoins et ses désirs.	• Respecter la solitude et l'intimité de son partenaire. Ne pas être obligé de tout partager.
LA RESPONSABILITÉ	LA CAPACITÉ DE NÉGOCIER
• Demander ce que l'on veut. Avoir conscience de ses devoirs envers son partenaire; répondre de son temps et de ses activités devant lui. Passer du temps ensemble. S'écouter l'un l'autre.	• Être capable de dire non. Être capable de discuter de ses intérêts personnels et de ses besoins de croissance. Conserver des champs d'intérêts distincts. Passer du temps seul. Apprécier la solitude.

Il faut un certain temps, généralement quinze ou vingt ans, avant de parvenir à une synthèse complète de ces polarités. Si l'équilibre ne se fait pas, la polarisation prend place. La polarisation de l'engagement entre les conjoints prend alors une forme idéalisée ou dégradée.

Chaque stade de la relation exige que nous renoncions à une sécurité illusoire et que nous élargissions notre identité personnelle de façon à tenir compte d'une conscience, d'une liberté et d'un engagement plus grands. Nous sommes, en un sens, toujours plus conscients de nous-mêmes. Notre conscience de soi continue de s'accroître et de s'approfondir toute notre vie durant. L'intimité conjugale nous permet de découvrir des parties de nous-mêmes que nous avions enfouies depuis longtemps ou dont nous ignorions l'existence. C'est là un des plus formidables cadeaux de l'intimité: la découverte de notre moi unique.

L'amour conjugal plein d'âme nous demande d'évoluer. Nos besoins de dépendance non résolus depuis l'enfance se manifestent dans tous nos engagements conjugaux. Ceux-ci offrent à l'enfant mystifié et blessé à l'intérieur des deux partenaires une nouvelle chance de résoudre ses problèmes d'enchevêtrement, d'abandon, de négligence et d'abus. Comme Harville Hendrix le souligne dans *Getting the Love You Want*, l'engagement du couple «peut être une arène de croissance personnelle qui égale ou dépasse [...] la psychothérapie, la discipline religieuse et les révolutions sociales». En ce qui me concerne, mes engagements conjugaux m'ont fait grandir beaucoup plus que toutes mes thérapies combinées. L'amour conjugal nous offre une chance unique de former notre âme.

Exercice: les schémas inconscients

Dans les prochaines pages, j'examinerai les stades successifs du voyage vers l'amour conjugal plein d'âme. Pour commencer, cependant, je vous prie de faire l'exercice d'introduction qui suit.

En vous servant de la présentation suggérée au tableau de la page 438, écrivez le nom des personnes avec lesquelles vous avez eu une relation amoureuse particulièrement significative. Ensuite, notez ce qui vous plaisait le plus et ce qui vous plaisait le moins chez chacune de ces personnes (essayez de trouver au moins trois éléments pour chaque catégorie).

Notez également tous les schémas qui sont ressortis dans la relation. Par exemple, au début, teniez-vous votre amoureux (ou votre amoureuse) pour quelqu'un de très fort avant de finir par découvrir qu'il était très faible et démuni? La relation a-t-elle commencé comme un conte de fées pour se terminer comme un cauchemar? Votre amoureux (ou votre amoureuse) était-il émotionnellement disponible durant la période de fréquentation avant de finir par se replier sur lui-même une fois que vous avez été mariés ou installés ensemble?

Une fois que vous aurez terminé, relisez ce que vous avez écrit pour voir s'il y a des similarités. Certains schémas se répètent-ils? Avez-vous tendance à vous éprendre d'une personne non disponible? — quelqu'un qui habite loin ou qui est déjà engagé avec une autre personne. Êtes-vous toujours celui ou celle qui met un terme à la relation? Y a-t-il une personne ou une relation qui semble être le reflet renversé ou le pôle contraire d'une autre?

Maintenant, fermez les yeux et remontez le fil de votre mémoire. Retrouvez la plus ancienne maison où vous vous rappelez avoir vécu et pensez à vos figures source les plus importantes. Il se peut que ces figures soient incarnées par votre père ou votre mère, mais il y a beaucoup d'exceptions. Durant ma jeunesse, par exemple, mon grand-père a été une figure source beaucoup plus significative que mon père. Ce que vous recherchez ici, ce sont les figures source qui vous ont appris quelque chose sur les relations.

Notez au moins trois choses qui vous plaisent vraiment et trois choses qui vous déplaisent chez chacune de ces personnes. Ajoutez ces éléments à votre liste. Maintenant, demandez-vous s'il y avait des schémas dans vos relations avec vos figures source. Peut-être avez-vous toujours assumé la tristesse et la souffrance de votre mère. Peut-être avez-vous constamment été déçu par votre père. Peut-être auriez-vous désiré que vos figures source vous disent qu'elles vous aimaient ou qu'elles étaient fières de vous.

À présent, examinez les liens possibles entre ce que vous avez écrit au sujet de vos figures source et ce que vous avez écrit au sujet de vos relations amoureuses. Il se peut que vous découvriez des similarités flagrantes ou que vous vous rendiez compte que vos relations amoureuses étaient exactement le contraire de vos relations avec vos figures source. Ces oppositions constituent elles aussi un genre de liens. En règle générale, il y a des liens saisissants — et plus vous êtes mystifié, plus vous en découvrirez.

Vos relations amoureuses les plus significatives

Nom	Ce qui vous plaisait le plus	Ce qui vous plaisait le moins	Schémas
	1. ----------- 2. ----------- 3. -----------		
	1. ----------- 2. ----------- 3. -----------		
	1. ----------- 2. ----------- 3. -----------		
(Relations additionnelles)			
Figures source			

Il se peut que vous soyez choqué la première fois où vous constaterez ces liens. Après le choc, peut-être vous semblera-t-il évident que vous n'avez jamais complètement quitté le foyer familial.

Cela ne signifie pas pour autant que vous deviez rejeter tous les traits positifs et négatifs de vos figures source. Personnellement, il y a certaines qualités que j'aime chez ma mère et chez mon grand-père. Et je sais que si je désire ces traits positifs, je dois aussi être prêt à accepter leur côté sombre. La différence, c'est que je peux faire ce choix consciemment si je suis démystifié.

Pour distinguer l'amour conjugal plein d'âme de l'amour conjugal mystifié, on peut se demander notamment *dans quelle mesure une personne a réellement changé les règles et les rôles appris dans sa famille d'origine.* L'amour conjugal plein d'âme donne lieu à quelque chose de nouveau, à un changement de deuxième type. L'amour conjugal mystifié reproduit les règles et les rôles qui prévalaient dans notre famille d'origine. Je crois que tant que nous n'en avons pas terminé avec nos relations source, nous ne sommes jamais vraiment présents dans une autre relation.

LES STADES DE L'INTIMITÉ

Qu'elles perpétuent l'état de mystification ou qu'elles génèrent un amour plein d'âme, toutes les relations conjugales semblent passer par des stades prévisibles qui reflètent bien les stades du développement infantile. Si vous avez lu *Retrouver l'enfant en soi,* vous vous rappellerez peut-être ma description des quatre principaux stades du développement de l'enfant: la codépendance, la contredépendance, l'indépendance et l'interdépendance. En m'inspirant de l'ouvrage de Barry Weinhold, Janae Weinhold et Pamela Levin, j'ai décrit la manière dont ces stades réapparaissent sous des formes différentes tout au long de notre vie.

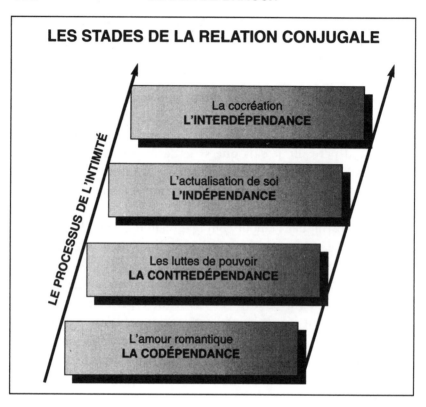

Par la suite, j'ai découvert un ouvrage intitulé *Changer ensemble: les étapes du couple* dans lequel l'auteur, Susan Campbell, rend compte des entrevues fouillées qu'elle a réalisées auprès de cinquante couples cumulant de trois à trente ans de vie commune. Les deux tiers des couples qu'elle a interrogés étaient mariés tandis que le dernier tiers était composé de conjoints qui vivaient ensemble sans être mariés. Ces couples lui avaient été envoyés parce qu'ils effectuaient une démarche visant à développer une meilleure conscience de l'intimité. L'ouvrage de madame Campbell traite essentiellement du *processus* de l'intimité.

Dans les pages qui suivent, je vais, pour décrire ce voyage vers l'intimité, faire une synthèse de la recherche de Susan Campbell en la mettant en parallèle avec les quatre stades du développement infantile. Je vais expliquer en quoi chacun des trois premiers stades peut être mystifié ou plein d'âme. Le quatrième stade, quant à lui, est fondamentalement plein d'âme. Il est le fruit de l'amour plein d'âme généré au cours des trois premiers stades.

Connaître les stades de ce processus, c'est comme avoir une carte routière. Bien qu'une carte de ce genre soit incroyablement utile, elle ne peut cependant pas vous amener là où vous allez. Chaque stade apportant des changements, il peut être bon de savoir à quel moment ces changements sont plus susceptibles de se produire. Lorsqu'un stade s'achève et qu'on en a surmonté les obstacles, de nouveaux défis se posent. Le couple doit relever ces nouveaux défis afin de continuer à évoluer.

Le voyage vers l'intimité n'est jamais complètement terminé, exactement comme on n'atteint jamais la parfaite plénitude personnelle. Il faut accepter cette limite dès le départ.

Pour résumer, on pourrait dire que ce voyage implique une lutte au cours de laquelle deux personnes apprennent à développer leur identité propre tout en apprenant à surmonter leur dualité. Quoique très différents en apparence, le processus d'*individuation* et le processus de *solidarisation* sont fondamentalement inséparables.

PREMIER STADE: LA CODÉPENDANCE
(L'AMOUR ROMANTIQUE)

Le premier stade de l'enfance est la petite enfance. L'essence de la petite enfance réside dans une saine codépendance. À ce stade, l'Autre se résume à une seule personne: la mère. Il serait littéralement vrai pour le tout petit enfant de dire «Je ne suis rien sans toi». Le fondement du moi de l'enfant dépend du respect inconditionnel et positif de sa mère. Ce qu'elle éprouve à son égard équivaut à ce qu'*il* éprouve pour lui-même. Il n'y a pas de frontières entre l'enfant et sa mère.

Les amoureux, quant à eux, se disent aussi «Je ne suis rien sans toi». Au premier stade, l'amour conjugal tire son origine de l'amour érotique. Selon Erich Fromm, «l'amour érotique est un désir insatiable de fusion complète, d'union avec une autre personne. De par sa nature même, il est essentiellement exclusif et non universel».

L'amour romantique plein d'âme

Pendant plus de vingt-deux années, j'ai rencontré au-delà de huit cents couples en consultation. Au cours de mon travail, j'ai découvert un fait curieux. J'avais l'habitude de commencer la séance de thérapie conjugale en posant la question suivante: «Parmi toutes les personnes au monde que vous auriez pu épouser, pourquoi est-ce lui (ou elle) que vous avez choisi(e)?» Les réponses étaient toujours vagues et se terminaient généralement par «Je suppose que c'est tout simplement parce que je l'aimais». Inévitablement, à mesure que je prenais connaissance de l'histoire amoureuse du couple, je découvrais que chacun des partenaires avait épousé quelqu'un qui possédait les qualités et les défauts de ses figures source. Ce n'était pas toujours un déficit psychologique. Ceux qui n'étaient que légèrement mystifiés prisaient et estimaient la relation amoureuse de leurs parents. Ils voulaient retrouver chez leur partenaire les qualités que possédaient leurs parents. Par ailleurs, ils étaient également capables de voir leur partenaire comme un être réellement différent de leurs parents. Et le mariage leur donnait la chance de travailler les caractéristiques parentales qu'ils avaient intériorisées et leurs propres images idéalisées. Être amoureux était pour eux une expérience merveilleuse et très positive.

En fait, l'état amoureux est océanique. Il nous donne un sentiment d'infini sans frontières. Il nous pousse à nous développer alors que l'image de l'être aimé nous obsède. L'être aimé nous semblant divin et sacré, nous le chérissons dans tous ses aspects.

Lorsque je suis tombé amoureux il y a quelques années, je voyais ma petite amie comme quelqu'un de tout à fait merveilleux. Je lui passais des coups de fil dans ma voiture simplement pour entendre sa voix. J'insistais pour que mes amis l'entendent eux aussi. Je disais «Tiens, écoute-la répondre au téléphone» puis, lorsqu'ils avaient écouté, «N'est-elle pas adorable?». Ils ne réagissaient *jamais* comme ils auraient dû, selon moi.

Un jour, j'ai écouté les messages sur son répondeur téléphonique et il y en avait un de moi. Mon babillage d'enfant de cinquante-six ans m'a consterné!

Si Cupidon est représenté sous les traits d'un petit enfant, c'est que, lorsque nous sommes amoureux, nous revivons une scène primale. Nous contemplons le visage de l'être aimé exactement comme nous contemplions autrefois le visage de notre mère. Nous parlons vraiment un langage enfantin!

Pourquoi tombons-nous amoureux?

De nombreux biologistes soutiennent que l'amour romantique a une base biologique. Quelques-uns croient que nous choisissons instinctivement un partenaire qui améliorera l'espèce. Si l'on en croit ce point de vue, les hommes seraient attirés par les femmes jeunes et robustes parce que, jouissant d'un état de santé maximum, elles seront d'excellentes génitrices. Les femmes, quant à elles, choisiraient des hommes forts et énergiques, donc en mesure d'assurer la survie de leur famille.

Un point de vue comme celui-là ne peut pas expliquer l'attirance entre quantité d'hommes et de femmes, ni l'attirance de certains hommes pour d'autres hommes et de certaines femmes pour d'autres femmes. Il n'explique pas entièrement non plus le pouvoir et l'intensité de l'attirance qu'éprouvent plusieurs couples.

Selon un autre point de vue plus généralisé sur le pouvoir de l'amour, nous serions attirés par les personnes qui nous semblent plus ou moins nos égales. Cette théorie, soutenue par plusieurs psychosociologues, est appelée la «théorie de l'échange». Elle laisse croire que nos attirances se situent au-delà de la beauté physique et du prestige social. Nous rechercherions plutôt les personnes dont les antécédents et les valeurs sont semblables aux nôtres.

Bien que j'aie pu constater par moi-même la pertinence de cette théorie, il n'en demeure pas moins qu'elle n'explique pas, à mon avis, le nombre effarant de couples qui semblent si mal assortis. En consultation, par exemple, il m'est arrivé de recevoir un couple dont les partenaires étaient profondément amoureux l'un de l'autre mais extrêmement différents. Madame était une catholique très stricte qui voulait au moins six enfants alors que Monsieur était un juif agnostique qui ne voulait pas d'enfants du tout. Elle était émotionnellement fragile et plutôt hystérique. Lui était émotionnellement refoulé et très rationnel. Il adorait la musique classique. Elle croyait que Bach était le nom d'une marque de bière.

Je leur ai demandé pourquoi ils voulaient se marier. Ils m'ont répondu qu'ils n'avaient jamais imaginé vivre des expériences sexuelles comme celles qu'ils vivaient et qu'ils aimaient tous deux la danse, le quadrille américain surtout. En guise d'intervention thérapeutique, j'ai fait ce que je n'avais jamais fait auparavant: j'ai *prié* durant la séance. Malgré mes protestations, ils se sont mariés. Leur mariage a duré trois mois.

L'amour en tant qu'aspiration au divin

Ma propre conception de l'amour remonte à Platon. Celui-ci appelait l'amour le «délire divin» et en comprenait la nature paradoxale. L'amour implique la souffrance et la lutte tout aussi bien que le plaisir et la joie. Dans *Le banquet,* son célèbre dialogue sur l'amour, Platon amène ses personnages à étudier l'amour sous différents points de vue, dont quelques-uns sont étrangement modernes. L'un des personnages, Aristophane, raconte une histoire qui évoque allégoriquement l'origine plus profonde de la puissante attirance que deux personnes peuvent éprouver l'une pour l'autre.

Au début, dit Aristophane, la race humaine était composée de trois sexes: les hommes, les femmes et les androgynes qui, eux, étaient bisexuels. Chacun de ces êtres avait une tête à deux visages, quatre mains, quatre pieds et deux appareils génitaux. Ils étaient tous de forme ronde et pouvaient marcher droit comme nous le faisons maintenant, mais dans le sens qu'ils voulaient. Ils pouvaient également courir vite en tournant sur eux-mêmes, utilisant leurs quatre mains et leurs quatre pieds comme des acrobates.

Ces êtres originels étaient d'une force et d'une vigueur extraordinaires. Ils avaient aussi une ambition formidable: ils avaient tenté d'escalader le ciel pour combattre les dieux. Zeus réfléchissait à cette menace. Il ne voulait pas les annihiler complètement, car cela aurait anéanti le culte et les hommages qu'ils rendaient aux dieux. Cependant, il découvrit un autre moyen. Il les fit couper en deux, l'un après l'autre, puis somma Apollon de guérir leurs blessures et de leur redonner une forme. Les deux moitiés, qui pouvaient alors marcher droit sur leurs deux jambes, furent envoyées dans des directions opposées et passèrent le reste de leur vie à chercher frénétiquement l'autre demi-créature. Ce n'est qu'en se réunissant que les deux moitiés pouvaient retrouver leur complétude.

Selon Aristophane, cela expliquerait l'intensité ainsi que le pouvoir de l'amour érotique et du désir sexuel. Les hommes désirent les hommes, les femmes désirent les femmes, et les hommes et les femmes qui originellement étaient androgynes se désirent les uns les autres. Quand un être rencontre celui ou celle qui est sa moitié «c'est un prodige que les transports de tendresse, de confiance et d'amour dont ils sont saisis». Le désir de l'autre n'est pas seulement un désir sexuel: «Il est évident, ajoute Aristophane, que leur âme à tous deux désire autre chose, qu'elle ne peut pas dire, mais qu'elle devine et laisse deviner.»

Cette allégorie tente d'expliquer tous les types de préférence sexuelle. Elle tente également d'expliquer le pouvoir de l'amour et sa nature mystérieuse.

En nous laissant guider par Platon, nous pouvons mettre l'allégorie à jour de la façon suivante.

Nous passons effectivement notre vie avec, à l'intérieur de nous-mêmes, un enfant mystifié et blessé qui, afin de retrouver sa complétude, cherche à recréer le lien symbiotique unique de la petite enfance. Peu importe dans quelle mesure nous nous sommes démystifiés, quelque chose de sombre et d'équivoque persiste lorsqu'il est question d'amour. L'obscurité constitue la profondeur mystérieuse de l'amour. Nous voulons combler notre vide, et personne ne sera jamais capable de le faire à notre place. Quoi que nous fassions ou qui que nous aimions, nous sentons un vide à l'intérieur de nous-mêmes. C'est le désir ardent de notre âme pour le «Bien» et pour l'Être même. Cette autre chose que l'âme «devine et laisse deviner» et que nous percevons confusément chez notre conjoint est probablement un reflet du divin.

Pour Platon, l'amour est toujours davantage que ce qu'il semble être. Lorsque nous éprouvons un amour intense et pleinement dynamique pour une autre personne, nous prenons une voie qui nous conduit à de plus grandes profondeurs de plénitude spirituelle. Dans le *Banquet,* Platon appelle l'amour *l'enfant de l'abondance et de l'indigence.* L'amour promet de guérir nos blessures les plus profondes. Peu importe à quel point nos expériences amoureuses passées ont été douloureuses, un nouvel amour est optimiste, énergique et spontané. L'amour nous transporte dans un royaume situé au-delà du sens pratique. Il «n'est pas fait pour ce monde», dit le poète Novalis. Quant à Thomas Moore, il se demande «L'amour est-il vraiment aveugle?». Voici ce qu'il répond:

Il faut peut-être chercher dans la direction contraire. L'amour permet à une personne de voir la vraie nature angélique d'une autre personne, son halo, son auréole de divinité.

Vu dans une perspective logique, l'amour est une illusion. Les amoureux n'ont plus toute leur raison, mais leur «délire» est peut-être le délire divin de Platon, l'expression des besoins et des désirs insatiables de leur âme.

L'amour romantique mystifié

La dépendance à l'amour est une des formes de l'amour érotique mystifié. Les êtres dépendants de l'amour croient maintes et maintes fois tomber intensément amoureux de quelqu'un, mais en fait ils ne font jamais vraiment l'expérience de l'amour naissant. Dans la dépendance à l'amour, le sentiment de vide tire son origine de la mystification. Les désirs frénétiques et les attirances fatales du compulsif amoureux sont dictés par l'enfant blessé.

Lorsque nous tombons amoureux, nous réveillons le désir de fusion et de complétude que nous éprouvions dans la petite enfance. Mais lorsque nous sommes dépendants de l'amour, nous utilisons notre partenaire pour engourdir notre faim et notre vide émotionnels, pour nous débarrasser de notre souffrance. Les individus dépendants de l'amour souffrent émotionnellement. Ceux qui tombent amoureux ne souffrent pas ainsi.

Qu'il soit idéalisé ou dégradé, le stade de l'amour romantique mystifié constitue toujours une forme de dépendance. Le tableau de la page 449 résume les deux polarisations de ce stade ainsi que l'amour plein d'âme.

L'idéalisation au premier stade

Au pôle idéalisé du premier stade, le partenaire amoureux représente fréquemment la figure source que l'on aimait le plus ou celle à laquelle on était le plus enchevêtré. On reproduit cette relation. Un de mes clients, que j'appellerai Jacques, a eu quatre petites amies différentes en un an. Elles ont toutes été malades les deux tiers du temps qu'a duré leur relation avec Jacques, alors qu'elles étaient en bonne santé au moment où elles l'avaient connu. La mère de Jacques souffrait d'hyponcondrie grave. Elle avait été alitée pendant les deux tiers de son enfance. Simple coïncidence? Difficile à croire, surtout avec quatre relations d'affilée! Jacques recherchait des femmes comme sa mère et reproduisait le même lien fantasmatique d'enchevêtrement que celui qu'il avait connu avec elle.

Une autre forme d'amour romantique mystifié et idéalisé amène les partenaires à croire *magiquement* que tous leurs problèmes vont s'envoler et que l'amour triomphera de tout. Dans notre culture, nombreux sont les gens qui sont pour ainsi dire hypnotisés par une foi en la magie du mariage. Ils croient que leur destin est de se marier, puis que leur amour grandira sans qu'ils fassent aucun effort et que tous leurs problèmes se résoudront d'eux-mêmes.

Les partenaires qui s'aiment d'un amour romantique mystifié et idéalisé cessent de se développer. Leur lien mutuel s'établit sur la base de leur faux moi. Il y a une malhonnêteté considérable dans ce genre d'amour. Elle intensifie l'isolement des partenaires, chacun dissimulant l'ombre de son moi à l'autre.

La dégradation au premier stade

L'état amoureux prend toujours racine dans l'érotisme, mais sa forme dégradée est intensément érotique dès le début, souvent dès la première rencontre. Les deux partenaires recherchent une excitation et une modification de l'humeur constantes. Leurs relations sont souvent caractérisées par la révélation obsessionnelle des fautes et des erreurs qu'ils ont commises. Afin de s'assurer que l'autre les accepte, ils se font de perpétuelles confessions, comme pour se dire «Laisse-moi te confesser absolument tout pour qu'ainsi tu ne me rejettes jamais». Leurs âpres discussions sur chaque aspect de la relation les amènent vite à des bagarres invariablement entrecoupées de relations sexuelles hallucinantes.

Les partenaires sont entièrement centrés sur ce que la relation *leur fait*. Chacun essaie de tester l'autre et réclame des preuves répétées de son amour. Chacun se préoccupe davantage d'*être aimé* que d'aimer. La possessivité caractérise la mystification de l'amour romantique dégradé. Le rejet peut provoquer une jalousie intense. Dans les cas les plus graves, il peut même conduire à la filature et au meurtre.

Une occasion de grandir

La principale différence entre l'amour romantique plein d'âme et l'amour romantique mystifié est le degré de conscience. Dans le premier cas, les partenaires s'acheminent vers l'actualisation de soi. Ils sont fortement en contact avec leurs émotions, leurs besoins et leurs désirs. De plus, ils ont conscience de leur moi authentique. Dans le deuxième cas, les partenaires n'actualisent qu'une image d'eux-mêmes et sont *émotionnellement affamés.* Puisqu'un intense enchevêtrement à leur figure source les maintient dans un état de con*fusion,* ils arborent un faux moi ou n'ont aucune conscience d'eux-mêmes. En fait, ni l'un ni l'autre n'a une conscience réelle de son moi authentique.

La bonne nouvelle, c'est que, s'ils parviennent à s'éveiller suffisamment, ils pourront se servir de leur relation pour briser les chaînes de la mystification et se développer conformément à leur véritable identité.

Le côté obscur de l'amour au premier stade

Chaque stade de l'amour comporte un côté obscur ou, en d'autres termes, un potentiel de souffrance qui est inhérent à l'amour *plein d'âme* aussi bien qu'à l'amour mystifié ou à l'amour polarisé. C'est l'ombre du bien que nous apporte chaque stade. En prenant le risque d'aimer, nous prenons *toujours* le risque de connaître le côté obscur de l'amour. La jalousie et le rejet caractérisent le côté obscur de l'amour au premier stade.

Les grands mythes nous apprennent que même les dieux connaissaient la jalousie. Vue dans une perspective pleine d'âme, la jalousie peut prendre une signification plus profonde que celle que l'on associe à l'enfant intérieur blessé et aux systèmes familiaux dysfonctionnels. Selon Thomas Moore:

Pour trouver l'âme dans la jalousie, il faut d'abord penser de façon mythologique, se demander dans quel grand contexte s'inscrivent les émotions intenses et la profonde restructuration dont nous faisons l'expérience dans ces moments.

Premier stade: la codépendance (l'amour romantique)

IDÉALISÉ	PLEIN D'ÂME	DÉGRADÉ
Rétablissement du lien fantasmatique avec une figure source.	Expérience nouvelle, océanique, érotique, accompagnée d'un sentiment d'être en pays connu.	Expérience intensément érotique, basée sur la sexualité génitale; excitation constante.
Le partenaire est vu comme une figure magique; on est possédé par l'autre.	On perçoit l'unicité de l'être aimé.	Climat de méfiance; possessivité; les partenaires doivent constamment se prouver leur amour.
Déni de tous les problèmes: «l'amour résoudra tout».	Exubérance vivifiante; nouveau sentiment de force et d'optimisme.	Manigances; inquisition intense; discussions chroniques au sujet de la relation; luttes.
On cesse de se développer; le faux moi s'accentue; mauvaise foi.	On est disposé à se montrer sous son vrai jour; des changements réels s'effectuent: on perd du poids, on se met à faire de l'exercice, etc.	Révélation obsessionnelle de ses défauts et des échecs qu'on a subis, le tout ponctué par des relations sexuelles qui font perdre la tête.
On se sent entier et complet; on n'a besoin de personne; isolement.	L'amour déborde à l'extérieur, s'étend aux autres; on veut montrer son partenaire aux autres.	Attachement et jalousie maladive; le partenaire est un «refuge»; le rejet peut déclencher de la violence.
Actualisation d'une image de soi; on a le «bon» partenaire pour ce que l'on veut accomplir sur le plan social, religieux ou professionnel.	Actualisation de soi.	Autoglorification ou modestie.

CÔTÉ OBSCUR
Jalousie, rejet

Quel est ce grand contexte? À mon avis, il pourrait bien se trouver dans le message que notre âme nous envoie par le biais de la jalousie. Si nous cherchions à comprendre ce message, peut-être cela nous empêcherait-il de transposer notre jalousie dans des actes nuisibles.

Je me souviens d'une de mes anciennes petites amies. J'avais décidé de rompre avec elle et j'avais entamé une autre relation. Elle en avait conçu une jalousie *maladive* et se sentait moralement offensée. Elle s'était transformée en véritable détective. Bien qu'elle s'imaginât être quelqu'un de non violent, elle avait aspergé ma nouvelle amie avec du ketchup et avait crevé les pneus de sa voiture. Pendant environ trois jours, elle s'était amusée à lui téléphoner et à lui raccrocher au nez toutes les trois minutes. Elle semblait devenue folle et je redoutais sa violence.

La jalousie est un symptôme, une invitation à se démystifier. C'est un cri profond que pousse notre âme pour nous dire qu'il y a quelque chose en nous-mêmes que nous ne voyons pas. Nous devons traiter notre jalousie en amie, lui demander: «Qu'essaies-tu de me dire à mon sujet?»

De toute évidence, mon ancienne petite amie n'a jamais laissé sa jalousie lui révéler son message complet. Elle n'a jamais fait de liens entre cette jalousie et son passé, sa famille et les thèmes plus profonds qui étaient à l'œuvre. Au lieu de cela, moins de trois mois après notre rupture, elle s'est mariée avec un homme qui était de vingt-cinq ans son aîné. Je l'ai revue deux ans plus tard. Elle était devenue obèse. Quelque chose de très profond en elle avait transformé sa beauté en son ombre grotesque.

Sa vie me hante. J'en connais long sur ses problèmes familiaux. Lorsque je sortais avec elle, elle était puérile et innocente. En fait, c'est cela que je ne pouvais plus supporter. J'avais l'impression d'être avec une petite sainte nitouche. Elle était soucieuse de plaire à tout le monde et gentille à l'excès. Venant d'elle, personne ne se serait attendu à une jalousie aussi violente, à une fureur aussi intense. Elle s'était tellement suridentifiée à la pureté et à l'innocence, tellement absorbée dans son faux moi, qu'elle n'était plus du tout en contact avec sa violence. Comme Arthur Miller le dit, «La perfection de l'innocence est pure folie».

Je crois que son obésité était la manifestation de l'intolérance et de la rage qu'elle avait retournées contre elle-même, le prix qu'elle payait pour avoir ignoré le message de sa jalousie. Elle se sentait si bonne et si pure, si vertueusement justifiée de se comporter de manière vindicative. Je pense que sa jalousie lui disait que, au fond de son âme, elle avait besoin de s'affirmer plus énergiquement dans sa vie, d'être plus libre et spontanée, d'équilibrer son image de gentille fille timide avec sa colère et son besoin de se comporter plus souvent en mauvaise fille. On dirait que son âme a été contrariée et que, pour se défendre des voix pleines d'âme qui montaient du plus profond d'elle-même, cette jeune femme a mangé, essayant de nourrir la fureur que toute sa vertu ne pouvait dissimuler.

En tombant amoureux, on s'expose automatiquement à un autre danger: le risque d'être rejeté et abandonné. Le rejet n'est pas possible tant qu'on ne s'est pas lié à quelqu'un de façon appréciable et significative. Aimer, c'est courir le risque d'être rejeté par celui ou celle que l'on aime. Voilà pourquoi l'amour demande du courage.

L'amour est souvent douloureux. On doit être prêt à affronter cette souffrance éventuelle. Certaines personnes choisissent de *ne pas* aimer de nouveau parce qu'elles ont conscience de ce risque. Mais si nous choisissons vraiment d'aimer quelqu'un, il nous faut à tout prix, durant la période de l'amour romantique, re-imaginer le formidable fantasme du «ils vécurent heureux pour toujours». Nos rêves de bonheur parfait, notre sentiment de ne pas pouvoir vivre l'un sans l'autre et de ne pas avoir à composer avec les différences et les conflits, tout cela doit être tempéré par la réalité. Le rêve romantique se termine inévitablement. Les conflits surgissent au deuxième stade, lorsque notre fusion amoureuse se heurte à nos différences individuelles, à nos susceptibilités et aux règles de nos familles d'origine respectives.

DEUXIÈME STADE:
LA CONTREDÉPENDANCE (LES LUTTES DE POUVOIR)

J'étais marié depuis trois mois et, assis dans la cuisine, je ruminais ma colère. Le sucrier était vide! Je l'avais remarqué quatre jours auparavant, mais je ne m'en étais guère préoccupé. Imaginez, quatre jours avec un sucrier vide!

Je dois préciser que j'avais vécu seul pendant quatorze ans, dont quatre après mon départ du séminaire. Du temps où j'étais célibataire, je faisais régulièrement le ménage de mon appartement *quatre* fois par année. Et voilà que maintenant, non seulement je me mettais dans tous mes états pour un sucrier, mais j'allais et venais dans la maison comme un agent secret traquant la poussière!

Le mariage m'avait renvoyé subitement à mes règles patriarcales de chef de famille. Les femmes étaient censées nettoyer la maison, acheter les provisions... et veiller à ce que les sucriers soient toujours pleins. J'avais fait tout cela par moi-même pendant quatorze ans, mais qu'à cela ne tienne! La bonne épouse de mes rêves se devait de faire ces choses. C'est ce que j'avais vu faire par ma mère et par la mère de mes amis. Bien que notre contrat de mariage fût muet à ce sujet, je m'attendais à ce que mon épouse se conforme à l'image que je me faisais d'une épouse.

À ce moment-là, tous mes problèmes de contredépendance commençaient à refaire surface. Durant l'enfance, la contredépendance débute autour de sept mois. À cet âge, l'enfant commence son voyage vers l'identité personnelle, la conscience de soi et l'intentionnalité. L'intentionnalité concerne la séparation d'avec la figure source maternelle. Plus tard, l'enfant exprimera sa contredépendance en piquant des colères noires, en disant non et en délimitant ses frontières («c'est à moi»).

Dans une famille pleine d'âme, les bases nécessaires à la délimitation des frontières et à la séparation seront solidement en place vers l'âge de trois ans. La permanence de l'objet sera également bien intégrée. Un enfant de trois ans bien adapté sera capable d'exprimer sa colère et de dire non; en outre, il aura conscience qu'une certaine polarité existe aussi bien chez lui-même que chez ses figures source. Une saine honte lui fera savoir que tout le monde fait des erreurs et vous laisse tomber à l'occasion. À trois ans, le bambin est encore très immature et impatient, mais le travail préparatoire a été fait.

Le deuxième stade de l'amour conjugal commence habituellement avec le lien légal du mariage. Le contrat de mariage tel que nous le connaissons est romancé et idéalisé. Des phrases comme «pour le meilleur et pour le pire, dans la maladie et la santé, jusqu'à ce que la mort nous sépare» sont très bien... mais qui fera le ménage dans la commode lorsqu'elle débordera, comment va-t-on gérer notre argent et qui se chargera de faire la lessive et de préparer les repas?

La désillusion s'installe inévitablement. «Tu n'es plus celle que tu étais lorsque nous nous sommes mariés» dit l'époux affolé. «Tu n'es pas comme je croyais que tu étais» dit l'épouse déçue. La désillusion fait tout naturellement partie du mariage. Elle survient dans toutes les relations qui durent assez longtemps pour que les différences se manifestent. L'amour romantique ne connaît aucune frontière ni différence. À ce stade, les partenaires sont codépendants. C'est la raison pour laquelle l'amour romantique est un *prélude* à l'amour. Ce n'est pas encore vraiment de l'amour.

Le nouveau couple qui s'embrase au feu de la contredépendance a des occasions pleines d'âme de tisser des liens plus profonds, plus forts. Mais sa croissance ne viendra que de la désillusion. Bouddha appelait l'illumination la *désillusion progressive*.

Les Montaigu contre les Capulet

Les premiers problèmes avec lesquels les conjoints doivent se débattre sont ceux impliquant leur système familial respectif. Chacun apporte dans le mariage les règles — ouvertes ou cachées — de sa famille.

Ces règles couvrent tous les domaines de la vie. Elles concernent l'argent, l'organisation domestique, les célébrations, la politique, la religion, la maladie, la sexualité et, avec la venue du premier enfant, l'art d'être parent. Il y a également des règles ouvertes et cachées touchant aux rôles sexuels et au pouvoir dans la relation.

Le moment est venu où l'on doit discuter de ces règles. Individuellement, on ne les aurait jamais examinées avec un aussi grand sens critique que celui dont notre partenaire usera. Le fait de mettre en question ces règles et de les mettre à jour constitue une autre façon de quitter la maison, une autre façon de grandir. Séparément, chacun n'aurait pas souvent eu la chance de les redéfinir.

Lorsque les deux conjoints proviennent de milieux socio-économiques, politiques et religieux semblables, ils s'évitent bien des maux d'estomac! En effet, les gens qui possèdent un bagage similaire ont tendance à avoir des règles similaires. Mon ex-femme et moi, au contraire, avions des règles différentes concernant l'organisation domestique, les célébrations et l'argent. J'ai grandi dans la pauvreté, alors que sa famille vivait plutôt dans l'aisance. Ma mère s'éreintait aux travaux domestiques, lavant nos vêtements à la main, tandis que la sienne avait une bonne à tout faire.

Notre premier Noël a sonné un réveil brutal. Dans ma famille, nous ouvrions les cadeaux la veille de Noël, nous les déballions vite et *nous ne conservions pas les rubans ni le papier d'emballage!* Dans la famille de ma femme, ils ouvraient les cadeaux le matin de Noël. Ils étaient obligés d'attendre et de regarder chacun déballer ses cadeaux, et *ils conservaient le papier.* Il s'agissait là de nos règles ouvertes — et opposées — concernant les célébrations.

En matière d'argent, ma règle ouverte, apprise de mon grand-père, c'était que l'on pouvait considérer un homme gagnant cinq cents dollars par mois comme quelqu'un qui a réussi. Ma femme venait d'une famille dont le père avait gagné beaucoup plus que cela durant la Crise! Elle nourrissait des attentes et des sentiments très différents face à l'argent. Certains membres de sa parenté avaient une attitude ostentatoire dans ce domaine, et elle trouvait embarrassante toute forme d'étalage public de la richesse.

Lorsque j'ai commencé à faire de l'argent, mon enfant intérieur mystifié était heureux et très fier de lui. Je me rappelle cette fois où j'avais animé un gros atelier pour une entreprise, laquelle m'avait payé mille dollars pour la *journée.* C'était incroyable! J'en avais fait part à ma femme, m'attendant à ce qu'elle saute de joie et soit aussi excitée que moi. Elle s'était montrée très calme et polie, et je m'étais rendu compte que ce sujet la mettait un peu mal à l'aise. J'avais tourné les talons et boudé pendant deux jours. Cette bouderie était une *régression temporelle.* J'adoptais le même comportement que celui qui, autrefois, attirait l'attention de ma mère et déguisait ma colère. Mon épouse n'avait aucune idée de ce qui n'allait pas. Elle m'avait demandé si j'étais vexé et je lui avais répondu «Non, ça va» sur un ton sarcastique et arrogant.

Les conflits au sujet des règles sont souvent enflammés et opiniâtres. Il n'en reste pas moins que nous devons nécessairement les affronter si nous voulons trouver un terrain d'entente et infléchir la rigidité des vieilles règles *familières* (et familiales). Lors de ces affrontements, nous utilisons *tout le savoir-faire que nous avons acquis en matière de relations interpersonnelles lorsque, bambins, nous avons traversé le stade de la contredépendance au cours de notre développement.*

Exercice: faire face aux conflits

En thérapie, je me suis parfois servi d'un exercice conçu par Susan Campbell pour aider les couples à prendre conscience de leur manière de résoudre les conflits. Peut-être voudrez-vous en faire l'expérience avec votre partenaire.

Je fais asseoir les deux conjoints l'un en face de l'autre et je dépose entre eux une feuille blanche de 21,5 cm sur 28 cm. Je leur dis que cette feuille de papier représente quelque chose de très précieux, qu'il n'y en a qu'une et que chacun d'eux en a une très grande envie. J'ajoute qu'un seul des deux conjoints peut la garder. Chacun doit la tenir par deux coins, entre le pouce et l'index. Après mon signal, les joueurs disposent de cinq minutes pour s'emparer de la feuille. Pour ce faire, ils peuvent utiliser la méthode de leur choix, mais si la feuille est froissée ou abîmée de quelque façon que ce soit, ils perdent tous les deux.

Essayez cet exercice quand vous aurez quelques minutes. Il peut vous en apprendre long sur votre façon de composer avec les situations conflictuelles. Vous serez peut-être stupéfié de découvrir que, pour en arriver à vos fins, vous utilisez exactement les mêmes méthodes que lorsque vous étiez enfant. Certaines personnes abandonnent tout simplement, tournent le dos et se mettent à bouder; d'autres tentent d'escroquer leur partenaire en détournant son attention. Les hommes essaient souvent de subjuguer leur épouse, tandis que les femmes usent de séduction pour s'emparer de la feuille. Il est bon de discuter de tout cela et d'exprimer ses émotions après avoir fait cet exercice.

Les luttes de pouvoir mystifiées

Le deuxième stade fait également ressortir les images inconscientes que nous véhiculons tous. Selon notre famille d'origine, nous pouvons avoir des attentes idéalisées ou dégradées face à notre conjoint.

LES DEUX NIVEAUX D'INTERACTION
DANS L'AMOUR CONJUGAL

Contrat passé

d'adulte à adulte

Contrat inconscient

passé d'enfant à enfant

Les conflits les plus opiniâtres et les plus orageux éclatent entre les deux enfants intérieurs blessés et mystifiés qui tentent de satisfaire leurs attentes et leurs besoins. Lorsque deux adultes enfants se rencontrent, ils interagissent à deux niveaux différents et passent deux contrats différents: un contrat d'adulte à adulte et un contrat d'enfant à enfant. Le contrat d'enfant à enfant comprend les décisions inconscientes et illogiques que les enfants mystifiés ont prises autrefois. Comme le montre le dessin ci-dessus, le contrat conscient que les conjoints ont passé d'adulte à adulte peut être contredit par l'enfant démuni qu'ils portent à l'intérieur d'eux-mêmes.

Malheureusement, le contrat de notre enfant intérieur blessé reste presque toujours inconscient jusqu'à ce que nous nous engagions dans le mariage ou dans un autre type de relation sérieuse. C'est le mariage en soi qui l'active.

Pour grandir et générer un amour mûr et plein d'âme, le couple doit résoudre ce contrat d'enfant à enfant. Les couples font souvent du mieux qu'ils peuvent faire consciemment. Mais leurs conflits s'avèrent littéralement infantiles. Les enfants sont des absolutistes. Ils adorent employer des mots comme «tout», «toujours» et «jamais». Quand j'entends ces mots dans une dispute, je sais que les deux enfants blessés sont de la partie. Il y a quelquefois des cris, parfois des hurlements. Ce que l'on entend dans ces moments, c'est un enfant hors de lui-même qui mendie un amour inconditionnel. Autrefois, nos parents, limités et humains, ne pouvaient tout simplement pas nous aimer et nous refléter aussi parfaitement et inconditionnellement que nous le méritions. Nous avons maintenant passé un contrat secret avec notre partenaire pour restaurer notre jardin d'Éden infantile, notre complétude originale. Les luttes de pouvoir qui éclatent autour de ce contrat caché sont les plus féroces. Nous ferions n'importe quoi pour retrouver notre paradis.

Le deuxième stade idéalisé

Dans les couples où aucun des partenaires n'a appris durant l'enfance à exprimer sa colère et à résoudre ses conflits, le contrat caché se résume à «mettons-nous d'accord pour ne jamais être en désaccord».

En regardant le tableau de la page suivante, vous pourrez voir quelques caractéristiques des couples mystifiés qui idéalisent le stade des luttes de pouvoir. Ensemble, les partenaires projettent une «fausse image du couple», image dont chacun essaie de se montrer digne en réprimant sa colère et en faisant semblant d'être toujours gentil et affectueux. Ils ont tous deux peur de la colère, ce qui souvent ne les empêche pas de mettre en place un schéma suivant lequel l'un des partenaires se sert de la colère comme d'une menace pour contrôler, manipuler et imposer sa volonté. Il n'y a ni bagarre, ni véritable résolution des conflits. Dans certains cas, les deux partenaires deviennent de vrais «drogués de la joie», se montrant toujours gais pour dissimuler leur peine. Les types d'amour mystifié basés sur l'abnégation et le sens du devoir que j'ai décrits dans le premier chapitre sont monnaie courante au deuxième stade idéalisé.

Deuxième stade: la contredépendance

IDÉALISÉ	PLEIN D'ÂME	DÉGRADÉ
Confluence: les partenaires se mettent d'accord pour ne jamais être en désaccord; ils ont une peur phobique de la colère.	Contact: les partenaires font face à leurs conflits.	Conflit: les partenaires font régner une atmosphère mortifiante, digne de *Qui a peur de Virginia Woolf?*
Fausse image du couple; on fait semblant d'être gentil, heureux, affectueux.	On découvre son moi authentique en passant au crible les règles apprises dans sa famille d'origine.	On reproduit le cycle bourreau/victime que l'on a connu dans l'enfance.
Les partenaires agissent comme des «drogués» de la joie; ils nient leurs problèmes et ont des attentes rigides et irréalistes.	Les partenaires connaissent des périodes difficiles, mais ils s'accrochent; ils modifient leurs attentes pour les adapter à la réalité.	Les partenaires incluent leurs enfants dans une relation triangulaire; ils ont des aventures, ne résolvent pas leurs problèmes et s'attendent au pire.
On vit dans une pseudo-intimité basée sur les rôles du faux moi.	L'intimité s'accroît; on est prêt à faire des compromis; on accepte les différences.	On souffre d'une dysfonction de l'intimité; il y a domination, violence physique, punition.
Les partenaires ont un comportement dicté par l'abnégation et le sens du devoir.	Les partenaires donnent et reçoivent; ils apprennent à s'affronter avec respect.	Les partenaires font preuve d'égoïsme; «Je veux ce que je veux».
Absence de frontières.	Frontières semi-perméables.	Frontières rigides.

CÔTÉ OBSCUR

Désillusion, trahison, colère, peine

Les deux partenaires dans ce genre de relation sont extrêmement codépendants. Leurs besoins de codépendance étant demeurés insatisfaits depuis l'enfance, ils ont par conséquent été incapables de se bâtir un moi authentique. Au deuxième stade idéalisé, ils recréent souvent le même lien fantasmatique d'enchevêtrement que celui qu'ils ont connu avec leurs figures source. Ni l'un ni l'autre n'a de véritables frontières et ils *s'utilisent* mutuellement pour assouvir leur faim émotionnelle. J'aime bien employer le mot *confluence* pour évoquer cet état d'enchevêtrement et d'évitement des conflits.

Le deuxième stade dégradé

Au deuxième stade dégradé, les partenaires tentent de se faire du mal pour se venger des blessures que leurs parents leur ont infligées. Avec chaque déception et chaque désillusion, ils tentent de se vexer l'un l'autre, souvent en s'humiliant et en se ridiculisant comme ils ont eux-mêmes été humiliés et ridiculisés dans l'enfance. Ceux qui ont subi des sévices physiques peuvent devenir violents à leur tour. Lorsque nos blessures d'enfance demeurent non résolues, nous gardons en nous-mêmes un profond réservoir de colère. C'est notre partenaire qui essuie cette colère.

Au deuxième stade, les partenaires ont le sentiment d'avoir été trahis. Ils ont rompu le contrat implicite qu'ils avaient passé durant le premier stade, lorsque chacun croyait ce qu'il avait besoin de croire et projetait sur l'autre ses attentes irréalistes. Ce que chacun espérait par-dessus tout, c'est que son partenaire allait lui donner ce qu'il n'avait pas eu durant l'enfance.

Mais ils ne pourront jamais retrouver leur nid familial. Pour ramener leurs attentes à de plus justes proportions, ils doivent sonder leur propre vide intérieur et ses liens avec l'enfance. Si les partenaires essayaient de modifier leurs attentes irréalistes sans reprendre contact avec leur première souffrance, ils n'en arriveraient, au bout du compte, qu'à agir *temporairement* sous l'impulsion de leur volonté ou à se couper et à se distancier émotionnellement l'un de l'autre. Certains thérapeutes bien intentionnés — ceux, notamment, qui enseignent aux couples différentes techniques de résolution de conflits — font souvent ce genre de tentatives.

Quelques-unes de ces techniques sont semblables à celles que j'ai décrites au chapitre 8. En enseignant aux conjoints à recourir aux «messages je» et à l'écoute active, on peut les aider à respecter mutuellement leurs frontières. En leur enseignant l'affirmation de soi, on peut leur apprendre à exprimer clairement leur colère et à demander ce qu'ils veulent. Il y a aussi d'autres lignes directrices concernant l'expression de la colère et la manière de s'affronter loyalement. Ces techniques sont *utiles pour les conjoints démystifiés.*

Mais pour les conjoints mystifiés, elles deviennent de nouveaux commandements rigides auxquels on doit obéir. Mon expérience de thérapeute m'a démontré que les couples les utilisaient correctement pendant quelques mois, mais que, par après, *ils reprenaient les mêmes vieilles querelles, cette fois en se servant des nouveaux termes thérapeutiques qu'ils avaient appris.*

C'est très frustrant pour un thérapeute. Juste au moment où tout semble aller bien, un nouveau genre de bagarre, plus raffiné, survient. Le contrôle et le pouvoir se remettent de la partie, maintenant revêtus d'un jargon thérapeutique.

J'ai enseigné des techniques de ce genre pendant mes dix premières années de pratique. Je ne savais pas quoi faire d'autre. J'ai cessé de les enseigner après m'être engagé dans une sérieuse introspection quant à ma famille d'origine.

Les attentes irréalistes

Les attentes irréalistes de l'enfant blessé sont également à l'origine du désir de changer son partenaire. L'image fantastique du partenaire que l'on veut — et dont on est convaincu d'avoir *besoin* — peut devenir obsédante.

Si l'on veut ramener nos attentes à de plus justes proportions humaines, il est primordial d'embrasser notre honte normale. Pour accroître l'intimité du couple, il est essentiel que chacun voie la poutre dans son œil. Le deuxième stade offre aux conjoints une chance unique d'embrasser la polarité. Ceux qui résolvent leur mystification en arrivent habituellement à comprendre que ce qui leur déplaît chez l'autre va de pair avec ce qui leur plaît.

Je me rappelle avoir reçu en consultation un homme qui se plaignait du fait que sa petite amie prenait du poids. Il disait qu'il se sentait trahi et ne savait pas s'il pourrait continuer cette relation. Pendant qu'il parlait, j'ai remarqué que *son ventre débordait de son pantalon* et que le haut de sa braguette s'ouvrait sous la pression d'un tel excès de graisse. Il y avait des taches de nourriture sur sa cravate et des taches de café sur sa chemise! Lorsque je l'ai interrogé à propos de son apparence peu soignée, il s'est mis en colère et est sorti de mon bureau comme un ouragan. Il est revenu plus tard, seulement parce que je lui avais facturé des honoraires pour une consultation complète de soixante minutes. Il voulait récupérer les trente minutes dont il n'avait pu profiter en partant avant la fin de la séance.

Il me semblait clair que, pour lui, une femme svelte et soignée était un fantasme, une projection découlant de son refus d'accepter sa propre obésité. À ses yeux, une femme séduisante lui donnait une belle apparence.

Lors de sa deuxième visite, il m'a écouté, puis il est venu à plusieurs autres séances. J'ai finalement passé un contrat avec lui: chaque fois qu'il avait des pensées critiques au sujet du poids de sa petite amie, il devait réfléchir à son propre problème de poids et faire *une* chose pour changer sa condition à lui. À partir du moment où il a commencé à concentrer son énergie sur lui-même, là où il en avait besoin, il a peu à peu mis fin à ses projections fantasmatiques et irréalistes. Il s'est joint aux Outremangeurs Anonymes. Tout en changeant sa propre image de soi, il a cessé de faire pression sur sa petite amie pour qu'elle change. Paradoxalement, elle a commencé à perdre du poids. En négligeant sa propre apparence, mais en ne se privant pas de lui imposer ses exigences pressantes, son ami avait fait naître énormément de colère en elle. Elle avait exprimé cette colère de façon passive-agressive en prenant du poids.

Je dois préciser que le fait d'entretenir des attentes à l'égard de notre partenaire est correct, pour peu que ces attentes soient réalistes, humaines, et que la personne concernée se soit engagée à y répondre. Ce sont les attentes irréalistes qui s'avèrent dévastatrices.

Avant de résoudre plusieurs problèmes inhérents au deuxième stade, les partenaires doivent faire face à leurs attentes irréalistes et à leurs projections fantastiques. Sinon, le couple est condamné à rester interminablement aux prises avec des problèmes particuliers et des vieilles querelles. Et les domaines dans lesquels nous trouvons qu'il est *extrêmement difficile de changer nos attentes* sont précisément ceux dans lesquels nous avons fait *l'investissement émotionnel* le plus important. Habituellement, la difficulté est basée sur une partie dissociée de nous-mêmes que nous projetons sur notre conjoint.

Chaque partenaire est responsable de ses propres blessures. Chacun doit prendre les moyens nécessaires pour explorer sa souffrance personnelle, terminer sa propre besogne inachevée. Quelquefois, cela requiert absolument une aide professionnelle.

Le deuxième stade plein d'âme

Lorsque nous faisons notre travail de deuil, quand nous embrassons notre première souffrance et notre peine légitime, nous en arrivons à accepter nos blessures et nos déceptions. Nous savons qu'aucun adulte ne peut nous donner un amour absolu ou inconditionnel. Les problèmes et le vide font partie de l'existence. Nous comprenons que la vie est un grand jeu de hasard raisonnable et que nous devons prendre des risques. Les choses ne fonctionneront pas toujours comme nous le voulons. La souffrance est inhérente à l'incomplétude humaine. Nous devons nous attendre à souffrir et considérer cette souffrance comme le prix émotionnel qu'il faut payer pour connaître des moments privilégiés et tisser des liens précieux.

Au mieux, deux personnes mariées ne peuvent que se donner *autant*. Il en va de même pour les familles. À partir du moment où nous acceptons nos limites humaines, nos attentes deviennent compatibles avec la réalité. L'acceptation n'est pas synonyme de malhonnêteté. Elle nous amène plutôt à reconnaître que nous ne sommes pas parfaits ni l'un ni l'autre et qu'il est tout à fait normal de se tromper. Cette attitude favorise l'intimité.

À la fin du deuxième stade, les couples pleins d'âme apprennent à être plus flexibles. Cela requiert de l'imagination. À titre d'exemple, j'aimerais, au fil des paragraphes suivants, vous parler d'une relation embourbée et mystifiée qui s'est remplie d'âme grâce à l'imagination.

L'imagination en action

Un couple est venu me voir en consultation. La femme s'est lancée dans une longue diatribe contre l'extrême insensibilité de son mari. Elle avait juste assez de notions en thérapie pour être dangereuse. Elle a commencé à analyser sa famille dysfonctionnelle *à lui* en insistant sur la froideur et le manque d'expressivité qui y prévalaient. Je lui ai demandé de résumer son problème en une phrase. Après une minute de réflexion elle a répondu: «Mon mari ne parle tout simplement jamais. Je ne sais pas ce qu'il ressent. Je veux que nous discutions de nos problèmes ensemble.» À ce moment-là, cela

faisait trente ou quarante minutes qu'elle parlait. Je l'avais partiellement encouragée dans ce sens, car j'aime bien recevoir une
impression kinesthésique totale des gens que je rencontre en consultation pour la première fois. Si je dis «partiellement», c'est parce
que, à une ou deux reprises, je m'étais rendu compte que j'éprouvais de la frustration et de la colère. En vérité, je sentais qu'il me
serait difficile de placer un mot. Au bout des trente minutes, je suis
finalement intervenu et je lui ai fait promettre de rester silencieuse
pendant que je parlerais à son mari. J'ai demandé au mari: «Alors,
est-ce vrai que vous ne parlez pas à votre femme?» «Je suppose que
je suis trop fatigué quand j'arrive du travail», a-t-il répondu.
Aussitôt, sa femme a rompu sa promesse et s'est mise rapidement à
parler des week-ends, du fait que son mari les passait assis dans son
fauteuil à regarder les sports à la télévision. Je l'ai interrompue (ce
qui n'était pas une mince affaire) et je l'ai de nouveau invitée à se
taire. «Parlez-moi des week-ends», ai-je demandé au mari. Il est
resté silencieux pendant ce qui m'a semblé cinq longues minutes,
puis il a répondu: «Son bavardage me rend malade. Quand je lui
réponds, elle se met à parler encore plus. Elle parle, parle et me critique sans arrêt.»

Il était clair, selon la perspective de la systémique familiale,
que dans ce couple, *chacun des partenaires provoquait le comportement de
l'autre*. Il s'est avéré qu'ils avaient tous deux épousé leur parent de
sexe opposé. Ainsi, le père de Madame était silencieux et inexpres-
sif. La mère de Monsieur était une bavarde compulsive et critique.
Dans le mariage, chacun transpose l'indigence de son enfant blessé.
Il s'agit là du programme caché, du contrat secret des enfants
blessés et mystifiés.

J'ai découvert que le mari s'était montré beaucoup plus assuré
et expressif pendant la période des fréquentations. Il écrivait des
poèmes à sa future femme et était très romantique. Elle, de son
côté, était beaucoup plus timide et réservée.

Ce couple jouait à ce qu'on appelle le «jeu sans fin». Madame
rouspétait et harcelait Monsieur parce qu'il ne voulait pas parler et
Monsieur ne voulait pas parler parce que Madame rouspétait et le
harcelait. Ils étaient vraiment bloqués. Tous deux avaient fait de
réels efforts pour résoudre leurs problèmes. Tous deux étaient
déroutés et commençaient à se sentir désespérés. Ni l'un ni l'autre

n'était *capable d'imaginer* un nouveau comportement qui les aurait fait déboucher sur une issue différente.

Ce n'était pas mon travail d'essayer d'imaginer à leur place et de les réconcilier en leur disant que leur comportement était incorrect, ou en prenant parti et en défendant l'un d'entre eux. La première possibilité qui s'offrait à moi, c'était de leur apprendre certaines règles utiles à l'affrontement et de les inciter à les mettre en pratique pendant qu'ils étaient dans mon bureau. La deuxième possibilité, c'était que je les voie séparément et que j'aide chacun à retrouver son enfant intérieur et à exprimer sa première souffrance. Cette démarche aurait été plutôt longue et onéreuse. Or, mes clients n'avaient pas beaucoup de temps ni d'argent. J'ai donc décidé de laisser mon imagination trouver ce qu'il fallait faire.

À la visite suivante, je leur ai demandé de s'asseoir l'un en face de l'autre. Je leur ai dit que le *langage verbal* n'était pas permis au cours de l'exercice qu'ils allaient faire. Je me suis rendu compte que j'utilisais une technique apprise lors de ma formation en Programmation neurolinguistique. La Programmation neurolinguistique démontre que souvent les mots nous ancrent dans des schémas de comportement routiniers et que nous pouvons acquérir une flexibilité beaucoup plus grande en communiquant non verbalement. Je ne m'en étais pas souvenu jusqu'à ce que je revoie mes clients ce matin-là.

Donc, je leur ai demandé de s'asseoir l'un en face de l'autre. La consigne leur permettait de communiquer non verbalement de la façon qu'ils voulaient, mais elle leur interdisait cependant d'échanger des paroles. Le mari devait exprimer un de ses besoins à sa femme. Il a commencé par se tapoter les cuisses et par pointer du doigt son col de chemise. Sa femme a pris un air déconcerté et a hoché négativement la tête. Il a alors commencé à déboutonner sa chemise. Elle a hoché vigoureusement la tête et agité la main. Il a pointé de nouveau son col de chemise et fait semblant de brancher quelque chose dans une prise de courant. Il a replié les doigts et s'est mis à faire un mouvement horizontal de va-et-vient avec son poing. De mon côté, je ne comprenais toujours pas mais, soudainement, une lueur s'est allumée dans les yeux de son épouse, laquelle s'est mise à hocher affirmativement la tête. Ils ont tous deux éclaté de rire et se sont étreints. J'ai appris que, au début de leur mariage, elle avait l'habitude de repasser le pantalon et la chemise de travail de son mari. Lorsque leurs problèmes s'étaient aggravés, elle avait cessé de repasser ses vêtements. Lui, il aimait sa manière de les repasser.

Ce que j'ai ensuite passé en revue avec eux, c'est la flexibilité que le mari avait démontrée au cours de l'exercice. Lorsqu'une forme de communication ne fonctionnait pas, il en essayait une autre. Si cela ne fonctionnait toujours pas, il en essayait encore une autre. Il avait modifié son comportement jusqu'à ce que sa femme comprenne. Cet exercice exigeait également que tous deux se servent de leur imagination. Ordinairement, ils étaient si bloqués dans leur impasse verbale que ni l'un ni l'autre ne pouvait entrevoir une façon différente de se comporter.

Je leur ai fait faire plusieurs autres exercices et je leur ai donné un devoir semblable à faire à la maison. Au rendez-vous suivant, j'ai noté un changement visible chez les deux partenaires. Le mari avait l'air plus animé et vivant. La femme était moins bavarde et plus enjouée. Ils sont venus à quelques séances de plus. À un certain moment, j'ai senti qu'ils étaient arrivés au bout de ce que j'avais à leur apporter, compte tenu du temps et du budget dont ils disposaient. J'ai senti qu'ils étaient vraiment sortis de leur impasse. Ils avaient appris que des *choix réels* s'offraient à eux. Ils avaient appris qu'il existait plusieurs façons de résoudre leurs problèmes. Je pense avoir fait ce qu'une bonne thérapie doit faire: offrir de nouveaux choix aux gens.

Je dois souligner que toute une variété d'interventions et toute une variété de conseillers ou de thérapeutes auraient pu aider ce couple. L'imagination est la clé. Il n'y a pas une seule bonne façon de faire quelque chose. Pour chaque situation, il y a d'innombrables réponses humaines possibles. Il y a plusieurs significations possibles à donner à un comportement. Nous ne sommes limités que par notre imagination.

Si les partenaires surmontent les obstacles inhérents au deuxième stade, au bout du compte, ils se retrouveront plus proches l'un de l'autre. S'ils refusent la souffrance légitime et la nature de la condition humaine adulte, leurs luttes de pouvoir risquent de se perpétuer jusqu'à la fin, l'un d'eux essayant, depuis son lit de mort, de donner un dernier coup de pied à l'autre.

Le côté obscur de l'amour au deuxième stade

L'accomplissement plein d'âme du deuxième stade réside dans la profonde prise de conscience que ce n'est pas par le biais du contrôle et du pouvoir que l'on peut se faire aimer inconditionnellement de notre partenaire, comme le veut notre enfant intérieur. Nous ne pouvons pas gagner l'amour inconditionnel de notre partenaire en jouant la comédie, en le menaçant, en le contraignant, en le manipulant, en le dominant ou en jouant des jeux subtils. Voici ce qu'en dit Susan Campbell :

> Le deuxième stade touche à sa fin lorsque nous reconnaissons qui nous sommes et ce que nous avons *vraiment,* lorsque nous renonçons à nos rêves d'harmonie sans lutte, de réussite sans effort, de plaisir sans souffrance. Quand nous nous abandonnons à la vie telle qu'elle est.

Il arrive souvent qu'on n'atteigne pas ce genre de conscience pleine d'âme. Nombreux sont ceux qui restent mystifiés et qui s'accrochent à leurs fantasmes et à leurs espoirs infantiles. Plusieurs se réfugient dans une forme quelconque de dépendance pour échapper à leur souffrance. Ils passent à l'acte en se servant des substances chimiques, de la nourriture ou du sexe. Pour certains d'entre eux, le fait de manger constitue non seulement un moyen de combler un vide toujours plus profond, mais aussi un moyen passif-agressif de punir leur partenaire.

La mise en acte sexuelle pourrait bien être la plus néfaste, car l'adultère porte atteinte à l'engagement amoureux que les partenaires ont pris au premier stade. Les liaisons représentent souvent, mais pas toujours, une tentative de soulager la tension due à une impasse dans le mariage. Bien que plusieurs couples y survivent, elles entraînent habituellement de sérieuses conséquences. Les individus mystifiés ont été trahis dans l'enfance, et la trahison de leur conjoint rouvre en eux cette ancienne blessure. Comme on le sait déjà, ceux qui, enfants, ont été victimes d'abus sexuels graves recouraient souvent, autrefois, à la distorsion temporelle en tant que transe défensive. Or, à l'âge adulte, ils utilisent la distorsion temporelle une fois de plus. L'infidélité du conjoint devient alors

pour eux toute la vérité sur leur mariage plutôt qu'un épisode relativement court dans leur relation conjugale. (Je ne souligne pas ce
fait pour justifier l'adultère, mais seulement pour le mettre en perspective. Et je parle ici d'une aventure, non pas des liaisons multiples qui caractérisent la compulsion sexuelle.) Même lorsque les
anciennes blessures sont moins profondes, la trahison provoque une
grande souffrance et s'attaque au tissu même de la confiance. Il faut
alors de la tendresse et du temps pour réparer les dégâts.

TROISIÈME STADE:
L'INDÉPENDANCE (ACTUALISATION DE SOI)

De trois à sept ans environ, l'enfant s'assagit plus ou moins et
commence à élaborer sa *première identité.* Il a dépassé le stade où,
bambin, il s'opposait à presque tout et entre dans une période
d'équilibre durant laquelle il expérimente et fait des essais. Il pose
beaucoup de questions et commence à élaborer ses croyances fondamentales sur son identité personnelle, la sexualité et ses relations
avec les autres. Il trouve un rôle — un ensemble de comportements
qui lui donnent le sentiment d'être important dans sa famille. Et,
comme je l'ai déjà souligné, plus sa famille est dysfonctionnelle,
plus il se bâtira un faux moi.

Ses nombreuses questions sur tous les sujets font partie d'un
processus consistant à donner un sens aux relations déroutantes et
au large éventail des informations sensorielles qui l'entourent. À ce
stade de développement, il est important que l'enfant apprenne que
c'est bien de clarifier des communications déroutantes. Cela
l'empêchera de trop «deviner la pensée» des autres dans ses relations futures.

Le couple que forment ses parents lui fournit son premier
modèle de relation conjugale. Lorsque cette relation est solide et
évolutive, l'enfant voit à quoi ressemble l'amour conjugal. En
observant son parent du même sexe, il commence à imaginer concrètement ce que ce sera qu'être un adulte engagé dans une relation
conjugale.

Se réapproprier ses projections

Durant les fréquentations, l'un des partenaires trouvait peut-être merveilleuses l'impulsivité et la spontanéité de l'autre parce que ses propres voix posthypnotiques critiques ne lui permettaient pas d'être impulsif et spontané. Au deuxième stade, ce même partenaire a projeté sur l'autre ses propres interdits concernant l'impulsivité, et celle-ci est devenue un sujet de conflit.

Au troisième stade, le partenaire doit embrasser sa propre impulsivité et sa propre spontanéité — ou toutes les autres parties de lui-même qu'il a rejetées et projetées. En se les réappropriant, il devient plus complet et plus en contact avec lui-même. Il rétablit son «Je suis» original. Il s'agit là d'un aspect décisif du processus d'individuation. Pour se sentir complet, chacun doit accepter toutes les parties de lui-même avec un respect sincère et inconditionnel.

Une fois que chacun a accepté toutes les parties de lui-même, il cesse d'en projeter certaines sur son conjoint ou sur les autres.

Par ailleurs, l'expérience de la polarité fait clairement savoir aux partenaires que *l'autre ne peut pas satisfaire tous leurs besoins* ou *être leur seul centre d'intérêt.* Ils commencent donc à se tourner vers l'extérieur de la relation afin de trouver d'autres intérêts. Si les conjoints sont démystifiés et individués, leurs intérêts extérieurs n'enlèveront rien à leur relation. Ils l'enrichiront, au contraire, puisque chacun devient plus complet dans la mesure où il satisfait ses désirs.

À ce stade, les partenaires élaborent un ensemble de règles souples et maniables. Ils sont maintenant occupés à se créer une relation conjugale bien à eux. Il se peut que cette relation soit fortement influencée par leur culture, mais dorénavant elle ne constituera plus une échappatoire. Ils peuvent, par exemple, choisir d'endosser les rôles matrimoniaux les plus traditionnels: Monsieur travaille à l'extérieur et Madame gère la vie domestique. La clé, ici, est le mot «choix». Le couple opte pour des rôles traditionnels parce qu'il le souhaite et parce que ces rôles lui plaisent.

Le troisième stade plein d'âme

Susan Campbell appelle le troisième stade «le stade de la stabilité». À cette étape, les partenaires apaisent leurs conflits. Ils sont plus disposés à pardonner et à faire la paix. S'ils ont résolu leur souffrance reliée au passé, ils sont plus présents ici et maintenant. Le simple fait d'avoir passé à travers des années de luttes de pouvoir peut leur avoir appris la tolérance. Ils acceptent les limites de l'autre et de la vie elle-même, ce qui démontre qu'ils ont réussi à intégrer la permanence de l'objet. Ils ne s'acharnent plus à «faire fonctionner leur relation». En fait, ils ne savent habituellement plus très bien où ils en sont par rapport à eux-mêmes et n'ont plus les mêmes certitudes qu'avant. À mesure qu'ils acceptent leurs propres limites, leur ancienne confusion revient. La confusion peut être un état plein d'âme. Elle remplace les certitudes trompeuses du faux moi. Plus rien ne semble sûr, désormais.

Ce stade correspond habituellement à la quarantaine. Chez la plupart des couples concernés par la recherche de Susan Campbell, le stade des luttes de pouvoir aura duré une dizaine d'années. Cela ne veut pas dire que les partenaires doivent obligatoirement s'affronter pendant dix ans. Cela signifie simplement qu'il leur faut souvent autant de temps pour assouplir les raideurs du passé. Leurs certitudes et leur rigidité passées ne servaient qu'à dissimuler le vide causé par leur honte toxique. Leur faux moi leur donnait une définition. Par conséquent, lorsque leur faux moi s'effondre, les conjoints ont un sentiment de doute, de confusion et de vide. Mais leur confusion marque aussi le début d'une honte salutaire et d'une conscience paradoxale. Parce que chacun se trouve en mesure de s'accepter en tant qu'être blessé et limité, il peut accepter l'autre de la même façon. Chacun peut faire preuve de respect pour les blessures de son partenaire sans essayer de les guérir ou d'en assumer la responsabilité.

En ce qui me concerne, je peux voir ce phénomène à l'œuvre dans ma vie. Enfant, j'étais enchevêtré à ma mère et je m'engouffrais dans sa solitude, son chagrin et sa colère non résolue. Pour moi, aimer une femme signifiait assumer la responsabilité de son chagrin et être pris comme cible de sa colère. Il m'arrive encore d'être très effrayé lorsque je commence à me sentir trop proche de ma petite amie. Mon enfant blessé pense que pour aimer, je dois renoncer à ce que je suis et prendre soin de la souffrance, de la peine et de la colère de ma partenaire. J'ai presque toujours été attiré par des femmes qui possédaient non seulement les plus belles qualités de ma mère, mais aussi ses défauts. Avant que j'exprime ma première souffrance, je croyais pouvoir prendre soin des femmes blessées. La souffrance que m'infligeaient ces relations calquées sur le passé augmentait ma méfiance à l'égard des femmes et intensifiait ma colère. Ce n'est qu'après avoir pleuré mes blessures d'enfance et m'être séparé de ma mère intériorisée que j'ai pu modifier mes projections.

Maintenant, lorsque mon amie a peur d'être abandonnée, je peux être responsable en lui laissant savoir où je suis. Mais je n'ai pas à prendre en charge sa peur de l'abandon. Je peux y être sensible. Je peux l'encourager à la surmonter. Mais je dois soigner mes propres blessures reliées à l'engouffrement. Aucune femme ne peut le faire à ma place.

L'enfance est terminée et, bien que l'on puisse retrouver son enfant intérieur blessé, *il est trop tard pour avoir une enfance heureuse*. À partir du moment où les partenaires sont prêts à retrouver leur enfant intérieur blessé, ils cessent de s'imposer mutuellement des exigences irréalistes. Chacun doit prendre soin de lui-même avant d'être vraiment en mesure de prendre soin de l'autre. Être responsable de ses propres blessures et respecter les blessures fondamentales de son partenaire, tout cela fait partie de l'alliance résultant du travail qui s'effectue au troisième stade.

Lorsque les partenaires soignent leurs propres blessures, ils se témoignent mutuellement beaucoup plus d'estime et de respect. Ils s'écoutent davantage l'un l'autre. Chacun apprend l'histoire personnelle de l'autre. Chacun apprend les attentions que son partenaire aime et apprécie et, paradoxalement, l'amour et l'attention qu'ils se donnent mutuellement semblent les aider à guérir leurs propres blessures. Ce qu'ils donnent commence à leur être rendu.

Erik Erikson définit la générativité comme une tâche qui est inhérente au développement adulte et s'impose durant cette période de la vie. La générativité est synonyme de créativité et de productivité. À ce stade, les partenaires ne se contentent pas de s'appuyer sur la sécurité de leur mariage ou de leur travail. Ils commencent à se préoccuper de leur qualité de vie et de la vie des autres. Le contraire mystifié de la générativité est la stagnation.

Le troisième stade mystifié

La mystification au troisième stade constitue le point culminant de l'incapacité à résoudre les conflits et les polarités que le couple a connus au fil des ans. Non seulement les partenaires véhiculent des restes de colère et de souffrance, mais ils désespèrent d'atteindre une véritable intimité ou croient que ce qu'ils ont réalisé sur ce plan représente à peu près tout ce qu'ils étaient vraiment en droit d'espérer. Ils ont réduit leurs attentes jusqu'au *statu quo.* Leurs déceptions ravivent habituellement leur vieux fond de honte. Ils peuvent avoir le sentiment qu'il leur est impossible d'aimer ou d'être aimés profondément parce qu'ils sont imparfaits et anormaux. Ils rationalisent parfois leur situation en se disant que «personne n'est *vraiment* heureux».

Le troisième stade idéalisé

Certains se réfugient dans le travail et le mariage pour échapper aux aléas de la croissance personnelle. À mesure qu'ils cumulent de l'ancienneté dans leur emploi, leur vie professionnelle devient de plus en plus routinière. Ils travaillent quatre jours et demi par semaine puis s'en vont au lac, au chalet ou à leur maison au bord de la mer. Leur vie sociale avec leur partenaire et quelques autres couples mariés devient un rituel légèrement ennuyeux. Bien que, extérieurement, leur couple ait «bonne mine», la relation peut facilement devenir rigide et cesser de s'approfondir. Les partenaires oublient que la croissance implique le risque, l'incertitude et la souffrance.

C'est aussi à ce moment que certains couples établissent une sorte de relation parallèle. Tout en entretenant l'image d'un mariage paisible, ils «épousent» leur travail ou leurs activités bénévoles. Par exemple, la femme peut poursuivre sa carrière ou retourner aux études. L'un ou l'autre des partenaires peut avoir une liaison. Tous deux s'entendent pour ne pas faire «tanguer le bateau» et ne font plus aucun effort pour travailler et développer leur relation. Mais ce qui semble être de l'acceptation n'est en réalité qu'une forme de désespoir. Il en résulte une coexistence pacifique visant à distraire les conjoints de leur profonde terreur de faire la route seuls.

Troisième stade: l'indépendance

IDÉALISÉ	PLEIN D'ÂME	DÉGRADÉ
Lien basé sur le vide; les partenaires ont trop de choses à perdre.	Les partenaires prennent conscience de leur identité individuelle; leur lien est basé sur un désir mutuel.	Lien basé sur la terreur d'être seul.
Les partenaires se tiennent mutuellement pour acquis; ils cessent de se développer et de faire évoluer la relation.	Les partenaires assument la responsabilité de leurs propres blessures et des parties d'eux-mêmes qu'ils ont rejetées.	Les partenaires vivent une colère passive-agressive; ils se livrent à un sabotage subtil; ils font preuve d'une intolérance tatillonne.
Formation de «triangles» impliquant le travail, les voyages, les enfants, les petits-enfants, etc.	Les partenaires soutiennent mutuellement leur actualisation de soi.	Les partenaires catalysent mutuellement leurs problèmes d'accoutumance.
Maladie psychosomatique.	Les partenaires contribuent à combler les besoins de la relation et comblent leurs propres besoins.	Envie et esprit de compétition; égoïsme et égocentrisme.
L'affectation devient une «fausse image du couple» figée.	Nouveau sentiment d'authenticité: formation d'une nouvelle alliance basée sur les règles du système familial.	Des aventures chroniques maintiennent le lien conjugal: «Tu ne m'embêtes pas et je ne t'embête pas.»
Les partenaires vivent dans une pseudo-intimité; ils ont une vie sexuelle ritualisée et routinière ou pas de vie sexuelle du tout.	Le couple expérimente, découvre de nouveaux plaisirs dans la sexualité.	Les partenaires utilisent la sexualité; ils se livrent au viol matrimonial ou refusent les rapports sexuels pour se punir l'un l'autre.

CÔTÉ OBSCUR

Croissance séparée, maladie, incapacité, mort

Quand elle ne cesse pas complètement, leur vie sexuelle s'appauvrit au point de devenir une sorte de devoir. Ces circonstances risquent fort d'inciter l'un des partenaires à continuer ou à entreprendre une liaison, souvent avec une personne mariée dont le couple est dans le même bateau. Habituellement, les partenaires trompent leur solitude et leur manque d'intimité par le biais des loisirs, de la télévision, du shopping, de leurs enfants ou de leurs petits-enfants ou en utilisant tout ce qui peut leur donner un moyen respectable de maintenir leur conspiration du silence.

Le troisième stade dégradé

À partir du moment où chacun des partenaires renonce à projeter sur l'autre ses images de contes de fées, il renonce également à sa grandiose illusion de toute-puissance. Tous deux savent qu'ils vont mourir et qu'ils doivent mourir seuls. Que toute relation doit avoir une fin. Sans leurs projections, ils se voient l'un l'autre tels qu'ils sont réellement, dans leur moi par trop humain. Ils risquent de trouver cela terriblement déconcertant, terriblement décevant. Comme leurs illusions étaient inconscientes, leur perte peut les bloquer, car elle leur semble totalement inattendue.

Ils peuvent être rongés de remords au sujet du passé ou cacher leur souffrance en vivant dans le moment présent. Toutes leurs réalisations et toutes leurs relations leur semblent nulles. Une profonde dépression et une colère sourde s'installent. Ils fulminent silencieusement contre la fin de la vie, mais ils ne font jamais la paix avec elle. Un nouveau genre d'égoïsme se manifeste, caractérisé par la mesquinerie tatillonne. Madame doit avoir le dernier mot dans une querelle; Monsieur doit disposer de son fauteuil favori et écouter ses émissions de télévision. Tous deux deviennent égocentriques, rigides et stagnants, quand ils ne sont pas envieux et compétitifs l'un avec l'autre.

De la dépression, ils en arrivent au ressentiment et au cynisme. Silencieusement, ils se blâment l'un l'autre de ce que leur vie est vide. Leurs luttes deviennent passives-agressives, subtiles et souvent cruelles.

Au soir de la vie, leur mystification s'aggrave. Leur insatisfaction s'accroît au même rythme que leur solitude. Lorsque, rétrospectivement, ils contemplent leur vie dans toute sa brièveté, ils ont le sentiment aigu d'avoir manqué le bateau — ou même de n'avoir jamais reconnu le bon bateau. «Si seulement j'avais su», disent-ils. «Si jeunesse savait, si vieillesse pouvait», dit aussi un vieux proverbe.

La mystification ne peut pas aller plus loin, car le troisième stade mystifié débouche sur une fausse intimité. Le lien entre les partenaires est basé sur la peur de la solitude, la déception et le désespoir.

À ce point-là, les partenaires se sont créé une «fausse image du couple». Cette image est inflexible et rigide. Ils pensent savoir ce qu'est leur identité de couple. *En fait, ils ne savent pas qu'ils ne savent pas ce qu'est vraiment une identité de couple.*

Le côté obscur de l'amour au troisième stade

Au troisième stade, le couple doit souvent faire face à la maladie, à l'invalidité ou à la mort. Si les partenaires s'aiment d'un amour plein d'âme basé sur le choix, l'engagement et l'acceptation du destin, ils peuvent surmonter presque tous ces événements et passer à travers.

La mort d'un conjoint occasionne un chagrin qui doit être profondément ressenti avant d'être résolu. Souvent, les individus mystifiés évitent le processus d'affliction ou restent bloqués à l'un de ses stades. Cela intensifie leur première désillusion. «À quoi bon continuer à vivre?», se demandent-ils. Il arrive parfois que le survivant se suicide ou devienne agoraphobe. Souvent, il se met à souffrir d'une déprime chronique. Il ne veut pas continuer de vivre ainsi, mais, d'un autre côté, il a peur de mourir.

Plus l'individu est mystifié, plus il reste figé, rigide et dépendant de son malheur. Ce genre d'individu est un candidat de choix pour la crise cardiaque ou le cancer. C'et ainsi que je me suis retrouvé au chevet de plusieurs veufs qui renonçaient tout bonnement à la vie.

L'évolution séparée

L'autre possibilité, au troisième stade, c'est que les partenaires évoluent séparément. Lorsque je suis sorti de mon état de mystification, j'ai compris que, dans mon mariage, j'avais complètement recréé la transe de ma famille d'origine. Au fil des ans, j'avais nié les nombreuses différences entre ma femme et moi. Notre rythme était entièrement déphasé et nous avions évolué dans des directions différentes. Et même si nous nous aimions, nous avons constaté que nous ne nous développions plus ensemble. Comme nos enfants étaient grands et qu'ils avaient quitté la maison, nous avons décidé de divorcer. Je pense que nous avons pris une décision pleine d'âme et générative. Nous sommes restés des amis respectueux l'un de l'autre, et chacun de nous évolue spirituellement. J'ai été chagriné par le fait inévitable que, parfois, même si l'on aime quelqu'un, la relation n'est tout simplement pas viable sur le plan conjugal. Je crois que pour divorcer au troisième stade, il faut souvent faire preuve de courage et assumer la responsabilité de son propre développement.

QUATRIÈME STADE: L'INTERDÉPENDANCE (COCRÉATION)

De l'âge de sept ans jusqu'à la puberté, l'enfant traverse le quatrième stade de son développement, celui des années scolaires. L'enfant d'âge scolaire apprend et met en pratique l'interdépendance et la coopération. Il acquiert la capacité de voir les choses selon le point de vue d'une autre personne, de partager avec les autres, de jouer à des jeux, de perdre avec élégance, de s'entendre sur des règles et des principes et d'éprouver de l'empathie. Toutes ces habiletés sont essentielles à l'amitié et à l'amour.

Au quatrième stade de la relation conjugale, si l'interdépendance devient possible, c'est que chacun des partenaires est en contact avec lui-même. La maturité leur a fait prendre conscience du fait que la sécurité ne réside dans personne d'autre qu'eux-mêmes. Ils ont trouvé leur propre Puissance supérieure et se sont créé une sécurité à l'intérieur d'eux-mêmes. À ce stade, leur amour n'est plus dicté par l'indigence.

Carl Jung a dit ceci:

En regard de notre «liberté intérieure», être seuls signifie que nous ne pouvons plus être enchaînés par une relation amoureuse. L'autre sexe a perdu son pouvoir magique sur nous, puisque nous en sommes arrivés à reconnaître ses

traits essentiels dans les profondeurs de notre propre psyché. Nous ne «tomberons» plus amoureux aussi facilement, puisque nous ne pouvons plus nous perdre dans
une autre personne, mais nous serons désormais capables
d'un amour plus profond, d'un dévouement plus conscient à l'autre.

Au quatrième stade, il ne fait aucun doute que les partenaires
sont ensemble parce qu'ils veulent être ensemble. Ce ne sont plus
deux moitiés d'individu qui s'agrippent l'une à l'autre pour faire un
tout. Ce ne sont plus deux enfants mystifiés et démunis qui
cherchent leurs parents. L'un et l'autre ont affermi leur indépendance et ont fait face à la vérité la plus difficile qui accompagne le
vieillissement plein d'âme: *il n'y a pas de sécurité humaine. Il n'y a personne qui veillera toujours sur soi.* Savoir cela, c'est être démystifié,
c'est, en définitive, quitter le nid familial et grandir.

Au troisième stade, les partenaires se sont séparés afin de se
réaliser en tant qu'individus. Au quatrième stade, ils se remettent
ensemble et explorent des aspects inespérés de leur intimité. L'éventail de leur partage intime est aussi large que les possibilités de la
relation. Quelques-unes des formes d'intimité les plus courantes
concernent:

- *La sexualité* (intimité érotique ou orgasmique);
- *Les sentiments* (empathie ou écoute empathique);
- *L'intellect* (partage du monde des idées);
- *L'esthétique* (partage de l'expérience de la beauté);
- *La créativité* (partage de gestes créateurs);
- *Les loisirs* (avoir du plaisir et jouer ensemble);
- *Le travail* (partage de tâches);
- *Les crises* (venir à bout des problèmes et de la souffrance);
- *Les conflits* (composer avec les différences);
- *L'engagement* (mutualité dérivant de la communauté du service);
- *La spiritualité* (partage de préoccupations suprêmes);
- *La communication* (source de toutes les formes d'intimité).

Il se peut que les partenaires se rendent nettement compte
qu'ils ont atteint une grande intimité sur le plan de la sexualité, des

émotions, des loisirs et du travail, mais qu'ils peuvent développer davantage leur intimité sur le plan intellectuel, esthétique et spirituel. Ils sont à même d'y trouver un sentiment de renouveau et d'aventure dont ils n'auraient jamais osé rêver.

Au quatrième stade, les partenaires ont atteint une sorte de conscience élargie, laquelle est le fruit de leur interdépendance. La véritable intimité transcende la conscience individuelle de chacun. Elle constitue une synthèse de l'unicité de deux personnes. C'est la concrétisation du processus de l'intimité. L'amour interdépendant crée une réalité nouvelle et unique. Il s'agit de la vraie polarité: la synthèse de deux personnes. Une fois réalisé, cet être commun a un grand pouvoir de cocréation.

À ce stade, chacun a une connaissance tout à fait intuitive de l'autre. Les deux partenaires peuvent lire mutuellement dans leur pensée et aller au devant de leurs désirs. *Désormais, ces deux individus ne font plus qu'un.* Ils restent cependant eux-mêmes de façon unique. Chacun fait l'expérience du mystère et de l'unicité de l'autre. Leur intimité est moins extatique qu'au premier stade, mais plus constante et plus souple, plus profonde et plus pleine d'âme.

Mon ami Johnny est, plus que tout autre membre de mon groupe de soutien, profondément en contact avec sa vulnérabilité. Récemment, il nous a parlé de celle qui est sa femme depuis trente ans. Voici ce qu'il a dit:

> Hier, j'étais dans la chambre à coucher et je regardais ma femme. J'ai remarqué ses rides et je me suis dit qu'elle prenait de l'âge. J'ai senti un flot d'amour comme je n'en avais jamais senti auparavant. Elle était si belle, plus belle qu'elle avait jamais été!

Il pleurait en disant cela, et nous pleurions tous, nous aussi. Dans son témoignage, j'ai reconnu quelque chose du quatrième stade de l'amour.

Le quatrième stade est complètement *rempli d'âme.* Il existe en dépit de notre finitude humaine, malgré notre conscience que la mort peut nous prendre notre partenaire à tout moment. Les risques sont beaucoup plus élevés à ce niveau d'engagement, car la perte de notre bien-aimé touche notre être même.

Permettez-moi de résumer mes propos avec cette merveilleuse citation d'un rabbin du XIXe siècle:

Si je suis moi parce que je suis moi
Et que tu es toi parce que tu es toi
C'est donc que je suis et que tu es.
Mais si je suis moi parce que tu es toi
Et que tu es toi parce que je suis moi
C'est donc que je ne suis pas et que tu n'es pas.

Rabbin Menachem Mendell de Kotsk

Chapitre 13

L'amour et le travail

Celui qui donne un coup de pioche veut connaître un sens à son coup de pioche. Et le coup de pioche du bagnard, qui humilie le bagnard, n'est point le même que le coup de pioche du prospecteur, qui grandit le prospecteur. Le bagne ne réside point là où des coups de pioche sont donnés. [...] Le bagne réside là où des coups de pioche sont donnés qui n'ont point de sens, qui ne relient pas celui qui les donne à la communauté des hommes.

ANTOINE DE SAINT-EXUPÉRY

Le travail, c'est de l'amour rendu visible.

KHALIL GIBRAN

Un jour, on a demandé à Sigmund Freud quels étaient selon lui les signes de la maturité. S'exprimant au moyen de ce qui a peut-être été la phrase la plus courte qu'il ait jamais formulée, il a répondu: «*Lieben und arbeiten*» — la capacité d'aimer et de travailler. Nous ne pouvons pas déployer toute notre mesure d'amour plein d'âme si notre vie, au travail, est un modèle quotidien de mystification.

Dans la Genèse, l'histoire de la création indique que la souffrance du travail est pour l'humanité l'une des conséquences majeures de la perte de la grâce. Mais elle laisse entendre également que le travail était destiné à faire partie intégrante de la vie humaine. Adam et Ève étaient censés *travailler même dans le jardin d'Éden*, «pour cultiver le sol et le garder». Même au paradis, le travail est essentiel à l'accomplissement humain.

Toutes les traditions spirituelles considèrent le travail comme un aspect crucial de l'édification de notre âme. Ainsi, par exemple, du temps où j'étais au séminaire, le travail physique faisait partie de la discipline quotidienne au même titre que la prière, la méditation et la liturgie. Une de mes occupations consistait à faire pousser du maïs. Tous les jours, je consacrais du temps à mon carré de maïs. Assister au miracle de la croissance d'un plant — des semailles jusqu'à la maturité —, me sentir tout simplement proche de la terre, tout cela me touchait profondément. Cette activité était édifiante en soi. Un peu avant le temps de la récolte, j'ai découvert qu'une grande partie de mon maïs était infesté de bestioles! J'étais terriblement attristé. Pour moi, ces insectes étaient comme une maladie qu'un bon ami aurait attrapée. Je me suis inquiété, même tourmenté, et j'ai fait tout ce que j'ai pu pour sauver mon maïs. Une partie a survécu. Mes confrères et moi en avons mangé pendant plusieurs jours au repas communautaire du soir. J'étais très fier.

Le travail plein d'âme a de saines propriétés narcissiques. Nous nous reflétons dans notre travail, et notre amour-propre grandit lorsque nous voyons que notre travail est accepté par les autres.

UN GAGNE-PAIN HONNÊTE

Dans son ouvrage intitulé *Small is beautiful: une société à la mesure de l'homme*, E. F. Schumacher présente un modèle prometteur pour la création d'un milieu de travail plein d'âme. Au chapitre intitulé «Le système d'économie bouddhiste», il décrit ce à quoi un travail et un ordre économique pleins d'âme pourraient ressembler.

L'auteur nous rappelle que «gagner son pain honnêtement» est l'un des préceptes du Noble Sentier à huit voies de Bouddha, pour qui «santé spirituelle et bien-être matériel ne sont pas ennemis, mais alliés naturels». Du point de vue du bouddhisme, la fonction du travail est au moins triple:

- donner à l'homme la chance d'exploiter et de développer ses facultés;
- lui permettre de dépasser son égocentrisme en participant avec d'autres à une tâche commune;

- produire les biens et les services nécessaires à une existence décente.

Pour Bouddha, gagner son pain honnêtement est un processus impliquant l'actualisation, la valorisation et le dépassement de soi. Un travail plein d'âme doit nécessairement réunir ces trois fonctions. Chacune contribue à la formation du caractère et, d'un point de vue bouddhiste, la valeur spirituelle du travail varie selon que celui-ci contribue ou non à la purification du caractère de l'homme.

LE TRAVAIL QUI ACCROÎT LA MYSTIFICATION

Lorsqu'il ne nous procure pas un contexte favorable à l'actualisation, à la valorisation et au dépassement de soi, le travail approfondit notre mystification. Il le fait principalement de trois façons.

Premièrement, en soi, le milieu de travail entretient la mystification à travers sa structure de pouvoir patriarcale. Il produit cet effet:

- en faisant de la productivité quelque chose de plus important que des produits susceptibles d'exalter la vie (par exemple, en polluant l'environnement);
- en accordant plus d'importance à la productivité de la compagnie qu'aux gens qui y travaillent;
- en étant rigide, dogmatique, mortifiant et borné.

Deuxièmement, le milieu de travail entretient la mystification par le biais des rôles qu'il nous incite à endosser:

- nous pouvons, au travail, continuer de jouer les rôles de notre faux moi que nous jouions dans notre famille d'origine;
- nous pouvons recréer exactement la même *relation* que celle que nous avons eue avec notre parent le plus mortifiant, et ce, en travaillant pour une compagnie qui nous traite comme ce parent nous a traités;
- nous pouvons mettre en actes nos *croyances* familiales au sujet du travail.

Troisièmement, le milieu de travail est mystifiant du fait que nous pouvons devenir dépendants de l'activité du travail en soi, lorsque nous nous concentrons sur son processus, lequel a la propriété de modifier notre humeur, plutôt que de profiter de ses produits. Nous pouvons également nous attacher aux produits du travail — à l'argent qu'il nous rapporte, par exemple — et en faire une fin en soi.

Dans les pages qui suivent, je vais examiner chacun de ces points de façon plus détaillée et je vais décrire quelques moyens de créer un milieu de travail plein d'âme.

LE POUVOIR PATRIARCAL
DANS LE MILIEU DE TRAVAIL

Bon nombre de nos bureaux, de nos usines ou de nos manufactures sont basés sur les mêmes règles patriarcales que celles qui ont provoqué notre mystification. Si vous n'étiez pas mystifié dans votre famille d'origine ou à l'école, vous risquez toujours de le devenir dans votre milieu de travail.

J'ai travaillé comme consultant en gestion pendant dix ans. Lorsque j'entrais dans une compagnie, j'essayais de faire en sorte que les employés me parlent des problèmes particuliers auxquels ils faisaient face dans leur travail afin de les aider à en résoudre quelques-uns. Quand je pouvais les amener à briser la «loi du silence» de la compagnie, il en ressortait la plupart du temps que les employés pensaient que le directeur général ou un des cadres supérieurs était le principal problème de la compagnie. Les cadres supérieurs devaient souvent leur réussite à l'expertise qu'ils avaient développée dans un domaine particulier tel que l'ingénierie, la finance ou le marketing. Mais ils étaient grossièrement dépourvus des compétences nécessaires pour s'occuper de relations interpersonnelles, communiquer efficacement ou motiver leurs employés. Au travail, soit ils évitaient systématiquement de commander, soit ils dirigeaient avec une poigne de fer. Plus que toute autre chose ou toute autre personne, *c'était eux le problème.* Ils s'attendaient à ce que leurs directeurs subalternes sachent faire ce qu'*eux-mêmes ne savaient pas faire.*

À l'instar de la dyade parentale dans le système familial, l'équipe de direction est la principale composante du système du travail. Lorsque cette équipe est dysfonctionnelle et mystifiée, toute la compagnie en est affectée. Le problème que j'ai découvert chez la plupart des cadres supérieurs était le même que celui qu'on a observé dans les familles dysfonctionnelles: ils étaient patriarcaux et cachottiers, ils créaient des triangles dans les communications et ils n'étaient pas plus en contact avec leurs propres émotions qu'avec celles des autres. Le pouvoir, le contrôle, la honte et la distance constituaient l'essentiel de leur style de direction. J'ai également découvert chez eux une somme considérable de préjugés et de sexisme.

La productivité *versus* les gens

Les compagnies patriarcales recherchent généralement la productivité illimitée. Leur obsession de générer des profits toujours plus importants crée un climat où l'on met davantage l'accent sur la production de biens et de services que sur la croissance et l'actualisation des employés. À l'instar des systèmes familiaux dysfonctionnels, l'entreprise est plus importante que l'individu, et nombreux sont ceux qui sacrifient une grande partie de leur vie à ces systèmes inhumains.

La théorie des systèmes généraux pose en principe que lorsqu'un système devient de plus en plus obsessionnel, il devient également de plus en plus rigide et dysfonctionnel. La rigidité de la compagnie se manifeste à travers ses politiques légalistes et son refus du changement. Des commentaires tels que «C'est ainsi que nous procédons dans la compagnie, alors oubliez vos nouvelles idées fantaisistes» ou «Nous n'avons jamais fait cela de cette manière auparavant et nous n'avons pas l'intention de commencer aujourd'hui» sont monnaie courante dans les compagnies patriarcales.

Les produits *versus* les gens

Notre milieu de travail ne peut être plein d'âme si les *produits* de notre travail ne le sont pas. Je peux imaginer qu'un fabricant de cigarettes traite ses employés avec respect et dignité et qu'il partage ses profits avec eux. Une telle compagnie peut sembler pleine d'âme, mais au bout du compte, elle ne l'est pas puisque le *produit* de son travail provoque une destruction massive de la vie humaine.

Le produit de notre travail doit nous procurer une «existence décente», une existence qui valorise notre propre mode de vie et nourrit toutes les formes de vie. Comment est-il possible de s'aimer soi-même au travail si ce que nous y produisons détruit la vie?

La vision du monde patriarcale

L'obsession de la productivité qui sévit dans le milieu des affaires est enracinée dans une vision médiocre de la relation entre l'humanité, Dieu et le monde. Nous sommes collectivement mystifiés par un système de croyances cosmologique auquel la plupart d'entre nous n'ont même jamais réfléchi.

Une cosmologie, c'est l'histoire du «commencement» que chaque civilisation reconstitue afin d'expliquer l'origine du monde et sa composition. Une fois qu'on a formulé un ensemble d'hypothèses pour donner cette explication, on crée un système de significations basé sur ces hypothèses. Celles-ci servent de contexte à l'élaboration de croyances concernant la loi, la religion, l'éducation, l'économie et la politique.

Il est important de voir le contraste entre les hypothèses cosmologiques occidentales et celles des tribus ou des cosmologies orientales. Dans les tribus et les cultures orientales, *Dieu est dans le monde.* La matière n'est jamais vue comme une chose sans âme. Il y a de l'âme dans tout.

La terre est notre mère et la matière est sacrée. Dans ce genre de cosmologie, il est impossible d'imaginer des principes économiques tels que la *propriété* de la terre ou la productivité illimitée.

Notre cosmologie occidentale renferme un ensemble d'hypothèses différentes. En Occident, le sentiment du divin a toujours été *à l'extérieur du monde.* Les dieux, ou Dieu, sont transcendants. Les êtres humains ont une relation avec Dieu, mais c'est toujours une relation qui transcende l'univers. La relation sacrée s'établit de l'humain à l'humain et de l'humain à Dieu. Dans cette vision du monde, *la terre elle-même n'est pas sacrée.*

Le monde est *matériel,* c'est une chose primale qui doit être transformée par l'*esprit* humain.

Depuis le début, les cultures occidentales semblent avoir été presque contraintes à perfectionner le monde, à le rendre meilleur. Notre relation avec la nature est axée sur la réorganisation. La nature nous a toujours semblé effrayante. Nous trouvons que les régions sauvages ont quelque chose de prémonitoire. La nature a «les dents et les griffes longues», elle est farouche, comme un ennemi guerrier que l'on doit vaincre.

En cherchant à exploiter et à conquérir la terre, les Occidentaux l'ont utilisée sans contraintes et, petit à petit, la productivité est devenue une obsession.

L'amour de la terre mystifié

Avec ses suppositions trompeuses, le pouvoir patriarcal nous a conduits à la crise environnementale actuelle.

Au Sommet de la Terre qui s'est tenu à Rio de Janeiro il y a quelque temps, Maurice Strong, le secrétaire général, a dit ceci: «Nous avons déjà été l'espèce la plus réussie. Nous sommes maintenant une espèce en déroute.»

Nous sommes en crise, et la crise est propice aux événements pleins d'âme et «kaïrotiques». Nous devons nous créer de solides images d'espoir et, pour y arriver, il est important que nous restions en contact avec notre imagination réaliste.

L'amour de la terre mystifié a débouché sur la polarisation. Deux visions de notre relation avec la terre coexistent: l'une est idéalisée et l'autre est dégradée.

La vision idéale de la terre est panthéiste, romantique et spirituelle à l'excès. Elle conçoit la nature comme notre mère divine, pure et absolument innocente. Elle est sentimentale, naïve et simpliste. Cette vision idéaliste considère la terre comme un réservoir de moralité et comme quelque chose d'entièrement indestructible.

Quant à la vision dégradée, elle est purement matérialiste. Elle laisse croire que la vie et la conscience sont des sous-produits accidentels de la matière et que l'évolution est due à la chance et à l'instinct de survie. Que la matière est sans âme, rien de plus qu'une masse informe soumise au bon plaisir de l'humanité. Selon cette perspective, la nature, brute, féroce, dangereuse et totalement indifférente, doit être vaincue et ordonnée par l'autorité humaine. Elle est digne d'amour seulement lorsque les humains la transforment.

L'amour de la terre plein d'âme

Une autre façon, plus réaliste, d'aborder la nature consiste à la voir comme une création limitée et en soi digne d'amour. La nature a une énergie intérieure rayonnante qui porte l'empreinte d'un dessein créatif et intentionnel. On peut métaphoriquement parler de la nature comme de notre mère, mais la nature n'est pas toujours nourricière. Nous sommes parfois agressés par les interactions inévitables de la nature: les tempêtes en mer, les tornades, les tremblements de terre, les éruptions volcaniques et les froids polaires.

Selon cette vision réaliste, la terre est à la fois immensément forte et immensément vulnérable. Nous, les humains, sommes inséparables de la terre; nous sommes sa conscience, la terre pensante. Nous sommes responsables de la terre comme nous sommes responsables de nous-mêmes.

Chaque cellule de notre corps baigne dans l'océan. J'ai récemment écouté une cassette audio de sœur Miriam MacGillis intitulée *The Fate of the Earth*. Sœur MacGillis est une disciple de Teilhard de Chardin, un visionnaire de l'évolution humaine. Voici ce qu'elle dit:

> La vie a un rythme parfait. Les océans deviennent les nuages, les nuages deviennent la pluie, la pluie devient la nourriture et l'eau que notre corps absorbe, et nous devenons l'océan. Les larmes que nous pleurons sont l'océan.

Lorsque nous nous attaquons aux océans, nous nous attaquons au flux et au reflux de la vie. Les espèces vivantes, des protozoaires aux dauphins et aux baleines, préservent la vie de l'océan. Lorsque nous exterminons une espèce, nous faisons des trous dans ce vêtement protecteur. Les océans peuvent mourir. Si les océans deviennent toxiques, les nuages, la pluie, la nourriture, l'eau, l'utérus des femmes, le corps de nos enfants et nos larmes le deviendront aussi.

Le pouvoir *versus* la sagesse

Le processus de la conscience s'est inscrit très récemment dans l'ordre de l'univers. Notre planète est très jeune, et ce qu'elle sait représente la somme totale de ce que nous, les cinq milliards et demi d'êtres conscients, savons. Nous sommes l'univers pensant. Nous avons le choix. Nous pouvons soit nous complaire dans notre mystification bornée, avec sa phobie de la pénurie, sa peur et sa cupidité, soit générer de l'amour.

Sommes-nous à la hauteur de la tâche? Sommes-nous assez sages pour prendre les commandes? Pouvons-nous piloter l'engin spatial Terre nous-mêmes? Voilà la question. «Qu'il en soit ainsi ou non, nous, *espèce d'un jour,* nous, *dont l'intelligence est née depuis une demi-heure à peine,* manipulons tout un jeu de cartes lorsque nous entrons dans nos laboratoires», répond sœur Miriam MacGillis. Nous avons l'air très intelligents, mais sommes-nous très sages ou aimants? La mystification ultime est la destruction de notre foyer vital.

L'ÉTHIQUE IMMORALE DU TRAVAIL

Peter Senge, un expert en comportement organisationnel au Sloan School du Massachusetts Institute of Technology, propose une autre façon de comparer le travail plein d'âme et le travail mystifié. Senge parle de systèmes «ouverts» ou «fermés» et, dans son ouvrage intitulé *The Fifth Discipline,* il réclame «rien de moins qu'un changement de la structure corporative». Selon lui, la pratique moderne des affaires repose sur un «savoir handicapé». Seul un système ouvert — un système qui fait appel à la créativité et à la contribution de tous les employés — peut servir de base à de nouveaux apprentissages.

Senge croit que le principal problème des organisations d'affaires modernes, c'est que la dépendance au profit et à la productivité crée un système fermé qui:

- fait du système (la compagnie) quelque chose de plus estimable que l'individu;
- ignore le potentiel d'apprentissage inhérent aux nouvelles expériences;

- développe une incompétence crasse en essayant de protéger les patriarches directoriaux;
- fait reposer son développement sur l'humiliation et la recherche de boucs émissaires;
- impose aux employés des exigences inhumaines quant à leur temps et à leur loyauté.

Senge précise que les entreprises modernes ne pourront survivre qu'à condition de développer leur capacité d'apprendre et de créer.

Je crois, pour ma part, que leur survie dépend également de leur capacité à donner pleins pouvoirs aux employés. L'impuissance que beaucoup de gens ressentent depuis le début de la présente récession économique devrait nous donner à réfléchir. Lorsque surviennent des temps difficiles, les compagnies se rigidifient et réduisent leur personnel presque automatiquement. On n'essaie aucunement d'imaginer d'autres solutions. À l'heure actuelle, le sentiment qui prévaut dans notre pays est la peur. Les gens ont beau travailler dur, ils sentent que leur emploi est précaire. Lorsque nous, les humains, sommes réduits à une chose inscrite sur la page d'un grand livre, classée dans la colonne «main-d'œuvre», il y a de quoi s'inquiéter.

Chez certains individus, une baisse de l'économie peut avoir un effet profondément démystificateur. Cela peut les amener à faire une remise en question profitable de leur dépendance au travail et de leur loyauté. Ils sont alors à même de se bâtir une identité en dehors de leur travail. Le danger, cependant, est l'amertume et la désillusion qu'ils risquent de nourrir à l'égard du travail même.

Quant à ceux qui conservent leur emploi et travaillent dans la peur, les exigences qui pèsent sur leur temps et leur loyauté sont souvent déshumanisantes et irréalistes. Tandis que les mauvais traitements physiques infligés aux ouvriers diminuaient avec la montée de la syndicalisation et un sentiment d'indignation croissant, les mauvais traitements psychiques et spirituels s'inséraient peu à peu dans le code d'éthique professionnel du travail moderne.

Dans bon nombre de compagnies, on s'attend à ce que les employés qui désirent de l'avancement travaillent de façon inhumaine pendant de longues heures. Ceux qui refusent de le faire sortent perdants de la course extrêmement compétitive aux emplois mieux rémunérés et aux postes clés. Les exigences de productivité toujours plus élevées engendrent un stress chronique qui pousse les gens vers des dépendances de toutes sortes et va même jusqu'à les tuer. Les attentes irréalistes sont le fruit de l'imagination fantastique enracinée dans la cupidité et dans une croyance mystifiée en la pénurie. La morale contemporaine du travail affiche un mépris arrogant de la vie et de la valeur humaines. Elle a perdu son centre spirituel.

Le système de travail ouvert *versus* le système de travail fermé

IDÉALISÉ	PLEIN D'ÂME	DÉGRADÉ
Les idées de chacun sont prises en considération.	Système flexible, adoptant toute une gamme de points de vue. Dialogue.	Système rigide: «C'est ma méthode ou la porte.» Monologue.
La direction a toujours raison.	Responsabilité. La direction est digne de confiance. On ne cherche pas de boucs émissaires.	Incompétence crasse. On dépense son énergie à protéger la direction. Recherche de boucs émissaires.
Aucun besoin d'expérimenter, tout est parfait.	On planifie l'expérimentation. Le système laisse place à l'apprentissage.	Système défensif. Savoir handicapé.
La compagnie et les employés poursuivent exactement les mêmes buts.	La compagnie et les employés doivent discuter des buts à poursuivre.	Les buts des travailleurs ne comptent pas.
Collectivité.	Communauté.	Fosse aux serpents.
Système impudent, vertueux et condescendant, où l'on croit ne jamais faire d'erreurs.	Honte salutaire. Les erreurs représentent des occasions d'apprentissage.	Système pétri de honte, qui humilie, blâme et terrorise ouvertement.
Le produit se justifie en lui-même s'il rapporte des profits.	Le produit du travail exalte la vie.	Le produit est préjudiciable à la vie.
Système inhumain, rigide, qui véhicule des attentes irréalistes.	Système humain, où l'on a l'esprit d'équipe, où l'on rit et s'amuse.	Système déshumanisé, où les travailleurs sont sous-rémunérés et victimes de préjugés ainsi que de harcèlement sexuel.

TRAVAILLER EN PERPÉTUANT LES RÔLES
DU FAUX MOI APPRIS DANS SON SYSTÈME FAMILIAL

Mon expérience de consultant en gestion m'a montré maintes et maintes fois à quel point les gens reproduisent souvent au travail les rôles du faux moi qu'ils endossaient dans leur système familial mystifié.

Voici un exemple remarquable de ce phénomène que j'ai pu voir à l'œuvre en travaillant avec un groupe de professionnels de Austin, au Texas. Cinq dentistes de Austin s'intéressaient à ma recherche sur les systèmes familiaux et m'avaient demandé de venir travailler conjointement avec eux et leurs employés de bureau.

Au cours de ma première visite, je les ai aidés à réfléchir à leur famille d'origine. Nous avons pris le temps d'examiner les rôles que chacun avait choisis afin de se sentir important dans sa famille. Nous avons ensuite étudié les rôles qu'ils jouaient au bureau. Il était stupéfiant de constater qu'un grand nombre d'entre eux y jouaient les mêmes rôles que ceux qu'ils avaient joués dans leur famille d'origine. En fait, au moins la moitié avaient recréé leur système familial complet au bureau. Tous les cinq dentistes se reconnaissaient dans le rôle familial de l'Ultraperformant: deux étaient des Stars et trois des Protecteurs.

Plus les rôles des employés étaient rigides, plus il semblait y avoir de problèmes au bureau.

Les conflits de travail particuliers étaient également similaires aux conflits que chacun avait vécus dans sa famille. Je me souviens que, en passant près d'un groupe, j'ai entendu une femme s'exclamer à un de ses collègues: «Maintenant, je sais pourquoi je ne t'aime pas! Tu es exactement comme ma sœur!» Nous avons découvert que les gens incitaient souvent les autres à se comporter comme les membres de leur famille se comportaient.

Ainsi, par exemple, un des dentistes a été stupéfié de découvrir que dans le conflit qui l'opposait à ce moment-là à sa technicienne de laboratoire la plus compétente, il recourait à la transe basée sur les hallucinations négatives. La technicienne, une employée extrêmement efficace et plutôt autoritaire, était frustrée de ce que le dentiste ne se rappelait pas les choses importantes qu'elle lui disait. Quand elle le confrontait à ses oublis, il jurait ses grands dieux qu'elle ne lui avait tout simplement jamais parlé de la chose en question. Mais après avoir écouté mon exposé sur la transe défensive, il s'est souvenu du conflit qu'il vivait à ce moment-là avec sa mère, une personne très autoritaire. Il semble que sa mère lui rappelait constamment les choses qu'il devait faire. Il se défendait contre cette violation de ses frontières en recourant aux hallucinations auditives négatives — autrement dit, il cessait de l'écouter. Il a eu le sentiment que c'était sûrement cela qu'il faisait avec sa technicienne de laboratoire ultra-efficace.

Je les ai aidés à mettre au point des signaux de communication particuliers pour changer la situation. J'ai suggéré à la technicienne d'acheter une boîte de jetons de poker rouges et, sur un de leurs côtés, d'écrire «Pas ta maman» au feutre noir. Chaque fois qu'elle avait besoin de dire quelque chose d'important au dentiste, elle devait lui tendre un jeton rouge. Le jeton était un symbole de démystification. Le dentiste pouvait le regarder et se dire «Elle n'est pas ma mère». Comme cette mauvaise communication lui avait coûté très cher, je lui ai suggéré d'ajouter: «Et je veux accomplir un travail de qualité et faire des profits.» Au bout de trois semaines, la transe était neutralisée et ce conflit singulier, réduit en poussière.

En règle générale, la démarche que nous avons faite a créé un contexte propice à la démystification. Elle a rouvert la communication et favorisé la naissance d'un plus grand sentiment de communauté. En deux ans, nous avons pu effectuer des changements spectaculaires dans la dynamique du bureau.

FAIRE REVIVRE SON PARENT LE PLUS MORTIFIANT PAR LE BIAIS DU TRAVAIL

En plus de vingt-trois ans de pratique, j'ai vu quantité d'individus dont le principal malheur était dû à leur situation au travail. Le plus souvent, la mystification de leur famille d'origine les avait prédisposés à faire le travail qu'ils faisaient. Ainsi, en consultation, j'ai rencontré un homme — appelons-le Jérémie — qui avait littéralement fait revivre son tyran de père par le biais des pressions qu'il s'imposait lui-même au travail.

Lorsque Jérémie m'a demandé de passer plusieurs séances avec lui, j'ai été plutôt intrigué. Auparavant, j'avais vu son fils aîné, un garçon de douze ans extrêmement intelligent mais qui échouait à l'école et se rebellait à la maison. Le fils était engagé dans une lutte de pouvoir acharnée avec son père, plus particulièrement en ce qui avait trait aux *devoirs scolaires* et aux *tâches domestiques*. Il refusait de travailler, ne réussissant pas à l'école et se révoltant contre son père. Sa mère l'avait amené me voir.

Je n'étais arrivé à rien avec lui. Il se présentait à contrecœur à la séance, me fixait du regard et refusait de parler. Je le sentais en colère, tenace et fort. Dans les rares moments de dialogue que j'ai pu avoir avec lui, il semblait réellement inquiet pour son père et sincèrement dérouté par sa propre révolte et ses échecs scolaires. J'ai bientôt dû admettre aux parents que je ne savais plus très bien ce qui se passait et que je ne savais pas comment travailler avec leur garçon. C'est là que j'en étais lorsque Jérémie a demandé à me rencontrer en consultation.

Jérémie travaillait pas moins de cent vingt heures par semaine. Il n'avait pas pris plus de trois ou quatre journées de vacances en quinze ans. Son problème apparent était la souffrance et l'accablement que lui infligeait son travail. Il avait accumulé des semaines de retard et ne pouvait tout simplement plus se remettre à jour. Malgré le fait qu'il commençait parfois sa journée à 4 h du matin, sa charge de travail continuait de s'alourdir. J'ai remarqué que, par besoin d'être important aux yeux de ses associés, il s'acquittait volontiers de toutes les petites tâches ennuyeuses, tandis qu'eux s'occupaient des aspects les plus prestigieux de la compagnie. Ils emmenaient les clients faire de formidables voyages de pêche et de chasse, invitaient les clients potentiels à boire et à manger au club de golf.

Paradoxalement, les associés de Jérémie n'appréciaient pas du tout le travail qu'il faisait. Ils le toléraient, mais se plaignaient qu'il ne fournissait pas sa juste part dans l'entreprise, et ce, même s'il travaillait deux fois plus que quiconque. Jérémie m'a avoué qu'il se sentait coupable de ne pas engendrer de nouvelles affaires et que ces heures de travail excessives soulageaient sa conscience.

C'était difficile de discuter avec Jérémie. Il parlait de façon compulsive et était ce qu'en thérapie on appelle un joueur de type «oui/mais». La personne qui joue à oui/mais tente de contrecarrer toutes les suggestions que le thérapeute lui fait. Bien que ce jeu psychologique soit enraciné dans un conflit précoce avec l'autorité, il s'agit d'une forme de colère passive-agressive plutôt que de la franche expression d'une rébellion ou d'un conflit.

Il répondait «oui» pratiquement à tout ce que je lui suggérais de faire pour changer sa situation au travail, puis il se lançait dans une longue diatribe m'expliquant pourquoi il ne pourrait pas tenir compte de mes suggestions. Parfois, il se disait d'accord pour faire quelque chose durant la semaine et, à la visite suivante, lorsque je l'interrogeais à ce sujet, il m'énumérait toutes les raisons pour lesquelles il n'avait pas fait ce qu'il avait convenu de faire.

Le père de Jérémie était encore vivant. Il me l'avait décrit comme un homme cruel, plein de fureur et violent. Il m'avait parlé de sa brutalité, évoquant la manière dont il avait agressé physiquement des voisins, des vendeurs, des amis et d'autres personnes. Mais chaque fois que je laissais entendre que son père était perturbé, il le défendait de manière compulsive.

Il me semblait évident que Jérémie nourrissait une honte et une rage profondes à l'égard de son père, mais qu'il était également terrifié par cet homme.

Autrefois, le père avait été particulièrement violent avec Jérémie quand celui-ci commettait une erreur. Il lui faisait réciter ses leçons et, chaque fois que Jérémie se trompait, il lui donnait un coup de règle sur les mains. Il lui arrivait même de le frapper jusqu'au sang.

La dépendance au travail dont souffrait Jérémie était une façon de maîtriser sa profonde peur de l'échec. Il était toujours si absorbé par son travail qu'il n'avait pas le temps d'éprouver ses émotions. Même s'il travaillait sans arrêt, il était vraiment tout à fait improductif. Comme plusieurs autres «drogués» du travail, plus il travaillait, plus il devait travailler. Il redoutait les critiques de ses partenaires et avait le sentiment que s'il en faisait deux fois plus qu'eux, ceux-ci ne le critiqueraient pas.

Jérémie avait aussi une énorme dose de honte toxique et de rage non résolue. Il se punissait lui-même en travaillant continuellement. Il était *enragé:* autrement dit, il avait retourné sa colère contre lui-même, se privant de sommeil, de détente et de tout ce qui pouvait ressembler à de l'amusement ou à du plaisir.

Il dissimulait sa profonde insécurité en faisant des petits détails de son travail une véritable obsession. Il se leurrait lui-même à propos de sa charge de travail accablante, mais il n'était prêt à faire aucun changement. Il continuait de dominer la situation en refusant de déléguer la tâche la plus insignifiante.

Un jour, il m'est tout d'un coup venu à l'esprit que son fils faisait tout ce que, inconsciemment, Jérémie voulait faire. Son fils n'obtenait pas les résultats correspondant à son niveau d'intelligence, il se révoltait et échouait lamentablement. En bref, il refusait de *travailler.*

La dépendance au travail de Jérémie représentait, pour son enfant intérieur mystifié, un moyen de se protéger de la terreur que lui inspirait son père. Son enfant intérieur blessé cherchait à conserver l'amour de son père à travers toute sa situation professionnelle. En travaillant à l'excès et en évitant l'échec, il pouvait avoir le seul amour qu'il avait jamais connu.

PERPÉTUER LES CROYANCES FAMILIALES AU SUJET DU TRAVAIL

Le tableau de la page 496 présente ce qu'on appelle un «génogramme familial», la carte d'un système familial couvrant plusieurs générations. Ce genre de carte peut vous aider à découvrir d'où vous tenez vos croyances les plus profondes au sujet du travail. Elle peut constituer un outil pratique pour vous démystifier en ce qui concerne le travail.

Le génogramme que je présente ici appartient à Madame H., une dame de soixante-quinze ans avec qui j'ai déjà travaillé. Elle m'a demandé de l'utiliser chaque fois que je le jugerais bon, espérant que cela rendrait service à d'autres personnes qui, au travail, se retrouveraient dans la même situation fâcheuse que celle qu'elle a vécue pendant trente-deux ans.

À l'origine, Madame H. est venue me voir parce qu'elle avait renoué avec son enfant intérieur au cours d'un de mes ateliers thérapeutiques. Elle avait entrepris un dialogue quotidien avec son enfant, se servant de cette image pour se mettre en contact avec ses émotions, ses besoins et ses désirs. En poursuivant ce dialogue, elle avait commencé à se sentir profondément déprimée à l'idée que, pendant trente-deux ans, elle avait occupé le même emploi au sein d'une grosse compagnie et que, au moment de prendre sa retraite, elle gagnait moins de trois dollars l'heure. Son régime de retraite et sa pension de vieillesse ne lui donnaient presque rien pour subsister, et elle voulait comprendre pourquoi elle avait mis son existence en péril. Le travail ingrat et pénible et l'ennui qu'elle s'était imposés pendant toutes ces années faisaient rager son enfant intérieur. Madame H. et moi avons fait trois séances ensemble. Son génogramme couvrant trois générations a parfaitement éclairci plusieurs choses:

- elle avait hérité d'une profonde terreur (frôlant la paranoïa) de la vie;
- elle avait appris que le travail ne convenait pas aux femmes;
- son grand-père et son père avaient tous deux occupé le même emploi toute leur vie durant et croyaient que, indépendamment du travail que l'on accomplissait, l'important c'était le mérite qu'il y avait à faire son devoir et à travailler dur.

Comme Madame H. était tombée enceinte vers le milieu de son adolescence, sa famille avait exigé qu'elle se marie. Son mari, irresponsable et sans maturité, l'avait quittée par la suite. À vingt-quatre ans, elle avait été obligée d'aller travailler. À l'âge de trente ans, elle élevait seule ses deux enfants. Elle détestait travailler et avait le sentiment d'être punie pour son péché de jeunesse.

Pendant ses trente-deux années au service de la même compagnie, sa vie professionnelle avait été un supplice continuel. Elle vivait dans un état permanent de rage et de révolte. Elle n'avait jamais fait la moindre chose pour recevoir de l'avancement. Elle souffrait de douleurs arthritiques constantes, ce qui l'avait obligée à prendre plusieurs congés exceptionnels au fil des ans.

Si l'on fait abstraction de la déshumanisation que cette compagnie pardonnait et soutenait passivement, on peut affirmer que Madame H. était responsable de ce triste état de choses.

Madame H. était paralysée par la peur et la colère refoulée. Elle avait trouvé un milieu de travail qui était le prolongement de sa famille patriarcale. Elle était une employée obéissante et, durant sa

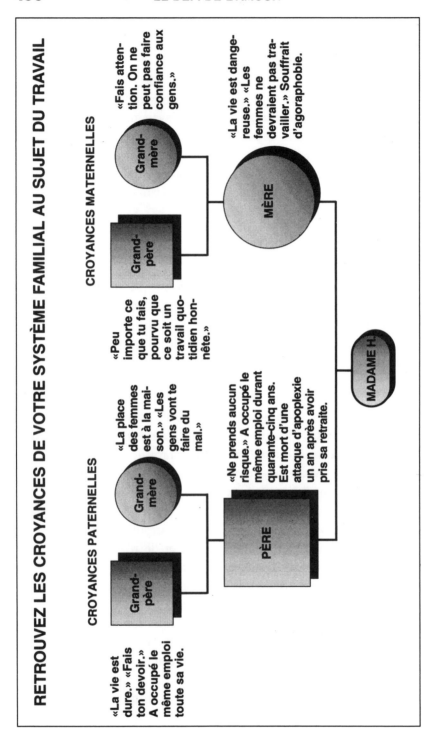

RETROUVEZ LES CROYANCES DE VOTRE SYSTÈME FAMILIAL AU SUJET DU TRAVAIL

CROYANCES MATERNELLES

Grand-mère — «Fais attention. On ne peut pas faire confiance aux gens.»

Grand-père

MÈRE — «La vie est dangereuse.» «Les femmes ne devraient pas travailler.» Souffrait d'agoraphobie.

Grand-père — «Peu importe ce que tu fais, pourvu que ce soit un travail quotidien honnête.»

CROYANCES PATERNELLES

Grand-mère — «La place des femmes est à la maison.» «Les gens vont te faire du mal.»

Grand-père — «La vie est dure.» «Fais ton devoir.» A occupé le même emploi toute sa vie.

PÈRE — «Ne prends aucun risque.» A occupé le même emploi durant quarante-cinq ans. Est mort d'une attaque d'apoplexie un an après avoir pris sa retraite.

MADAME H.

première année de service, elle était tellement convaincue qu'elle risquait de faire une gaffe ou d'être congédiée qu'elle avait peur de quitter son bureau pour aller à la toilette. Elle travaillait dans un petit espace cloisonné, s'occupant du tri des factures et des remboursements aux clients. Bien que sa terreur eût diminué au fil des ans, sa colère s'était intensifiée et son travail était devenu un «enfer vivant», une prison de mystification. Il n'est pas étonnant que son arthrite se soit considérablement atténué après sa retraite.

L'OBSESSION DU TRAVAIL

Dans le cadre de ma série télévisée sur l'amour, on a interviewé un grand nombre de personnes afin de recueillir leurs propos sur le travail. Le commentaire d'un homme m'est resté en mémoire: «Je crois que je me suis toujours efforcé de m'identifier à mon travail, disait-il, et quand je ne fais pas un travail qui me passionne, j'ai le sentiment que je ne sais plus qui je suis.»

Lorsque le travail nous tient complètement lieu d'identité et s'avère une fin en soi, il peut devenir une dépendance. Je veux néanmoins être prudent en ce qui concerne le problème de la dépendance au travail. Beaucoup de gens trouvent un grand réconfort dans leur travail. Quelques-uns (pas beaucoup) m'ont déjà dit que leur travail leur permettait de rester sains d'esprit. Il faut faire une nette distinction entre la *passion* et la *dépendance*. La dépendance entraîne des conséquences nuisibles à la vie. Elle diminue la personne. Quant à la passion, c'est un profond désir de quelque chose qui exalte et enrichit notre humanité. Plusieurs éprouvent de la passion pour leur travail. Je suis un de ceux-là. Je suis capable de me perdre dans mon travail et, la plupart du temps, j'adore ce que je fais. Mais il y a des moments où un élément de dépendance prend le relais. J'apprends à reconnaître la différence.

Nos croyances collectives concernant le travail et l'argent prédisposent un grand nombre d'individus à devenir dépendants du travail. «L'obsession du travail *(workaholism)*, écrit Diane Fassel, est, dans la société, la seule dépendance dont on se vante, dont on est fier et que l'on approuve vraiment.»

Faites le test suivant.

Test sur la dépendance au travail

Répondez aux questions suivantes en cochant la parenthèse placée après le «oui», le «non» ou le «peut-être». Essayez de ne pas trop analyser la question. Permettez-vous de répondre aussi spontanément que possible.

1. Je considère l'engagement total envers le travail comme une bonne dépendance.
   Oui ( ) Non ( ) Peut-être ( )
2. J'aime bien être occupé, faire plusieurs choses en même temps.
   Oui ( ) Non ( ) Peut-être ( )
3. Je fais beaucoup d'heures supplémentaires, mais je n'arrive jamais à prendre de l'avance.
   Oui ( ) Non ( ) Peut-être ( )
4. Je me suis souvent qualifié de bourreau de travail.
   Oui ( ) Non ( ) Peut-être ( )
5. Je m'engage souvent à faire des choses qui impliquent du travail sans penser au temps ni à l'énergie que cela exigera de moi.
   Oui ( ) Non ( ) Peut-être ( )
6. Je me sens débordé, comme si je n'avais tout simplement pas assez de temps pour faire tout ce que j'ai à faire.
   Oui ( ) Non ( ) Peut-être ( )
7. Je deviens passablement angoissé lorsque je ne suis pas maître de la situation.
   Oui ( ) Non ( ) Peut-être ( )
8. Je trouve que c'est excitant de mener plusieurs projets de front.
   Oui ( ) Non ( ) Peut-être ( )
9. Je m'ennuie à l'extrême quand je n'ai rien de constructif à faire.
   Oui ( ) Non ( ) Peut-être ( )
10. Je suis au faîte de ma carrière et je me sens déprimé la plupart du temps.
   Oui ( ) Non ( ) Peut-être ( )

11. Je gagne plus d'argent que je n'aurais pu l'imaginer, mais je me pousse à en gagner davantage.
Oui ( ) Non ( ) Peut-être ( )

12. Les gens les plus proches de moi s'inquiètent de me voir travailler autant.
Oui ( ) Non ( ) Peut-être ( )

13. Mes réalisations professionnelles ne semblent pas rendre mes parents fiers de moi, contrairement à ce que j'aurais imaginé.
Oui ( ) Non ( ) Peut-être ( )

14. J'accepte de prendre des vacances à la dernière minute et j'emporte habituellement du travail avec moi ou je téléphone plusieurs fois au bureau.
Oui ( ) Non ( ) Peut-être ( )

15. Je me mets en colère lorsque ma famille ou mes amis insinuent que je travaille trop ou trop dur.
Oui ( ) Non ( ) Peut-être ( )

16. Je manque à mes promesses de travailler moins ou je cache mon travail afin que personne ne remarque que je suis en train de travailler.
Oui ( ) Non ( ) Peut-être ( )

17. Je me sens vivant et excité lorsque j'ai tout un menu d'engagements professionnels.
Oui ( ) Non ( ) Peut-être ( )

18. Je remets mon travail au lendemain et je laisse monter la pression jusqu'à ce que je me retrouve à la dernière limite. Ensuite, je travaille énergiquement jusqu'à ce que tout soit terminé — juste à temps, d'habitude.
Oui ( ) Non ( ) Peut-être ( )

19. Je me considère comme une personne perfectionniste. Lorsque je commets une erreur, je me fais beaucoup de bile.
Oui ( ) Non ( ) Peut-être ( )

20. J'investis beaucoup plus de temps et de réflexion dans mon travail que dans mes relations interpersonnelles avec mon conjoint ou mon ami de cœur et mes enfants.
Oui ( ) Non ( ) Peut-être ( )

Évaluation

Allouez-vous 3 points pour chaque *oui*, 1 point pour chaque *non* et 2 points pour chaque *peut-être.* Additionnez ces points pour connaître votre résultat final.

Il s'agit d'un test de mon propre cru, mais quelques-unes des questions ont été adaptées de deux très bons ouvrages sur la dépendance au travail: *Work Addiction* de Bryan E. Robinson, et *Working Ourselves to Death* de Diane Fassel. Il y a, dans le livre de Robinson, un test plus long qui a été fait à partir d'une recherche. Si vous avez obtenu 40 points ou plus à mon test, je crois que vos problèmes relatifs au travail sont devenus très sérieux.

L'OBSESSION DE L'ARGENT

Tout comme le travail, l'argent peut devenir un sujet d'obsession et, lorsque tel est le cas, le plaisir plein d'âme que nous trouvons à travailler peut être remplacé par le plaisir restreint de faire de l'argent. Une fois dissocié de son rapport avec un travail significatif, l'argent perd son pouvoir d'accroître notre plénitude spirituelle. Et sitôt qu'il devient un dieu pour nous, il aggrave notre mystification.

L'argent peut se polariser en un fantasme de richesse servant à se protéger de la pauvreté, de l'insécurité humaine et de la perte. Quelle est la quantité d'argent suffisante? «La richesse est principalement ce que nous imaginons qu'elle est», souligne Thomas Moore. Pour l'un, cela peut signifier posséder une Cadillac, pour l'autre, un avion à réaction. Le sens de la richesse est plutôt subjectif.

Souvent, même de grosses sommes d'argent ne semblent pas suffisantes pour les individus mystifiés, et l'argent risque de créer une dépendance sérieuse. L'argent peut simplement stimuler notre soif de sécurité et, comme il n'y a pas de réelle sécurité humaine, la recherche de l'argent devient pareille à une grossesse sans fin, sans fruit.

L'argent a des propriétés numineuses. Il séduit, fascine et impressionne même, comme si c'était quelque chose de redoutable.

Nous devons trouver l'équilibre qui nous permet de connaître la polarité de l'argent. L'escroquerie, la tricherie, le détournement de fonds, l'avarice et la cupidité sont des signes du côté obscur de l'argent. Nous en avons vu beaucoup ces dernières années.

On peut aussi rester bloqué au pôle contraire: on considère alors l'argent comme le mal incarné et la pauvreté comme vertueuse. Certaines personnes estiment peut-être qu'une vie simple constitue un choix plein d'âme. Mais demandez à des gens qui se sont retrouvés pauvres sans l'avoir choisi s'ils trouvent que cela les a rendus meilleurs!

L'argent fait partie de la réalité humaine et nous ne pouvons pas refuser de composer avec cette réalité. L'une des pires fripouilles que j'aie jamais connues répétait continuellement «L'argent ne m'intéresse pas du tout», alors même qu'il se promenait dans sa Ferrari. «Lorsqu'on nie l'âme de l'argent, son ombre s'épaissit un peu plus», écrit Thomas Moore. Au cours des dernières années, le conducteur de Ferrari a tellement vécu au-dessus de ses moyens qu'il est maintenant au bord de la faillite. L'argent est sur le point d'attirer son attention. Ou, comme nous avons coutume de le dire en thérapie: «Réprimez votre côté ombre et il vous mordra les fesses.»

Dès notre jeunesse, nous sommes hypnotisés par des croyances mystifiées à propos de l'argent. Les familles ont à la fois des règles ouvertes et cachées à ce sujet. Vous pouvez utiliser votre génogramme familial pour déceler les croyances sur l'argent qui vous viennent des messages hypnotiques familiaux.

Notez qu'en cette matière les règles ouvertes de votre famille peuvent être le contraire exact des règles cachées. Il est possible, par exemple, que vos parents vous aient répété inlassablement que c'était mal de désirer avoir de l'argent, que l'argent ne faisait jamais le bonheur. Mais, dans la réalité, peut-être ont-ils consacré les trois quarts de leur énergie vitale à rechercher l'argent et à en gagner.

L'argent a souvent eu un effet profond dans notre histoire familiale. Ma grand-mère paternelle a dépensé de grosses sommes d'argent durant sa jeunesse, et mon père, quant à lui, dépensait tout l'argent qu'il avait. On me les citait comme de mauvais exemples. Mon grand-père maternel, qui a considérablement influencé ma vie, insistait continuellement sur la frugalité et l'économie en prévision des mauvais jours. Je suis heureux qu'il m'ait appris à économiser. Cependant, il m'a été extrêmement difficile de profiter de ma prospérité matérielle. Les premières années, je mettais tout de côté et je me privais de plaisirs que j'aurais facilement pu me permettre. En vieillissant, j'ai commencé à dépenser davantage, mais lorsque je me laisse aller dans cette voie, je me sens ensuite coupable et je dois passer à travers un barrage de voix posthypnotiques.

L'argent peut également nous aider à devenir pleins d'âme. Nous pouvons profiter du pouvoir de l'argent. Nous pouvons nous permettre de le désirer et même prendre plaisir à l'accumuler. L'argent peut nous donner un sentiment de valeur et nous apporter une plus grande liberté et une plus grande sécurité. Ce qui compte, c'est l'attitude que nous avons à son égard.

Aujourd'hui, je comprends beaucoup mieux l'argent. Il me plaît! Il me donne la liberté de vivre et de profiter de la vie que j'ai choisie. Il me procure une sécurité que je n'avais jamais connue auparavant et me permet d'aider les autres. Par-dessus tout, il me permet d'aller plus loin dans ma recherche spirituelle en me libérant des pressions stressantes de la simple survie. L'argent contribue à ma libération. Seul l'attachement à la richesse fait obstacle à la plénitude spirituelle.

Le travail mystifié alourdit le fardeau inépuisable de la dépendance au travail ou à l'argent. De plus, il nous prive du plaisir narcissique normal que nous pourrions éprouver à acquérir de la richesse et à voir les fruits de notre labeur s'incarner dans un produit dont nous sommes fiers.

CRÉER UN MILIEU DE TRAVAIL PLEIN D'ÂME

Je sais qu'il est possible de créer un milieu de travail plein d'âme. J'ai été lié à une compagnie qui a fait de grands progrès afin de créer un contexte dans lequel l'actualisation, le dépassement et la valorisation de soi seraient choses possibles.

J'étais le directeur des ressources humaines à la Texas General, une petite compagnie pétrolière de Houston, au Texas. Je siégeais également au conseil d'administration de cette compagnie. Grâce aux lumières du président du conseil, W. E. Bosarge, j'ai pu mettre sur pied plusieurs programmes visant aussi bien le perfectionnement du savoir-faire des employés que leur croissance personnelle.

Nous avons donné, sur les lieux mêmes du travail, une variété de séminaires de type enrichissement. Nous avons mis sur pied des ateliers de trois jours payés par la compagnie. Nous avons offert un service de counseling au travail. J'ai rencontré la plupart des trois cent cinquante employés qui travaillaient là. Plusieurs d'entre eux ont reçu de l'aide et se sont développés grâce aux expériences que nous leur avons proposées. Nos programmes ont créé un sentiment de communauté et un engagement vis-à-vis des objectifs de la compagnie.

Mais, bien que nous ayons fait de grands progrès, nous n'avons pas résolu les problèmes fondamentaux concernant la participation des travailleurs à la compagnie même. C'était durant les jours sombres de l'économie, exactement comme ceux que nous vivons présentement. Je me souviens des files de gens terrassés qui attendaient de recevoir leur indemnité de licenciement. Il y en avait plusieurs parmi eux que je connaissais bien. On leur avait appris ce matin-là qu'ils étaient licenciés.

Ce qui est effrayant pour les gens, c'est le sentiment d'impuissance qu'ils éprouvent dans un système patriarcal. Au-delà des chiffres réels sur le chômage, il y a ce sentiment d'impuissance et une vision cauchemardesque de l'avenir. Si les compagnies mettaient au point un système de participation, elles pourraient envisager plusieurs autres solutions à part le licenciement. La plupart des gens sont capables de comprendre que, durant les périodes difficiles, ils peuvent être contraints à faire des sacrifices — même jusqu'au point d'accepter une coupure de salaire. Cela vaut certainement mieux que de perdre son emploi. Les gens coopèrent et font largement leur part lorsqu'ils se sentent estimés et savent qu'ils font partie d'une équipe.

Les compagnies pleines d'âme reconnaissent que les gens représentent leur principal atout, et ce, quelle que soit la comptabilité inscrite dans leur grand livre. On peut perdre et remplacer des immeubles et des machines, mais si on perd ses meilleurs employés, on risque fort de ne jamais retrouver leur sagesse, leur compétence et leur courage.

Exercice: les images du travail

- Votre travail favorise-t-il votre développement intellectuel, émotionnel et spirituel?

- Qu'aimeriez-vous changer dans votre travail?
  (A) À quoi ressemblerait-il si vous le changiez?
  (B) En quoi vous sentiriez-vous différent?
  (C) De quoi auriez-vous l'air si vous changiez?

- Avez-vous déjà envisagé de changer d'emploi?

- Si oui, quel nouvel emploi aimeriez-vous occuper?

- Comment sauriez-vous que vous avez trouvé l'emploi que vous désiriez? Relisez (A), (B) et (C) ci-dessus.

- Quels bénéfices émotionnels retirez-vous en conservant votre ancien emploi?

- Qu'est-ce qui vous empêche de faire le genre de travail que vous voudriez faire?
  (A) Quelles images créez-vous lorsque vous pensez à changer d'emploi?
  Ces images sont-elles idéalisées?
  Sont-elles dégradantes pour vous?
  De quoi un rêve réaliste pourrait-il être fait?
  (B) Que devez-vous faire pour changer d'emploi?
  Visualisez votre nouvel emploi en lui ajoutant des détails sensoriels concrets. Imaginez-vous occupant ce nouvel emploi.
  Entendez les conversations qui ont lieu autour de vous, dans votre nouveau milieu de travail. Quel effet cela vous fait-il? Imaginez les étapes que vous devez franchir pour accéder à ce nouvel emploi.
  (C) Que devez-vous faire aujourd'hui afin de changer d'emploi? Un geste?

La créativité

Si, dans le milieu de travail, on veut favoriser la plénitude spirituelle, il faudra davantage mettre l'accent sur l'apprentissage et la créativité. «On exige des administrateurs qu'ils fassent preuve de créativité», écrit John Kao, maître de conférences à la Harvard Business School. Il croit que la créativité «sous-tend un savoir-faire qui s'enseigne et s'apprend».

Certaines compagnies ont recours à des thérapeutes de type «facilitateurs»; en utilisant des méthodes non conventionnelles, ceux-ci aident l'équipe de direction à faire travailler ses méninges au maximum et à se familiariser avec le *processus* de la créativité.

Le psychologue humaniste Carl Rogers a mené une importante recherche sur la créativité à l'Université de Chicago durant les années cinquante. Il semble qu'un grand nombre de psychologues, de poètes, de thérapeutes et d'inventeurs aient passé un temps considérable à étudier les composantes de la créativité et les conditions psychologiques qui la favorisent.

La recherche de Rogers révèle que les gens travaillent de façon plus créative lorsqu'ils ont une motivation intrinsèque. Les méthodes directives dures du genre cocotte-minute qu'emploient certains administrateurs sont trop menaçantes pour favoriser la créativité. Sitôt que les individus se sentent menacés, ils entrent dans un état de transe mystificatrice. La trop grande pression extérieure les oblige à se défendre. Ils emploient leur énergie à trouver des moyens de survie créatifs plutôt qu'à mettre au point de meilleures méthodes de travail. La recherche de Rogers confirme que le meilleur environnement pour la créativité, c'est celui où l'on peut répondre à la réalité telle qu'elle est. La créativité est enracinée dans les divers éléments que j'ai définis comme appartenant à l'enfant naturel — des caractéristiques telles que la curiosité, la spontanéité, la flexibilité et le sens du jeu, de l'expérimentation et de l'émerveillement. Pour actualiser ces traits de caractère, nous avons besoin d'un environnement sûr. Si elles veulent créer ce genre d'environnement, les compagnies devront cesser d'imposer des contraintes et une standardisation excessives. D'abord et avant tout, elles devront valoriser l'unicité de chaque individu.

LES CONDITIONS QUI FAVORISENT LA CRÉATIVITÉ

Sécurité psychologique:

> **Estime de soi — l'individu a un sentiment de valeur inconditionnelle.**
>
> **Suspension de toute évaluation ou jugement extérieurs.**
>
> **Compréhension empathique.**

Liberté psychologique:

> **Ouverture à l'expression symbolique, sens du jeu, jonglerie spontanée avec les concepts.**

Kip Flock et moi avons confirmé ces principes pour nous-mêmes au cours des quatre années où nous avons offert une session de formation de huit semaines à des intervenants en toxicomanie. Nous avions décidé de créer un climat d'où l'humiliation serait complètement bannie. Nous enregistrions les activités de formation de chaque apprenti-thérapeute sur une cassette vidéo et, pendant l'exercice, l'un de nous s'asseyait derrière lui, jouant le rôle de personne-ressource. L'étudiant était libre de s'arrêter n'importe quand pour nous consulter et il pouvait, sans plus d'explications, mettre fin à la séance entière s'il se sentait trop stressé ou accablé. Plus tard, nous regardions les enregistrements avec les apprentis et nous ne relevions *que ce qu'ils avaient fait correctement.* La dernière semaine, nous leur montrions les enregistrements du début et de la fin de leur formation. Absolument tous les étudiants avaient visiblement amélioré leur confiance en soi et accru leur efficacité. Ils avaient commencé par appliquer des techniques de counseling très prudentes et traditionnelles, puis ils s'étaient progressivement risqués à aborder leur travail de façon innovatrice, personnelle et unique.

UN TRAVAIL VALORISANT

Dans la structure de pouvoir patriarcale, on accorde une grande valeur à certains emplois et on dévalorise les autres. Sois médecin, avocat, banquier, nous dit-on, et tu connaîtras le succès. Mais le prestige et l'âme sont deux choses différentes.

Le travail plein d'âme, c'est un travail qui donne un *sens* à notre vie. Travailler est un moyen de s'aimer soi-même davantage pour la réalité qu'on a créée. Nous nous créons nous-mêmes dans le travail. *Quel que soit votre travail,* il peut être vraiment plein d'âme.

Je me souviens de Coy Banks, un homme qui s'occupait de ma maison d'été au Minnesota. Monsieur Banks, qui savait faire beaucoup de choses, était notamment électricien autodidacte. Il lui arrivait souvent, alors que j'étais à bord de son camion, de désigner une maison en disant avec fierté: «C'est moi qui ai fait l'installation électrique de cette maison-là.» Il avait entièrement raison d'être fier. J'avais devant moi un homme qui pouvait rentrer chez lui tous les soirs en sachant ce qu'il avait accompli. Je connais d'autres électriciens, mais aussi des peintres, des plombiers, des secrétaires, des femmes d'intérieur qui aiment ce qu'ils font et sont fiers de leur travail. Ils le regardent et y voient leur propre reflet. Ils s'aiment davantage parce qu'ils y voient quelque chose de leur âme.

Parmi les personnes qui ont été interviewées pour ma série télévisée à PBS, il y avait une femme au foyer. En lisant la transcription de ses propos, j'ai d'abord pensé que ç'avait l'air trop beau pour être vrai. Ensuite, j'ai regardé son enregistrement vidéo et j'ai trouvé que cette femme était tout à fait congruente. Voici ce qu'elle disait:

> Mon univers semble si petit. Je ne suis pas en contact avec plus de vingt-cinq personnes [...] je craignais de ne pas apporter ma contribution. Mais j'ai deux personnes dans ma vie, mon conjoint et mon fils [...] et je me rends compte que le seul réel engagement que je peux prendre et qui pourrait faire une différence dans l'avenir, c'est de vivre ma vie présente aussi pleinement et avec autant d'enthousiasme que possible. Donc, si j'en profite et que je la vis tout simplement, j'accomplis autant pour les livres d'histoire que ce que j'accomplirais si j'avais n'importe laquelle des situations auxquelles je peux songer.

Cette femme connaissait, elle aussi, la signification du travail plein d'âme.

TRAVAIL ET COMMUNAUTÉ

Comme Bouddha le soulignait, le travail nous amène à dépasser notre égocentrisme en nous permettant de participer avec d'autres à une tâche commune. Saint-Exupéry disait que Mermoz lui avait enseigné quelque chose sur la dignité du travail: que le travail crée une camaraderie, qu'il lie les hommes entre eux. Le travail lie les hommes *et* les femmes. Parmi les personnes qui ont été interviewées pour ma série télévisée, il y avait un certain Russell Dalby. Ce monsieur, qui avait travaillé sur une ligne d'assemblage, parlait de l'extrême monotonie de cette tâche: «Vous êtes là huit heures par jour, chaque jour pendant des années.» Ce qui l'avait aidé à passer à travers cela, c'était les gens, la communauté qui était liée. Voici ce qu'il a dit à l'interviewer:

> Les gens parlent tout simplement [...] et vous avez des invitations à manger à la bonne franquette, vous avez le repas de Noël, celui de Thanksgiving. Il y a des périodes où les gens ne vont pas bien — naissance, décès, hospitalisation — alors vous êtes au courant du bon et du mauvais, et vous en arrivez à les connaître si bien. Certains ont vécu des tragédies, et lorsqu'ils revenaient travailler, tout le monde s'unissait pour eux. J'ai vécu des tragédies personnelles [...] et j'étais embarrassé de revenir au travail et [...] les gens étaient là pour moi. Donc, beaucoup d'entre eux me manquent. Je me souviens encore de leur nom, de leur date d'anniversaire et d'autres choses. Nous avons passé un long moment, presque dix ans, ensemble.

Pour une raison ou pour une autre, les paroles de monsieur Dalby m'ont ému jusqu'aux larmes. Beaucoup de vies humaines pleines d'âme étaient là, sur cette ligne d'assemblage. Un lien s'était créé du simple fait que les gens étaient là les uns pour les autres, faisant de cette ligne d'assemblage monotone et déshumanisante quelque chose de spirituel.

Monsieur Dalby a aussi parlé d'une collègue de travail qui était ce que j'appelle une «amie d'âme», quelqu'un qui croise notre route et nous touche d'une façon que nous n'oublions jamais:

Je me souviens de Hazel [...] elle était beaucoup pour moi. Je m'en souviendrai toujours. J'ai passé à travers des périodes vraiment difficiles sur le plan émotionnel, et elle était toujours là; parfois, quand je pense à tout l'encouragement qu'elle m'a donné, ça m'aide à surmonter les épreuves.

Tant que nous n'aurons pas humanisé notre milieu de travail sur une grande échelle, nous aurons besoin de ces Hazel pleines d'âme pour faire de notre travail ce lieu de rencontre humain qu'il doit être.

Conclusion

Il y a cinquante ans, nous sommes entrés dans une ère nouvelle qui n'a pas encore été nommée jusqu'à présent. Les juges au procès de Nuremberg ont porté un coup mortel au patriarcat lorsqu'ils ont déclaré que la conscience est une autorité supérieure à l'obéissance. Depuis que ce procès a eu lieu, plusieurs mouvements importants pour les droits humains ont témoigné de l'éveil d'une conscience antipatriarcale. Il y a eu des mouvements pour les droits civils, les droits des femmes, les droits des gays et des lesbiennes, les droits des enfants (le mouvement des adultes enfants) et la démocratisation du communisme. Chacun de ces mouvements revendique le partage du pouvoir et le respect de la dignité de chaque individu, et chacun développe notre notion de l'amour.

Ces mouvements sont à la base d'un changement de deuxième type dans notre conscience de la nature même de l'amour. Cette nouvelle conscience représente la prochaine grande étape de l'évolution humaine. Comme tout ce qui concerne l'âme, l'amour est une réalité dynamique qui s'élargit et grandit sans cesse. On ne pourra jamais le définir une fois pour toutes. Lorsque nous faisons des découvertes capitales sur le plan de la conscience humaine, nous comprenons tout différemment. Nous ne pouvons plus faire reposer l'amour sur la polarisation, la fatalité, l'hérédité, le pouvoir, la domination, le secret, la honte, le refoulement des émotions, le devoir ou l'abnégation. Nous devons plutôt le fonder sur la polarité, la vulnérabilité, le partage du pouvoir, le choix, la créativité, l'amour de soi et le sens du mystère et du destin. Nous avons encore un long chemin à parcourir pour y arriver, mais nous avons commencé.

En nous éveillant peu à peu de notre transe collective, nous nous apercevons que nous ne pouvons pas nous épanouir les uns sans les autres. Pour apprendre à générer de l'amour, il nous faudra nécessairement apprendre à accepter les différences, à les considérer comme la loi de la vie.

La terre a produit sa multiplicité d'espèces en un temps infini. La différenciation évolutive est la condition de la vie. Il s'agit d'une opération d'équilibre magnifiquement réglée. À mesure que nous avons étudié les différentes formes de vie, nous nous sommes rendu compte *qu'il n'y avait pas un seul brin d'herbe ni une seule espèce de poisson qui n'avait rien à voir avec cet équilibre.*

L'évolution a doté tous les humains du langage et de la pensée symbolique. Tous les humains sont génétiquement programmés pour refléter leur réalité et pour en découvrir le sens. Mais le langage et le sens des peuples de la terre est différencié. Les juifs, les bouddhistes, les confucianistes, les shintoïstes, les chrétiens et les musulmans sont tous différents et ils sont tous nécessaires. La vie pousse tous les humains à prendre leur histoire, leur art, leur système particulier de signification ainsi que leurs légendes et à les incorporer dans la trame de leur culture. Les Inuits, les Russes, les Irlandais, les Arabes et tous les autres peuples ont une culture différente. Cette accumulation de sagesse, d'histoire et de perspicacité est essentielle au progrès de la conscience de la terre exactement comme toute la différenciation sur le plan physique est essentielle à la survie et à l'épanouissement de la planète. Sœur Miriam MacGillis exprime bien ce point de vue: «Les différences ne sont pas des problèmes, dit-elle; les différences renferment les solutions.»

Puisque nous sommes la terre pensante, le choix conscient de *chacun* est une partie importante du pouvoir de changement. Nous avons besoin d'un champ de vision unifié et d'un désir unifié de générer de l'amour. Nous devons changer notre cœur. C'est quelque chose que chacun est capable de faire.

Jung qui, plus que tout autre de ses contemporains, nous a appelés à la plénitude spirituelle, écrit ceci:

> Les grands événements de l'histoire mondiale sont, au fond, extrêmement insignifiants. L'essentiel, c'est la vie de l'individu [...]. C'est d'abord ici seulement que se produisent les grandes transformations et, au bout du

compte, c'est tout l'avenir, toute l'histoire du monde, qui surgit comme une addition géante des sources cachées des individus.

Je vous encourage à faire une chose aujourd'hui pour nourrir la terre ou pour aider quelqu'un qui a besoin de votre amour. Faites quelque chose qui exige que vous vous donniez beaucoup de mal. Faites quelque chose que personne ne découvrira jamais. En faisant un geste d'amour, vous pouvez de toute votre âme honorer votre Créateur, aimer vos frères et sœurs, vous assurer que vos enfants et et vos petits-enfants auront un avenir plus riche et vous aimer vous-même pour l'amour que vous générez en agissant ainsi.

Bibliographie commentée

Les livres suivants m'ont fourni d'importantes ressources pour écrire le présent ouvrage. Je vous les recommande avec un grand enthousiasme.

ALLPORT, Gordon. *The Nature of Prejudice* (Redding, MA: Addison-Wesley, 1979). L'ouvrage d'Allport présente les recherches empiriques les plus complètes qui aient été effectuées en psychologie de la religion. Il nous offre une solide objectivité dans un domaine où sévit habituellement la subjectivité à l'état pur.

ANDERSON, Meribeth; GORDON, David. *Phoenix* (Cupertino, CA: Meta Publications, Inc., 1981). J'aime bien ce livre. Il permet au lecteur de saisir rapidement le génie de Milton Erickson. Anderson et Gordon m'ont enseigné la Programmation neuro-linguistique.

BANDLER, Leslie. *They Lived Happily Ever After* (Cupertino, CA: Meta Publications, Inc., 1978). Leslie Bandler a également contribué au développement de la Programmation neurolinguistique. C'est une thérapeute et une animatrice aussi magistrale qu'innovatrice.

BANDLER, Richard; GRINDER, John. *Les secrets de la communication* (Montréal, Le Jour: éditeur, 1982).

_____ *Reframing* (Moab, UT: Real People Press, 1982). Richard Bandler et John Grinder sont les créateurs d'un modèle de changement appelé la Programmation neurolinguistique. Leurs stratégies de changement (toujours en évolution) sont des outils pratiques pour se démystifier et briser la transe.

BLY, ROBERT. *L'homme sauvage et l'enfant: l'avenir du genre masculin* (Paris: Seuil, 1982). Robert Bly est un magnifique poète américain. Je lui serai toujours redevable de ses intuitions sur le génie et les blessures que l'on peut subir.

BOWEN, MURRAY. *Family Therapy in Clinical Practice* (Northvale, NJ: Jason Aronson, Inc., 1978). Bowen est l'un des premiers à avoir réfléchi sur les systèmes familiaux. C'est à son ouvrage que je dois ma compréhension de la plupart des concepts fondamentaux de la systémique telle qu'elle s'applique aux familles.

BRIGGS, Dorothy Corkville. *Être soi-même* (Montréal: Éditions de l'Homme, 1979).

BROWN, Phil, éd. *Radical Psychology* (New York: Harper & Row, 1973). Voir l'essai de David Cooper.

CAMPBELL, Susan. *Changer ensemble: les étapes du couple* (Montréal: Éditions de l'Homme, 1988). L'ouvrage de Susan Campbell est extraordinaire. Le modèle empirique des stades de l'intimité qu'elle y présente n'a jamais été reconnu à sa juste valeur.

CARNES, Patrick. *Out of the Shadows* (Irvine, CA: CompCare Publications, 1985). Je suis reconnaissant envers Carnes de m'avoir donné un modèle de ce qu'est le cycle de la dépendance.

COVITZ, Joel. *Emotional Child Abuse* (Boston: Sigo Press, 1986). Cet ouvrage est, à mon avis, le meilleur que l'on puisse trouver parmi ceux qui traitent des effets de l'abus émotionnel et de la mystification qui en résulte. C'est un livre incontournable pour les parents et pour quiconque cherche les racines de ses problèmes personnels.

DREIKURS, Rudolf; STOLZ, Vicki. *Le défi de l'enfant* (Montréal, Le Jour, éditeur, 1972). Je vous recommande tous les ouvrages de Dreikurs. Bien que parfois dogmatique, Dreikurs est pratique et donne des idées profitables sur la manière de s'y prendre avec les enfants.

DOSSEY, Larry, Dr. *Recovering the Soul* (New York: Bantam, 1989). Le Dr Dossey établit le bien-fondé scientifique de l'existence de l'âme.

ERICKSON, Milton; ROSSI, Ernest et Sheila. *Hypnotic Realities* (Manchester, NH: Irvington Publications, 1976). Les écrits d'Erickson sont volumineux. Les Rossi ont largement contribué à l'organisation et à la présentation du travail d'Erickson et de leur propre travail.

FASSEL, Diane. *Working Ourselves to Death* (San Francisco: Harper SF, 1990).

FIRESTONE, Robert. *The Fantasy Bond* (New York: Human Sciences Press, 1985). Il s'agit d'un ouvrage brillant qui décrit la mystification et l'œuvre de l'imagination fantastique. Les textes de Firestone sont parfois difficiles à comprendre, mais l'accent qu'il met sur l'amitié en tant que moyen de rétablir le pont interpersonnel est tout à fait clair. Je vous recommande de faire l'effort de lire ce livre.

FROMM, Erich. *L'art d'aimer* (Montréal, Presse Sélect, 1980).

GORDON, Thomas. *Parents efficaces: une méthode de formation à des relations humaines sans perdant* (Montréal, Le Jour, éditeur, 1977). Bien que ce livre ait été publié depuis un bon bout de temps, il constitue toujours une excellente ressource sur l'éducation des enfants.

HALEY, Jay. *Un thérapeute hors du commun: Milton Erickson* (Paris, Desclée de Brouwer, 1984). Haley est l'un des thérapeutes les plus brillants et les plus innovateurs qui soient actuellement. Il a dirigé la présentation du travail de Milton Erickson et l'a rendu accessible au grand public.

HENDRIX, Harville. *Getting the Love You Want* (New York: Henry Holt, 1988). Cet ouvrage traite des problèmes de l'enfant blessé et mystifié qui se manifestent dans la relation conjugale. C'est un excellent livre qui peut aider les couples à traverser les différents stades de l'intimité.

HILLMAN, James. *Re-Visioning Psychology* (New York: HarperCollins 1977). Hillman a été l'un des premiers à rétablir le concept de l'âme dans le monde moderne. Son ouvrage est parfois arrogant mais il pousse toujours à la réflexion.

HOFFMAN, Bob. *No One Is To Blame* (Palo Alto, CA: Science and Behavior, 1979). Hoffman a mis au point une méthode valable pour aider l'individu à se séparer de ses parents intériorisés.

JACKSON, Don D.; LEDERER, William J. *The Mirages of Marriage* (New York: W. W. Norton & Co., 1968). Un classique qui traite du mariage selon la perspective de la systémique familiale.

JAMES, William. *The Varieties of Religious Experience* (New York: Viking Penguin, 1982). Il s'agit d'un classique en matière de psychologie de la religion. James y parle des «simplement» et des «doublement» nés.

JOHNSON, Robert. *Owning Your Own Shadow* (San Francisco: Harper SF, 1991).

JUNG, Carl. *Problèmes de l'âme moderne* (Paris: Buchet/Chastel, 1960).

KAUFMAN, Gershen. *The Psychology of Shame* (New York: Springer Publishing Co., 1989). Kaufman a été l'un des premiers à appliquer la théorie de l'affect de Silvan Tompkins à l'analyse des syndromes de la honte. J'ai appris énormément de lui, particulièrement de son travail sur les «scènes maîtresses».

KEEN, Sam. *Your Mythic Journey* (Los Angeles: J. P. Tarcher, 1989) et *Fire in the Belly* (New York: Bantam, 1991). Keen m'inspire depuis longtemps. Il incarne la plénitude spirituelle et a une profondeur considérable.

LAING, Ronald D. Laing a écrit plusieurs ouvrages qui traitent de sa notion de la mystification. Le cas que j'ai cité est présenté dans *The Politics of the Family* (New York: Random House, 1972). Lisez également *The Politics of Experience* (New York: Ballantine, 1981), *The Divided Self* (New York: Viking Penguin, 1965) et *Knots* (New York: Random House, 1972).

LEWIS, C. S. *The Four Loves* (San Diego, CA: Harcourt Brace Jovanovich, 1971).

LIFTON, Robert J. *Thought Reform and the Psychology of Totalism* (Chapel Hill, NC: University of North Carolina Press, 1989). Cet ouvrage présente une brillante étude des techniques de lavage de cerveau. Il m'a particulièrement aidé à comprendre la nature des sectes et la manière dont les familles deviennent sectaires.

LYNCH, William. *Images of Hope* (Notre Dame, IN: University of Notre Dame Press, 1987). L'ouvrage de Lynch est difficile à lire mais il en vaut la peine. Cet auteur a été l'un des premiers à saisir la dynamique de l'imagination réaliste et de l'imagination fantastique ainsi que l'éclairage qu'elles jettent sur les maladies émotionnelles et les façons de les guérir.

MARITAIN, Jacques. *Existence and the Existent* (Wesport, CT: Greenwood Publications, 1975). Maritain a été l'un de mes plus importants maîtres à penser en philosophie.

MASTERSON, James. *The Narcissistic and Borderline Disorders* (New York: Brunner-Mazel, 1981) et *Treatment of the Borderline*

Adolescent (New York: John Wiley & Sons, Inc., 1972). C'est principalement à Masterson que je me réfère en ce qui a trait à la théorie de la «permanence de l'objet».

MILGRAM, Stanley. *Obedience to Authority* (New York: HarperCollins, 1983). Cet ouvrage présente la désormais célèbre étude que Milgram a faite sur les conséquences tragiques de l'obéissance aveugle.

MILLER, Alice. *C'est pour ton bien: racines de la violence dans l'éducation de l'enfant* (Paris: Aubier, 1984). Dans cet ouvrage, Alice Miller décrit les conséquences de l'éducation patriarcale qu'elle appelle «la pédagogie noire».

MILLER, Sherod, *et al.* *Alive and Aware* (Minneapolis, MN: Interpersonal Communication Programs, Inc., 1975). C'est, à ma connaissance, de loin le meilleur ouvrage sur la communication qui ait jamais été publié.

MINUCHIN, Salvador. *Families and Family Therapy* (Cambridge, MA: Harvard University Press, 1974). Minuchin a été le premier à élaborer une thérapie visant à guérir les familles dans lesquelles des liens de générations croisées s'étaient tissés. C'est l'un des génies créateurs de la théorie et de la thérapie des systèmes familiaux. Sa méthode s'appelle la thérapie familiale structurale.

MOORE, Thomas. *Care of the Soul* (New York: HarperCollins, 1992). Cet ouvrage m'a beaucoup aidé à élaborer mon concept de plénitude spirituelle. C'est un livre merveilleux qui, je l'espère, trouvera sa place sur les rayons de votre bibliothèque ou, idéalement, sur votre table de chevet.

MURA, David. Lisez son article profond intitulé *A Male Grief: Notes on Pornography and Addiction* (Minneapolis, MN: Milkweed Editions, 1987).

PASTOR, Marion. *Anger and Forgiveness* (Berkeley, CA: Jennis Press, 1980). Cet ouvrage propose un cheminement point par point pour effectuer ce qu'on appelle maintenant le processus de quadrinité. Ce processus est une méthode pratique visant à aider l'individu à se séparer de ses figures source intériorisées. À l'origine, il a été conçu par Bob Hoffman à la suite de ses discussions personnelles avec le psychiatre Siegfried Fischer.

PECK, M. Scott. *Le chemin le moins fréquenté* (Paris: J'ai lu, Coll. J'ai lu New Age, n° 2839, 1991). Un classique de tous les temps.

ROBINSON, Bryan E. *Work Addiction* (Deerfield Beach, FL: Health Communications, 1989). Un très bon livre sur la dépendance au travail.

ROGERS, Carl R. L'étude sur la créativité se trouve dans un recueil d'essais de Rogers intitulé *Le développement de la personne* (Paris: Dunod, 1968).

SARDELLO, Robert. *Facing the World with Soul* (New York: Lindisfarne Press, 1992).

SATIR, Virginia. *Thérapie du couple et de la famille* (Paris: Épi, Éditeurs, 1971). Il s'agit d'un classique en matière de systémique familiale.

SCHUMACHER, E. F. *Small Is Beautiful: une société à la mesure de l'homme* (Paris: Seuil, 1978). Ce merveilleux petit livre présente l'esquisse d'un milieu de travail plein d'âme.

SENGE, Peter M. *The Fifth Discipline* (New York: Doubleday, 1990). Senge propose des moyens innovateurs de guérir notre milieu de travail au savoir handicapé.

STEVENS, John O. *Awareness* (Moab, UT: Real People Press, 1971). C'est à cet ouvrage que j'ai emprunté l'exercice d'identité que je vous ai suggéré de faire en vous répétant la question «Qui es-tu?».

WATZLAWICK, Paul; WEAKLAND, John. *Change* (New York: W. W. Norton & Co., 1974). Cet ouvrage traite des problèmes reliés aux changements de premier et de deuxième types. Il présente également des idées brillantes sur la réussite des changements de deuxième type.

WEINHOLD, Barry K. et Janae B. *Breaking Free of the Co-Dependency Trap* (Dallas, TX: Still Point Press, 1989).

WOLINSKY, Stephen. *Trances People Live* (Ashley Falls, MA: Bramble Co., 1991). Cet ouvrage m'a particulièrement aidé à élaborer mon concept de mystification. Je trouve superbes les parties traitant des phénomènes de transe profonde. Selon moi, Wolinsky est appelé à devenir un chef de file en ce qui a trait à la conception des moyens visant à effectuer des changements thérapeutiques. J'attends avec impatience son prochain ouvrage sur la psychologie quantique.

ZUKAV, Gary. *The Seat of the Soul* (New York: Simon and Schuster, 1989).

Table des matières

TROISIÈME PARTIE: GÉNÉRER DE L'AMOUR